Wolfgang Borgmann · Reformgesetz in der Bewährung

Studien zur Sozialwissenschaft

Band 65

Westdeutscher Verlag

Wolfgang Borgmann

Reformgesetz in der Bewährung

Theorie und Praxis des Betriebsverfassungsgesetzes von 1972

Westdeutscher Verlag

CIP-Kurztitelaufnahme der Deutschen Bibliothek

Borgmann, Wolfgang:
Reformgesetz in der Bewährung: Theorie u. Praxis d. Betriebsverfassungsgesetzes von 1972 / Wolfgang Borgmann. – Opladen: Westdeutscher Verlag, 1986.
(Studien zur Sozialwissenschaft; Bd. 65)
ISBN 978-3-531-11846-8 ISBN 978-3-322-88221-9 (eBook)
DOI 10.1007/978-3-322-88221-9
NE: GT

Umschlaggestaltung: studio für visuelle kommunikation, Düsseldorf

INHALTSVERZEICHNIS

VORWORT

Diese Untersuchung füllt eine Lücke. Nach mehr als einem Jahrzehnt wird eine Bilanz der Bewährung des Betriebsverfassungsgesetzes vorgelegt, das unter spezifischen politischen Umfeldbedingungen zustande kam. Der Verfasser hat dabei sein Augenmerk darauf gerichtet, die Wechselbeziehungen zwischen politisch-wirtschaftlichen Rahmenbedingungen und den Durchsetzungschancen für gesetzliche Normen darzustellen. Er liefert damit zweierlei: eine historische Einordnung des Gesetzes in die politische Landschaft Anfang der siebziger Jahre und die Diskussion seiner Bewährung unter verschiedenen Aspekten. Die Untersuchung ist deshalb sowohl grundsätzlicher als auch aktueller Natur. Sie ist gerade unter dem Aspekt einer zunehmenden Diskussion um die Reformbedürftigkeit des Betriebsverfassungsgesetzes von besonderer Bedeutung.

Die Arbeit ist durchgängig politikwissenschaftlich orientiert. Der Verfasser fragt vor allem nach dem Stellenwert des Betriebsverfassungsgesetzes innerhalb der politischen Kultur von der Zeit seiner Entstehung bis heute. Erst in zweiter Linie betrachtet er die im engeren Sinn betriebswirtschaftlichen Implikationen und Konsequenzen des Gesetzes, wenngleich auch diese Aspekte keineswegs vernachlässigt werden.

Der Verfasser arbeitet sehr gründlich die besondere deutsche Versuchsanordnung betrieblicher Mitbestimmung heraus. Dazu gehören ein knapper Überblick über die historischen Bedingungen und Entwicklungen sowie die für das politische Klima im Vorfeld der parlamentarischen Beratung wichtige Diskussion um die Demokratisierung. Dabei führt die Arbeit durchgängig immer wieder zu dem entscheidenden Punkt: Mitbestimmung im unternehmerischen Bereich gehörte und gehört bis jetzt nicht zum Konzept des Betriebsverfassungsgesetzes. Ferner unterscheidet sich die deutsche Mitbestimmungsstrategie von der angelsächsischen durch ihre Kompromißbereitschaft und den Verzicht auf eine prinzipielle Frontstellung von Kapital und Arbeit.

Dem Verfasser ist es in seiner facettenreichen Arbeit gelungen, den Kompromißcharakter des Gesetzes herauszuarbeiten und ihn unter verschiedenen Aspekten zu diskutieren. Dabei wird die ambivalente Rolle des Betriebsrates in seinem Verhältnis zu Belegschaft, Gewerkschaft und Arbeitgeber deutlich. Das Funktionieren betrieblicher Mitbestimmung unter den Bedingungen der Entscheidungsfreiheit im unternehmerischen Bereich und der grundsätzlichen Ambivalenz, in der jeder Betriebsrat steht, wird sorgfältig herausgearbeitet: Auf der einen Seite ist er nach dem Willen des Gesetzgebers dem Wohle des Betriebes, zugleich aber den Interessen der Arbeitnehmer verpflichtet.

Besonders aufschlußreich ist die Beurteilung der praktischen Betriebsratsarbeit, die der Verfasser sehr gründlich belegt. Was er an Sekundäranalysen liefert, ist von großer Überzeugungskraft. Da gibt es kaum ein Feld, das nicht empirisch durchleuchtet wird. Es ehrt den Verfasser, daß er mit Zahlen wie Quellen ungemein kritisch umgeht. Ohne diese kritische Distanz ist die Verwendung von Sekundäranalysen gefährlich. So wie sie hier geschieht, liefert sie Einsichten von hoher Erklärungskraft.

Die vom Verfasser gepflegte Nüchternheit, Skepsis und Fairneß gegenüber allen beteiligten Seiten bewährt sich vor allem auch bei der Bewertung. Seine Urteile sind aus dem vorher ausgebreiteten Material sorgfältig begründet und beschränken sich überhaupt auf durchgängig belegbare Fakten. Seine Überlegungen zur Steigerung, aber auch zu den Grenzen des betrieblichen Mitbestimmungspotentials orientieren sich am deutschen System der Industriebeziehungen und sind somit durchaus diskutabel. Besonderen Wert erhält die Untersuchung durch die Beschäftigung mit den Auswirkungen neuer Technologien auf die betriebliche Wirklichkeit und die Auseinandersetzung mit der behaupteten Reformbedürftigkeit des Gesetzes.

Es ist zu wünschen, daß die im klaren Stil geschriebene, vorzüglich gegliederte und didaktisch aufbereitete Arbeit einen großen Leserkreis erreicht. Gerade angesichts der verschärften Auseinandersetzungen um die Arbeitsbeziehungen kann sie einen Beitrag zur Versachlichung der Diskussion leisten, von der anzunehmen ist, daß sie in Zukunft eher noch stärker werden wird.

Stuttgart, Juli 1986 — Martin Greiffenhagen

DANK

Diese Studie über das Betriebsverfassungsgesetz ist als Dissertation im Wintersemester 1985/86 von der Fakultät Geschichts-, Sozial- und Wirtschaftswissenschaften an der Universität Stuttgart angenommen worden.

Bei einem Projekt, das über einen Zeitraum von vielen Jahren angelegt war und das unter mancherlei persönlichen Belastungen zustande gekommen ist, bedarf es ganz besonders des Wohlwollens, der Ermunterung und der kritischen Begleitung. Den Professoren Martin Greiffenhagen und Wilhelm Bierfelder bin ich besonders dankbar für diese geduldige Wegbegleitung.

Zu dem Gelingen dieser Arbeit haben natürlich viele beigetragen. Bei einem solchen Thema ist der Zugang zu gewerkschaftlichen Quellen besonders wichtig. Für diese Möglichkeit und die gründlichen Auskünfte danke ich unter anderem dem ehemaligen zweiten Vorsitzenden des Landesbezirkes Baden-Württemberg der IG Druck und Papier, Karl Holzmann, und Hermann Blanke von der Rechtsabteilung beim Hauptvorstand der gleichen Gewerkschaft. Sie seien stellvertretend für alle anderen genannt, die mir im Laufe der Jahre mit Auskünften geholfen haben.

Die sorgfältige Herstellung des Manuskripts und die Umarbeitung für die Druckvorlage übernahm Roswitha Siegl, die die Vorteile des Computers zu nutzen wußte, ohne an dessen Tücken zu verzweifeln. Für die sorgfältige Korrektur des Manuskripts danke ich M. Karl Müller, der dafür einen Teil seiner ohnehin knapp bemessenen Freizeit opferte.

Daß bei der Anfertigung einer umfänglichen wissenschaftlichen Arbeit Familie und Freunde zu kurz kommen, wissen alle die, die sich einer solchen Mühe einmal unterzogen haben. Ihnen allen danke ich für die Unterstützung, das Verständnis und für die Geduld.

1. EINFÜHRUNG

1.1. Ausgangslage

Ist das "neue" Betriebsverfassungsgesetz reformbedürftig? Mehr als vierzehn Jahre sind vergangen, seitdem es in Kraft getreten ist. Die wirtschaftlichen Daten haben sich verändert, auch die politischen Machtverhältnisse in der Bundesrepublik. Der Schwung der Reformwelle ist erlahmt; ein konservativer Gegentrend zeichnet sich ab. Die Forderungen nach Demokratisierung aller Lebensbereiche haben an Attraktivität und offenbar auch an Vordringlichkeit verloren. Neue Probleme haben sich in den Vordergrund geschoben, die bei der Diskussion um das Betriebsverfassungsgesetz 1972 noch keine oder nur eine untergeordnete Rolle spielten: Arbeitslosigkeit, Rationalisierung, neue Technologien. Die Gewerkschaften sehen sich angesichts des von ihnen beklagten Sozialabbaus und neuer Gesetze in der Defensive. Der gemeinsame Gesetzentwurf von CDU/CSU und FDP zur "Verstärkung der Minderheitenrechte" im Betriebsverfassungsgesetz betrachten sie als Bestandteil eines umgreifenden Versuches, gewerkschaftliche und Arbeitnehmerrechte zu schwächen statt zu stärken.

Die neuen Gesetzesaktivitäten könnten den Eindruck vermitteln, als befinde sich die betriebliche Mitbestimmung auf der Grundlage des Betriebsverfassungsgesetzes in einer tiefen Krise. War es auch bei seiner Verabschiedung in Teilen umstritten, so war das Prinzip des kooperativen Interessenausgleichs bei den politischen Parteien im Grundsatz nicht in Frage gestellt. Die Arbeitgeberverbände, die bei der Diskussion um die Novellierung noch erhebliche Bedenken auch grundsätzlicher Art geäußert hatten, schienen sich doch mit der Zeit mit den neuen gesetzlichen Regelungen abzufinden und sich damit einzurichten. So konnte man den Eindruck haben, als sei das Betriebsverfassungsgesetz aus der sozialliberalen Ära relativ unangetastet in die achtziger Jahre herübergerettet worden. Zwar gab es gelegentliche Vorstöße für Änderungen des Betriebsverfassungsgesetzes, wie zum Beispiel die Forderung nach Sprecherausschüssen für leitende Angestellte, doch in der öffentlichen Diskussion hatte das Betriebsverfassungsgesetz keinen prominenten Platz. Sollte sich dies mit einem Mal geändert haben? Verlangen neue Fragen nach neuen Antworten, müßte das Reformgesetz reformiert werden? Hat sich in den Betrieben, für die Öffentlichkeit kaum merkbar, möglicherweise soviel Konfliktstoff angesammelt, daß Handeln notwendig erscheint?

Diese Arbeit hat sich zum Ziel gesetzt, eine Bestandsaufnahme des Betriebsverfassungsgesetzes zu versuchen. Ausgehend von dem reformerischen Ansatz dieses Gesetzes ist die Frage zu stellen, ob und wie sich das Reformgesetz in der betrieblichen Wirklichkeit bewährt hat. Angesichts der veränderten wirtschaftlichen Daten (Arbeitslosigkeit) und des Einzugs neuer Technologien in die industrielle Welt ist sogar zu fragen, ob die eigentliche Bewährungsprobe jetzt erst gekommen ist. Diese Frage stellt sich im Prinzip auch dann, wenn neue konjunkturelle und politische Entwicklungen eintreten sollten, die bei Abschluß dieser Arbeit noch nicht vorhersehbar waren.

1.2. Problemstellung

Die Diskussion um die paritätische Mitbestimmung, die durch den Streit um die Montanmitbestimmung wieder belebt wurde, rückte in den siebziger Jahren, so schien es, in der öffentlichen Diskussion die Frage nach der Wirksamkeit der betrieblichen Mitbestimmung in den Hintergrund. Dabei ist übersehen worden, daß das novellierte Betriebsverfassungsgesetz für einen viel größeren Kreis von Arbeitnehmern und Unternehmern gilt als das Mitbestimmungsgesetz aus dem Jahre 1976, das die Mitbestimmung auf solche Unternehmen begrenzte, die mehr als 2000 Arbeitnehmer haben. Dagegen greifen die Rechte des Betriebsverfassungsgesetzes, das in seiner neuen Form 1972 in Kraft trat, schon dann, wenn mehr als fünf wahlberechtigte Arbeitnehmer in einem Unternehmen beschäftigt sind.

Bei der Diskussion um das Mitbestimmungsgesetz und um die Absicherung der Montan-Mitbestimmung konzentrierte sich das Interesse der Parteien und der gesellschaftlichen Interessengruppen - vor allem der Arbeitgeberorganisationen und der Gewerkschaften - auf die Frage nach Kontrolle wirtschaftlicher Macht an der Unternehmensspitze. Zwar haben die Entscheidungen von Vorstand und Aufsichtsrat der Unternehmen auch Konsequenzen für die Arbeitssituation des einzelnen Arbeitnehmers, doch sind sie in ihrer Entstehung und in ihren Auswirkungen nicht so direkt sichtbar wie solche Entscheidungen - beispielsweise

Einzelkündigungen oder Änderungen des Arbeitsablaufes -, die direkt in das betriebliche Geschehen eingreifen.

Im Gegensatz zum Mitbestimmungsgesetz zielt das "neue" Betriebsverfassungsgesetz nicht auf die Entscheidungen der Unternehmensspitze, sondern beschränkt sich vor allem darauf, die Auswirkungen unternehmerischer Grundentscheidungen auf ihre Verträglichkeit mit den sozialen Interessen der Arbeitnehmer hin zu überprüfen und mögliche negative Folgen abzuwenden. Die Fragen des täglichen betrieblichen Geschehens sind zwar oft weniger spektakulär als die "großen" Entscheidungen der Unternehmensspitzen, betreffen den einzelnen Arbeitnehmer aber in der Regel viel direkter und vor allem sichtbarer.

Vor diesem Hintergrund ist es verständlich, daß der ehemalige Bundeskanzler Brandt im Jahre 1979 wertend meinte, das Betriebsverfassungsgesetz habe mehr noch als das Mitbestimmungsgesetz demokratische Rechte verstärkt. (1) Tatsächlich war die Novellierung des Betriebsverfassungsgesetzes aus dem Jahre 1952 eines der ersten Reformvorhaben, was die sozialliberale Regierung 1969 in ihre Regierungserklärung auf- und sogleich in Angriff nahm. Unvergleichlich stärker als das Betriebsverfassungsgesetz des Jahres 1952, das gegen den Widerstand der Gewerkschaften und der SPD verabschiedet wurde, ist das Betriebsverfassungsgesetz, das 1971 den Bundestag passierte - diesmal mit Unterstützung der Gewerkschaften und der SPD/FDP -, seinem Ursprung und seiner Absicht nach ein Reformgesetz. "Das am 19. Januar 1972 in Kraft getretene neue Betriebsverfassungsgesetz gehört zweifellos zu den sozial- und gesellschaftspolitisch bedeutsamsten Gesetzen der Nachkriegszeit", heißt es in einem Kommentar gewerkschaftsnaher Autoren, deren folgende Feststellung auch von Arbeitgeberseite nicht bestritten wird. "Es handelt sich bei ihm nicht nur um eine bloße Änderung der früheren, aus dem Jahre 1952 stammenden Rechtsvorschriften, sondern - wenn auch unter Beibehaltung der bisherigen Konzeption - um ein völlig neues Gesetz." (2)

Das Betriebsverfassungsgesetz des Jahres 1972 (BetrVG 72) war und ist ein in seiner Absicht betont politisches Gesetz, weil es nach dem Willen seiner "Väter" viel mehr sein sollte als eine bloße Anpassung an zeitlich bedingte Veränderungen. Es sollte Reformimpulse vor allem im Hinblick auf zwei Ziele geben: auf eine möglichst "basisnahe", also arbeitnehmernahe Demokratisierung der Wirtschaft und auf eine "menschlichere" Gestaltung von Arbeitsablauf und -organisation (Humanisierung der Arbeit).

Aufgabenstellung und Ziel dieser Arbeit ist es nun, eine Art von Bestandsaufnahme anzufertigen und zu prüfen, wie sich dieses als Reformvorhaben deklarierte Gesetz in der betrieblichen Praxis bewährte. Nach der zwölfjährigen Amtszeit, die vier "Generationen" von neuen Betriebsräten nun schon hinter sich gebracht haben, ist der Erfahrungszeitraum lang genug, um beurteilen zu können, ob die mit dem "Reformgesetz" verbundene politische Absicht in der betrieblichen Wirklichkeit sich durchsetzen konnte oder nicht. Anspruch und Wirklichkeit sollen aneinander gemessen werden.

Unter schwerpunktmäßig politikwissenschaftlichen Fragestellungen ist eine wertende Überprüfung eines Reformgesetzes einer bestimmten politischen Ära, die von einem sehr starken Reformwillen bestimmt war, auch unter einem anderen, ergänzenden Gesichtspunkt interessant. Die Diskussion um die Novellierung des Betriebsverfassungsgesetzes Ende der sechziger Jahre ist nicht zu trennen von der breiten politischen und politikwissenschaftlichen Diskussion, die sich - angestoßen durch die Studentenrevolte der vorhergehenden Jahre - auf die Frage nach Ziel und Ausmaß demokratischer Teilhaberechte über den engen staatlichen Bereich hinaus konzentrierte. Insofern ist das BetrVG 72 ein Beispiel für ein Reformvorhaben, das die Demokratisierung - dieses war das allgemein gebrauchte Schlagwort - der Gesellschaft vorantreiben sollte. Die Demokratie sollte, so hieß es, auch vor den Betriebstoren nicht haltmachen.

Die Untersuchung will nicht nur Entwicklungen und Abläufe in Betrieben beschreiben, sondern auch wertend den Versuch unternehmen, zu prüfen, auf welche Freiräume und Widerstände in den Betrieben ein politischer Wille getroffen ist, der es sich zum Ziel gesetzt hatte, durch Rechtsnormen sozialen Wandel innerhalb bestehender Strukturen einzuleiten - und zwar ohne die Entscheidungszentren innerhalb dieser Strukturen selbst in Frage zu stellen. Dieser reformerische Ansatz, nämlich der Versuch der Veränderung innerhalb bestehender Strukturen - nicht deren Abschaffung -, war typisch für eine politische

Aufbruchstimmung, wie sie zu Beginn der Ära der sozialliberalen Regierung Brandt/Scheel prägend war.

Zu fragen, wie dieses Gesetz sich in der betrieblichen Praxis bewährt hat, ist Aufgabe dieser Untersuchung. Da die "Erprobung" dieses Gesetzes in eine Zeit schwerer wirtschaftlicher Strukturveränderungen fiel, die durch den Ölpreisschock 1974 sichtbar eingeleitet wurde, wird die Frage auch zu untersuchen sein, welche Chancen ein solches Reformgesetz in rauheren wirtschaftlichen Zeiten hat.

1.3. Eingrenzung des Themas und Methodik der Arbeit

Diese Arbeit beschäftigt sich vornehmlich mit dem BetrVG 72 und seiner Erprobung in der betrieblichen Praxis. Das Betriebsverfassungsgesetz aus dem Jahre 1952 wird nur insoweit herangezogen, wie es Unterschiede und Gegensätze zu dem "neuen" Gesetz aufzeigt. Da das BetrVG 72 nicht eine bloße Weiterentwicklung des BetrVG 52 ist, sind die Erfahrungen mit dem "ersten" Gesetz nur sehr bedingt für die Beurteilung des novellierten Gesetzes tauglich.

Was die zeitliche Spanne angeht, so beschäftigt sich diese Arbeit vornehmlich mit dem Zeitraum vor der Verabschiedung des BetrVG 72 im Bundestag bis zum ersten Quartal des Jahres 1984. Zeitlicher Abschluß soll das Ende der vierten Amtsperiode von Betriebsräten nach dem Inkrafttreten des Geseztes Anfang 1972 sein. Entwicklungen nach diesem Zeitpunkt wurden nur noch dann herangezogen, wenn sie zwingend für das gestellte Thema waren.

Ferner ist darauf hinzuweisen, daß sich diese Arbeit mit der betrieblichen Mitbestimmung im Geltungsbereich des BetrVG beschäftigt, also mit privatwirtschaftlich verfaßten Betrieben. Nicht einbezogen wurde die Mitbestimmung im Bereich des öffentlichen Dienstes, für den Personalvertretungsgesetze des Bundes und der Länder gelten. Obwohl auch die Erfahrungen mit den Personalvertretungsgesetzen im Bereich des öffentlichen Dienstes Aufschluß über die angestrebte Demokratisierung betrieblicher Strukturen und die Humanisierung von Arbeitsabläufen geben könnten, sind jedoch die Struktur des öffentlichen Dienstes und dessen spezifische Probleme so anders gelagert, daß eine eigenständige Untersuchung notwendig wäre. Auf das komplizierte

Thema Tendenzunternehmen wurde aus Platzgründen nicht eingegangen. Das Mitbestimmungsgesetz aus dem Jahre 1976 wurde nur insoweit herangezogen, als es Aufschlüsse auch für das Betriebsverfassungsgesetz brachte. Erfahrungen aus anderen Ländern als der Bundesrepublik wurden nur insoweit berücksichtigt, als sie Aufschluß über die Besonderheiten des bundesdeutschen Systems der betrieblichen Mitbestimmung geben.

Zwar ist die Fragestellung dieser Arbeit eine spezifisch politikwissenschaftliche, da sie von der politischen Absicht, die mit dem BetrVG 72 verbunden ist, ausgeht und nach den Durchsetzungschancen in der betrieblichen Praxis fragt. Dennoch kann sie nicht darauf verzichten, auch auf die Darstellung anderer Wissenschaftsbereiche wie der Soziologie, der Rechtswissenschaft und der Betriebswirtschaftslehre zurückzugreifen. So ist es beispielsweise notwendig, zur Beurteilung der Verwirklichungschancen eines Reformgesetzes in den Betrieben auch die betrieblichen Strukturen darzustellen. Weiterhin geben die Rechtssprechung der Arbeitsgerichte, vor allem des Bundesarbeitsgerichtes (BAG) sowie die Rechtsschutzstatistiken der Gewerkschaften nicht nur Kenntnis über die Entwicklung der rechtlichen Interpretationen des Gesetzes, sondern auch über Art und Häufigkeit der Konflikte in den Betrieben selbst. Dies wird um so aufschlußreicher sein, als das Gesetz vornehmlich auf Kooperation und Einigung in den Betrieben selbst angelegt ist. Auch kann die Rechtsauslegung durch die Gerichte sehr wesentlich für die Frage sein, ob sich die Chancen für die politischen Reformabsichten verbessern oder verschlechtern.

Diese Arbeit versucht, eine Bestandsaufnahme der Erfahrungen mit dem BetrVG 72 zu geben. Das bedeutet, daß sie relativ breit angelegt ist und sich auf den Gesamtbereich der Fragen ausdehnt, die mit diesem Gesetz zusammenhängen. Es wäre auch möglich gewesen zu versuchen, an einem einzelnen Aspekt des Gesetzes zu demonstrieren, wie es sich in der Praxis bewährt hat. Da aber bis zum Abschluß der Vorarbeiten für diese Arbeit dem Verfasser noch keine Untersuchung vorlag, die sich unter einer spezifisch politikwissenschaftlichen Fragenstellung mit einer umfassenden Bestandsaufnahme des Reformgesetzes beschäftigt, schien es reizvoll und lohnend, sich an eine solche Aufgabe heranzuwagen. Die Arbeit kann natürlich nicht - und will dies auch nicht - alle Aspekte vollständig erfassen, sondern nur diese, die für die Fragestellung relevant sind.

Die relativ breit angelegte Untersuchung hat es ratsam erscheinen lassen, sich nicht von vornherein auf ein bestimmtes räumliches Untersuchungsgebiet - beispielsweise ein bestimmtes Bundesland oder eine bestimmte Stadt - festzulegen. Ein gewisser Schwerpunkt vor allem im empirischen Bereich, aber auch teilweise im rechtlichen Teil, hat sich allerdings dadurch ergeben, daß es dem Verfasser aus praktischen und räumlichen Gründen sowie aus Gründen des Aufwands geraten schien, sich, soweit vorhanden, stärker auf Erfahrungen von Betriebsräten und Gewerkschaften - vor allem der IG Druck und Papier und der IG Metall - in Stuttgart und Baden-Württemberg zu stützen. Hinzu kam der glückliche Umstand, daß gerade in diesem Bereich Einzelgewerkschaften und der DGB-Landesverband empirische Erhebungen angestellt haben. Darauf wird noch in dem Abschnitt über die Quellenlage einzugehen sein.

Absicht der Arbeit ist es nicht, durch eigenständige empirische Untersuchungen die Wirksamkeit des BetrVG 72 in der betrieblichen Praxis zu überprüfen. Vielmehr sollte versucht werden, durch das Zusammentragen von Kenntnissen aus verschiedenen Bereichen und vorhandenen, teilweise neuen empirischen Untersuchungen ein Bild über die praktische Anwendung des Gesetzes und die damit verbundenen Probleme zu bekommen. Eigene Recherchen wurden insoweit vorgenommen, als sie zur Ergänzung und Abrundung der Arbeit notwendig schienen.

Darauf hinzuweisen ist auch, daß sich das Interesse dieser Arbeit vorwiegend darauf konzentriert, wie sich die Praxis des BetrVG 72 vornehmlich aus der Sicht der Betriebsräte und der mit ihnen zusammenarbeitenden Gewerkschaftsfunktionäre darstellt. Dieses dürfte insoweit legitim sein, als es die politische Absicht der Gesetzgeber war, die demokratischen Rechte der Arbeitnehmer - vertreten durch die Betriebsräte - zu verstärken und nicht die der Arbeitgeber. Gleichwohl hat der Verfasser versucht, die Gesichtspunkte der Arbeitgeber soweit wie möglich und nötig in die Arbeit mit einzubeziehen, zumal deren Haltung für die Verwirklichungschancen des Reformgesetzes nicht unerheblich ist. Die Darstellung der Praxis des Gesetzes aus der Sicht der Arbeitgeber hätte eine eigenständige Arbeit erfordert.

Schließlich ist darauf hinzuweisen, daß Erfahrungen des Verfassers aus einer zurückliegenden längeren Betriebsratstätigkeit insofern hilfreich waren, als sie das Verständnis für die vielfachen Probleme, die mit Theorie und Praxis des Betriebsverfassungsgesetzes verbunden sind, erleichterten. Gleichwohl sind empirische Erkenntnisse aus diesem eigenen Erfahrungsbereich aus sicher verständlichen Gründen - unter anderem aus dem der Objektivität gegenüber dem Forschungsgegenstand - nicht eingeflossen.

1.4. Quellenlage

"Zur betriebsverfassungsrechtlichen Mitbestimmung fehlen umfassendere empirische Untersuchungen neueren Datums", stellt Rancke (3) zu Recht fest. So kann es nicht überraschen, daß auch in neueren Arbeiten über das Betriebsverfassungsgesetz, soweit empirische Erkenntnisse herangezogen werden, beispielsweise nicht selten auf eine Untersuchung von Blume über das BetrVG 52 aus dem Jahr 1964 (!) zurückgegriffen wird.

Dies zu erklären, fällt nicht leicht und muß sich weitgehend auf Vermutungen stützen. Tatsächlich mag es damit zusammenhängen, daß sich das politische Interesse - und damit nicht selten auch das wissenschaftliche Interesse - auf solche Fragen eher konzentriert haben mag, die mit der "großen" Mitbestimmung, also der an der Unternehmensspitze, zusammenhängen. Die Frage nach der Wirksamkeit des BetrVG taucht recht häufig am Rande solcher Untersuchungen auf, so beispielsweise auch in der von dem ehemaligen Bundeskanzler Kiesinger im Dezember 1966 einberufenen Sachverständigenkommission zur Prüfung der Mitbestimmungsfrage in Unternehmen (Biedenkopf-Kommission). (4)

Fehlen auch umfassende Gesamtdarstellungen zur Praxis des Betriebsverfassungsgesetzes, so ist die Quellenlage doch nicht allzu negativ. In den letzten Jahren sind Arbeiten erschienen, die sich mit Einzelproblemen der Betriebsverfassung und der Betriebsrätearbeit befassen, so beispielsweise die von Kotthoff über eine Typologie der Betriebsräte (5), von Schank über die Praxis der Einigungsstellen (6), von Rummel über die Beteiligung des Betriebsrates an der Personalplanung und an personellen Einzelmaßnahmen (7) und andere. Außerdem liefen bei Abschluß der Vorarbeiten für diese Arbeit an verschiedenen

Forschungsinstituten Projekte, die sich mit unterschiedlichen Aspekten betrieblicher Mitbestimmung befassen, so beispielsweise die von Kirsch/Paul/Kemper am Institut für Organisation in München über "Die Problematik der Vertretung von Arbeitnehmerinteressen" (8) (inzwischen abgeschlossen). Auch sind in den beiden vergangenen Jahren wichtige Arbeiten zu den neuen Technologien erschienen, in denen auch die Auswirkungen für die Arbeit der Betriebsräte beschrieben wird. Dazu gehört vor allem die neue Untersuchung von Kern/Schumann ("Das Ende der Arbeitsteilung") aus dem Jahr 1984. (9)

Als hilfreich erwies sich, daß an der Jahreswende 1980/81 im gewerkschaftlichen Bereich empirische Befragungen zur Praxis der Betriebsrätearbeit durchgeführt wurden. Dazu zählen eine Befragung der DAG Hamburg über "Betriebsverfassung und Betriebsratsarbeit" aus der Sicht Hamburger Betriebsratsmitglieder (10), eine begrenzte Befragung des Landesverbandes Baden-Württemberg der IG Druck und Papier sowie eine umfassende des DGB-Landesverbandes in Baden-Württemberg und eine der IG-Metall-Bezirksleitung in Stuttgart. Zum Teil wurden sie dem Verfasser schon vor der endgültigen Auswertung zugänglich gemacht.

Angesichts der relativ umfassenden Anlage der Arbeit sind auch solche Quellen herangezogen worden, die nicht im strikten Sinn als empirisch anzusehen sind oder sich mit solchen Aspekten beschäftigen, die zum Umfeld des Betriebsverfassungsgesetzes gehören, wie zum Beispiel Untersuchungen über Arbeitnehmerbewußtsein, Arbeitsmotivation und Arbeitsorganisation. Schließlich gehören zum Quellenmaterial im weiteren Sinne auch Selbstzeugnisse von Betriebsräten, gewerkschaftliche Problembeschreibungen von Betriebsrätearbeit und Schulungsmaterial.

Was die Frage nach der Rechtssprechung des Betriebsverfassungsgesetzes angeht, so wurde auf Entscheidungssammlungen vor allem zur Rechtssprechung des Bundesarbeitsgerichts zurückgegriffen sowie auf die Rechtsschutzstatistiken und auf die Auskunft von Rechtsstellen der Gewerkschaften.

Der Versuch, die Frage nach den praktischen Verwirklichungschancen des BetrVG 72 zu beantworten, setzt sich aus vielen, auch empirischen Einzelaspekten zusammen. Die Tatsache, daß sich diese Arbeit nicht auf eine große empirische Einzeldarstellung stützt, sondern versucht, ein Bild der betrieblichen Wirklichkeit aus vielen Einzelteilen zusammenzutragen, kann unter Umständen deshalb problematisch sein, weil sich möglicherweise kein einheitliches Bild, sondern ein teilweise widersprüchliches ergeben könnte. Es wird zu prüfen sein, ob diese Widersprüchlichkeit aber nicht gerade die Wirklichkeit der praktischen Anwendung des Betriebsverfassungsgesetzes eher trifft als eine einheitliche, in sich kaum widersprüchliche Einzeluntersuchung.

A. GRUNDLAGEN BETRIEBLICHER MITBESTIMMUNG

2. BETRIEBSVERFASSUNGSGESETZ: ENTSTEHUNG UND POLITISCHE ABSICHTEN

2.1. Ursprung und Entwicklung

Die Vorgeschichte des heutigen Betriebsverfassungsgesetzes geht bis zur Frankfurter Nationalversammlung des Jahres 1848 zurück. Es war eine Entwicklung, die nicht ohne Widersprüche und Brüche verlief. "Von den ersten Ansätzen in der Verfassungsgebenden Frankfurter Nationalversammlung von 1848 über die fakultativen Arbeiterausschüsse der Gewerbeordnung von 1891 und ihre zwingend vorgeschriebene Errichtung nach der Novelle zum preußischen Berggesetz von 1905 bis hin zu den Arbeiter- und Angestelltenausschüssen des Hilfsdienstgesetzes von 1916 und dem Betriebsrätegesetz von 1920 war ein weiter Weg. Es war keine Entwicklung, die gradlinig verlief. Die jeweiligen betriebsverfassungsrechtlichen Entwicklungsstufen waren entscheidend von den herrschenden politischen Verhältnissen in Staat und Gesellschaft geprägt." (1)

Diese Entwicklungstendenzen nachzuzeichnen ist deshalb notwendig, weil das BetrVG 72 kein "ahistorisches" Gesetz ist, auch wenn es von seiner politischen Absicht her zumindest in Teilen einen Neubeginn markieren sollte. Zugleich trägt es aber auch deutliche Züge früherer Entwicklungen. So spiegelt die Vorgeschichte des Betriebsverfassungsgesetzes eine Tendenz wider, die in der Diskussion um die Einführung und Ausdehnung betrieblicher Mitbestimmung kennzeichnend war: sollte sie ein Instrument zur pragmatischen Reform innerhalb bestehender Strukturen - mit dem langfristigen Ziel zu deren Änderung - sein oder ein Instrument zur radikalen Änderung, ein "Brecheisen der Revollution" (2). Zwar reicht die Idee einer betrieblichen Interessenvertretung weiter als 1848 zurück, und diese war nicht unbedingt eine bürgerliche Idee, doch versuchte es zum ersten Mal ein bürgerliches Parlament, Ansätze zu einer betrieblichen Mitbestimmung zu verwirklichen. Als der "volkswirtschaftliche Ausschuß" der Frankfurter Nationalversammlung sich mit dem Entwurf einer Reichsgewerbeordnung befaßte, entstand aus seiner Mitte ein Entwurf, der die Wahl von Fabrikausschüssen vorsah; der Entwurf fand allerdings keine Mehrheit. Der Fabrikausschuß sollte sich zusammensetzen aus dem Fabrikinhaber und den gewählten Vertretern der Arbeiterschaft. Er sollte die Fabrikordnung entwerfen und aufrechterhalten (3). "Seine gesamte Tätigkeit hatte das Ziel, durch Vermittlung von Streitigkeiten und durch Aufrechterhaltung der Ordnung das Interesse der Arbeiter an der Fabrikanstalt zu fördern und so einen Beitrag zur Entfaltung des Gewerbes zu leisten. Die sozialpartnerschaftliche Tendenz war unverkennbar, freilich alles andere als überraschend, war doch die Frankfurter Nationalversammlung ein Honoratiorenparlament gewesen, dem Beamte und Fabrikanten angehörten, nicht jedoch Arbeiter." (4)

Waren Arbeiter in diesem ersten bürgerlichen Parlament, das bald scheitern sollte, auch nicht vertreten, so hatten sie doch Anteil an der vorhergehenden März-Revolution gehabt. So waren unter den Kämpfenden in Berlin auch Metallarbeiter aus Maschinenfabriken. Die beginnende industrielle Revolution, die auch und gerade für die Arbeiter einen schweren Umwandlungsprozeß einleitete, gab den Anstoß für die ersten Forderungen, die in Richtung auf eine betriebliche Mitbestimmung gingen. Als 1848 in Berlin die erste deutsche Arbeiterorganisation, die Allgemeine Deutsche Arbeiterverbrüderung, gegründet wurde, forderte sie Mitbestimmung bei der Wahl ihrer betrieblichen Vorgesetzten. Lohn und Arbeitszeit sollten durch Kommissionen geregelt werden, denen Arbeiter und Arbeitgeber angehörten. Ein Jahr später, im Jahr 1849, forderte ein Aufsatz in der "Verbrüderung", dem Korrespondenzblatt aller deutschen Arbeiter, die freie Wahl der Aufseher und Werkmeister in den Fabriken. Die Mitbestimmung rangierte in diesem Fall noch vor der Forderung nach gesetzlich erlaubtem Zusammenschluß von Arbeitern. (5)

Es sollte dann noch vierzig Jahre dauern, bis 1891 zum ersten Mal Arbeiterausschüsse - wenn auch auf freiwilliger Basis - in einem Gesetz des Reichstages angeregt wurden. Freilich gab es in der Zwischenzeit auch Anstöße zu verschiedenen Formen betrieblicher Mitbestimmung, die sich vor allem auf soziale Fragen konzentrierten; sie wurden von einzelnen Unternehmen initiiert. Dabei war eine der Kernzellen die Verwaltung von Unterstützungskassen, an denen Arbeiter beteiligt wurden. Hier fand sich der Ansatz für die Mitbestimmung in sozialen Angelegenheiten, "die auch bei späteren gesetzlichen Regelungen einen Schwerpunkt bildeten". (6)

Ordnung des Betriebes, Regelung von Streitigkeiten, Klagen von Arbeitnehmern, später Unfallverhütung, betriebliches Vorschlags- und Verbesserungswesen, Personalwechsel, Festsetzung von Lohn- und Arbeitszeit - dies waren Kernpunkte von Zugeständnissen, die Arbeitgeber ihren Arbeitnehmern machten. Diese freiwilligen Beschränkungen von Unternehmergewalt hatten verschiedene Motive, die sich teilweise ergänzten und überschnitten. Da standen auf der einen Seite Nützlichkeitserwägungen - wie mehr Interesse am Betrieb, Steigerung von Leistungswillen und die Werkstreue -, auf der anderen Seite sozialethische Vorstellungen von einer "Werksfamilie". Paternalistische Vorstellungen mischten sich da mit ersten sozialpolitischen Reformkonzepten, die bis hin zu freiwillig eingeräumten Betriebsverfassungen gingen. "Man wollte nicht nur materiell zufriedene Untergebene, sondern auch frei und verantwortlich sich fühlende Mitarbeiter um sich haben." (7) Zu dieser Gruppe fortschrittlicher Unternehmer gehörte beispielsweise der Berliner Fabrikant Freese, der seinen Arbeitnehmern die Möglichkeit der Einflußnahme durch eine Rechte und Pflichten beider Seiten abgrenzende "Betriebsverfassung" gab. Diese Betriebsverfassung der "konstitutionellen Fabrik" galt damals als revolutionär. Parallel zu solchen relativ seltenen Entwicklungen, die keine Wohlfahrtseinrichtungen, sondern Rechtsinstitutionen schufen, gab es soche Unternehmer - wie beispielsweise Krupp und Siemens -, die eine beispielgebende Sozialpolitik betrieben, aber in der Betriebsführung selbst autoritär und patriarchalisch blieben. (8) Aus diesen frühen und recht vereinzelten Beispielen unternehmerischer Eigeninitiative lassen sich bereits zwei Elemente erkennen, die für spätere Betriebsverfassungsgesetze wesentlich sein sollten: die soziale Absicherung auf der einen und die betriebliche Mitbestimmung auf der anderen Seite.

Die Anregungen durch einzelne Unternehmen stießen nicht nur bei anderen Unternehmern auf Skepsis und Ablehnung, sondern auch bei den sich bildenden politischen und gewerkschaftlichen Vereinigungen der Arbeitnehmer, die zum großen Teil im Widerspruch zu den staatlichen Gewalten standen (Bismarcks Sozialistengesetze). Diese Vereinigungen entstanden in der Auseinandersetzung mit staatlichen Institutionen und dem größten Teil der Arbeitgeber. So konnte es in dieser Kampfsituation nicht verwundern, daß die keineswegs immer einheitliche Arbeiterbewegung, soweit sie sich politisch und gewerkschaftlich artikulierte, sowohl der staatlichen als auch der betrieblichen Sozialpolitik skeptisch bis abwehrend gegenüberstand. Dies galt auch für die wenigen Arbeiterausschüsse auf freiwilliger Basis, die nicht selten als "Unternehmerpolizei" abqualifiziert wurden.

Mit der Entstehung einer Arbeiterbewegung, die sich politisch und gewerkschaftlich zu organisieren begann, setzte auch die Diskussion über Methoden und Ziele dieser sich formierenden Bewegung ein: sollte sie direkt den radikalen Prozeß einer Ablösung der bestehenden Strukturen in Staat und Gesellschaft anstreben oder langfristig versuchen, innerhalb der bestehenden staatlichen und gesellschaftlichen Ordnung sich nach und nach Rechte zu sichern, ohne die bestehende Ordnung sofort aufzulösen? Diese Frage nach der reformerischen oder revolutionären Änderung der bestehenden Verhältnisse konnte nicht ohne Ausfluß auf die Bewertung betrieblicher Mitbestimmungsrechte sein.

Das "Kommunistische Manifest" aus dem Jahre 1848, die Bildung des sozialistischen "Allgemeinen Deutschen Arbeitervereins" durch Lassalle 1863, die Gründung der marxistisch orientierten "Sozialdemokratischen Arbeiterpartei" durch Bebel und Liebknecht 1869 sowie die Verschmelzung der mehr sozialistisch auf der einen und mehr marxistisch orientierten Parteien zu der "Sozialistischen Arbeiterpartei Deutschlands" 1875 in Gotha auf der anderen Seite bildeten die wesentlichen Entwicklungsstufen der politischen Organisation von Arbeitern. Mit der Zusammenfassung dieser Kräfte fiel auch zusammen die Neugründung der "freien" deutschen Gewerkschaften, deren Mitglieder zwar organisatorisch von der Partei unabhängig waren, zum Teil aber auch Parteimitglieder und in ihrer Gesinnung vornehmlich sozialistisch ausgerichtet waren.

Nach der Zeit der Repression im Anschluß an die Sozialistengesetze Bismarcks (1878) stellte sich nach der zwölfjährigen Verbotszeit für die seit 1891 als "Sozialdemokratische Partei Deutschlands" bezeichnete Partei - und zwar nach der Wiederherstellung der Legalität dringender als je zuvor - "die Frage nach dem Verhältnis zwischen revolutionärem und reformistisch-legalem Verhalten". (9) Die durch Bernstein und seine Freunde eingeleitete Kritik und Revision des Marxschen Systems führte zu der Tendenz, die absolute Gültigkeit Marxscher

Thesen nicht nur anzuzweifeln, sondern zugleich solche Entwicklungen zu beachten und zu fördern, die auf eine Verbesserung im Kapitalismus deuteten. Dazu gehörten auch Verbesserungen der Lebenslage des einzelnen Arbeitnehmers, mochten sie auch noch sehr unzureichend sein. Der schrittweise Einbau von Reformelementen sollte zwar zugleich eine schrittweise Entfernung vom Kapitalismus bedeuten und eine Annäherung an den Endzustand des Sozialismus bringen. "Für die politische Praxis der Partei bedeuteten Ideen des Revisonismus, statt auf den von Marx prophezeiten und von Bebel kurzfristig angekündigten Zusammenbruch des Kapitalismus zu spekulieren, den Kampf und Veränderung in Staat, Gesellschaft und Wirtschaft zu beginnen." (10)

Eine ähnliche Entwicklung wie die Sozialdemokratische Partei machte auch die Gewerkschaftsbewegung durch. Ohne die Entwicklungen am Ende des 19. Jahrhunderts im einzelnen nachzuzeichnen, kann so viel gesagt werden, daß hier der Widerspruch sichtbar wurde, der auch für die Partei kennzeichnend war: "Das Schwanken zwischen marxistischer Zusammenbruchsund Endzielvision einerseits und notwendigem gegenwartsbezogenem Handeln zugunsten der Arbeiterschaft andererseits". (11) Dieser Zwiespalt bestimmte auch die Haltung von Partei und Gewerkschaft gegenüber den Arbeiterausschüssen. Waren sie für die einen ein "Feigenblatt des Kapitalismus", so waren sie für die anderen immerhin "gleichsam eine Etappe zur Sozialisierung". (12)

War das Bild innerhalb der Gewerkschaft und der Partei noch lange Zeit uneinheitlich, so setzte sich doch nach und nach und in vielen Zwischenschritten der reformerische gegenüber dem revolutionären Ansatz durch. Nach dem Abgang Bismarcks und dem Erstarken von sozialdemokratischer Partei und sozialistischer Gewerkschaft verabschiedete der Reichstag dann 1891 das sogenannte "Arbeitsschutzgesetz" - eine wichtige Zwischenstation auf dem Wege zum Betriebsverfassungsgesetz. "Es schreibt vor, daß sich die Arbeiter eines Betriebes beim Erlaß oder bei der Änderung einer Arbeitsordnung zu deren Inhalt äußern können." (13)

Wenn auch die Bildung eines Arbeiterausschusses nicht zur Pflicht gemacht wurde, "so bedeutet doch das Gesetz einen entscheidenden Wendepunkt in der Entwicklung der Betriebsverfassung. Der Staat verkündet damit den Grundsatz, daß die innere Ordnung des Betriebes nicht mehr allein und ausschließlich vom Willen des Arbeitgebers abhängt." (14) Nach einem großen Streik wurde 1905 in Preußen die Errichtung von Arbeiterausschüssen auf allen Zechen mit über fünfzig Beschäftigten durch die Novelle zum Preußischen Berggesetz obligatorisch, 1916 endlich dann, mitten im Krieg, wurden für die ganze deutsche Industrie Arbeiterausschüsse in Betrieben mit über fünfzig Arbeitnehmern zur Pflicht. Dieses "Vaterländische Hilfsdienstgesetz" vom 2.12.1916 führte zwar die Dienstpflicht ein und beschränkte die Freizügigkeit beim Arbeitsplatzwechsel, bedeutete aber paradoxerweise "einen nicht zu übersehenden Fortschritt im Bereich der betrieblichen Sozialordnung". (15)

Damit ist, nach vielen Zwischenstationen, im Prinzip die Einbindung der Arbeiterschaft in den Staat erreicht - zumindest vorerst und entgegen vielen zumindest verbalen Distanzierungen. So erklärte ein führender Gewerkschaftsrepräsentant vor der 13. Generalvollversammlung des Deutschen Metallarbeiter-Verbandes (DMV): "Selbstverständlich ist dieses Gesetz (das Vaterländische Hilfsdienstgesetz d.Verf.) ein Zwangsgesetz, aber es sind doch in dieses Zwangsgesetz Tropfen sozialen Öls hineingekommen, die den Zwang abzuschwächen die Tendenz haben ... nein, vom Boden der Praxis ausgehend, mußten die Gewerkschaftsführer sich sagen: 'Wenn die Möglichkeit besteht, ein größeres Übel zu verhindern, so nehmen wir das kleinere Übel in Kauf.'" (16)

Die Entwicklung des Betriebsrätegesetzes und des Betriebsrätegedankens spiegelt die widersprüchlichen Tendenzen wider, die mit der Geschichte der betrieblichen und überbetrieblichen Mitbestimmung verbunden sind. Betriebsausschüsse, so war dargestellt worden, entstanden im 19. Jahrhundert in einzelnen Unternehmen mit der Billigung und teilweisen Unterstützung von Unternehmern, stießen zugleich aber auf Mißtrauen und Ablehnung bei den sich bildenden politischen und gewerkschaftlichen Vereinigungen der Arbeitnehmer. Das schien so lange logisch, wie diese im Kampf gegen den Staat und in einer Abwehrhaltung zu ihm sich formierten. Doch schon das "Vaterländische Hilfsdienstgesetz" vom 5. Dezember 1916, das durch eine Art von Tauschgeschäft zustande kam - Einräumung von gewissen Rechten, beispielsweise Arbeiterausschüsse, gegen die Dienstverpflichtung -, deutete an, daß die sozialreformerische Bewegung sich gegen die revolutionäre zu stärken begann.

In den Auseinandersetzungen um das Betriebsrätegesetz vom 4. Dezember 1920 prallten die unterschiedlichen Strömungen aufeinander. Am Ende hatten sich mit Hilfe der inzwischen an der Regierung beteiligten Sozialdemokratischen Partei und den Gewerkschaften jene Kräfte durchgesetzt, die auf schrittweise Reform statt auf revolutionäre Änderung der Verhältnisse setzten. Die Rätebewegung, die eine ihrer Urzellen vor allem in der Berliner Metallarbeiterschaft hatte, beherrschte zwar kurze Zeit einen großen Teil der Betriebe, wurde aber von dem größten Teil der Gewerkschaften und der Sozialdemokratischen Partei abgelehnt. Die sozialreformerische Richtung innerhalb der Arbeitnehmer und ihrer Organisationen sah nach dem Ersten Weltkrieg ihre Chancen wachsen, innerhalb der neu entstehenden Institutionen der Weimarer Republik Einfluß zu nehmen. So waren auch die Gewerkschaften eingebunden. Seit 1916 als Tarifvertragsparteien anerkannt, waren sie von Ende 1918 bis zum Januar 1924 in der Zentralarbeitsgemeinschaft mit den Unternehmen liiert. Die Arbeiterräte, die noch in der Endphase des Ersten Weltkrieges entstanden und vor allem Streiks wegen der mangelnden Versorgung organisierten, waren Teil einer breiten politischen Bewegung, die sich gegen den reformerischen Ansatz der Sozialdemokratie und der mit ihnen verbundenen Gewerkschaften richtete.

Im Zusammenhang mit der Frage der Sozialisierung forderte die ab November 1918 als vorübergehend mächtig sich entwickelnde Arbeiterrätebewegung "übrigens nicht die völlige Übernahme der Betriebe durch die Arbeiter, sondern ein abgestuftes System der Kontrolle und Mitbestimmung gegenüber den alten Betriebsleitungen oder auch den neuen vergesellschafteten Industriezweigen. Die Sozialisierungsforderungen der Rätebewegung waren relativ gemäßigt. Neben den öffentlichen Verkehrs- und Versorgungsunternehmen standen vor allem der Bergbau und die im Krieg entstandene Großchemie auf dem Programm." (17)

Nur kurze Zeit existierte die Rätebewegung als zweite wichtige politische Kraft neben der sozialdemokratischen Regierung Ebert/Scheidemann in einer Art von Doppelherrschaft. Die freien Gewerkschaften befanden sich zwar vorübergehend gegenüber dieser politischen Bewegung in der Defensive, begannen sich aber dann durchzusetzen. Im gemeinsamen Kampf mit der Sozialdemokratie wurden ihnen sozialpolitische Verbesserungen zugestanden. Obwohl in den Gewerkschaften die Meinungsbildung keineswegs einheitlich war, setzte sich doch die Ansicht allmählich durch, daß es innerhalb der Gewerkschaftsbewegung keinen Bedarf für ein Rätesystem gebe. (18)

Daß im Februar 1920 noch einmal Tausende von Arbeitern gegen das entstehende Betriebsrätegesetz demonstrierten, das in Zusammenarbeit von sozialdemokratischer Regierung und Gewerkschaftsführung entstanden war, machte die Gegensätze innerhalb der organisierten Arbeitnehmerschaft deutlich. In der Folgezeit wurde die politische Rätebewegung dann in die Betriebe zurückgedrängt und dort auf sozialreformerische Ansätze beschränkt. Die Gewerkschaften leisteten dabei eine wichtige Integrationsarbeit. Die Arbeiterräte hatten sehr wenig noch zu tun mit den Arbeiter- und Angestellten-Ausschüssen der vorherigen Gesetzgebung. Doch griff der Rat der Volksbeauftragten auf eben diese Ausschüsse zurück und dehnte sie durch Verordnung auf alle Betriebe aus. Nach erheblichen Protesten und Massenstreiks - und natürlich auch unter dem politischen Druck, der von den Arbeiterräten ausging - bekannte sich die Weimarer Reichsverfassung in ihrem Artikel 165 dazu, Arbeiter und Angestellte seien berufen, "gleichberechtigt in Gemeinschaft mit den Unternehmern an der Regelung der Lohn- und Arbeitsbedingungen sowie an der gesamten wirtschaftlichen Entwicklung der produktiven Kräfte mitzuwirken". (19)

Gemessen an der Absicht, den Arbeitnehmern eine "gleichberechtigte Mitwirkung" einzuräumen, blieb das am 4. Februar 1920 verabschiedete Betriebsrätegesetz (BRG) weit hinter diesen Erwartungen zurück. Gleichwohl brachte es im Vergleich zum "Vaterländischen Hilfsdienstgesetz" von 1916, wenn auch dessen Leitlinien folgend, eine Reihe von Verbesserungen, so zum Beispiel "eine Reihe von Mitbestimmungsrechten, die durch Abschluß von Betriebsvereinbarungen, bei fehlender Einigung durch Anrufung eines paritätisch besetzten Schlichtungsausschusses ausgeübt werden konnten". (20). Sie galten beispielsweise für:
Arbeitszeitordnung
Entlohnungsmethoden
Arbeitszeit
Verwaltung von betrieblichen Sozialeinrichtungen
und Einstellungsrichtlinien.

Relativ schwach war die Mitwirkung dagegen bei wichtigen Fragen wie Kündigungen, wo der einzelne Arbeitnehmer nur in Härtefällen die betriebliche Interessenvertretung anrufen konnte, oder bei betrieblichen Änderungen, beispielsweise durch Einführung neuer Techniken oder neuer Arbeitsmethoden, wo der Arbeitgeber sich mit dem Betriebsrat nur "in Benehmen" zu setzen hatte. Immerhin ist bemerkenswert, daß auch in diesem noch recht schwachen Gesetz - gemessen an den Forderungen der Arbeiterräte - wesentliche Elemente erkennbar sind, die auch in dem Betriebsrätegesetz nach dem Zweiten Weltkrieg enthalten sein sollten. Auch der Doppelcharakter des Betriebsrätegesetzes, nämlich einerseits Interessenvertretung der Arbeitnehmer, andererseits aber auch die Produktion zu gewährleisten, kam in den Gesetzesbestimmungen des ersten Betriebsrätegesetzes zum Ausdruck, so zum Beispiel im § 66, wo es heißt, der Betriebsrat habe die Betriebsleitung durch Rat zu unterstützen, um dadurch mit ihr "für einen möglichst hohen Stand der Technik und für möglichste Wirtschaftlichkeit der Betriebsleistungen zu sorgen". (21) Auch der Gedanke der Friedenspflicht taucht schon auf. Wenn man bedenkt, daß Forderungen der Arbeiterräte unter anderem dahin gingen, daß Lohn- und Gehaltsfragen nur mit ihrer Zustimmung geregelt und Entlassungen nicht gegen ihren Willen durchgesetzt werden sollten - wenn auch ohne Eingriffe in die Betriebsleitung -, so ist es verständlich, daß das neue Gesetz in der organisierten Arbeiterschaft teilweise auf Befremden und Widerspruch stieß. Immerhin: Gemessen an einer langen Entwicklung war es ein Fortschritt. Zugleich machten sich die Gewerkschaften daran, die Betriebsräte voll in ihre Organisation zu integrieren: "Die Eingliederung der Räte in die Gewerkschaftsbewegung, die nach schwerwiegenden Kämpfen in den folgenden Jahren gelang, ist das soziale Meisterstück der deutschen Gewerkschaftsbewegung der Nachkriegszeit. Nicht mehr besteht jene ursprüngliche Gegnerschaft zwischen Betriebsrätebewegung und Gewerkschaft; die Betriebsräte sind vielmehr zu dem verlängerten Arm der Gewerkschaften innerhalb des Betriebes geworden." (22)

Im folgenden soll nicht mehr auf die Praxis des Betriebsrätegesetzes der Weimarer Zeit und die Perversion der sozialpartnerschaftlichen Tendenz im Gesetz zur Ordnung der Nationalen Arbeit eingegangen werden, das die Nationalsozialisten im Jahre 1934 erließen - dies erforderte eine eigene Arbeit. Es kam vor allem darauf an, die Entwicklungslinien nachzuzeichnen, die sich dann auch im Betriebsrätegesetz des Jahres 1952 wiederfinden sollten. Bei vielen Bestimmungen des Betriebsrätegesetzes von 1952 hat jenes von 1920 Pate gestanden.

2.2. Vom "Anti-Reform-" zum Reformgesetz

Nach dem Zusammenbruch der staatlichen und wirtschaftlichen Ordnung im Zweiten Weltkrieg schien die Situation für die Gewerkschaften und die Betriebsräte günstig zu sein. In der "ersten Stunde" übernahmen in den Betrieben oft Betriebsräte Leitungsfunktionen, da in vielen Fällen die alten Unternehmensleitungen belastet waren. "Sie waren zu dieser Zeit die tatsächlichen Träger der Unternehmensordnung, und die nur langsam sich wieder einrichtende Industriebürokratie in den Betrieben konnte noch lange Zeit später keinen Schritt ohne den Willen der Betriebsräte tun." (23) Hinzu kam, daß es grundsätzliche Widersprüche wie unmittelbar nach dem Ersten Weltkrieg zwischen Betriebsräten und Gewerkschaften nicht gab. Vielmehr bildeten Betriebsräte, die nach einer übergreifenden Organisationsform suchten und da es eine Massenpartei für sie noch nicht gab, die Keimzellen für die Bildung von Gewerkschaften; viele der Betriebsräte wechselten in die Gewerkschaftsbürokratie über und bauten die Gewerkschaften auf.

Da zuerst eine Art von rechtsfreiem Raum bestand, versuchten Betriebsräte durch Betriebsvereinbarungen die betriebliche Mitbestimmung zu sichern. Doch bald schon verlagerten sich die Aktivitäten zur Sicherung der Mitbestimmungsrechte von den Betriebsausschüssen auf die Gewerkschaften. Die wiederum versuchten vorwiegend auf die Länderparlamente Einfluß zu nehmen - mit unterschiedlichem Erfolg. Das alliierte Kontrollratsgesetz vom 10.4.1946 hatte den Rahmen für die Bildung von Betriebsräten zwar festgelegt, nicht aber die einzelnen Rechte. Das Gesetz "enthielt lediglich die wichtigsten Vorschriften über die Bildung von Betriebsräten nach demokratischen Grundsätzen und umschrieb die Aufgaben und Befugnisse der Betriebsräte nur allgemein". (24) Den größten Erfolg errangen die Gewerkschaften dabei in Hessen. Das Hessische Betriebsräte-Gesetz vom 26.5.1948 sah nicht nur Mitbestimmungsrechte in sozialen und personellen Angelegenheiten, sondern auch Mitbestimmungsrechte in wirtschaftlichen Angelegenheiten vor. Es ging damit deutlich weiter als das Betriebsrätegesetz aus dem Jahre 1920. Doch solche weitgehenden Regelungen für die Betriebsräte und die Überführung von Schlüsselindustrien in Gemeineigentum scheiterten bald an dem Veto der westlichen Alliierten. Die Amerikaner argumentierten beispielsweise, man dürfe einer späteren deutschen Zentralgewalt nicht vorgreifen. Doch dies war nur ein formaler Grund. Tatsächlich geriet der Versuch von Betriebsräten und Gewerkschaften, die Mitbestimmungsrechte zu sichern und eine enge Verklammerung von betrieblichen Vertretungen und Gewerkschaften zu erreichen, bald in politische Auseinandersetzungen der Nachkriegszeit.

In der unmittelbaren Nachkriegszeit war die amerikanische Deutschland-Politik zuerst noch von den Vorstellungen des Morgenthau-Planes bestimmt, der praktisch zu einer Rückentwicklung, zu einem Agrarstaat geführt hätte. Dies änderte sich bald. In der beginnenden Auseinandersetzung mit der Sowjetunion erhielt Westdeutschland neue Bedeutung; in diesem Zusammenhang wurde auch die Herstellung der kapitalistischen Wirtschaftsordnung angestrebt. Zwar hatten sich die Alliierten im Potsdamer Abkommen noch zu folgemdem Grundsatz bekannt: "... das deutsche Wirtschaftsleben zu dezentralisieren mit dem Ziel der Vernichtung der bestehenden übermäßigen Konzentration der Wirtschaftskraft, besonders in der Form von Kartellen, Syndikaten und anderen Monopolvereinigungen." (25)

Doch diese Vereinbarung wurde von den Alliierten unterschiedlich interpretiert. Die Sowjetunion begann konsequent in ihrer Besatzungszone mit der Enteignung, die Amerikaner gingen davon aus, daß mit dieser Übereinkunft vor allem die Entflechtung der Konzerne gemeint sei. Großbritannien neigte unter einer Labour-Regierung zu einer Sozialisierung der Montanindustrie, beugte sich aber amerikanischem Druck. (26). Die Briten gaben 1946 ihr Entflechungsprogramm für die westdeutsche Montanindustrie bekannt, bei der eine Aufgliederung der Konzerne in die Wege geleitet, eine spätere Überführung in Gemeineigentum dabei nicht ausgeschlossen wurde - Folge des Kompromisses mit den USA. Den Gewerkschaften kam es dabei vor allem darauf an, sich in der abzeichnenden neuen Ordnung ihren Platz zu sichern, und zwar nicht nur in den Betrieben, sondern vor allem auch an der Unternehmensspitze, in überbetrieblichen Institutionen und Leitungskammern. Sie knüpften deshalb auch weniger an die

Betriebsrätebewegung und das Betriebsrätegesetz von 1920, sondern zum Teil an die Gedanken von Naphtali zur Wirtschaftsdemokratie an, der den Schwerpunkt auf überbetriebliche Mitbestimmung legte. Das erklärt vielleicht auch, wie Däubler meint, die Vernachlässigung des Kampfes um neue betriebliche Ordnungen. Denn in Naphtalis Konzept (auf das noch im Kapitel über die Demokratisierungs-Diskussion detailliert eingegangen wird) hatten die Betriebsräte nur einen untergeordneten Rang. "Der Weg zur wirklichen Führung der Wirtschaft kann nicht über einzelne Betriebe, nicht über Betriebsräte führen, sondern die Mitwirkung der Arbeiterschaft muß gerade dort eingeschaltet werden, wo sich Absatz und Produktion regulierende Organisationen bilden ... Erst die organisierte und von den Gewerkschaften kontrollierte Wirtschaft, die auch den einzelnen Unternehmer zum beauftragten und gebundenen Führer eines Betriebes macht, wird die wirksame Kontrolle dieser Betriebsführung durch die gesetzlich eingesetzten Betriebsräte möglich machen." (27)

Diesen Ansätzen folgend und aus der Erkenntnis, daß weder die formale Demokratie der Weimarer Republik noch die Beteiligung von Betriebsräten in den Betrieben zur Sicherung gewerkschaftlicher Rechte ausgereicht hatten, zogen die Gewerkschaften nach dem Zweiten Weltkrieg die Konsequenz, daß der Demokratisierung des politischen auch die des wirtschaftlichen Lebens folgen müsse. Sie forcierten auch - und zwar als Teil eines Gesamtkonzepts - den Gedanken der Mitbestimmung auf Unternehmensebene. Dieser Ansatz ist auch bei einer Rede Böcklers auf der ersten Gewerkschaftskonferenz 1946 zu finden: "Ein zweites Mal soll den deutschen Arbeitern nicht passieren, was in den Jahren 1920/21 passiert ist, daß sie trotz ihres ehrlichen Strebens wiederum die Betrogenen sind. Wir müssen in der Wirtschaft selber als völlig gleichberechtigt vertreten sein, nicht nur in den einzelnen Organen der Wirtschaft, nicht in den Kammern der Wirtschaft allein, sondern in der gesamten Wirtschaft. Also, der Gedanke ist: Vertretung in den Vorständen und Aufsichtsräten der Gesellschaften." (28)

Diesem Ansatz entsprechend wurde ein Konzept vorgelegt, das die betriebliche und unternehmerische Mitbestimmung miteinander verband. Gefordert wurde zwar auch die rechtliche Verankerung der betrieblichen Mitbestimmung, also ein neues Betriebsrätegesetz, das wesentlich über das aus dem Jahre 1920 hinausgehen sollte. Wichtiger war, daß bei der paritätischen Vertretung der Arbeitnehmer in den Aufsichtsund Kontrollorganen die Gewerkschaften das entscheidende Wort haben sollten; dabei sollten mindestens zwei Vertreter aus dem Betriebsrat kommen. Die Betonung lag dabei auf Mitbestimmung und Kontrolle an der Unternehmensspitze; die Betriebsräte wurden dabei eng an die gewerkschaftliche Organisation gebunden. Die Forderungen nach personeller, sozialer und wirtschaftlicher Mitbestimmung für die Betriebsräte wurde zwar erhoben, aber nicht mit gleichem Nachdruck vertreten wie die Unternehmensmitbestimmung.

Wie eng die Betriebsräte nun an die Gewerkschaften angebunden werden sollten, zeigten die "Richtlinien der Gewerkschaften für die Arbeit der Betriebsräte", die von den Gewerkschaftsbünden auf der fünften gewerkschaftlichen Interzonenkonferenz aller vier Besatzungszonen 1947 beschlossen wurden: "Die Betriebsräte als Organe der Belegschaften sind wichtige Funktionäre der Gewerkschaften in der Durchsetzung der gewerkschaftlichen Forderungen und des sozialen und wirtschaftlichen Mitbestimmungsrechtes der Arbeiter, Angestellten und Beamten in den Betrieben. Die Anleitung der Arbeit der Betriebsräte soll in ganz Deutschland nach einheitlichen gewerkschaftlichen Grundsätzen erfolgen." (29) Dabei sollten die Betriebsräte nicht nur den Belegschaften, sondern auch der Gewerkschaft verantwortlich sein. Die Organisation und Leitung der Betriebsratswahlen sollte in den Händen der Gewerkschaften liegen. Die enge Koppelung mit der Gewerkschaft war nach diesem Konzept auch Voraussetzung für die Mitbestimmung der Betriebsräte in den Betrieben selbst. Für sie wurde nicht nur Mitbestimmung, sondern Kontrolle der Produktion, der Arbeitsmethoden, der Investitionen, der Absatzpolitik und der Preisgestaltung gefordert. Gemessen an dem Betriebsrätegesetz des Jahres 1920, aber auch gemessen an dem späteren des Jahres 1952 und selbst des erheblich verbesserten 1972 waren dies so weitreichende Vorstellungen, wie sie bisher nicht verwirklicht worden sind. Realistisch schienen diese Forderungen nur vor dem Hintergrund der unmittelbaren Nachkriegszeit. Nicht nur die noch recht ambivalente Haltung der westlichen Alliierten, wobei vor allem die Briten den gewerkschaftlichen Forderungen nach Sozialisierung und Mitbestimmung entgegenkommen wollten, sondern auch die politische Stimmung (siehe Ahlener Programm der CDU) im Land selbst schienen für solche Vorstellungen günstig zu sein. Zu erinnern ist in diesem Zusammenhang an Erklärungen von Unternehmern und Politikern, die für diese Zeit typisch waren. So heißt es in einem Brief der Unternehmer Reusch (Gute Hoffnungshütte AG), Jarres (Klöckner-Werke AG) und Hehemann (Otto Wolff) an das Verwaltungsamt für Wirtschaft Minden: "Schließlich erklären wir unsere aufrichtige Bereitwilligkeit, den Belegschaften und den Gewerkschaften volle Mitwirkungsrechte einzuräumen. Wir wollen uns den Forderungen einer neuen Zeit nicht verschließen und stimmen einer Beteiligung auch der Arbeitnehmerschaft zur Planung und Lenkung sowie an den Aufsichtsorganen für die großen Erwerbsgesellschaften der Eisen- und Stahlindustrie voll zu." (30) In einem Brief an die Gewerkschaften, in dem Reusch die Mitbestimmung im Aufsichtsrat anbot, hielt er es ausdrücklich für geboten, auch die Betriebsräte einzuschalten, weil sie mit den Betriebsverhältnissen am besten vertraut seien. Dies solle in enger Abstimmung mit den Gewerkschaften geschehen. Hintergrund aus der Sicht der Unternehmer waren dabei vor allem die Entflechtungsmaßnahmen. (31) Die Gewerkschaften strebten zwar nach dem Krieg Mitbestimmung und Sozialisierung an, gaben dann aber der Mitbestimmung erst einmal den Vorzug, weil sie glaubten, "eine Sozialisierung könne nicht von den Kräften durchgeführt werden, die sie gar nicht wollten". (32) Sie hatten zunächst Erfolg in der britischen Besatzungszone. Auf Intervention der Gewerkschaften sagten 1946 die britischen Kontrollbehörden den Gewerkschaften eine Beteiligung an den Unternehmensleitungen in der Montanindustrie zu. (33) So erhielten im Zusammenhang mit Entflechtungsmaßnahmen Unternehmen der eisenverarbeitenden Industrie einen paritätisch besetzten Aufsichtsrat und einen Arbeitsdirektor. Dabei sahen die Gewerkschaften diese Übergangsstimmungen als Mittel auf dem Weg zur weiteren Sozialisierung, die Alliierten - dabei vor allem die Amerikaner - und die Mehrzahl der Unternehmer diese Regelung eher als maximale Zugeständnisse an.

Die Gewerkschaften hofften zu diesem Zeitpunkt immer noch auf eine umfassende Regelung, die sich nicht nur auf die Montanindustrie erstreckte. Anknüpfend an die Gedanken von Naphtali, der eine Demokratisierung weniger von unten über die Betriebsräte als von oben über einen Einfluß durch die Gewerkschaften auf die Wirtschaftsordnung anstrebte, setzten die Gewerkschaften einen Schwerpunkt bei ihrer Einflußnahme über

Länderparlamente und Alliierte auf die Beteiligung an der überbetrieblichen Mitbestimmung in den Industrie- und Handelskammern sowie den Hauptwirtschaftskammern der einzelnen Länder. Auch hofften sie noch auf die Vergesellschaftung von Grundstoffindustrien. "Deshalb wurde auch von ihrer Seite die Frage der Betriebsverfassung nicht weiter verfolgt." (34)

Doch aus der Sicht der Gewerkschaften lief die politische Entwicklung gegen sie. Grund dafür war auch die sich ändernde Konstellation in den Ost-West-Beziehungen. "Als sich auf Grund der verschärfenden ideologischen und machtbezogenen Gegensätze mit der Sowjetunion die Dimension des Denkens der westlichen Besatzungsmächte ausweitete und die Perspektiven sich in Richtung des Aufbaus eines integrierten westlichen Wirtschafts- und Militärbündnisses verschieben, findet das seinen Niederschlag in der Abkehr von ursprünglichen Entflechtungs- und Demontagevorhaben und in der Einbeziehung der westlichen Besatzungszonen in Form einer politischen Einheit im Rahmen des Marshall-Planes durch umfangreiche Kredithilfen des Europäischen Wiederaufbauprogramms (ERP). Das hat bei den Unternehmensleitungen zur Folge, daß sie angesichts der Abwendung der unmittelbaren Bestandsgefährdung ihrer Unternehmen und in der Hoffnung neu sich eröffnender ökonomischer Chancen ihre Mitbestimmungsambitionen schnell abbauen." (35)

Angesichts des mehr oder weniger gescheiterten Versuchs, die Sicherung und Ausdehnung der Mitbestimmung über Betriebsvereinbarungen, Ländergesetze und -verfassungen rechtlich abzusichern, und der bevorstehenden Regelung dieses Komplexes durch deutsches Recht, legten die Gewerkschaften einen Entwurf zur Neuordnung der deutschen Wirtschaft im Jahr 1950 vor. Er sah ein Konzept vor, das die Mitbestimmung der Arbeitnehmer auf allen Ebenen festschreiben wollte, also auf der des Betriebs, des Unternehmens und in überbetrieblichen Instanzen. Auf dieser Grundlage stellten die Gewerkschaften im DGB einen Gesetzentwurf vor, der von der SPD unterstützt wurde und der für alle Großunternehmen von 300 Beschäftigten an die paritätische Besetzung der Aufsichtsräte vorschrieb. Die von Adenauer geführte Regierung gemeinsam mit der CDU-CSU-Fraktion antwortete mit einem Gegenentwurf, der die Beteiligung der Arbeitnehmer in den Aufsichtsräten auf ein Drittel beschränkte.

Als bei einem Gespräch im November 1950 zwischen dem damaligen Bundeswirtschaftsminister Erhard und Gewerkschaftsvertretern die Forderungen der Gewerkschaften auf dem Gebiete der Mitbestimmung abgelehnt wurden, weil die Entscheidung allein dem Parlament obliege, teilte der damalige Gewerkschaftsvorsitzende Böckler der Bundesregierung mit, die IG Metall werde sich von ihren Mitgliedern mit der Ausrufung eines Streikes beauftragen lassen. Die Urabstimmung in den Bereichen der Eisen- und Stahlindustrie, dem sich später auch die Gewerkschaftsmitglieder des Bergbaus anschlossen, fielen mit Quoten, die über 95 Prozent lagen, sehr hoch aus. Unter dem Eindruck dieser Streikandrohungen in Schlüsselbereichen der Grundstoffindustrien entschloß sich der Regierungschef Adenauer zur Einschaltung in der Funktion eines Vermittlers. Adenauer erkannte die Forderung nach Parität an. Nach langwierigen und schwierigen Verhandlungen wurde schließlich nicht nur mit den Stimmen der CDU/CSU, sondern auch mit denen der SPD (gegen FDP, DP und BP) das erste Mitbestimmungsgesetz der Bundesrepublik, das "Gesetz über die Mitbestimmung der Arbeitnehmer in den Aufsichtsräten und Vorständen der Unternehmen des Bergbaus und der Eisen und Stahl erzeugenden Industrie im April 1951" verabschiedet. Die paritätische Mitbestimmung in den Aufsichtsräten und die Bestellung von Arbeitsdirektoren wurden allerdings nur für den Montanbereich gesichert. 1956 wurden diese Bestimmungen auch auf diejenigen Konzerngesellschaften ausgedehnt, die mehr als fünfzig Prozent aus dem Montanbereich bezogen. Mit der Sicherung der Montan-Mitbestimmung hatten die Gewerkschaften allerdings ihren vorerst letzten Erfolg erreicht. Es gelang ihnen nicht mehr, die paritätische Mitbestimmung auf die gesamte Wirtschaft auszudehnen. Der Kampf um ein neues Betriebsrätegesetz beleuchtete exemplarisch, daß sich die politischen Verhältnisse endgültig gewandelt hatten und die Kräfte der Gewerkschaften nach der großen Anstrengung um die Sicherung der Montan-Mitbestimmung erschöpft waren. (36)

Die Auseinandersetzungen um ein neues Betriebsrätegesetz überschnitten sich zeitlich mit denen um die Montan-Mitbestimmung und dauerten von September 49 bis zu Verabschiedung im Juli 1952. Dabei kam der Anstoß zur Neugestaltung der Betriebsverfassung sowohl von Adenauer als auch von der CDU/CSU-Fraktion, die im Oktober 1949 einen ersten Antrag zur Neugestaltung der Betriebsverfassung vorlegte. Doch zunächst versuchte die

Regierung, die Sozialpartner bei Gesprächen in Hattenheim 1949 und Maria Laach zu einer Einigung zu bewegen. Der DGB formulierte dabei seine Vorstellung in einer Denkschrift, die die paritätische Besetzung der wirtschaftlichen Gremien vorsah. "Die wirtschaftliche Mitbestimmung sollte auf der Ebene des Betriebs beginnen, sich in den Kammerorganisationen der Länder fortsetzen und ihre höchste Ausprägung in einem Bundeswirtschaftsrat erhalten." (37) Während sich die Sozialpartner relativ rasch auf die Frage der überbetrieblichen Mitbestimmung (Bildung von Landwirtschaftsräten und Wirtschaftskammern auf regionaler Ebene sowie die Einführung eines Bundeswirtschaftsrates) einigten, blieben die Besetzung der Aufsichtsräte, die Rolle der Gewerkschaften und die Befugnisse der Betriebsräte selbst umstritten; sie sollten vornehmlich Anhörungs- und Informationsrechte erhalten. Die Arbeitgeber beharrten auf Drittelparität in den Aufsichtsräten. Der DGB kündigte, als die Verhandlungen nicht weiterkamen, im Juli 1950 Kampfmaßnahmen an, die aber vorerst nicht verwirklicht wurden. Der Bundesvorstand des DGB lehnte jegliche Mitarbeit in den wirtschaftspolitischen Gremien der Bundesregierung ab. Bemerkenswert ist in diesem Zusammenhang, daß der DGB sich in seinem alten Verdacht bestärkt sah, durch ein Betriebsrätegesetz solle ein Keil zwischen Betriebsräte und Gewerkschaften getrieben und der "Betriebsegoismus" der Betriebsräte gestärkt werden.

Der DGB sah den Kampf um die Betriebsverfassung vornehmlich im Zusammenhang mit dem Gesamtkonzept zur 1950 vorgelegten Neuordnung der deutschen Wirtschaft, in dem die Betriebsverfassung mit der Unternehmens- und überbetrieblichen Mitbestimmung verknüpft war. Als der DGB feststellte, daß er seine Forderungen nicht durchsetzen konnte, verwirklichte er im Mai 1952 seine angekündigten Kampfmaßnahmen. Überall in der Bundesrepublik gab es Protestkundgebungen und Warnstreiks sowie einen rechtlich umstrittenen dreitägigen Druckerstreik. Die Arbeitgeber drohten mit Schadenersatzklagen, Adenauer warnte die Gewerkschaften vor einem Eingriff in die, wie er sagte, Souveränität des Parlaments. Neue Gespräche zwischen Gewerkschaft und Regierung wurden durch Nachrichten über ein Sondergesetz für den öffentlichen Dienst (Personalvertretungsgesetz) erschwert, das ohne die Zustimmung der Gewerkschaften vorbereitet worden war. Nachdem Vorschläge des Bundesvorsitzenden Fette für einen befristeten Warnstreik auf Widerstand in der Gewerkschaft stießen und nicht verwirklicht wurden, beschränkte sich der DGB auf verbale Proteste; man äußerte "Unwillen" über die mangelnde Bereitschaft der Bundesregierung, ein fortschrittliches Betriebsverfassungsgesetz zu verabschieden. "Damit hatten die Gewerkschaften ihre Resignation hinsichtlich einer Beeinflussung des Parlaments bekundet, die Durchführung der beiden Lesungen war nur noch Formsache." (38) Das Betriebsverfassungsgesetz wurde am 16. und 17. Juli 1952 verabschiedet, alle Abänderungsanträge der SPD-Opposition waren vorher abgelehnt worden.

Das neue Gesetz fiel hinter die Bestimmungen zur Betriebsverfassung zurück, die schon in den Ländern verabschiedet worden und teilweise auf das Veto der Amerikaner gestoßen waren. Der Regierungsentwurf betonte ebenso wie das erste Betriebsrätegesetz aus der Weimarer Republik den sozialpartnerschaftlichen Gedanken und die Verpflichtung auf das Betriebswohl. Aus der Sicht der Gewerkschaften war es in mehrfacher Hinsicht enttäuschend: es gewährte nur die Drittelparität in den Aufsichtsräten und stellte damit eine entscheidende Schwächung gewerkschaftlicher Reformbestrebungen dar; es trennte Gewerkschaften und Betriebsräte, deren Zutrittsrecht zu den Betrieben zweifelhaft blieb; es stellte die Arbeit der Betriebsräte unter das Gebot der "vertrauensvollen Zusammenarbeit mit dem Arbeitgeber", beide Parteien waren dem "Wohl des Betriebes" und dem "Gemeinwohl" verpflichtet; über das Betriebsrätegesetz von 1920 hinaus war dem Betriebsrat nicht nur die Förderung von Arbeitskämpfen untersagt; er durfte überdies nichts tun, "was geeignet" war, "die Arbeit und den Frieden des Betriebes zu gefährden". Schließlich gingen die Mitbestimmungsrechte über den ursprünglichen Regierungsentwurf hinaus, "doch beschränkten sie sich praktisch auf die in § 56 aufgeführten sozialen Angelegenheiten. Die Mitbestimmung bei Einstellungen war wenig effektiv; bei Kündigungen bestand nur eine Anhörungspflicht, und bei Betriebsänderungen war bestenfalls eine Milderung der sozialen Auswirkungen durch Gewährung einer Abfindung an die Entlassenen erreichbar." (39)

Aus der Sicht der Gewerkschaften war dieses zweite Gesetz über die Betriebsverfassung alles andere als ein Reformgesetz, sondern stellte eine schwere Niederlage für gewerkschaftliche Reformvorstellungen dar, die auch von der SPD unterstützt wurden. Es war aus dieser Perspektive gesehen ein Anti-Reform-Gesetz, auf Initiative einer konservativen Regierung zustande gekommen, herausgelöst aus dem Gesamtzusammenhang der gewerkschaftlichen Forderungen zu einer "Neuordnung der deutschen Wirtschaft", gegen den Widerstand des DGB und der SPD verabschiedet, von Protestkundgebungen und Streiks begleitet. Der politische Klimawechsel der Nachkriegszeit drückte sich auch in diesem Gesetz aus. Gleichwohl sicherte es für die Arbeitnehmer Mitwirkungsrechte in vielen Bereichen des Betriebs, erlaubte ihnen eine betriebliche Vertretung und garantierte ihnen von einer bestimmten Betriebsgröße an die Entsendung von Arbeitnehmervertretern in den Aufsichtsrat. Das war weit weniger als die Gewerkschaften erhofft hatten, die zudem stärker ihren Akzent auf Mitbestimmung an der Unternehmensspitze und auf überbetriebliche Mitbestimmung gesetzt hatten. Obwohl die Betriebsräte nach dem Zweiten Weltkrieg einen wesentlichen Beitrag zum Aufbau der Gewerkschaften beigetragen hatten, waren dennoch gewerkschaftliche Bedenken gegenüber einer allzu starken und von der Gewerkschaft isolierten Betriebsrätebewegung nicht ganz geschwunden. Das mag auch erklären, warum die Gewerkschaften ihren Kampf um die betriebliche Mitbestimmung nicht bis zum letzten führten. Allerdings hatten sich die politischen Rahmenbedingungen sowohl in dem neuen deutschen Staat als auch in der Welt (zunehmender Ost-West-Konflikt), wie bereits angeführt, entscheidend geändert. Wie kaum anders zu erwarten, fielen die Reaktionen der Sozialpartner sehr unterschiedlich aus. Die Arbeitgeber bezeichneten in einer Stellungnahme das neue Gesetz als "das fortschrittlichste Gesetz zur Regulierung der Beziehungen von Arbeitgebern und Arbeitnehmern in der ganzen Welt". (40) Die Tatsache, daß mit dem neuen Gesetz die Entscheidungsfreiheit des Unternehmers über die wirtschaftliche Führung des Betriebes gesichert wurde, wurde von ihnen als besonders positiv herausgestellt. Dagegen sah die "Quelle", Funktionärsschrift des DGB, 1952 das neue Gesetz aus einer anderen Perspektive: "Das Entscheidende ist, daß mit dem beschlossenen Gesetz die dringend notwendige Neuordnung und Demokratisierung der Wirtschaft, wie schon einmal in der Weimarer Republik, verhindert, an der grundsätzlichen Struktur der kapitalistischen Wirtschaft nichts verändert wird und das alleinige Entscheidungsrecht der Unternehmer erhalten bleibt." (41)

2.3. Das Betriebsverfassungsgesetz 1972 - Ausdruck einer Reformära

Zwanzig Jahre später, nach der Verabschiedung des neuen und dritten Betriebsverfassungsgesetzes, das formal eine Novellierung des alten Gesetzes war, inhaltlich aber wesentlich über das von 1952 hinausging, hatte sich das Bild verkehrt: die Reaktionen von Arbeitgebern und Arbeitnehmern waren diesmal entgegengesetzt. So hieß es in einer Reaktion der Bundesvereinigung der Deutschen Arbeitgeberverbände: "Das Gesetz gefährdet in weiten Bereichen ... unmittelbar und mittelbar die unternehmerische Planungs- und Entscheidungskompetenz. Es bringt durch ein Übermaß von Institutionen und Verfahren die Gefahr der Bürokratisierung und Komplizierung und Verlangsamung betrieblicher und unternehmerischer Entscheidungsprozesse mit sich. Diese Kritik ist von Sorge und Verantwortung der deutschen Arbeitgeber getragen. Die Bundesvereinigung der Deutschen Arbeitgeberverbände hofft und erwartet jedoch, daß die Möglichkeit, das Gesetz im Sinne unserer marktwirtschaftlichen Ordnung zu handhaben, voll genutzt wird." (42)

Nach Auffassung der Gewerkschaften aber gehört dieses Gesetz zu den sozial- und gesellschaftspolitisch bedeutsamsten Gesetzen der Nachkriegszeit. So heißt es in einer Stellungnahme des stellvertretenden DGB-Vorsitzenden Muhr: "Für die Interessenwahrnehmung der Arbeitnehmer in den Betrieben stellt es trotz seines politischen Kompromißcharakters einen wesentlichen Fortschritt dar. Das Gesetz ist damit ein bedeutender Schritt auf dem Wege der Arbeitnehmer zu einer umfassenden Mitbestimmung der Arbeitnehmer im Wirtschafts- und Arbeitsleben, zu deren Verwirklichung jedoch die Ausweitung der paritätischen Mitbestimmung auf Unternehmensebene als unverzichtbarer Bestandteil gehört ..." (43) Zwanzig Jahre liegen zwischen diesen beiden Gesetzen und den entsprechenden Stellungnahmen. In diesen zwei Jahrzehnten hatten sich ganz wesentliche äußere Bedingungen sowie gewerkschaftliche Strategien geändert, so daß aus dem "Anti-Reform-Gesetz" aus der Sicht der Gewerkschaften 1952 ein Reform-Gesetz des Jahres 1972 werden konnte.

Zum ersten hatten sich die innenpolitischen Verhältnisse in der Bundesrepublik geändert. Die konservative Regierung der Ära Adenauer/Erhard war zunächst abgelöst worden durch "eine Übergangsregierung" in der Gestalt einer Großen Koalition unter noch konservativer Führung von Kiesinger, 1969 folgte dann die sozialliberale "Reform-Ära" unter Brandt/Scheel. Der neue Bundeskanzler Brandt gab in seiner Regierungserklärung 1969 an, daß eine Novellierung des Betriebsverfassungsgesetzes zu den vordringlichsten Aufgaben der neuen Regierung gehören würde. Vorangegangen war eine entsprechende Gesetzesinitiative des DGB aus dem Jahre 1967, die in der Großen Koalition allerdings nicht aufgenommen wurde.

Schließlich - und das ist vielleicht der wesentlichste Punkt - hatte sich im Laufe von zwei Jahrzehnten auch die Einstellung der Gewerkschaften zur betrieblichen Mitbestimmung geändert. Wie bereits dargestellt, waren anfänglich die Überlegungen von Gewerkschaftsführern, wie dem DGB-Vorsitzenden Rosenberg und dem Vorsitzenden der IG Metall, Brenner, noch wesentlich beeinflußt von den Vorstellungen Naphtalis zu einer stärker zentralistisch betonten Reform der Wirtschaftsordnung, in der die Betriebsräte zumindest konzeptionell nur eine untergeordnete Rolle spielten. In diesem alten Konzept, das in die Vorschläge des DGB zur Neuordnung der Wirtschaft einging, spielten Sozialisierung der Schlüsselindustrien, Wirtschaftsplanung auf zentraler Ebene und die Mitbestimmung auf Unternehmensebene die wichtigsten Rollen. "Trotz der angestrebten Erweiterung der Rechte der Belegschaftsvertretungen ... blieb jedoch in allen Neuordnungskonzeptionen der Stellenwert der Betriebspolitik und damit auch die Rolle der Betriebsräte weiterhin eine nachgeordnete. Basierend auf dem Konzept zentralisierter gesellschaftlicher Wirtschaftsplanung, zentrierten sich die gewerkschaftlichen Vorstellungen auf die Beteiligungen an der staatlichen Planung der Wirtschaft, in den Selbstverwaltungskörperschaften und auf Unternehmensebene, während die betriebliche Mitbestimmung als untergeordneter Bestandteil der im Rahmen zentraler Gremien gesteuerten Neuordnung der Wirtschaft angesehen wurde. Diese vorgängig zentralistische Ausrichtung gewerkschaftlicher Politik kann zwar kaum als primäre Ursache für die Verrechtlichung der betrieblichen Interessenvertretung im Betriebsverfassungsgesetz von 1952 gelten, wohl aber liefert sie die Erklärung, warum die Gewerkschaften die Auseinandersetzung um die Verrechtlichung der betrieblichen Interessenvertretung ohne umfassende Mobilisierung führten." (44)

Trotz der von ihnen beanstandeten gravierenden Mängel arrangierten sich die Gewerkschaften mit dem neuen Gesetz (wie dies dann auch in der Zeit nach dem von ihnen beanstandeten "Reformgesetz" 1972 die Arbeitgeber taten) und orientierten sich an dem sozialpartnerschaftlichen Konzept des 52er-Gesetzes. Zwar betonte der DGB, wie 1959 in der Stuttgarter Entschließung, weiterhin die Notwendigkeit einer umfassenden Mitbestimmungsregelung, doch deuteten sich bald Akzentverschiebungen an. Das Düsseldorfer Grundsatzprogramm des DGB aus dem Jahr 1963 bedeutete einen Einschnitt, da stärker als bisher auch die betriebliche Mitbestimmung betont wurde. Zwar wurde in der Präambel erneut unterstrichen, daß die paritätische Mitbestimmung gewährleistet werden müsse. Es wurde aber auch gefordert, die betrieblichen Mitbestimmungsrechte auszubauen. "Im Vergleich zu früheren Vorstellungen verlagerte sich das Schwergewicht von der überbetrieblichen Mitbestimmung auf die Mitbestimmung im Unternehmen und im Betrieb. Die betriebliche Mitbestimmung entwuchs der Rolle eines bloßen, auf die Modifizierung der staatlichen Ordnung gerichteten Instruments und erhielt gleichsam ihren Eigenwert als elementares und konstitutives Glied des demokratischen Rechtsstaates." (45) Sozialisierung und zentrale Planung blieben zwar weiterhin im Forderungskatalog enthalten, verloren aber an praktischer Bedeutung. So wie die SPD mit dem Godesberger Programm sich den veränderten politischen Verhältnissen anpaßte, so veränderte auch der DGB die Akzente seiner praktischen gewerkschaftlichen Arbeit. Ansätze zu einer solchen Verlagerung hatte es zwar schon im Grundsatzprogramm 1949 gegeben. Doch wirkten die Vorstellungen der Weimarer Zeit, wie sie vor allem von Naphtali formuliert und angesichts der auf das Jahr 1929 folgenden Wirtschaftskrise nicht mehr mit großer Kraft weiterverfolgt werden konnten, noch bei den Gewerkschaftsführern der unmittelbaren Nachkriegszeit stärker nach als in den sechziger Jahren. Wurde einst der betrieblichen Mitbestimmung nur ein untergeordneter Wert eingeräumt, so bekam sie nun eine eigenständige Funktion. Damit rückte neben der Forderung nach paritätischer Mitbestimmung im Aufsichtsrat auch die betriebliche Mitbestimmung in den Vordergrund.

Entsprechend diesen neuen Akzenten verfuhr der DGB zweigleisig: 1967 legte er den gesetzgebenden Körperschaften Änderungsvorschläge zum Betriebsverfassungsgesetz vor, die zwar wesentliche Elemente des bis dahin geltenden Gesetzes nicht mehr in Frage stellten (vertrauensvolle Zusammenarbeit, Friedenspflicht), dafür auf eine wesentliche Stärkung der Rechte der Gewerkschaften und Betriebsräte im novellierten Betriebsverfassungsgesetz abhoben. 1968 unternahm dann der DGB auch einen erneuten Versuch zur Erweiterung der bisher auf die Montanindustrie beschränkten paritätischen Mitbestimmung. Aufgrund der politischen Konstellation der späteren SPD/FDP-Koalition wurde die paritätische Mitbestimmung im neuen Betriebsverfassungsgesetz zwar ausgeklammert (sie wird erst 1976 verwirklicht, ohne daß die Vorstellungen der Gewerkschaften ganz befriedigt werden), doch konzentrierten sich die Gewerkschaften dennoch auf die Verbesserung der betrieblichen Mitbestimmung der Betriebsräte, die nun verstärkt in das gewerkschaftliche Konzept eingebunden werden sollten. Schwerpunkte der DGB-Vorschläge zur Novellierung der Betriebsverfassung waren außer der Ausweitung der Mitbestimmungsrechte in allen Fragen des betrieblichen Lebens eine stärkere Sicherung der Grundlagen der Betriebsratsarbeit sowie eine "verstärkte Präsenz" der Gewerkschaften in den Betrieben. Anders als 1950, als die damalige Bundesregierung gegen den Widerstand der Gewerkschaften Vorschläge zu einem Betriebsverfassungsgesetz vorlegten, waren diesmal die Gewerkschaften - in Übereinstimmung mit der SPD - die eigentlichen Initiatoren für die Änderungswünsche. Aufgrund dieses Anstoßes legten alle drei im Bundestag vertretenen Parteien dann Gesetzentwürfe vor, und zwar schon in der fünften Legislaturperiode des Deutschen Bundestages während der Großen Koalition. Zu einem Abschluß kam es allerdings erst in der sechsten Legislaturperiode unter einer SPD/FDP-Koalition. Diesmal warnte die Bundesvereinigung der Arbeitgeberverbände davor, durch "ehrgeizige Neugestaltungsprojekte an den bewährten Grundlagen zu rühren und damit an der Funktionsfähigkeit der Betriebe zu rütteln". (46) Auch die Gewerkschaften meldeten Bedenken an, doch waren sie, anders als in der Nachkriegszeit, mit dem Grundkonzept einverstanden. Änderungswünsche bezogen sich eher auf Details. In den Ausschußberatungen wurden nicht nur Wünsche der Gewerkschaften aufgenommen, sondern auch einige der CDU (deren weitergehende Anträge bei der dritten Lesung dann allerdings abgelehnt wurden).

Für die veränderte politische Situation zum Anfang einer später als "Reformära" deklarierten und auch kritisierten Zeit sind die folgenden Bemerkungen des damaligen Bundesarbeitsministers

Arendt typisch, der in der ersten Lesung den Gesetzentwurf wie folgt begründete: "Das Mitbestimmungsrecht der Arbeitnehmer in der Wirtschaft ist ein Thema von außerordentlicher gesellschaftlicher Bedeutung. Das gilt nach seinem Umfang besonders für den Bereich der Betriebsverfassung. Der Arbeitnehmer sieht sich in seinem Betrieb einem Mechanismus ausgeliefert, dessen Funktionen er nur schwer erkennen kann. Er ist sich völlig klar über seine Abhängigkeit von diesem Mechanismus. An diesem gesellschaftlichen Ort steht das Betriebsverfassungsgesetz. Es bietet dem Arbeitnehmer den Schutz, den er auf keiner anderen Weise erreichen könnte. Es öffnet ihm zugleich Chancen der Mitbestimmung und Mitverantwortung, die seinem gestiegenen Selbstbewußtsein entsprechen." (47)

Später, nach der Verabschiedung des Betriebsverfassungsgesetzes am 19. Januar 1972, machte Arendt noch einmal deutlich, daß mit diesem Gesetz "ein bedeutsames Teilstück des Reformprogrammes der Bundesregierung erfüllt" worden ist. Deshalb sei auch eine neue Konzeption gewählt worden, die große Bereiche der betrieblichen Ordnung erstmals der Mitwirkung und Mitbestimmung der Betriebsräte öffne. Das neue Gesetz "bedeutet einen entscheidenden Schritt voran auf dem Wege, mehr Demokratie in den Betrieben, mehr Humanität im Arbeitsleben und mehr soziale Gerechtigkeit zu verwirklichen". (48) Außer auf diese Chancen wies Arendt aber auch zugleich auf die Grenzen hin, da das Gesetz auch einen starken Kompromißcharakter trage. "Das neue Betriebsverfassungsgesetz erfüllt nicht alle Vorstellungen und Wünsche. In vielen Fällen galt es, zwischen den Notwendigkeiten der Produktion und der Wirtschaft sowie den berechtigten Forderungen der Arbeitnehmer ausgewogene Lösungen zu finden. In dieser Notwendigkeit liegt die Wurzel mancher Kompromißformel." (49)

Arendt legte aber auch Wert auf die Feststellung, daß mit dem Gesetz auch ein Stück Kontinuität bewahrt worden sei. Denn es beruhe auf den Fundamenten, die sich bereits im Betriebsverfassungsgesetz von 1952 bewährt hätten: "Somit ist auch die neue Betriebsverfassung - entgegen allem Zweckpessimismus - eine Friedensordnung: Nach wie vor sind die gesetzlichen Grundpflichten für Arbeitgeber und Betriebsrat, vertrauensvoll zusammenzuarbeiten und den betrieblichen Frieden zu wahren; Kampfmaßnahmen zwischen Arbeitgeber und Betriebsrat bleiben weiterhin untersagt." Und er betonte, daß die unternehmerische Entscheidungsfreiheit nach wie vor respektiert werde. "Auch das neue Betriebsverfassungsgesetz ist ein arbeitsrechtliches Gesetz, das die unternehmerische Entscheidungsfreiheit respektiert und allein auf die sozialen Belange der betroffenen Arbeitnehmer abstellt." (50)

2.4. Zusammenfassung

Damit sind die Möglichkeiten und Grenzen des Reformgesetzes umrissen. Es ist ein Gesetz, das zwar starke reformerische Züge trägt, aber auch das Ergebnis von durch verschiedene Kräfte erwirkten Kompromissen ist. Die Gewerkschaften setzten sich mit ihren Vorstellungen nicht voll durch; die Ansprüche auf unternehmerische Entscheidungsfreiheit bleiben gewahrt. Abgehoben wird vor allem auf die sozialen Folgen von Entscheidungen, nicht die Entscheidungen selbst, somit, um einen Ausdruck aus der heutigen Diskussion im Zusammenhang mit der Einführung neuer Technologien zu benutzen, auf die "Sozialverträglichkeit". Die FDP setzte Akzente vor allem mit der Ausklammerung der paritätischen Besetzung der Aufsichtsräte (was erst im Mitbestimmungsgesetz 1976 geregelt wird; vorerst bleibt die Drittelbeteiligung aus dem 52er-Gesetz). Anders als 1952 wurde es von anderen Kräften getragen: den Gewerkschaften, der SPD und der FDP; und es wird - trotz starker Bedenken der CDU und der Arbeitgeber - von diesen zwar in Einzelteilen, nicht aber grundsätzlich abgelehnt. Es ist ein Reformgesetz mit starkem Kompromißcharakter, das zugleich mit wesentlichen Elementen der Betriebsverfassung von 1952 (und auch mit Grundgedanken des Betriebsrätegesetzes von 1920) nicht bricht.

3. DIE DISKUSSION UM DIE DEMOKRATISIERUNG

3.1. Demokratisierung - Generaltenor der Reformära

Entstehung, Durchsetzung und Verabschiedung des Betriebsverfassungsgesetzes von 1972 sind nicht zu trennen von der breiten Diskussion um eine Demokratisierung von Staat, Gesellschaft und Wirtschaft, wie sie in der zweiten Hälfte der sechziger Jahre von Studenten angestoßen worden war. Auch wenn die Demokratisierungsbestrebungen nie unumstritten waren, so konnte doch die

Regierung Brandt/Scheel davon ausgehen, daß sie auch ein Mandat für ihr breites Reformprogramm bekommen hatte. In seiner Regierungserklärung von 1969, in der er auch eine Novellierung des Betriebsverfassungsgesetzes von 1952 versprach, erklärte der damalige Bundeskanzler Brandt: "Wir wollen mehr Demokratie wagen" und "Wir stehen nicht am Ende unserer Demokratie; wir fangen erst richtig an". (1) Die Politik der "inneren Reformen" versprach eine verstärkte Teilnahme der Bürger im kommunalen, sozialen und wirtschaftlichen Bereich. Diese Reformprogramme formierten sich um den Begriff der "Demokratisierung". In einer kritischen Auseinandersetzung mit den Forderungen nach Demokratisierung meinte Hennis 1970: " ... der Generaltenor aller Ansprüche auf Veränderung der uns umgebenden gesellschaftlichen Welt findet seine knappste Formel in dem Wort 'Demokratisierung'. Man kann wohl sagen, daß darin die universalste gesellschaftspolitische Forderung unserer Zeit auf den Begriff gebracht wird." (2)

Wie die Union bejahte auch Hennis, auf dessen Gegenkonzept noch zurückzukommen ist, zwar die Demokratie als Organisationsform des Staates, nicht aber für die gesamte Gesellschaft. Brandt dagegen wehrte sich ausdrücklich gegen eine "restriktive, eingeengte Anwendung des Demokratiebegriffs" (3) und forderte die Verwirklichung des demokratischen und sozialen Rechtsstaates. "Wir lassen uns auch heute von der Überzeugung leiten, daß die Demokratie nicht auf einen noch so wichtigen Bereich - wie den staatlichen - beschränkt bleiben, daß sie nicht auf Rationen gesetzt werden kann, sondern daß sie das gesamte gesellschaftliche Leben erfassen muß. Demokratie ist aus dieser Sicht ein fortwährender Prozeß ..." (4) Dabei forderte Brandt auch eine Überwindung sozialer und wirtschaftlicher Ungerechtigkeiten, die nur im Sinne einer demokratischen Mitbestimmung zu erreichen sei. Die Forderung nach Demokratisierung sei in der Periode der zweiten industriellen Revolution "zur zwingenden Notwendigkeit geworden, will die Menschheit den rasanten technischen Fortschritt mit einem adäquaten gesellschaftlichen Bewußtsein in Einklang bringen". (5)

Diese Erklärung Brandts aus dem Jahre 1969 war noch erfüllt von dem reformerischen Schwung und dem Optimismus jener Zeit. DGB, SPD und auch die FDP, die sich auf eine sozialliberale Politik umorientiert hatte, machten sich zu Trägern von gesellschaftspolitischen Reformen. Wenn auch Maß und Ausmaß der Demokratisierung zwischen diesen Kräften umstritten waren, so wurde die Richtung vorerst doch nicht grundsätzlich angezweifelt. Nach Meinung von Alemann kann zu diesem Klimawechsel auch eine Änderung der politischen Kultur in der Bundesrepublik jener Jahre beigetragen haben: "Nach Befriedigung wirtschaftlicher Grundbedürfnisse in der Aufbauphase der 50er Jahre mögen 'postmaterielle Werte' der Selbstverwirklichung an Bedeutung gewonnen haben." (6)

Waren die Befürworter einer Demokratisierung von Staat und Gesellschaft über Wege und Ziele einer umfassenden Reform keineswegs einig, so bestand doch Übereinstimmung darüber, daß Demokratie nicht nur eine Staatsform oder eine Herrschaftstechnik sei, sondern eine Lebensform. "Demokratisierung realisiert Demokratie als Lebensform durch weitestgehende Verwirklichung von Selbstbestimmung und Gleichheit bei gesellschaftlichen Entscheidungen unter Einbezug von solidarischem Schutz für Minderheiten und Schwache." (7)

3.2. Die Forderungen der Studentenbewegung

Dabei kommt der Studentenbewegung der 60er Jahre das Verdienst zu, die umfassende Forderung nach Demokratisierung mit ausgelöst zu haben. Viele ihrer Diskussionen und Kontroversen klangen in den späteren Diskussionen um die Demokratisierung von Staat und Gesellschaft während der sozialliberalen Ära wieder an. Auch hatten die studentischen Programmatiker die Demokratisierung nicht auf die Hochschulen beschränken, sondern sie als Initialzündung für eine ganze Demokratisierungswelle benutzen wollen. Viele der Reformprogramme in der Regierung Brandt/Scheel waren indirekt auch eine Antwort auf die von den Studenten angefachte Diskussion. Die spätere Integration jenes Teils der damaligen Studentenbewegung, der Demokratisierung auf reformerischem Weg mit dem "langem Weg durch die Institutionen" anstrebte, in die Demokratie gehörte zu den Leistungen dieser Reformära, die ohne Eingehen auf und Aufnehmen von studentischen Forderungen nach "Demokratisierung" kaum möglich gewesen wäre. Insofern ist es sicher nicht falsch, davon zu sprechen, daß die Novellierung des Betriebsverfassungsgesetzes schließlich auch ein spätes Kind dieser Studentenbewegung ist.
Dabei ist es interessant, daß die studentischen Vertreter einer

Demokratisierung der Hochschule sich mit den Argumenten von Hennis auseinanderzusetzen haben, der wenige Jahre später auch eine prominente Rolle unter den Kritikern einer Demokratisierung anderer Teile der Gesellschaft spielte. Insofern wurden im universitären Bereich exemplarisch spätere Konflikte vorweggenommen. Unter Demokratisierung der Universität verstehen dabei die studentischen Befürworter "den Prozeß einer fortschreitenden Selbstbestimmung jedes einzelnen Universitätsmitgliedes über seine Tätigkeit, deren Inhalt, Schwerpunkt und Zielsetzung". (8) Ein solches Programm leite seine Notwendigkeit her aus dem demokratischen Anspruch der Gesellschaft, der sich nicht allein in formaler Beteiligung an Wahlen der Staatsorgane erschöpfe, "sondern in jeder ihrer Institutionen seiner speziellen Verwirklichung bedarf. Insofern ist die Universität nur ein besonderer Schauplatz jener allgemeinen Auseinandersetzung, die unter dem Anspruch demokratischer Selbstbestimmung gesellschaftliche Herrschaftsverhältnisse in Frage stellt und zumindest ihre Kontrolle, wo nicht gar ihre Auflösung verlangt." (9) Dabei wird die Reform der Universität im gesamtgesellschaftlichen Zusammenhang gesehen: Demokratisierung der Universität sei zu sehen als notwendige Zwischenfixierung des Demokratieprozesses, als "taktische Schritte in dem Prozeß einer Fundamentaldemokratisierung". (10)

Dabei gibt es zwischen den studentischen Befürwortern einer Demokratisierung der Universität - und damit nehmen sie auch spätere Diskussionen um die Demokratisierung anderer Bereiche vorweg - auch schon Differenzen über Maß und Ausmaß der Reform. So lagen der Mitgliederversammlung des Verbandes Deutscher Studentenschaften (VDS) bei ihrer Versammlung im Jahr 1968 zwei Entwürfe zu einer Reform der Hochschule vor, die sich in einem wesentlichen Punkt unterschieden. Während der eine vor allem von dem verfassungsrechtlichen Aspekt ausging und meinte, daß "wenn der Staat in einem gesellschaftlichen Bereich auf die Ausübung seiner Gewalt verzichtet, in diesem Bereich zugestandener Autonomie die Entscheidungsgewalt denselben Prinzipien unterliegen muß, denen die staatliche Gewalt selbst unterliegt: dies sind Prinzipien der freien Demokratie". (11) Von diesem Gedanken ausgehend wird für die Studenten Drittelparität in den akademischen Organen gefordert. Bei dem anderen schiebt sich der Gesichtspunkt in den Vordergrund, daß mit einer gleichberechtigten Vertretung der Studenten auch die Frage nach

Funktion der Gremien und Qualifikation der Studenten verbunden sein müsse. Dabei soll - orientiert an den jeweiligen Sachaufgaben und Kompetenzbereichen - eine funktionsdifferenzierte Parität gewährleistet sein. (12) Interessant ist in diesem Zusammenhang, daß bei der studentischen Diskussion um die Wege zu einer Demokratisierung auch die Idee eines universitären Rätesystems auftaucht, das sich an das Konzept der Arbeiter- und Soldatenräte des Jahres 1918 anlehnt.

Die Forderungen von Studenten nach gleichberechtigter Teilhabe wurden von den universitären Gremien vor allem mit folgendem Argument zurückgewiesen: "Die Universität unterliegt anderen Gesetzmäßigkeiten als die politische Demokratie. Und man sollte hier nicht mit dem Begriff Demokratisierung im Sinn von absoluter Gleichheit der Zuständigkeiten und Rechte aller operieren, sondern mit der Liberalisierung. Auch Vergleiche mit Modellen, die nicht aus dem Bereich des Wissen und Erkennens, sondern aus dem des Kommerzes stammen, und in denen die Universität als Produktionsbetrieb und das Betriebsverfassungsgesetz von 1952 zitiert wird, werden dem Sinn und der Eigenart einer wissenschaftlichen Hochschule nicht gerecht." (13)

3.3. Die Demokratisierung der Wirtschaft

Sind auch die Muster der Auseinandersetzungen um die Demokratisierung bereits in dem Konflikt um die Reform der Hochschulen angelegt, so kommt der eigentliche Übertragungseffekt auf andere Bereiche der Gesellschaft vor allem dadurch zustande, daß sich die Parteien - vor allem die SPD, aber auch die FDP - im Verein mit den Gewerkschaften der Demokratisierungsforderungen annehmen.

Dabei bekommt zunehmend die Frage nach der Demokratisierung der Wirtschaft Gewicht. Die Gewerkschaften hatten diese Forderungen nie aufgegeben, hatten aber in den fünfziger Jahren unter einer konservativen Regierung wenig Chancen gesehen, ihre Vorstellungen über die Mitbestimmung in Betrieb und Unternehmen, aber auch in außerbetrieblichen Institutionen wie Wirtschaftskammern und -räten durchzusetzen. Wie beschrieben, waren sie in der Nachkriegszeit mit der Übertragung der Parität von dem Montanbereich auf die Gesamtwirtschaft gescheitert und hatten ein Betriebsverfassungsgesetz hinnehmen müssen, das gegen ihren Widerstand zustande kam und nur eine Drittelbeteiligung der

Arbeitnehmer in den Aufsichtsräten größerer Betriebe zuließ. So wurde die Forderung nach materieller und sozialer Absicherung der Arbeitnehmer in den fünfziger Jahren und einem großen Teil der sechziger Jahre zu dem wesentlichen Element gewerkschaftlicher Politik.

Vor dem Hintergrund der studentischen Protestbewegung und der Änderung des politischen Klimas zu jener Zeit muß gesehen werden, daß der DGB 1967 den gesetzgebenden Körperschaften eingehende Änderungsvorschläge zum Betriebsverfassungsgesetz zuleitete und 1968 einen Gesetzentwurf vorlegte, nach dem die qualifizierte Mitbestimmung auf alle Wirtschaftsbereiche ausgedehnt werden sollte. Aufgrund von Differenzen zwischen den Koalitionspartnern SPD und FDP wurde, wie dargestellt, das Betriebsverfassungsgesetz vorgezogen, die Regelung der Mitbestimmung in den Aufsichtsräten vorerst ausgeklammert (die alte Regelung des 52er Gesetzes blieb bestehen) und einem späteren Gesetz, das dann 1976 verabschiedet wurde, vorbehalten. Bundeskanzler Brandt kündigte ein Jahr nach dem Inkrafttreten des Betriebsverfassungsgesetzes 1972 an, nun solle auch die Mitbestimmung auf Unternehmensebene unter Zugrundelegung der Parität zwischen Kapital und Arbeit realisiert werden, und formulierte noch einmal sein Demokratisierungskonzept für den Bereich der Wirtschaft: "Den Ausbau der Mitbestimmung sehen wir als eine unserer Hauptaufgaben. Mitbestimmung gehört zur Substanz des Demokratisierungsprozesses. In ihr erkennen wir die geschichtliche Voraussetzung für jene Reformen, die in ihrer Summe den freiheitlichen Sozialstaat möglich machen." (14)

Doch zu jenem Zeitpunkt begann der Schwung der Demokratisierungswelle bereits schwächer zu werden; Brandt wies auf die Schwierigkeiten in der Koalition hin. Als das Mitbestimmungsgesetz 1976 endlich verabschiedet wurde, hatten die Gewerkschaften wieder einmal ihr Ziel nicht erreicht: die volle Parität im Aufsichtsrat wurde ihnen nicht gewährt. Inzwischen hatten die durch die Ölkrise ausgelöste Rezession des Jahres 1974/75, die eine längerfristige, bis heute andauernde Strukturkrise sichtbar machte, sowie ein neuer Konservatismus die Befürworter einer umfassenden Demokratisierung von Staat und Gesellschaft in die Defensive gedrängt.

Anfang 1972 war der Reformeifer zwar gebremst, aber nicht

gebrochen; auch hatten die gewerkschaftlichen Hoffnungen auf eine Demokratisierung der Wirtschaft zuvor neuen Auftrieb erhalten. Aufgegeben hatten die Gewerkschaften diese Hoffnung zwar nie, doch waren sie an den politischen Realitäten gescheitert. Auf der vierten internationalen Arbeitstagung der Industriegewerkschaft Metall in Oberhausen im April 1972 erläuterte der erste Vorsitzende der IG Metall, Brenner, kurz vor seinem Tod die "Grundlagen der gewerkschaftlichen Mitbestimmungsforderungen": Demokratie, so argumentierte er in Anlehnung an Bernstein, sei wie ein Magnet, der andere Teile an sich ziehe. "Mitbestimmung in der Wirtschaft ist als Ergänzung der politischen Demokratie und als Angriff auf die unternehmerische Autokratie zu definieren. Sie ist vom Ansatz her radikaldemokratisch und antikapitalistisch." (15) Konkret hebt er erneut auf die paritätische Mitbestimmung ab, da die Unternehmens- und Konzernorgane der großen Gesellschaften die zentralen Planungs- und Entscheidungsinstanzen im bestehenden Wirtschaftssystem seien. "Infolgedessen ist die Forderung nach paritätischer Mitbestimmung in diesen Großunternehmen der zentrale Bestandteil unserer Mitbestimmungskonzeption." (16) Ausdrücklich weist Brenner auf die seiner Ansicht nach erfolgreiche Montan-Mitbestimmung hin, die gerade wegen der starken Einflußnahme durch Arbeitnehmervertreter und Gewerkschaften den sozialen und materiellen Besitzstand der betroffenen Arbeiter unter den Bedingungen eines schwierigen Schrumpfungsprozesses haben halten können. Die im Zusammenhang mit den Vorbereitungen für ein neues Mitbestimmungsgesetz 1966 eingesetzte Mitbestimmungskommission unter Biedenkopf, die sich 1968 konstituierte und Anfang 1970 ihren Bericht ablieferte, bestätigte die positiven Erfahrungen mit Gewerkschaften, vor allem mit den Betriebsräten. Darauf wird noch einzugehen sein.

Brenners Ausführungen lassen erkennen, wie sich gewerkschaftliche Forderungen von übergreifenden Instanzen weg zu den Unternehmen und einzelnen Betrieben verschoben haben. Dazu gehört auch, daß er auf die Wichtigkeit der "konkreten Erfahrungswelt der abhängig Beschäftigten" hinweist, die es in die gewerkschaftliche Organisationsarbeit einzubeziehen gelte: "Ohne Demokratisierung der Arbeitsbedingungen, ohne gleichberechtigte Interessenvertretung der Arbeitnehmer im betrieblichen Alltag bliebe auch die Mitbestimmung auf den eigentlichen Planungs- und Entscheidungsebenen letztlich im luftleeren Raum angesiedelt." (17) Er weist in diesem Zusammenhang ausdrücklich auf das novellierte Betriebsverfassungsgesetz hin, das, obwohl nicht alle gewerkschaftlichen Forderungen erfüllt worden seien, zusätzlich Rechte und verbesserte Arbeitsmöglichkeiten im betrieblichen Bereich gebracht habe.

Obwohl Brenners Ansatz, wie er sagt, "antikapitalistisch und radikaldemokratisch" ist, so ist doch nicht zu verkennen, daß mit der Verlagerung der wichtigsten Aktivitäten auf Unternehmen und Betrieb grundsätzliche Forderungen wie die nach einer Sozialisierung, so wie sie unmittelbar nach dem Krieg gefordert wurde, vernachlässigt, wenn auch nicht aufgegeben wurden. Der Gedanke des gesellschaftlichen Wandels müsse zwar wachgehalten werden, die mitbestimmungspolitischen Perspektiven müßten aber realitätsbezogen bleiben. Die Tatsache, daß das neue Betriebsverfassungsgesetz mit tatkräftiger Unterstützung des DGB, wenn auch nicht in allen Punkten, in die öffentliche Diskussion gebracht wurde, mag auch Ausdruck dieser gewandelten Realitätsbezogenheit sein.

Entsprechend dieser Akzentverschiebung fordert Brenner, dafür zu sorgen, daß die mit dem neuen Betriebsverfassungsgesetz verbundenen Chancen in der betrieblichen Praxis realisiert werden. Daß Brenner neben der betriebsnahen Mitbestimmungspolitik, zu der bald auch eine betriebsnahe Tarifpolitik hinzukommen sollte, und der Mitbestimmung im Unternehmen noch ergänzend die Notwendigkeit eines überbetrieblichen Überbaus erwähnt, macht zweierlei deutlich: einerseits ist das von Naphtali bewußt zentralistisch aufgebaute Konzept der "Wirtschaftsdemokratie" aus dem Jahre 1928 bei den Gewerkschaftsführern nach dem Zweiten Weltkrieg zwar nicht vergessen, hat aber zugleich an zentraler Bedeutung verloren. So sollen Wirtschafts- und Sozialräte auf Regional-, Länder- und Bundesebene zwar paritätisch besetzt sein; sie sollen aber gegenüber der Legislative und Exekutive nur Informations-, Konsultations- und Initiativrechte haben. Formal ist das Mitbestimmungsgebäude der Gewerkschaften zwar immer noch aus gleichgewichtigen Teilen auf drei Ebenen zusammengesetzt (Betrieb, Unternehmen, Gesamtwirtschaft). Doch tatsächlich haben sie sich weniger auf Systemwandel als auf die konkrete gewerkschaftliche Umsetzung der Mitbestimmung in Unternehmen und Betrieb konzentrieren müssen. Zwar betont Brenner die Notwendigkeit einer vorausschauenden und planenden Wirtschaftspolitik und bekräftigt: "Unsere Mitbestimmungskonzeption zielt auf die Demokratisierung aller Planungs- und Entscheidungsstufen", (18) aber er warnt zugleich innergewerkschaftliche Kritiker, sich nicht in der Konstruktion von Modellen zu erschöpfen. Die bestehende Ordnung habe Fakten gesetzt, die ihre eigene Lebensfähigkeit verlängerten. "Die Entwicklung des organisierten Kapitalismus in den Industriezentren hat alle abstrakten Hoffnungen auf einen abrupten Zusammenbruch widerlegt." (19)

3.4. Strategien zur Demokratisierung und Gegenstrategien

Der reformerische Ansatz gilt auch für die umfassenden "Strategien der Demokratisierung", die Vilmar in den sechziger Jahren entwickelte und 1972 gebündelt vorlegte. Vilmar steht hier für eine Vielzahl anderer Wissenschaftler, die sich mit Überlegungen zur Demokratisierung und Partizipation (die Begriffe werden oft gleichbedeutend gebraucht) beschäftigen. Damit schienen sich Theorie und Praxis für einen Augenblick nahezukommen: wissenschaftlich begründete Forderungen wurden in Ansätzen in die praktische Politik umgesetzt; praktische Politik wurde mit theoretischen Konzepten untermauert. Allerdings wird noch zu belegen sein, daß diese Annäherung nur für eine kurze Zeit erreicht wurde und - vor allem auf die Reform der Betriebsverfassung bezogen - nur in einem sehr eingeschränkten Sinne galt.

Sowohl Brenner als auch Vilmar mit seinem ins Detail gehenden Konzept einer umgreifenden Demokratisierung von Staat und Gesellschaft greifen zurück auf das von Naphtali und anderen entwickelte, 1928 vom ADGB gebilligte Konzept der Wirtschaftsdemokratie, das deshalb noch einmal kurz umrissen werden soll. Entstanden war es aus der Ablehnung von SPD und Gewerkschaften der politischen Ziele der Rätebewegung. Beide gaben das Postulat auf, nur durch revolutionäre Maßnahmen lasse sich der Klassenwiderspruch des kapitalistischen Staates beseitigen. Sie setzten vielmehr mit Naphtali auf die Umgestaltung der Wirtschaft von innen heraus, die Erreichung des demokratischen Sozialismus durch schrittweise Strukturwandlung des Kapitalismus. (20) "Der Kapitalismus kann, bevor er gebrochen wird, auch gebogen werden", lautete der Kernsatz in Naphtalis Schrift "Wirtschaftsdemokratie", und "die große geschichtliche Erfahrung war die, daß die organisierten Anstrengungen der Arbeitnehmerschaft schon bedeutende Einschränkungen der kapitalistischen Willkür durchsetzen können". (21)

Kernpunkt des Programms waren die Forderungen nach
1) Erweiterung der Mitbestimmungsrechte der Arbeitnehmer im Betrieb und Unternehmen;
2) paritätischer Vertretung der Arbeitnehmerschaft in allen wirtschaftspolitischen Körperschaften;
3) Zusammenfassung von Industrien zu Selbstverwaltungskörperschaften.

Verbunden mit Wirtschaftsforderungen waren auch schon bei Naphtali Forderungen nach Demokratisierung des Bildungswesens. Naphtali ging dabei von einem weitgehenden Begriff der Demokratisierung der Wirtschaft aus: Sie "bedeutet die Beseitigung jeder Herrschaft und die Umwandlung der leitenden Organe der Wirtschaft aus Organen des kapitalistischen Interesses in solche der Allgemeinheit". (22) Es gelte die planmäßige Wirtschaftsführung im Interesse der Allgemeinheit durchzusetzen, wozu die Organisation der Wirtschaft auf der Grundlage des Sozialismus an Stelle der privatkapitalistischen Gewinnsucht gehöre. Der Weg führe über die Übernahme der lebenswichtigen Betriebe durch die öffentliche Hand, über die Erweiterung des Bereichs der öffentlichen Wirtschaft, über die Durchsetzung der planwirtschaftlichen Regelung und über die Wandlung des Eigentumsrechtes mit dem Ziel, das Privileg des Besitzes aufzuheben. "Das Prinzip der Wirtschaftsdemokratie ist die Unterordnung jeder wirtschaftlichen Tätigkeit unter die Interessen der Allgemeinheit, und der Kampf der Arbeiterschaft für die Demokratisierung der Wirtschaft als Weg zum Sozialismus ist ebensosehr ein Kampf für das Wohl der Allgemeinheit." (23)

In Vorworten zu einer Neuausgabe der "Wirtschaftsdemokratie" äußerten die Gewerkschaftsführer Rosenberg und Brenner ausdrückliches Verständnis für Naphtalis Bedenken gegenüber einer nur in Einzelunternehmen verwirklichten Mitbestimmung, auch wenn man darauf nicht verzichten wolle. "Auf die Dauer ... wird eine isolierte, auf Einzelunternehmen oder Wirtschaftszweige beschränkte Mitbestimmung nur dann voll verwirklicht werden, wenn sie durch eine entsprechend gestaltete Wirtschaftspolitik ergänzt wird. Diese Erkenntnis haben wir zweifellos mit den Vätern der Wirtschaftsdemokratie gemeinsam." (24)

Bedeutend weniger zentralistisch als Naphtali und mehr auf Demokratie von unten gerichtet legte Vilmar ein Konzept vor, das dennoch in wesentlichen Punkten an das des "Vaters der Wirtschaftsdemokratie" anknüpfte. Auch schließt es die Sozialisierung auf reformerischem Weg mit ein. Aus heutiger Sicht erscheinen Vilmars umfassende "Strategien zur Demokratisierung" fast utopisch und - im Zeichen von stark gegenläufigen Bestrebungen - weit in die Ferne gerückt. Sie sind von einem stark optimistisch fortschrittsgläubigen Ton getragen, der unter den heutigen Bedingungen nur noch schwer nachzuvollziehen ist. Die 1974/75 einsetzende und anhaltende Strukturkrise mit einer zementierten Arbeitslosigkeit, die 1975 zum ersten Mal in der Nachkriegszeit eine Million überschritt, ließ für die Reformhoffnungen der sozialliberalen Ära nur noch wenig Raum. Insofern ist Vilmars Konzept auch typisch für die Aufbruchstimmung jener Zeit. Daß gerade bei Vilmar die betriebliche Mitbestimmung zu einem zentralen Element gehört, das - über das Betriebsverfassungsgesetz hinaus - sogar Arbeitsgruppensprecher umfaßt, zeigt, wie stark seine Überlegungen von basisdemokratischen Überlegungen, die allerdings vom rätedemokratischen stark abgegrenzt werden, bestimmt sind. Dieses Konzept vorzustellen ist auch deshalb wichtig, um zu zeigen, von welchem Zeitgeist das neue Betriebsverfassungsgesetz, "Kind" einer Reformära, beeinflußt wurde.

Wie Naphtali grenzt auch Vilmar sich von einer marxistischen Totalkritik ab. An die Stelle der offenbar aussichtslosen und dogmatischen Ein-Front-Strategie Arbeit kontra Kapital trete eine Viel-Fronten-Strategie der Demokratisierung in allen gesellschaftlichen Systemen. (25) Vilmar begreift seine Arbeit als Studie "zur Theorie einer Gesellschaftstransformation durch die Strategie universaler Demokratisierung". (26) Er spricht "seit der Studentenbewegung von einem allgemeinen Aufbruch antiautoritärer Bewegungen in allen gesellschaftlichen Subsystemen" und nennt dabei die Forderung der Gewerkschaften nach Mitbestimmung als ein Beispiel. Demokratisierung der Wirtschaft bedeutet für ihn durch zunehmende Eingriffe "die kapitalistische Aneignungs- und Entscheidungsstrukturen Schritt für Schritt zugunsten gemeinnütziger abzubauen", (27) eine Formulierung, die stark an jene Naphtalis erinnert. In dem Maße, wie reale Partizipationsmöglichkeiten in demokratisierten Strukturen geschaffen würden, vervielfachten sich die Chancen zum gesellschaftlichen Engagement. Dies wiederum würde Druck zur Durchsetzung weiterer demokratisierter Strukturen erzeugen. Vilmar erkennt allerdings an, daß solchen Reformbestrebungen personelle, zeitliche und finanzielle Grenzen gesetzt seien. Nur wenn es gelinge, die Demokratisierungsmethoden mit den tatsächlich vorhandenen Möglichkeiten in Übereinstimmung zu bringen, werde man vermeiden, Luftschlösser zu bauen. Aus solchen "ökonomischen" Überlegungen heraus kommt er auch zu einer Ablehnung eines "rätedemokratischen Maximalismus". (28) Dagegen setzt er vor allem auf ein Konzept, das Demokratisierung im eigenen Lebensbereich erfahrbar macht. "Wer an seinem Arbeitsplatz und in seinem Wohnbereich und Verband autoritäre Herrschaft durch Kontrolle oder Selbstorganisation abzubauen gelernt hat, wird auch umfassenderen Gestaltungsprogrammen der großen Parteien und Verbände zum Leben und schließlich zum politischen Sieg verhelfen, ohne Angst, daß die Entmachtung der herrschenden Kapital- und Bürokratiekaste 'das Chaos' heraufbeschwört." (29)

Vilmar übernimmt ausdrücklich von Naphtali den Begriff der "Wirtschaftsdemokratie", deren Herstellung im Rahmen einer gesamtgesellschaftlichen Strategie der Demokratisierung "ein fundamentales Erfordernis" sei. Ähnlich wie bei Naphtali findet sich auch bei Vilmar ein Dreistufen-Plan: 1. reale Mitbestimmung und kollektive Gegenmacht am Arbeitsplatz, im Betrieb, in der Unternehmensleitung, 2. in den Organen der Wirtschaft, 3. in einem Bundeswirtschaftsrat und im Rahmen der europäischen Wirtschaftsgemeinschaft. Dazu gehörte auch eine volkswirtschaftliche Rahmenplanung mit sektoraler und regionaler Investitionskontrolle sowie ein vielschichtiges System zur Kontrolle wirtschaftlicher Macht - ausdrücklich auch eine "Vergesellschaftung marktbeherrschender Banken und Unternehmen". (30) Reale Demokratie könne nicht verwirklicht werden, "wenn Wirtschaftsdemokratie nicht als Kernbereich der gesamtgesellschaftlichen Demokratisierungsbewegung in Angriff genommen wird" argumentiert Vilmar. (31)

Betont im Gegensatz zu Naphtali setzt sich Vilmar für eine Demokratisierung von unten ein. Bei Naphtali spielten die Betriebsräte, wie dargestellt, eine untergeordnete Rolle. Der Einfluß auf die Führung der Wirtschaft sollte nicht über sie ausgeübt werden, sondern vor allem über die kollektive Vertretung der Arbeiterschaft. Konsequent setzten Vilmar und andere "fundamentaldemokratische" Gewerkschaftler sich für eine verstärkte Mitbestimmung am Arbeitsplatz über die gesetzliche Absicherung von Arbeitsgruppen ein, die mit und neben den Betriebsräten die Belange der Arbeitnehmer wirkungsvoll vertreten sollten. Entsprechende Vorstöße der SPD, aber auch der FDP und der CDU wurden von den Gewerkschaften verhindert und fanden keinen Einlaß in die Novellierung des Betriebsverfassungsgesetzes. Die Gewerkschaften befürchteten vor allem eine Aufsplitterung der Arbeitnehmervertretung - daher stammt auch ihr Widerstand gegen die Installierung von Sprecherausschüssen für die leitenden Angestellten, die jetzt wieder aktuell im Zusammenhang mit Reformvorstellungen von CDU und FDP zur Betriebsverfassung geworden sind. Diese Mitbestimmung an der Basis, so Vilmar, sei von großer Bedeutung für eine Ersetzung "autoritärer durch demokratische Strukturen im Betrieb". (32)

Aus Vilmars Sicht müssen Strategien zur Demokratisierung am Arbeitsplatz eingebettet sein in ein Gesamtkonzept, sollten sie nicht zur bloßen Verbesserung von Kommunikation im Betrieb und zur Leistungssteigerung degenerieren. Dabei geht er, was sein Konzept für Betrieb und Unternehmen angeht, nicht von einer nach Funktion und Kompetenz ausgerichteten Mitbestimmung aus (siehe dazu auch die studentische Diskussion zwischen Studentenvertretern über Maß und Ausmaß der Demokratisierung), sondern von der "Idee" der Betriebsdemokratie.

Es gehe darum, nicht nur betriebliche Autorität besser zu kontrollieren oder andere Formen dafür zu finden, "sondern Formen zu finden, aufgrund derer anstelle der einzelnen unternehmerischen Autorität in einem Management nun eine Kollegialität bis hin zur Mitbestimmung von Arbeitsgruppen am Arbeitsplatz eintritt". (33) Diese Art von "Betriebsdemokratie" sei im Prinzip nicht anders als parlamentarisch zu verstehen. Überlegungen und Argumentation entsprechen denen jener Studentenvertreter, die die Einführung der Drittelparität an den Universitäten forderten und in manchen Fällen auch erreichten. (Das Bundesverfassungsgericht erklärte dann später die Drittelparität an der Bremer Universität für "verfassungskonform".) Betriebswirtschaftliche Teillösungen wie "job enrichment" und "job enlargement" (darauf wird später noch detailliert einzugehen sein) haben für Vilmar nur dann einen Sinn und arten nicht in Pseudo-Demokratisierung aus, wenn sie in ein Gesamtkonzept der Wirtschaftsdemokratie eingebettet sind. Dabei sei die Demokratisierung der Arbeitswelt ein dreidimensionaler Prozeß, zu dem Arbeitszeitverkürzungen, Ausweitung des Tätigkeitsspielraums im Betrieb und Ausweitung des Kontroll- und Entscheidungsspielraums im Betrieb und Unternehmen gehörten. "Die autoritäre Betriebshierarchie muß ersetzt werden durch immer weiter auszubauende Formen der Mitbestimmung und Selbstverwaltung am Arbeitsplatz, im Betrieb und in der Unternehmensleitung." (34)

Vilmar argumentiert, daß durch eine wie immer geartete Sozialpartnerschaft die grundlegenden Konflikte in der Arbeitswelt nicht aufgehoben werden könnte und plädiert ausdrücklich, wie die Gewerkschaften, für die gesetzlich abgesicherte Mitbestimmung. Sie fuße auf den realen Gegebenheiten der Gesellschaft und sei "eine Konzeption, die davon ausgeht, daß es Konflikte verschiedener Interessen gibt, aber diese Interessen müssen in einem Prozeß der Mitbestimmung zu einem Interessenkompromiß gebracht werden". (35) Mitbestimmung bedeute die Gleichheit der Chancen in der betrieblichen Entscheidungsbildung; alles andere sei keine Mitbestimmung. Es kommt nicht von ungefähr, daß sich Vilmar und andere weniger an dem "partnerschaftlichen" Grundgedanken orientieren, der im alten und im neuen Betriebsverfassungsgesetz enthalten ist, sondern eher an der Arbeiterselbstverwaltung nach jugoslawischem Vorbild oder den wirtschaftlichen Reformbestrebungen während des "Prager Frühlings".

Wie die reformerischen Vorschläge zur Demokratisierung der Universität bereits im inneruniversitären Bereich auf Widerstand stießen, so wurden auch die gesamtgesellschaftlichen Konzepte zur Demokratisierung bald heftig kritisiert. Zu den Wissenschaftlern, die sowohl die Demokratisierung der Universität als auch später andere Bereiche frühzeitig und besonders artikuliert für bedenklich hielten, gehörte der Freiburger (und frühere Hamburger) Ordinarius für Politische Wissenschaften, Hennis. Der Aufsatz "Demokratisierung. Zur Problematik eines Begriffs" wurde zuerst 1970 veröffentlicht. Er ist nach Greiffenhagen damals der "wichtigste und auch substantiellste Aufsatz gegen gesellschaftliche Demokratisierungstendenzen gewesen". (36)

Hennis stellt zunächst fest, daß in "keinem Land (wie der Bundesrepublik) während der vergangenen fünf Jahre unter dem Ansturm der Formel (Demokratisierung) (37) gesellschaftliche Strukturen so in Bewegung geraten sind". (38) Dabei stehe die Umwandlung der Universität in eine "Gruppenuniversität" besonders einzigartig in der Welt dar. Der grundsätzliche verfassungspolitische Konsens in der Bundesrepublik während zweier Jahrzehnte drohe aufgekündigt zu werden. Der Begriff der Demokratisierung spiele dabei eine entscheidende Rolle. Die SPD sehe darin den neuen, grundsätzlichen Unterschied zwischen den Parteien, wobei die CDU die Demokratie nur als Staatsform gelten lasse, die SPD sie dagegen als das grundsätzliche Prinzip des gesellschaftlichen Lebens betrachte, als eine durchgehende Lebensform. Die Demokratisierung sei mit einer Re-Ideologisierung des innenpolitischen Lebens verbunden. "Ich wage die Behauptung, daß die Forderung, mit der uns dieser Begriff konfrontiert, in ihrer Reichweite unendlich folgenreicher sein wird als jene Entdeckung der modernen Problematik von Freiheit und Gleichheit, die Tocqueville vor 150 Jahren den Zeitgenossen vor Augen führte." (39)

Hennis wendet sich zunächst gegen eine extensive Auslegung des Artikels 20 des Grundgesetzes, wonach die Bundesrepublik ein sozialer und demokratischer Rechtsstaat ist und der von einigen dafür verwendet werde, einen umfassenden Demokratisierungsauftrag im Sinne der ganzen Lebensweise zu begründen. Er wendet sich gegen eine stillschweigende Übertragung des Prinzips der politischen Ordnung auf die Gesellschaft als Ganzes und ihre Unterordnungen: "Auch wer die Unterscheidung von Staat und Gesellschaft in der liberalen Trennung des 19. Jahrhunderts für obsolet hält, wird dennoch, ja sogar mit größerer Entschiedenheit, fragen müssen, ob damit denn auch die Unterscheidung von Gemeinwesen und Ämterordnung in Wegfall gekommen ist, ob denn wirklich dem Gemeinwesen in all seinen differenzierten Bereichen der Erziehung, der Gelehrsamkeit, des Glaubens, Wirtschaftens ein einziges Prinzip, das für die politische Ämterordnung im engeren Sinne grundlegend ist, auch das Gemeinwesen als Ganzes bis in seine letzten Fasern bestimmen soll? Haben wir das nicht schon einmal gehabt?" (40)
Hennis bemängelt, daß die Strukturen einer Gesellschaft von den Verfechtern einer Demokratisierung nicht mehr primär unter dem Gesichtspunkt ihrer gesellschaftlichen Aufgabe, sondern unter

Herrschaftsverhältnissen gesehen würden, die es abzubauen gelte. Dabei seien die so kritisierten Strukturen, zumindest in allen öffentlich-rechtlich geregelten Bereichen, auf bestimmte Aufgaben bezogen und durch Amtszuständigkeit sowie Amtsverantwortung gekennzeichnet. Zwar räumt Hennis ein, daß auf dieser Ebene der Argumentation nicht die Abschaffung aller Herrschaftsverhältnisse angestrebt werde, aber doch eine Demokratisierung im Sinne der politischen Demokratie. Es bestehe aber nun einmal eine Kompetenzdifferenz zwischen Arzt und Patienten, Lehrern und Lernenden, die nicht durch die Zuweisung als demokratisch ausgewiesener Gruppenrechte aufgehoben werden könne. Dahinter verberge sich eher eine ständestaatliche Zuteilung von Einflußchancen nach paritätischen oder proporzmäßigen Kriterien. Hennis nennt in diesem Zusammenhang die Drittelparität in universitären Entscheidungsgremien als Beispiel und hält dem entgegen: "Noch immer ist eine Universität 'organisiert' oder 'strukturiert' nicht nach den 'Gruppen' der Hochschullehrer, wissenschaftlichen Mitarbeiter und Studenten, sondern nach den an ihr gelehrten Wissenschaften". (41) Bei der Hochschulpolitik gehe es primär darum, was gelehrt werde, drittklassig seien dabei die Interessendivergenzen von Dritten. Auf Interessen, zumal auf Gruppeninteressen, ließen sich keine politischen Institutionen bauen. Politische Institutionen seien nur auf zweierlei zu gründen: auf Amtspflichten und Freiheiten. Hennis räumt allerdings ein, daß es Verhältnisse gebe, in denen der Ausgleich von Interessen in Institutionen vorrangig sei. Dazu zählt er beispielsweise Tarifkommissionen und Rundfunkräte, auch für die paritätische Zusammensetzung von Aufsichtsgremien großer Wirtschaftsbetriebe könne viel vorgebracht werden. Hennis zieht aber dann die Grenze: "Unfug wäre aber schon eine paritätische Besetzung des Vorstandes eines Betriebes, ist das Ziel eines Betriebes doch das Wirtschaften, woran immer es orientiert sein mag - Profit, Erfüllung des Produktionssolls -, ganz gewiß aber nicht der Ausgleich von Interessen." (42)

Hennis argumentiert, daß der Begriff der Demokratie nur auf die Bereiche anzuwenden sei, wo es Freie und Gleiche gebe, und die gebe es nun einmal im politischen, nicht aber im gesellschaftlichen Raum. Für Anhörung, Mitwirkung, auch Mitbestimmung, solle es, wo immer es möglich sei, Raum geben. Nur demokratisch ließe sich dies nicht legitimieren. Nicht einmal für die wirtschaftliche Mitbestimmung, die er für eine gute und nicht preiszugebende Sache halte, lasse sich aus dem Begriff der Demokratie das geringste ableiten. "Wenn dem Begriff der Demokratie unverzichtbar Freiheit und Gleichheit zugeordnet sind, diese außerhalb des Bereichs der Liebe und Freundschaft nur im politischen Bereich erfüllbar sind, so stehen seiner Übertragung auf vor- und nichtpolitische Bereiche unüberbrückbare Hemmnisse entgegen." (43)

In der damals leidenschaftlich geführten Auseinandersetzung für oder gegen die Demokratisierung gesellschaftlicher Institutionen sind manche Zwischentöne untergegangen, die auch bei einem so engagiert und politisch argumentierenden Wissenschaftler wie Hennis enthalten waren. Gleichwohl läßt seine Kernthese, daß Demokratie nur dem politischen Raum vorbehalten und deshalb die Forderung nach Demokratisierung von Institutionen wie Schule und Hochschule unsinnig sei, natürlich außer acht, daß in Entscheidungen über Inhalte eben auch die Interessen der Beteiligten einfließen und daß wiederum Entscheidungen, obwohl mit sachlichen Argumenten gerechtfertigt, eben auch Interessen beinhalten können, die über Machtpositionen durchgesetzt werden. Ist ein Betrieb, wie Hennis meint, wirklich nur an "objektiven" Kriterien wie dem Gewinn orientiert? Man kann gewiß darüber streiten, ob beispielsweise Vilmars Strategien zur Demokratisierung nicht angesichts der Realitäten viel zu utopisch sind. Aber allzu leicht werden die Interessen von Betroffenen, beispielsweise in Unternehmen und Betrieben, unter Hinweis auf angebliche Sachentscheidungen und Kompetenzen nicht ausreichend beachtet. Wenn man unter dem Begriff der Demokratisierung nicht den Versuch zur Aufhebung von Herrschaft, sondern zur Kontrolle ihrer Ausübung versteht, kann sie auch für außerpolitische Institutionen sinnvoll sein. Hennis konstruiert, indem er sich um begriffliche Klarheit und Abgrenzung bemüht, einen allzu starken Gegensatz zwischen politischem und außerpolitischem Raum.

Man kann die von Hennis und anderen vorgebrachte Kritik an Forderungen nach einer allgemeinen Demokratisierung, die auch von den Unionsparteien aufgenommen wurde, in drei Kategorien zusammenfassen:

a) das Politisierungsargument: Demokratisierung bringe alle Lebensbereiche in die Sphäre des Politischen,
b) das Kompetenz- und Effizienzargument: Demokratisierung setze

an die Stelle kompetenter Sachautorität Mehrheitsentscheidungen dafür nicht Qualifizierter und lähme damit die betroffenen Institutionen, und schließlich

c) das Subversionsargument: Demokratie biete angesichts der Gleichgültigkeit der Mehrheit radikalen Minderheiten die Gelegenheit, in gesellschaftlichen Subsystemen einen künftigen Umsturz vorzubereiten. (44)

Dabei hält Greiffenhagen in einer ausführlichen Begründung der Forderungen nach Demokratisierung, die sich in wichtigen Akzenten von dem fundamentaldemokratischen Ansatz Vilmars unterscheidet, Kritikern wie Hennis und Schelsky mit ihrer Gleichung "Mehr Demokratie - weniger Sachlichkeit" vor, daß keine Form der Demokratie je geleugnet habe, daß zur politischen Herrschaft und Verwaltung Sachverstand gehöre. Demokratie erfordere beides: "Vertrauen in die Möglichkeit des Menschen, gerechte gesellschaftliche Zustände zu schaffen - und das Mißtrauen in die Menschennatur, welche stets schwach genug ist, individuelle Vorteile und Machtpositionen sich auf Kosten anderer zu verschaffen. Deshalb gehören Gleichheit im Einfluß auf die politische Macht und Kontrolle dieser Macht durch möglichst viele sachkundige Bürger unlösbar zusammen." (45) Dabei werde man allerdings bei Demokratisierungsstrategien sorgfältig prüfen müssen, welche Formen der Einflußnahme und Mitbestimmung man wählt. Dabei stellt Greiffenhagen die Frage nach den Realitätschancen nicht unter prinzipieller Infragestellung der Demokratisierung, wohl aber unter Berücksichtigung der tatsächlichen Möglichkeiten.

Greiffenhagen führt dabei die Oligarchie-Untersuchungen von Michels an und erinnert an die eher skeptische Beurteilung partizipatorischer Demokratie. Dabei werden die Möglichkeiten einer Strategie der Demokratisierung zwar nicht grundsätzlich bezweifelt, wohl aber die nach ihrer praktischen Durchsetzbarkeit. Die Informationsaufnahme und Verarbeitungskapazität des einzelnen reichten nicht aus, um die Komplexität aller politischen Entscheidungen zu übersehen und damit an allen Vorgängen des politischen Gemeinwesens mit aktivem Interesse beteiligt zu sein. (46) Tatsächlich liegt jenseits der prinzipiellen Diskussion um die Demokratisierung in der Aufnahmefähigkeit und Belastbarkeit des einzelnen nach allen praktischen Erfahrungen ein Haupthindernis für die tatsächliche Ausschöpfung von Demokratisierungspotentialen. Sie wird um so eher möglich sein, als sie an den direkten Erfahrungshintergrund der Betroffenen anknüpft. Die Forderung nach betrieblicher Mitbestimmung und das zunehmende Gewicht, das die Gewerkschaften seit Ende der sechziger Jahre auf betriebsnahe Strategien gelegt haben, schließen an entsprechende empirische Befunde an.

Einen Mittelweg wählt übrigens die noch von der Großen Koalition bestellte Mitbestimmungskommission unter Leitung von Biedenkopf, die ihren Bericht im Zusammenhang mit der Vorbereitung eines Mitbestimmungskonzeptes aber erst der sozialliberalen Koalition vorlegte. Das positive Fazit, das sie aus den seitherigen Erfahrungen mit der Montan-Mitbestimmung aufgrund Befragungen von Vertretern der Arbeitgeber und Arbeitnehmer im großen und ganzen zog, verbindet sie auch mit der Frage der Übertragbarkeit des Begriffs "Demokratisierung" auf die Wirtschaft. Die Kommission lehnt es zwar einerseits ab, staatsrechtliche Ordnungsgedanken auf die Gestaltung von Rechtsbeziehungen im Unternehmen zu übertragen; das Unternehmen sei nun einmal kein "contrat social en miniature", sondern selbständig organisierter und durch die Autonomie unternehmerischer Handlungsfreiheit gekennzeichneter Teil eines größeren wirtschaftlichen Zusammenhanges. "Gleichwohl scheint es der Kommission zulässig, im Zusammenhang mit der privatrechtlichen Bewältigung der Autoritätsbeziehungen im Unternehmen von 'Demokratisierung' zu sprechen. Soweit mit 'Demokratisierung der Wirtschaft' die Grundsätze der Selbstbestimmung, der Achtung vor der Würde des Menschen und der Ausgleich oder der Abbau einseitiger Machtstellungen durch Kooperation der Beteiligten und die Mitwirkung an Entscheidungen durch die von der Entscheidung Betroffenen verstanden werden, ist die Formel von der Demokratisierung der Wirtschaft verwendbar. ... Soweit jedoch mit 'Demokratisierung' Vorstellungen von direkter, unmittelbarer Demokratie verbunden werden, sind sie bei allen größeren rational arbeitenden Organisationen undurchführbar und illusionär." (47) Abgehoben wird allerdings stärker auf Mitwirkung als auf Mitentscheidung der direkt Betroffenen, vielmehr sollten keine Entscheidungen ohne die Mitwirkung der Arbeitnehmer und deren gewählten Vertretern getroffen werden. Diese sorgfältig eingegrenzte Demokratisierung, wie sie die Mitbestimmungskommission für richtig hält, unterscheidet sich ganz wesentlich von viel weitergehenden Forderungen, wie sie beispielsweise Vilmar vorlegt.

3.5. Betriebsverfassungsgesetz und Demokratisierung

Bei den Debatten im Bundestag um das neue Betriebsverfassungsgesetz im Verlauf des Jahres 1971 bezog sich die Bundesregierung auch auf die Berichte der Mitbestimmungskommission und ging, wenn auch nicht direkt ausgesprochen, eher von einem reduzierten als von einem fundamentalen Demokratisierungskonzept in ihrer Argumentation für das Reformgesetz aus.

Daß auch die Bundesregierung in der Person des Arbeitsministers ein sehr begrenztes Demokratisierungskonzept als Grundlage nahm, war schon geschildert worden. Dazu gehörte auch ein vorläufiger Verzicht auf eine neue Regelung der Vertretung von Arbeitnehmern in den Aufsichtsräten. Damit war schon eine wesentliche Klammer zwischen betrieblicher und Unternehmensmitbestimmung herausgebrochen worden. Der damalige Arbeitsminister Arendt spricht ausdrücklich von "Mittelwegen" zwischen den Forderungen der Arbeitgeber und der Gewerkschaften, so beispielsweise bei der Frage der personellen Mitbestimmung des Betriebsrates. Ausdrücklich wird die unternehmerische Entscheidungsfreiheit anerkannt. Entsprechend hebt der SPD-Bundestagsabgeordnete Liehr in der ersten Lesung des Gesetzes auch nicht so sehr auf Demokratisierung der Wirtschaft, sondern auf "das rechte Augenmaß für den sozialen Fortschritt" ab. "Es geht hier um mehr soziale Gerechtigkeit, und es geht auch um mehr soziale Sicherheit. Unsere Arbeitswelt bedarf eben der sozialen Normen, um gerade auch in einem Konfliktsfall die Würde des Menschen zu wahren. Darin ist dieser Regierungsentwurf orientiert, und darin liegt auch seine Größe." (48) Der Vertreter der FDP warnt ausdrücklich vor der "babylonischen Sprachverwirrung", die mit dem Schlagwort "Demokratisierung der Wirtschaft" verbunden sei. Das seien doch Schlagworte ohne Hintergrund, die ohne Detailkenntnisse in den Raum gestellt würden. Er begründet dabei auch ausdrücklich die Ablehnung der Übernahme der paritätischen Mitbestimmung aus dem Montan-Modell in die Betriebsverfassung. Mit einer reinen Parität werde jede Entscheidung verhindert und die Rechte des einzelnen Arbeitnehmers nicht verbessert. Sie liege nicht im "wohlverstandenen Interesse der Arbeitnehmer", da die Gewerkschaften in eine Interessenkollision "hinsichtlich der Tarifautonomie" gebracht würden. (49) Der Vertreter der CDU hebt auf die "sachgerechte Lösung der Autoritätsbeziehung am Arbeitsplatz" ab. Den Betriebsrat sieht er nicht als

Motor der Demokratisierung, sondern eher als Integrationsfaktor. Er sei der Integrationsfaktor des Betriebes schlechthin. Er sei "das Organ, durch das sich die berechtigten Anliegen der Arbeitnehmer eines Betriebes mit dem notwendigen Gewicht gegenüber dem Arbeitgeber artikulieren können und Ansprüche durchsetzen lassen. Er ist auch der Filter, der den Arbeitgeber vor Querulantentum bewahrt. Er ist aber auch die Vermittlungsstelle, die den Arbeitnehmern unangenehme, aber betriebsnotwendige Entscheidungen transparent und verständlich macht."

Nicht Motor, eher Filter - das sind Vorstellungen, wie sie von den Verfechtern der Wirtschaftsdemokratie kaum akzeptiert werden dürften. Die Ausweitung von Mitbestimmungsrechten des Betriebsrates wird nicht als Konsequenz einer Demokratisierung gesehen, sondern als Ausfluß der Integrationsfunktion des Betriebsrates. "Bei alledem ist es für uns eine Selbstverständlichkeit, daß die spezifischen unternehmerischen Entscheidungen in der verantwortlichen Zuständigkeit des Unternehmers verbleiben. Alles andere wäre nicht funktionsgerecht." (50)

In der abschließenden dritten Lesung bekräftigt Minister Arendt noch einmal die in den vorhergehenden Lesungen gezogenen Leitlinien: Es gehe um Anpassung an gewandelte Strukturen; das neue Gesetz sei keine Konfliktordnung, auch trete an die Stelle bisheriger Partnerschaft nicht die Gegnerschaft; das Betriebsverfassungsgesetz baue auf den Gedanken der vertrauensvollen Zusammenarbeit auf; es gehe vor allem um verstärkte Interessenwahrnehmung durch die Arbeitnehmer, die die Handlungs- und Entscheidungsfreiheit des Arbeitgebers nicht einschränke; die Beteiligung des Betriebsrates bei personellen Einzelmaßnahmen richte sich allein darauf, soziale Härten zu mildern und Ungerechtigkeiten auszuschließen; die Entscheidungsfreiheit des Unternehmers, seine Betriebe zu rationalisieren, bleibe unangetastet; es müsse nur vermieden werden, daß dies zu Lasten der Arbeitnehmer gehe. Das sind alles Indizien für eine restriktive Auslegung der Demokratisierung. Zwar wird noch einmal ausdrücklich erklärt, eine funktionsfähige Betriebsverfassung bleibe auf die Dauer nur "eine teilweise Lösung dessen, was mit Mitbestimmung gemeint und ausgedrückt wird. Sie muß ergänzt werden durch eine gleichberechtigte und gleichgewichtige Teilnahme der Arbeitnehmer an den Unternehmensentscheidungen". (51) Doch es soll noch vier Jahre dauern, bis das Mitbestimmungsgesetz tatsächlich kommt, das dann unter der Forderung nach voller paritätischer Mitbestimmung bleibt. Der Vertreter des Koalitionspartners FDP ergänzt abschließend: "Das Gesetz greift mit seinen neuen Mitbestimmungsregelungen nicht in den eigentlichen wirtschaftlichen, unternehmerischen Entscheidungsbereich ein. Es sind die personellen und sozialen Angelegenheiten und die sozialen Folgen aus wirtschaftlichen Entscheidungen, die im Mittelpunkt des Gesetzes stehen, und zwar sowohl im Hinblick auf die Individualrechte des einzelnen als auch im Hinblick auf die Rechte seiner Vertretung, das heißt, des Betriebsrates. Insofern ist das neue Betriebsverfassungsgesetz nichts anderes als der Versuch, die notwendige unternehmerische Entscheidungsfreiheit für ein erfolgreiches Wirtschaften im Sinne aller Beteiligten und die sozialen und personellen Belange des einzelnen miteinander in Einklang zu bringen." (52)

3.6. Zusammenfassung

Nach dem Willen der sozialliberalen Regierung war das neue Betriebsverfassungsgesetz eine "Reform von großer Bedeutung", da es "unsere Arbeitswelt wandelt". (53) Mit dem Betriebsverfassungsgesetz von 1972 sollte durch gesetzliche Regelungen sozialer Wandel in der Wirtschaft eingeleitet werden. Ob und wieweit dies gelungen ist, wird im Laufe der Arbeit noch zu prüfen sein. Bei dieser Prüfung allerdings kann der Maßstab nicht so sehr sein, welche Erwartungen an dieses Gesetz gerichtet wurden und welche Hoffnungen mit der gesamten Reformära verbunden waren. Zwar war es notwendig, den zeitlichen und politischen Kontext zu schildern, aus denen heraus dieses Gesetz entstand. Aber zur weiteren Prüfung seiner tatsächlichen Verwirklichung kann nicht dieser weitgestreckte Erwartungsrahmen herangezogen werden, sondern muß Bezug genommen werden auf die Argumentation der Regierungsparteien und wie sie ihren politischen Willen umrissen. Zwischen diesem und den Vorstellungen der damaligen Opposition, die auch für das Arbeitgeberlager argumentierte, liegen die möglichen Verwirklichungschancen. Die Hoffnungen auf Initialzündung durch dieses Gesetz für eine Demokratisierung der Wirtschaft griffen weit über die tatsächlich in diesem Gesetz vorhandenen Demokratisierungsmöglichkeiten hinaus. Im folgenden Kapitel soll dann noch konkreter umrissen werden, welche Angebote zur Mitwirkung und Mitbestimmung - besonders im Vergleich zu dem Gesetz von 1952 - im

Betriebsverfassungsgesetz von 1972 enthalten sind und welchen Spielraum es tatsächlicher Betriebsratsarbeit geboten hat und bietet.

Schließlich soll auch noch daran erinnert werden - und das ist für die Verwirklichungschance eines solchen Reformgesetzes nicht unerheblich -, daß mit der Verabschiedung des Betriebsverfassungsgesetzes der Höhepunkt der Demokratisierungswelle schon überschritten war. Die Ende 1973 einsetzende Wirtschaftskrise bremste die Demokratisierungswelle; sie spülte andere, aus der Sicht der Arbeitnehmer besonders gravierende Probleme an die Oberfläche: die Gefahr des Arbeitsplatzverlustes und die Folgen des technologischen Strukturwandels. Das Demokratisierungskonzept einer Ära, das in der Reform der Betriebsverfassung ohnehin nur einen gemäßigten Niederschlag fand, geriet zunehmend in die wirtschaftlichen und politischen Turbulenzen der darauffolgenden Jahre. Schien noch die Wirtschaftskrise der Jahre 1966/67 vorübergehender Natur zu sein, so bedeutete doch schon die Wirtschaftskrise von 1974/75 bereits den Anfang eines tiefgehenden Strukturwandels, der auch Gewerkschaften und Betriebsräte vor neue Anforderungen stellte. Die weitreichenden Auswirkungen sind einer breiten Öffentlichkeit oft erst in den 80er Jahren sichtbar geworden.

Der heraufziehende "neue Konservatismus" der 70er Jahre, der sich auch schon in der Debatte um die Demokratisierung bemerkbar machte, bestimmte zunehmend stärker das Klima der Jahre, die hinter der Verabschiedung des Betriebsverfassungsgesetzes von 1972 lagen. Er machte seine Positionen allgemein an den Fragen der Demokratisierung und Emanzipation, konkret an der Kritik beispielsweise des Wohlfahrtsstaates fest. Es werde wohl lange dauern, bis eine Bundesregierung ihre Arbeit unter das aufklärerisch-optimistische Motto "Wir wollen mehr Demokratie wagen" stellen würde, meinte Greiffenhagen 1974 vorausschauend. Die SPD und der inzwischen zum "Altbundeskanzler" gewordene Brandt sprächen zunehmend weniger von Demokratie und mehr vom demokratischen Staat. Früher habe diese terminologische Unterscheidung die sachliche Scheidelinie zwischen konservativem und progressivem Demokratisierungsverständnis markiert, meinte Greiffenhagen. (54) In diesen Klimawechsel sahen sich die Betriebsräte und die Gewerkschaften, denen ein Reformgesetz in die Hände gegeben worden war, hineingestellt.

4. DAS BETRIEBSVERFASSUNGSGESETZ VON 1972: MÖGLICHKEITEN UND GRENZEN

Das Betriebsverfassungsgesetz diene dazu, so heißt es in einem weitverbreiteten Handbuch zur Betriebsverfassung, Interessengegensätze zwischen Kapital und Arbeit, Arbeitgebern und Arbeitnehmern, auszugleichen. Diese Interessengegensätze sollten weder verschleiert noch verleugnet werden. Es gehe aber auch nicht um die Einrichtung des Klassenkampfes im Betrieb. Die im Betriebsverfassungsgesetz fixierte betriebliche Partnerschaft bedeute nicht gleiche, wohl aber gleichwertige Rechte. (1)

Dabei weist der Kommentator ausdrücklich in Übereinstimmung mit dem Gesetzgeber darauf hin, daß die unternehmerischen Entscheidungen die Unternehmensleitung fälle. Die im Betriebsverfassungsgesetz festgelegte Form der betrieblichen Mitbestimmung sei weder ein Ersatz noch eine Vorstufe für eine "Wirtschaftsdemokratie". Führung bleibe Sache des Unternehmens. Die "Mitbestimmungsträger" seien von der Führung in Betrieb und Unternehmen ausgeschlossen. In § 77 des BetrVG sei niedergelegt worden, daß der Betriebsrat nicht einseitig in die Leitung des Betriebes eingreifen dürfe. Die betriebliche Mitbestimmung sei im wesentlichen personelle und soziale Mitbestimmung.

Wenn auch mit kritischen Akzenten wird von gewerkschaftsnahen Autoren und Kommentatoren ebenfalls nicht bestritten, daß dem Betriebsverfassungsgesetz ein sehr eingegrenztes Verständnis von Demokratisierung zugrunde liegt. Grundsätzlich nur Informations- und Beratungsrechte habe der Betriebsrat in den wichtigen Angelegenheiten der Unternehmenspolitik, die allen anderen Maßnahmen vorgelagert seien. "So entscheidet der Unternehmer allein über Art und Umfang der Produktion, darüber, ob ein Betriebsteil geschlossen wird oder ob das Unternehmen mit einem anderen fusioniert." (2)

4.1. Vergleich mit dem Betriebsverfassungsgesetz von 1952

Dabei zeigt ein schwerpunktmäßiger Vergleich zwischen den Betriebsverfassungsgesetzen von 1952 und 1972, daß das neue Gesetz ganz erhebliche Ausweitungen der Mitwirkungs- und Mitbestimmungsrechte gebracht hat. Zwar stimmen Systematik und auch der Wortlaut einzelner Paragraphen überein und unterstreichen damit formal den Charakter der Novellierung des Gesetzes, tatsächlich handelt es sich inhaltlich aber doch um ein neues Gesetz.

So gibt es in dem neuen Gesetz ganze Bereiche, die in dem alten nicht enthalten waren. Das gilt zum Beispiel für die Rechte des einzelnen Arbeitnehmers, die bisher nicht umschrieben waren. Es werden ihm Anhörungs- und Erörterungsrechte eingeräumt, das auf Einsicht in seine Personalakten und ein Beschwerderecht. Bei den Gesprächen mit dem Arbeitgeber kann er ein Mitglied des Betriebsrates hinzuziehen. Dabei kann er auch den Betriebsrat einschalten und über ihn versuchen, seine Beschwerden durchzusetzen. Bestehen zwischen Betriebsrat und Arbeitgeber Meinungsverschiedenheiten über die Berechtigung der Beschwerde, so kann der Betriebsrat die Einigungsstelle anrufen. Deren Spruch ist dann verbindlich. (§85 Abs. 2)

Wenn auch im neuen Gesetz die Rechte des einzelnen Arbeitnehmers hervorgehoben werden, so kann dies nicht darüber hinwegtäuschen, daß das Kollektivgremium des Betriebsrates im Mittelpunkt des Gesetzes steht, nicht der einzelne Arbeitnehmer. Der von ihm auf drei Jahre gewählte und nicht abwählbare Betriebsrat, der an keinerlei imperatives Mandat gebunden und somit ein Repräsentativorgan ist, vertritt die Rechte der Arbeitnehmer. Die Rolle einer einheitlichen Vertretung der Arbeitnehmer durch einen Betriebsrat wird auch dadurch unterstrichen, daß im alten wie im neuen Gesetz keine gesetzlichen Rechte für Gruppensprecher eingeräumt wurden. So können zwar durch Tarifverträge zusätzliche betriebsverfassungsrechtliche Vertretungen der Arbeitnehmer bestimmter Beschäftigungsarten und Arbeitsbereiche (Arbeitsgruppen) eingereicht werden, doch ist dies mit erschwerenden Auflagen verbunden; in der Praxis spielen die von der CDU in den Ausschußberatungen geforderten Arbeitsgruppen keine große Rolle. Auch behält das neue Gesetz die Ausklammerung der Gruppe der leitenden Angestellten bei, verschärft allerdings die Kriterien zu deren Bestimmung. Ein eigenes Vertretungsorgan wird ihnen nicht eingeräumt.

Herzstück im alten wie im neuen Gesetz ist die Mitbestimmung in sozialen Angelegenheiten. Dabei wird über den bestehenden Katalog des alten Gesetzes hinaus dem Betriebsrat bei praktisch allen sozialen Angelegenheiten ein volles Mitbestimmungsrecht gegeben. Dieses Mitbestimmungsrecht wird verstärkt durch die Möglichkeit der Anrufung der Einigungsstelle, die eine nicht zustande gekommene Einigung zwischen Arbeitgeber und Arbeitnehmer ersetzt. Gerade in den sozialen Angelegenheiten lassen sich Kontinuität und Reform ablesen. Im alten wie im novellierten Betriebsverfassungsgesetz steht der Gedanke der sozialen Schutzfunktion im Zentrum; nur wird im novellierten Gesetz die Schutzfunktion erheblich ausgeweitet. (§87)

Zu den Bereichen, für die eine gesetzliche Regelung nicht bestand, gehört der Arbeitsplatz und Arbeitsablauf. Der Betriebsrat erhält erstmals Beteiligungsrechte bei wichtigen Planungsentscheidungen im Betrieb. Dazu gehören die Planung von Gebäuden, von technischen Anlagen, Fertigungsverfahren und Arbeitsplatzgestaltung sowie Arbeitsablauf. Freilich sind es in diesem unternehmerischen Bereich vor allem die Rechte auf rechtzeitige Information und Beratung, die dem Betriebsrat eingeräumt werden, nicht aber Entscheidungsrechte. Dem Betriebsrat ist - unter bestimmten Umständen - die Möglichkeit gegeben, die Folgen solcher unternehmerischer Entscheidungen abzumildern, nicht aber in die Entscheidungen vorweg selbst einzugreifen. (§91)

Auch in einem weiteren wichtigen unternehmerischen Bereich, dem der Personalplanung, sind dem Betriebsrat zum ersten Mal Informations- und Beratungsrechte eingeräumt worden. Durch die Einschaltung in die Personalplanung soll der Betriebsrat in die Lage versetzt werden, vorbeugend tätig zu werden. Aber auch in diesem Bereich hat der Gesetzgeber dem Betriebsrat keine wirklichen Mitentscheidungsrechte eingeräumt. Obwohl die Aufnahme der Bestimmungen zur Personalplanung ein wesentlicher Fortschritt im Vergleich zum Betriebsverfassungsgesetz von 1952 ist, so bleibt auch das neue Gesetz dem Prinzip verpflichtet, daß die Arbeitnehmer vor den Auswirkungen unternehmerischer Entscheidungen geschützt werden sollen. Der eigentliche unternehmerische Entscheidungsbereich bleibt weitgehend mitbestimmungsfrei. (§92)

Diesem Grundgedanken folgt auch die Ausweitung der Zuständigkeit des Wirtschaftsausschusses. Dadurch sollte - nach dem Willen des Gesetzgebers - erreicht werden, daß der Unternehmer die gesamte wirtschaftliche Lage des Unternehmens mit dem

Wirtschaftsausschuß rechtzeitig und vollständig beraten muß - eine Mitentscheidung des Betriebsrates bleibt wiederum ausgeschlossen. (§106)

Bei geplanten Betriebsänderungen werden die Rechte des Betriebsrates zweifellos verstärkt. Zwar knüpft das novellierte Gesetz an den alten Katalog für Betriebsänderungen an. Doch fallen wichtige Einschränkungen weg. So hatte es im alten Gesetz geheißen: Als Betriebsänderungen gelten "grundlegende Änderungen des Betriebszweckes oder der Betriebsanlagen, soweit sie nicht offensichtlich auf einer Veränderung der Marktlage beruhen", und "Einführung grundlegend neuer Arbeitsmethoden, soweit sie nicht offensichtlich dem technischen Fortschritt entsprechen oder dienen". Diese Einschränkungen sind im neuen Gesetz nicht mehr enthalten und eröffnen dem Betriebsrat neue Spielräume. Dabei folgt der Gesetzgeber wieder dem Grundgedanken, den Betriebsrat in die Planungen unternehmerischer Entscheidungen mitberatend einzuschalten, ihn aber nicht mitentscheiden zu lassen. Ein wichtiges Mitbestimmungsrecht wird ihm allerdings hinsichtlich der sozialen Auswirkungen der Betriebsänderungen auf die Arbeitnehmer eingeräumt. Können sich Betriebsrat und Unternehmer über den Ausgleich oder die Milderung der wirtschaftlichen Nachteile, die den Arbeitnehmern infolge der geplanten Betriebsänderung entstehen, nicht einigen, so stellt die Einigungsstelle einen Sozialplan mit verbindlicher Wirkung auf. (§112)

In einem für den einzelnen Arbeitnehmer ganz besonders wichtigen Bereich, dem der personellen Einzelmaßnahmen (Einstellungen, Versetzungen, Kündigungen, Eingruppierungen) bringt das neue Gesetz erhebliche Verbesserungen. Das gilt ganz besonders für den Bereich der Kündigungen. In dem alten Gesetz war dem Betriebsrat bei Kündigungen, und das bei festumschriebenen Zahlen, nur ein Beratungsrecht eingeräumt worden. Nach den neuen Bestimmungen muß der Betriebsrat vor jeder Kündigung gehört und seine Stellungnahme abgewartet werden.

Eine ohne Anhörung des Betriebsrates ausgesprochene Kündigung ist unwirksam. Auch kann der Betriebsrat - unter Beachtung eines festgelegten und allerdings sehr eingeschränkten Katalogs - einer solchen Kündigung widersprechen. Dadurch werden Kündigungen zwar nach wie vor nicht grundsätzlich verhindert, allerdings wird die Rechtsstellung des Arbeitnehmers in einem Kündigungsschutzprozeß verbessert, wenn er den Widerspruch des Betriebsrates vorweisen kann. Auch ist in dem Betriebsverfassungsgesetz von 1972 eine Weiterbeschäftigungspflicht des Arbeitgebers nach Ablauf der Kündigungsfrist bis zu einer rechtskräftigen Entscheidung festgeschrieben, wenn der Betriebsrat widerspricht und der Arbeitnehmer nach dem Kündigungsschutzgesetz Klage auf Feststellung erhoben hat, daß das Arbeitsverhältnis durch die Kündigung nicht aufgehoben ist. Allerdings kann der Arbeitgeber aufgrund eines allerdings sehr eng gefaßten Katalogs die Verpflichtung zur Weiterbeschäftigung beim Gericht aufheben lassen. (§102)

Auch war in der Vergangenheit die auf den ersten Blick eindrucksvolle Verpflichtung des Arbeitgebers zur Weiterbeschäftigung eines gekündigten Arbeitnehmers durch §9 des Kündigungsschutzgesetzes (Unzumutbarkeit und Abfindung) in der Praxis sehr oft durchbrochen worden. Die neueste Rechtssprechung des BAG zur Weiterbeschäftigungspflicht hat, wie noch zu zeigen sein wird, die Rechtsstellung des Arbeitnehmers deutlich verbessert. Obwohl die neuen Bestimmungen gegenüber den alten unbestreitbare Verbesserungen darstellen, so wird auch in diesem Bereich die unternehmerische Entscheidungsfreiheit nicht grundsätzlich angefaßt. Ein Widerspruch gegen eine Kündigung, die auf einer unternehmerischen Entscheidung beispielsweise zur Stillegung eines Fertigungsbereiches beruht, wäre nicht ordnungsgemäß.

Schließlich sind nicht nur die Rechte des Betriebsrates neu bestimmt oder erweitert worden, die er stellvertretend für die Arbeitnehmer vertritt. Auch seine eigene Absicherung und seine Arbeitsmöglichkeiten sind wesentlich verstärkt worden. So ist das generelle Verbot einer ordentlichen Kündigung auf ein Jahr nach dem Ausscheiden eines Betriebsrates aus dem Amt ausgedehnt worden; eine außerordentliche Kündigung eines Betriebsratsmitgliedes wiederum ist nur mit Zustimmung des Betriebsrates selbst möglich (§103). Damit sind im Vergleich zum alten Gesetz die Hürden für die Entfernung eines Betriebsratsmitgliedes erheblich erhöht worden. Außerdem sind zum ersten Mal Freistellungen von der Arbeit nicht nur generell umschrieben, sondern auch von einer bestimmten Beschäftigungszahl an bindend vorgeschrieben worden.

Während das "alte" Recht den Betriebsratsmitgliedern praktisch keine speziellen Schulungs- und Bildungsmöglichkeiten einräumte, erlaubt das "neue" Gesetz Betriebsratsmitgliedern, sich durch ausreichend bezahlte Freistellung für geeignete Schulungs- und Bildungsveranstaltungen die notwendigen Kenntnisse anzueignen. Dieses Recht gilt zwar nicht unumschränkt und stieß anfänglich auf erheblichen Widerstand bei Arbeitgebern, die vor allem eine zu starke gewerkschaftliche Beeinflussung der Betriebsräte befürchteten, doch bedeutet die gesetzliche Einräumung von Schulungsmöglichkeiten eine grundsätzliche Erweiterung ihres Spielraumes. (§37)

Für das alte wie das neue Gesetz gilt, daß Betriebsräte keine Organe der Gewerkschaften sind und an deren Weisungen nicht gebunden sind. Verstärkt wird allerdings im novellierten Betriebsverfassungsgesetz das Recht der Gewerkschaften auf Zugang zu den Betrieben und auf Beratung der Betriebsräte. So hatte es im Betriebsverfassungsgesetz von 1952 keine Regelung des Zutrittsrechts der Gewerkschaften gegeben. Die im Betrieb vertretenen Gewerkschaften erhielten erstmals im Rahmen ihrer Aufgaben und Befugnisse ein umfassendes Zutrittsrecht zum Betrieb und zu den Arbeitnehmern am Arbeitsplatz, und zwar nicht nach vorhergehender Einwilligung durch den Arbeitgeber, sondern nur nach dessen Unterrichtung. (§2) Außerdem können die Gewerkschaften in stärkerem Maße als bisher initiativ werden, um die Bildung von Betriebsräten auch gegen den Willen von Arbeitgebern zu erzwingen; die Teilnahmerechte von Gewerkschaftsbeauftragten an Betriebsratssitzungen wird verstärkt, und es wird klargestellt, daß Betriebsratsmitglieder nicht durch ihr Amt gehindert werden können, Aufgaben für die Gewerkschaft im Betrieb zu übernehmen. Schließlich können in Betriebsversammlungen sozialpolitische, tarifpolitische und wirtschaftliche Themen diskutiert werden, nicht aber allgemein politische. (§45) (3)

4.2. Kontinuität und Reform im Betriebsverfassungsgesetz

Aus diesem schwerpunktmäßigen Vergleich geht hervor, daß das Betriebsverfassungsgesetz von 1972 mehr ist als eine bloße Fortschreibung des Gesetzes von 1952, auch wenn es wesentliche Elemente des alten Gesetzes übernimmt. Im alten wie im neuen Gesetz wird die unternehmerische Entscheidungsfreiheit nicht grundsätzlich eingeschränkt, und in beiden Gesetzen ist ein partnerschaftlicher Gedanke zugrunde gelegt worden, der Interessengegensätze zwar nicht verschleiern, deren Austragung aber innerhalb festgelegter Spielregeln ermöglichen soll.

Dieser Grundsatz wird auch in dem Vorwort des Bundesministers für Arbeit und Sozialordnung, Arendt, zum Betriebsverfassungsgesetz 1972 bekräftigt. Darin heißt es: "Ich bin der Auffassung, daß dieses neue Gesetz ein gutes und ausgewogenes Angebot an die Arbeitnehmer, die Betriebsräte und die Arbeitgeber ist, das Miteinander in den Betrieben und Unternehmen auf eine neue und fortschrittliche Grundlage zu stellen, eine Grundlage, von der aus Arbeitgeber und Betriebsräte durch Mitbestimmung ihre Aufgabe erfüllen können, nämlich die Interessenkonflikte gemeinsam zu lösen und die Lösung gemeinsam zu verantworten." (4)

Betrachtet man den allgemeinen Handlungsrahmen für den Betriebsrat, so fällt bei dem Vergleich der entsprechenden Paragraphen in dem "alten und neuen" Betriebsverfassungsgesetz auf, daß er wiederum von den Geboten der vertrauensvollen Zusammenarbeit, der Pflicht zur Wahrung des Betriebsfriedens und dem Verbot rein parteipolitischer Betätigung gekennzeichnet ist. So heißt es im Betriebsverfassungsgesetz von 1952: "Arbeitgeber und Betriebsrat arbeiten im Rahmen der geltenden Tarifverträge vertrauensvoll und im Zusammenwirken mit den im Betrieb vertretenen Gewerkschaften und Arbeitgebervereinigungen zum Wohl des Betriebes und seiner Arbeitnehmer unter Berücksichtigung des Gemeinwohls zusammen." (§49 Abs. 1)

Das Gebot zur vertrauensvollen Zusammenarbeit findet sich im neuen Betriebsverfassungsgesetz nicht ohne Absicht diesmal gleich zum Anfang des Gesetzes, gleichsam als verbindliches und verbindendes Motto: "Arbeitgeber und Betriebsrat arbeiten unter Beachtung der geltenden Tarifverträge vertrauensvoll und im Zusammenwirken mit den im Betrieb vertretenen Gewerkschaften und Arbeitgebervereinigungen zum Wohl der Arbeitnehmer und des Betriebes zusammen." (§2 Abs. 1) Auf die Berücksichtigung des Gemeinwohls ist diesmal mit der Begründung verzichtet worden, daß "dies eine in privatwirtschaftlich geführten Betrieben kaum erfüllbare Forderung ist". (5)

Ist eine Fortentwicklung des Betriebsverfassungsrechtes in der historischen Sicht auch nicht zu leugnen, so ist doch anzumerken, daß wesentliche Elemente auch über diesen langen Zeitraum hinweg geblieben sind. Alle drei Gesetze sind sehr stark auf Kompromiß durch Ausgleich der Interessen angelegt. So heißt es auch in dem "neuen" Betriebsverfassungsgesetz: "Arbeitgeber und Betriebsrat sollen mindestens einmal im Monat zu einer Besprechung zusammentreten. Sie haben über strittige Fragen mit dem ernsten Willen zur Einigung zu verhandeln und Vorschläge für die Beilegung von Meinungsverschiedenheiten zu machen." (§ 74 Abs. 1) Dabei wird das Gebot der vertrauensvollen Zusammenarbeit und das Gebot, "mit dem ernsten Willen zur Einigung zu verhandeln", nicht nur als Appell an die Parteien in der Betriebsverfassung verstanden, sondern hat auch praktische Folgen: "Maßnahmen des Arbeitskampfes zwischen Arbeitgeber und Betriebsrat sind unzulässig; Arbeitskämpfe tariffähiger Parteien werden hierdurch nicht berührt. Arbeitgeber und Betriebsrat haben Betätigungen zu unterlassen, durch die der Arbeitsablauf oder der Frieden des Betriebes beeinträchtigt werden kann." (§74 Abs.2)

Damit übernimmt, entgegen den Vorstellungen der Gewerkschaften, auch das "neue" Betriebsverfassungsgesetz das im "alten" Gesetz enthaltene Verbot der parteipolitischen Betätigung: "Arbeitgeber und Betriebsrat haben jede parteipolitische Betätigung im Betrieb zu unterlassen." (§51) Im Betriebsverfassungsgesetz von 1972 heißt es: "(Arbeitgeber und Betriebsrat) haben jede parteipolitische Betätigung im Betrieb zu unterlassen; die Behandlung von Angelegenheiten tarifpolitischer, sozialpolitischer und wirtschaftlicher Art, die den Betrieb und seine Arbeitnehmer unmittelbar betreffen, wird hierdurch nicht berührt." (§74 Abs. 2) Die Betriebsräte haben somit kein politisches Mandat. Die im Gesetz bezeichneten Ausnahmen, die eine weitgehende Abschwächung des Verbots der parteipolitischen Betätigung zuließen, werden dadurch in ihrer Wirkung eingeschränkt, daß konkrete Betriebsbezogenheit vorausgesetzt wird.

Zu den Handlungsbedingungen für Betriebsräte nach dem Betriebsverfassungsgesetz von 1972 gehört auch die Schweigepflicht, die zwar keine absolute ist, aber für Betriebs- und Geschäftsgeheimnisse gilt, "die ihnen wegen ihrer Zugehörigkeit zum Betriebsrat bekanntgeworden und vom Arbeitgeber ausdrücklich als geheimhaltungsbedürftig bezeichnet worden sind". (§79, Abs.1)

Um die Auslegung dieser Bestimmungen wie vieler anderer sind zahlreiche Prozesse geführt worden. Auf die Rechtssprechung zu den umstrittenen Paragraphen des Betriebsverfassungsgesetzes wird noch detailliert einzugehen sein.

4.3. Der Kompromißcharakter

Der starke Kompromiß- und Einigungscharakter des Betriebsverfassungsgesetzes von 1972 wird auch durch die erweiterte Einführung von Einigungsstellen gekennzeichnet. So ersetzen sie für den gesamten Bereich des § 87, der Mitbestimmung in sozialen Angelegenheiten, im Falle eines Konfliktes zwischen Betriebsrat und Arbeitgeber die fehlende Einigung zwischen den beiden Parteien der Betriebsverfassung. Zwar ist ein unparteiischer Vorsitzender, der außerhalb des Betriebes steht, für diese Einigungsstelle vorgesehen. Er kann auch bei Stimmengleichheit zwischen den Beisitzern des Betriebsrates und denen des Arbeitgebers die Entscheidung fällen. Aber grundsätzlich ist es keine Verlagerung des Konfliktes aus dem Betrieb heraus, auch wenn es manchmal so den Anschein hat, sondern der Versuch, eine quasi betriebsinterne Lösung mit einem "neutralen" Mann zu ermöglichen.

Zwar ist das Betriebsverfassungsgesetz sehr stark auf Kompromiß und Einigung angelegt, doch sieht es auch Möglichkeiten vor, bewußte Verstöße zu ahnden. Dabei sind im Vergleich zum alten Betriebsverfassungsgesetz vor allem die Strafbestimmungen für Straftaten gegen Betriebsverfassungsorgane und ihre Mitglieder verschärft worden. So kann beispielsweise mit einer Freiheitsstrafe bis zu einem Jahr und mit Geldstrafe oder mit einer dieser Strafen bestraft werden, wer die Wahl eines Betriebsrates behindert oder mit unerlaubten Mitteln beeinflußt, wer die Tätigkeit des Betriebsrates behindert oder stört und wer ein Mitglied des Betriebsrats um seiner Tätigkeit willen benachteiligt oder begünstigt. (§119)

Diese Strafbestimmungen spielen offenbar bisher in der Praxis nach Meinung von gewerkschaftsnahen Kommentatoren so gut wie keine Rolle. So seien Verstöße auch grober Art gegen das Betriebsverfassungsgesetz zwar zu verzeichnen gewesen, die Ermittlungsbehörden sähen darüber jedoch in aller Regel großzügig hinweg. (6) Auch habe das Bundesarbeitsgericht sehr enge

Grenzen für die Anwendung dieser Strafbestimmungen gezogen. Außerdem bestünden - und das ist wahrscheinlich der wichtigste Grund - sehr schwer zu überwindende psychologische Schwellen. "Staatsanwaltschaft und Strafrichter erscheinen selbst durchaus konfliktbereiten Betriebsräten als unangemessenes Mittel."(7)

Eher eine Rolle spielt dann schon § 23, der es erlaubt, die Verletzung gesetzlicher Pflichten, und zwar beider Parteien, zu ahnden. So kann der Arbeitgeber, eine im Betrieb vertretene Gewerkschaft oder mindestens ein Viertel der wahlberechtigten Arbeitnehmer die Auflösung des Betriebsrats oder den Ausschluß eines Mitglieds "wegen grober Verletzung seiner gesetzlichen Pflichten" (Abs. 1) beantragen. Ein mehrstufiges Verfahren ist bei groben Verstößen des Arbeitgebers vorgesehen. So kann der Betriebsrat oder eine im Betrieb vertretene Gewerkschaft bei groben Verstößen des Arbeitgebers beim Arbeitsgericht beantragen, dem Arbeitgeber aufzugeben, eine Handlung zu unterlassen, die Vornahme einer Handlung zu dulden oder eine Handlung vorzunehmen. Handelt der Arbeitgeber der gerichtlichen Verpflichtung zuwider, eine Handlung zu unterlassen oder die Vornahme einer Handlung zu dulden, so ist er nach vorheriger Strafandrohung zu einer Geldstrafe zu verurteilen. Führt er die ihm auferlegte Handlung nicht durch, so kann ihm eine Geldstrafe, die 20 000 DM nicht überschreiten darf, auferlegt werden. (Abs.3) Da das Beschlußverfahren kostenfrei ist, steht dem Betriebsrat diese Möglichkeit zwar grundsätzlich offen. Auf der anderen Seite gelten aber ähnliche psychologische Schwellen wie bei §119; außerdem vergehen zwischen dem Vorfall und einer möglichen Ahndung nicht selten mehrere Jahre, so daß dies für die betriebliche Praxis oft wenig Wirkung hat. Auch an diesen Beispielen erweist sich einmal mehr, daß das Betriebsverfassungsgesetz vor allem eine auf Interessenausgleich im Betrieb angelegte Friedensordnung ist, die zwar Sanktionen gegen grobe Verstöße und Pflichtverletzungen zuläßt, gleichwohl diese aber nur als letzten Ausweg vorsieht. Das Betriebsverfassungsrecht regelt nicht einen Arbeitskampf, sondern einen Interessenausgleich zwischen zwei nicht gleichstarken Partnern.

4.4. Zusammenfassung

Der Gesetzgeber hat dem Betriebsrat nicht durchgängige Mitbestimmungsrechte mitgegeben, sondern sie abgestuft. Besonders ausgeprägt sind die Rechte in Form von echten Mitbestimmungsrechten, wo es um sehr direkte Arbeitnehmerinteressen geht, wie beispielsweise Arbeitszeit, Urlaub, Lohngestaltung sowie Akkord- und Prämiensätze. In der Regel greift das Mitbestimmungsrecht dann voll, wenn ureigene unternehmerische Entscheidungen nicht direkt berührt werden. Geht es um Entscheidungen, die schon eher an die unternehmerische Entscheidungsgewalt heranreichen, gibt es Informations- und Beratungsrechte wie bei der Gestaltung von Arbeitsplatz, Arbeitsablauf und Arbeitsumgebung, bei der Personalplanung und beim Wirtschaftsausschuß. Mitbestimmungsrechte werden nur dann in genau bezeichneten und eingegrenzten Fällen (so beispielsweise in §91) eingeräumt, wenn Arbeitnehmer durch Änderungen der Arbeitsplätze des Arbeitsablaufs und der Arbeitsumgebung, die den "gesicherten arbeitswissenschaftlichen Erkenntnissen über die menschengerechte Gestaltung der Arbeit offensichtlich widersprechen, in besonderer Weise belastet werden".

Nur in einem solchen Fall - gewissermaßen nach Überspringen mehrerer Hürden (gesicherte arbeitswissenschaftliche Erkenntnisse, offensichtlich widersprechen, in besonderer Weise) - wird der Betriebsrat in die Lage versetzt, sein Mitbestimmungsrecht wahrzunehmen. Dabei wird wiederum nicht in die unternehmerische Entscheidung als solche eingegriffen, sondern der Betriebsrat kann nur "angemessene Maßnahmen zur Abwendung, Milderung oder zum Ausgleich der Belastung verlangen" (§91). Auch bei personellen Einzelmaßnahmen und bei Kündigungen gibt es kein generelles Mitbestimmungsrecht, sondern ein an einen engen und klar umrissenen Katalog gebundenes Vetorecht. Zwar greifen die Rechte auch ineinander oder lassen sich miteinander verbinden, grundsätzlich soll die Abstufung von Anhörungs-, Mitberatungs- und Mitbestimmungsrechten nach dem Willen des Gesetzgebers deutlich machen, wo die Schwerpunkte der betrieblichen Interessenvertretung liegen und wo nicht: eben im sozialen und nicht im unternehmerischen Bereich. Auch ist bei einer Verweigerung der Zustimmung zu einer personellen Einzelmaßnahme damit keine endgültige Entscheidung gefallen; dem Arbeitgeber bleibt grundsätzlich der Weg zum Arbeitsgericht offen, den er natürlich nach Möglichkeit vermeidet. Das erhöht die Chancen, daß er versucht, vorher mit dem Betriebsrat eine Einigung zu erzielen.

Treffend beschreibt Däubler, wenn auch mit kritischem Ansatz, die Grenzen und Möglichkeiten, die sich aus der Summe der einzelnen Bestimmungen des Betriebsverfassungsgesetzes von 1972 ablesen lassen: "Die Beteiligung des Betriebsrats in wirtschaftlichen Angelegenheiten sieht sich genau wie seine Einschaltung in die Personalpolitik des Arbeitgebers vor der unübersteigbaren Grenze der unternehmerischen Entscheidungsfreiheit: Der Gesetzgeber des Jahres 1971 konnte und wollte nicht mehr als eine verbesserte Betriebsverfassung installieren, ließ aber das Geschehen auf Unternehmensebene, d.h. insbesondere die Entscheidungen über Investitionen, Absatzstrategien, Preise und Geschäftsvolumen, bei den Repräsentanten des Kapitals. Von diesem Ausgangspunkt her mußte von vornherein die Mitbestimmung des Betriebsrates in diesem Bereich ausscheiden, hätte sie doch die vieldiskutierte paritätische Mitbestimmung vorweggenommen, vielleicht sogar übertroffen. Es ging und geht daher nur um die Frage, wie bei grundsätzlicher Anerkennung der bisherigen Unternehmensstruktur im Rahmen der Möglichkeiten Arbeitsplätze gesichert und der soziale Beistand der Arbeitnehmer erhalten werden kann. Härten sollen nach Kräften vermieden werden, im übrigen aber soll nicht in die Eigengesetzlichkeiten des marktwirtschaftlichen Systems eingegriffen werden". (8)

Das habe für den Betriebsrat zwei Konsequenzen:

- Er werde nur in die Vorgänge eingeschaltet, die die Belegschaft direkt beträfen und
- er könne nur dort mitbestimmen, wo es um die Höhe des Härteausgleichs gehe; die unternehmerische Entscheidung bleibe letztlich in der Verantwortung des Unternehmers.

Auf die Betriebsräte und deren Spielraum soll im folgenden Kapitel eingegangen werden. Gezeigt werden sollte durch die vorherigen Kapitel, wie durch geschichtliche Entwicklung, die politische Auseinandersetzung um das Betriebsverfassungsgesetz und schließlich durch die Bestimmungen selbst das Umfeld umrissen wurde, von dem die Betriebsräte bei ihrer konkreten Arbeit umgeben sind. Sie sehen sich dabei im Schnittpunkt verschiedener Interessen und Erwartungen. Tatsächlich kann ihre Arbeit - und damit auch die Güte des Reformgesetzes - nur an den Möglichkeiten gemessen werden, die ihnen mit dem Betriebsverfassungsgesetz an die Hand gegeben worden sind. Wie dargestellt, bewegen sich diese Möglichkeiten in engen Grenzen. Die

Frage nach der Bewährung des Reformgesetzes in einer nachreformerischen Ära läßt sich konkret nur dadurch beantworten, daß man die Fragestellung auf diese Ausgangslage zurückführt.

5. DER BETRIEBSRAT: SEINE ROLLE UND SEIN UMFELD

Die Bestimmungen des Betriebsverfassungsgesetzes legen die Regeln für die Arbeit des Betriebsrates fest. Sie sind selbst, wie dargestellt, das Ergebnis politischer Absichten und einer bestimmten zeitlichen politischen Konstellation. Waren in den vorhergehenden Kapiteln die historische Entwicklung zum Betriebsverfassungsgesetz von 1972, die konkrete politische und gesellschaftliche Konstellation seiner Entstehung und schließlich die Bestimmungen des novellierten Gesetzes dargestellt worden, so soll jetzt versucht werden, die Rolle des Betriebsrates selbst und das Umfeld, in das er hineingestellt ist oder in das er sich begibt, zu umreißen. Die Determinanten der Betriebsratspolitik sollen Auskunft darüber geben, welchen Spielraum er hat und in welcher Weise er ihn nutzen kann. Gemeinsam mit dem nachfolgenden Kapitel über einige betriebswirtschaftliche Aspekte der Betriebsverfassung und dem darauffolgenden über die Rechtssprechung sollen Rolle, Umfeld und möglicher Spielraum geklärt werden, bevor dann versucht wird, eine Antwort auf die Frage zu geben, ob und wie die Betriebsräte in der Bundesrepublik die ihnen mit dem Betriebsverfassungsgesetz von 1972 eröffneten Spielräume tatsächlich genutzt haben beziehungsweise, ob sie dies überhaupt konnten.

5.1. Der Betriebsrat im sozialen Spannungsfeld

Die Rolle des Betriebsrates ist im neuen Betriebsverfassungsgesetz zwar umschrieben, aber nicht eindeutig definiert. Da das Gesetz zwar das Vorhandensein betrieblicher Konflikte nicht leugnet, der Betriebsrat aber nicht zum eindeutigen Interessengegner des Arbeitgebers mit entsprechenden Kampfmitteln wie im Tarifstreit erklärt wird, sondern gemeinsam mit Arbeitgeber, Gewerkschaften und Belegschaft die Konflikte lösen soll, gerät der Betriebsrat in den Schnittpunkt einer Reihe von Erwartungen, die sich zum Teil widersprechen. So erwartet der Arbeitgeber aus seiner Sicht vom Betriebsrat vor allem Unterstützung bei der Erfüllung des Betriebszwecks, der nach innen einen möglichst reibungslosen Ablauf des Produktionsprozesses und nach außen eine möglichst flexible Anpassung an die Absatzchancen erfordert. Die Belegschaft ist zwar auch an der wirtschaftlichen Behauptung des Unternehmens und damit der Sicherheit ihrer Arbeitsplätze elementar interessiert, erwartet aber vom Betriebsrat darüber hinaus Unterstützung bei den materiellen und sozialen Forderungen an das Unternehmen. Die Gewerkschaften wiederum sehen die Betriebsräte als wichtige Helfer bei der Umsetzung von tariflichen und anderen Strategien. "Der Betriebsrat ist in einem sozialen Spannungsfeld zwischen Wählerschaft, Betriebsleitung und Gewerkschaft tätig. Er ist von keiner dieser Gruppen unabhängig, denn sein Eigengewicht ihnen gegenüber ist relativ begrenzt. Die Vermeidung von Konflikten mit einer dieser Gruppen bedarf einer ganz ausgesprochenen politischen Begabung. Der Betriebsrat als Institution ist eine schwache Institution, auch wenn das Arbeitsgericht dahintersteht. Er ist darauf angewiesen, das Vertrauen der Wählerschaft, der Betriebsleitung und der Gewerkschaft zu behalten und zu mehren." (1) Fürstenberg spricht in diesem Zusammenhang deshalb zutreffend von einer "Grenzsituation", in die der Betriebsrat hineingestellt ist.

Der Betriebsrat befindet sich nicht nur deshalb in einer "Grenzsituation", weil er sich im Schnittpunkt verschiedener Interessen und Erwartungen sieht, sondern auch, weil er als demokratisch gewähltes und kollektiv handelndes Gremium die betriebliche Autoritätsstruktur durchbricht. Während der Firmeninhaber oder das Management die Ausübung betrieblicher Autorität direkt oder indirekt durch die Verfügung über die Produktionsmittel (Eigentum) legitimiert, hat der Betriebsrat auf demokratischem Weg seinen "Auftrag" zur Ausübung seiner Tätigkeit durch die Wahl der von ihm Repräsentierten bekommen. So ist die im Prinzip vertikale, auf Führung und Autorität ausgerichtete Struktur des Betriebes durch eine Art von gewählter "Nebenregierung" ergänzt worden, wobei diese "Regierung", wie dargestellt, auf die unternehmerischen Entscheidungen keinen direkten Einfluß hat. Dabei bleiben Wählerschaft und Gewählte zugleich abhängig Beschäftigte. Auch insofern bedeutet der Betriebsrat eine Art von "Grenzsituation".

Die Regulierung betrieblicher Konflikte mit Hilfe des Betriebsrates unterscheidet sich wesentlich von dem System industrieller Beziehungen in anderen europäischen Ländern (Schweden ausgenommen) und erst recht von dem amerikanischen Beispiel. In den USA ist Mitbestimmung nach dem deutschen Vorbild unbekannt; von Arbeitnehmern geleitete Firmen (worker managed firms) finden in der dortigen Partizipationsdiskussion stärkere Beachtung als das deutsche System der Mitbestimmung. Im Gegensatz zur Bundesrepublik hat sich beispielsweise in Großbritannien ein anderes System der Konfliktaustragung etabliert, das sich auf Interessenkampf stützt (collective bargaining), auf die Werkshallen konzentriert ist und von den Betroffenen durchgesetzt werden muß. "Collective bargaining und Mitbestimmung sind als Philosophie und Programm wie auch als deskriptive Instrumente idealtypische Begriffe für alternative Institutionalisierungen der Ambiguität von Konflikt und Kooperation in den industriellen Beziehungen." (2)

Das britische Beispiel der Austragung von Interessenkämpfen ist im Gegensatz zum deutschen nicht durch Teilhabe an betrieblicher Macht bestimmt, sondern durch die gewerkschaftliche Bildung von Gegenmacht auf allen Ebenen. Erreichte Kompromisse sind nur Kompromisse auf Zeit und können jederzeit wieder in Frage gestellt werden. "Die Kalkulierbarkeit der Beziehungen beruht nicht auf der Bindung an Recht, sondern auf der wechselseitigen Unterstellung, daß der Gegner die ihm in der Situation verfügbare Macht auch anwendet." (3)

Die deutsche Mitbestimmung im Betrieb konzentriert sich dagegen auf Konfliktregulierung durch rechtlich festgelegte Begrenzungen des Entscheidungsspielraums des Managements oder des Firmeninhabers. Dabei geht es weniger um die unternehmerische Entscheidung an sich. Ziel ist vielmehr, die Interessen der Arbeitnehmer in den Entscheidungs- und Herrschaftsprozeß einzuarbeiten. Die Herrschaftsordnung bleibt im Kern unangetastet; sie wird nur durch Demokratisierung eines Teilbereichs ergänzt. Dabei stecken die abgestuften Rechte des Betriebsrates (Information, Initiative, Beratung, Beteiligung, Mitentscheidung) auf der einen und die Gebote der vertrauensvollen Zusammenarbeit, der Friedenspflicht, der Geheimhaltung, das Verbot der politischen Betätigung, die rechtliche Trennung von den Gewerkschaften und die schwachen Sanktionsmöglichkeiten auf der anderen Seite den gesetzlichen Spielraum der Betriebsräte ab. Die Verrechtlichung der betrieblichen Beziehungen kann zwar das

Durchsetzungsvermögen des Betriebsrates einengen, da er über erlaubte Möglichkeiten wie Abteilungs- und Betriebsversammlungen sowie Unterschriftensammlungen hinaus die Belegschaft durch Aufforderung zur Arbeitsverweigerung nicht mobilisieren darf; das deutsche System gibt andererseits dem Betriebsrat garantierte Möglichkeiten der Interessenvertretung in die Hand. Sie müssen zwar in jedem einzelnen Fall praktisch durchgesetzt, aber nicht jedes Mal prinzipiell neu erkämpft und gesichert werden.

Der deutsche Betriebsrat agiert auf dem Boden des Betriebsverfassungsgesetzes, das zugleich Teil einer umfangreichen Arbeits- und Sozialgesetzgebung ist. Dieser rechtliche Rahmen und die von den Gewerkschaften erstrittenen, von den Betriebsräten praktisch umgesetzten Tarifverträge schränken die Verfügungsrechte der Betriebe als Käufer von Arbeitskraft ein und führen zu einer partiellen Lockerung der Abhängigkeitsverhältnisse, ohne sie aufzuheben. Der unternehmerische Spielraum wird insofern eingeschränkt, als diese möglichen Auswirkungen (sozialen Kosten) in die Entscheidungen des Managements und in alternative betriebliche Strategien mit einfließen können. Dabei ist die im Betriebsverfassungsgesetz verankerte und den Betriebsräten durch Wahl übertragene Rolle durch eine Reihe von Geboten geprägt, die im Gegensatz zu dem britischen System des Interessenkampfes stehen. Dazu gehört

1. die gegenseitige Rücksichtnahme zwischen Betriebsrat und Management;
2. das notwendige Vertrauen zwischen den Verhandlungspartnern und den Interessengegnern;
3. die gegenseitige Beeinflussung, die auch Mitverantwortung beinhaltet;
4. die von gewählten Funktionsträgern und nicht den Arbeitnehmern allgemein getragene "Funktionärsverantwortung";
5. die Orientierung an der Ebene der Leitung und nicht primär der der ausführenden Arbeit und
6. der Ausschluß von Mitteln des Arbeitskampfes, der nur den Tarifparteien zusteht.

Diese auf Interessenausgleich zwischen Kapital und Arbeit zielende kooperativ-pluralistisch verfaßte Betriebsverfassung, in deren Rahmen die Betriebsräte agieren, ist zwar auf eine begrenzte Demokratisierung betrieblicher Strukturen angelegt, nicht aber auf eine grundsätzliche Veränderung der Wirtschafts- und Gesellschaftsstruktur. Wie dargestellt, hat der Gesetzgeber mit dieser "Friedensordnung" auf Konfliktregulierung in und mit dem System abgehoben.

Betriebliche Mitbestimmung ist der Definition Kotthoffs zufolge (er setzt sie mit Partizipation gleich): "Beeinflussung der Herrschaftsausübung und der Politik-Entscheidungen durch eine kontrollierende Teilnahme der Beherrschten an den Entscheidungsprozessen mit dem Ziel, die Interessen der Beherrschten in den Entscheidungs- und Herrschaftsprozeß einzuarbeiten, ohne jedoch selber Herrschaftspositionen einnehmen zu wollen." (4) Die "Kernfuktion" der Betriebsräte besteht nach Weber darin, "unkontrollierte Auseinandersetzungen durch vorangehende Aussprache zu vermeiden oder wenigstens nach anerkannten Regeln auszutragen und möglichst in einem System von Beratungen und Ausschüssen zu schlichten. Der Betriebsrat wurde so nicht, wie ursprünglich syndikalistisch konzipiert, zum Führungsorgan der Belegschaft, das die autokratische Betriebsführung einschränken oder gar suspendieren sollte, sondern zum Bindeglied zwischen Belegschaft, Gewerkschaft und Management." (5)

Dabei ist historisch eine auf Gegenmacht bauende, gegen die etablierte Ordnung gerichtete Betriebsrätebewegung der deutschen Erfahrung nicht unvertraut. Zu Recht weist von Oertzen darauf hin, daß die in der Weimarer Republik durch Reichsgesetz geschaffenen deutschen Betriebsräte "entgegen dem Anschein ihrer gesetzmäßigen Entstehung ein unmittelbares Produkt der revolutionären Rätebewegung von 1918/19" (6) sind.

Die Betriebsrätebewegung erlebte, wie dargestellt, unter bestimmten sozialen, wirtschaftlichen und politischen Bedingungen in der Umbruchssituation der Jahre 1918/19 nur eine kurze Blüte. Fragmentarische Ansätze waren, wiederum in einer Umbruchssituation, bei den Betriebsräten zu erkennen, die unmittelbar nach dem Zweiten Weltkrieg für kurze Zeit wichtige Funktionen in deutschen Unternehmen übernahmen. Heute gibt es weder eine wirkliche Betriebsrätebewegung noch eine breite Mitbestimmungsbewegung. Die Betriebsräte sind heute weitgehend angewiesen auf den ihnen rechtlich zugewiesenen Raum. Sie sind eingebunden in die partnerschaftlich geprägte Betriebsverfassung. Die Betriebsräte der Novemberrevolution zielten auf Überwindung der Gegensätze zwischen Kapital und Arbeit im Rahmen einer neuen, von unten bestimmten Wirtschaftsordnung. Die Betriebsräte von heute versuchen im Rahmen der gesetzlichen Bestimmungen die Interessengegensätze zwischen Kapital und Arbeit so weit wie möglich zu mildern.

5.2. Die Herrschaftsstruktur des Betriebes

Ist nach marxistischer Interpretation die Aufhebung des Gegensatzes von Kapital und Arbeit und damit die Beendigung betrieblicher Konflikte grundsätzlich möglich (Aufhebung des Privateigentums, Vergesellschaftung), so ist dies nach Dahrendorfs Ansicht nicht möglich. Er hat in der Nachkriegszeit die Diskussion über die "Sozialstruktur des Betriebes" grundlegend bestimmt. Auch die heutige soziologische Argumentation greift auf Dahrendorf (zustimmend, abgrenzend oder ablehnend) zurück.

Dahrendorfs Hauptthese ist, daß der strukturelle Ursprung von sozialen Konflikten, zu denen auch betriebliche Konflikte gehören, nicht in den Eigentumsverhältnissen, sondern in den Herrschaftsverhältnissen zu suchen sei. In jeder entwickelten Gesellschaft gebe es Herrscher und Beherrschte. Das sind in Dahrendorfs Verständnis Klassen. Auch der Industriebetrieb sei ein Herrschaftsverband, in dem sich Manager oder Unternehmer als herrschende und die Arbeiter als beherrschte Klasse gegenüberstünden. Der Interessengegensatz zwischen Arbeitgeber und Arbeitnehmer beziehe sich auf unterschiedliche Auffassungen des Unternehmers vom Lohn als Kosten und der des Arbeiters vom Lohn als Einkommen. Dieser Konflikt werde im Betrieb, der ein Zwangsverband sei, ausgetragen. Dabei seien die Mitglieder Herrschaftsbeziehungen unterworfen. Organisationsstrukturen, Arbeitsbedingungen, Lohnverhältnisse und selbst technische Anlagen seien immer auch Herrschaftsinstrumente. Mit Hilfe beispielsweise von Lohnsystemen und Lohnhöhen versuche das Management, die Integration des Betriebes zu erzwingen. Jeder Protest gegen diese Verhältnisse sei ein Protest gegen die ihnen zugrunde liegenden Herrschaftsverhältnisse. "Jeder betriebliche Konflikt ist... ein Machtkampf. Er endet mit dem vollen oder teilweisen Erfolg einer der beteiligten Gruppen." (7) Dahrendorf geht in seiner Betriebssoziologie von vier Prinzipien aus:

1. Industrielle Konflikte seien als solche mit wenigen Ausnahmen nicht lösbar; das Vorhandensein von Konflikten müsse als unvermeidlich, als berechtigt und sinnvoll anerkannt werden.
2. Die Lösung von Konflikten könne stets nur in der Regelung ihrer Formen, nicht aber in der Beseitigung ihrer Ursachen gesucht werden.
3. Die Auseinandersetzungen müßten in verbindlicher Weise kanalisiert werden und
4. die an betrieblichen Konflikten Beteiligten müßten sich über gewisse Spielregeln einigen, nach denen sie die Gegensätze austragen wollen. (8)

Nun könnte man das Betriebsverfassungsgesetz als eine solche Institutionalisierung von betrieblichen Konflikten in der Sichtweise Dahrendorfs betrachten. Tatsächlich läßt Dahrendorf erkennen, daß er das System des "collective bargaining" und nicht das der deutschen Mitbestimmung zur Lösung von betrieblichen Konflikten für angemessen hält. Es gehöre zu den Fehlern einer eigenständigen Zwischenebene der industriellen Beziehungen, "daß man in Deutschland Konflikte weniger durch deren Institutionalisierung als durch Veränderungen der Betriebsstruktur Herr zu werden versucht". (9)

In der deutschen Betriebsverfassung sieht er einen solchen Versuch, Konflikte durch Veränderung der Herrschaftsstruktur zu lösen. Daß Arbeitnehmervertreter quasi Managementrollen übernehmen, die zu einer Haltung der gemeinsamen Verantwortung zwingen, lehnt er aus diesem Grunde ab. Deshalb steht er auch den Betriebsräten als "Männern der Mitte" skeptisch gegenüber. Konflikte müssen nach Dahrendorf offengelegt, anerkannt und ausgetragen werden. Die Erwartung, durch gewählte Vertreter an der Ausübung von Autorität im Betrieb beteiligt werden zu können, sei strukturell ungerechtfertigt. "Wer auch die leitenden und die ausführenden Positionen einnimmt, immer bleibt der Betrieb Herrschaftsverband." (10)

Der Ansatz von Dahrendorf ist wiederholt und von verschiedener Seite kritisiert worden. So fragt von Oertzen bei seinen Überlegungen, ob und unter welchen Umständen eine Rätebewegung heute noch Chancen habe, ob es tatsächlich stimme, daß jeder Herrschaftsverband gleichzeitig auch ein Zwangsverband sei. Von

Oertzen argumentiert, daß nicht jede Anweisung Befehl, nicht jede Befolgung Gehorsam und nicht jede Autorität Herrschaft bedeute. Jede Über- oder Unterordnung ganz allgemein als Herrschaft zu bezeichnen, sei unzulässig. "Gerade der in der neueren Geschichte zu beobachtende Demokratisierungsprozeß in der Gesellschaft zeigt unzweifelhaft die Züge einer allmählichen Ablösung von Herrschaftsautorität durch Auftragsautorität." (11)

Von gewerkschaftsnaher Seite wird bezweifelt, daß Arbeitgeber- und Arbeitnehmer-Interessen als formal gleich behandelt werden könnten. Aufgrund der geringeren Verhandlungsstärke der Arbeitnehmerseite sei die autonome Aushandlung von Spielregeln nicht möglich. Eine andere Art der Kritik richtet sich gegen die Betonung des Konflikts bei Dahrendorf. Das Betriebsverfassungsgesetz biete ausdrücklich Ansätze zur Kooperation. Die Aufgaben des Unternehmens könnten nur durch Kooperation aller Beteiligten verwirklicht werden. (12)

Der Betriebsrat, so war dargestellt worden, befindet sich in einer "Grenzsituation", im Schnittpunkt unterschiedlicher Erwartungen. Er ist auch Teil eines Herrschaftsverbandes. Im folgenden soll nun diese "Grenzsituation" des Betriebsrates an seinem Verhältnis zu Arbeitgeber, Belegschaft und Gewerkschaft erläutert werden.

5.3. Betriebsrat und Arbeitgeber

Die relative Eigenständigkeit, die das Gesetz den Betriebsräten läßt, und zwar sowohl gegenüber der Gewerkschaft als auch gegenüber der Belegschaft, kann zu einer Vielzahl von Verhaltensformen der Betriebsräte führen. Ein relativ starker Betriebsrat kann eine relativ erfolgreiche Arbeit leisten, wenn er der Gefahr entgeht, zwischen den verschiedenen Erwartungen, die an ihn herangetragen werden, zerdrückt zu werden. Dabei befindet er sich ja nicht nur im Spannungsfeld der Erwartungen von Belegschaft und Gewerkschaften, sondern vor allem auch im Spannungsverhältnis gegenüber dem Arbeitgeber. Im Normalfall kann er ohne ein gewisses Verständnis der Betriebsleitung, die sich zumindest rollengerecht verhalten muß und den Betriebsrat nicht blockieren darf, kaum erfolgreich agieren. Auf das ebenfalls ambivalente Verhältnis zwischen Management (Firmeninhaber) und Betriebsrat soll im folgenden eingegangen werden. Dabei werden die besonderen betrieblichen Gesichtspunkte und die Partizipationschancen innerhalb betrieblicher Strukturen gesondert im folgenden Kapitel behandelt.

Wie für den Betriebsrat, so ist auch für die Betriebsleitung (Management) eine Reihe von unterschiedlichen Verhaltensweisen vorstellbar:

Sie kann
a) die Arbeit des Betriebsrates blockieren;
b) den Betriebsrat für ihre Zwecke integrieren;
c) den Betriebsrat als eigenständigen Faktor anerkennen.

Dabei weisen Dybowski-Johannson und Weber übereinstimmend darauf hin, daß Strategien der prinzipiellen Bekämpfung oder der vollständigen Paralysierung der Betriebsräte die relativ seltene Ausnahme bilden. Nach ihrer Ansicht sind Strategien verbreiteter, die auf Neutralisierung oder Transformierung des

Betriebsrates für betriebliche Zwecke zielen. - Aus der Sicht des Managements könnten mit einer Integrationsstrategie folgende Vorteile verbunden sein:

- durch Informationsaustausch mit dem Betriebsrat kann auf auftretende Probleme früher reagiert werden; zugleich kann über eine gezielte Informationspolitik mit Hilfe des Betriebsrates die Belegschaft für bestimmte Ziele gewonnen werden;
- die Beteiligung des Betriebsrates an der Verantwortung von Entscheidungen kann der Legitimation betrieblichen Geschehens und somit der Sicherung betrieblicher Strukturen dienen;
- auf dem Weg der Verhandlungen kann eine Versachlichung, Eingrenzung und Regelung betrieblicher Konflikte erreicht werden; das kann die Konflikte berechenbarer machen;
- schließlich kann der Betriebsrat auf die Einhaltung von gefundenen Kompromissen verpflichtet werden; damit kann es leichter fallen, solche Kompromisse auch in der Belegschaft durchzusetzen. (13)

So gesehen kann der Betriebsrat für die Unternehmensleitung ein wichtiges Mittel zur Konfliktregulierung und zur Einbindung der Belegschaft sein. Voraussetzung dafür ist, daß die Interessengegensätze nicht so ausgeprägt sind, daß sie nicht überbrückbar sind. Auch ist natürlich darauf hinzuweisen, daß die vom Betriebsverfassungsgesetz postulierte Partnerschaft nur in einem sehr eingegrenzten Sinne gilt: Es stehen sich eben nicht zwei gleich starke Partner gegenüber; in wesentlichen wirtschaftlichen Bereichen hat der Betriebsrat kein Mitbestimmungsrecht. Er ist dabei weitgehend auf Informationen durch die Unternehmungsführung angewiesen. Kotthoff argumentiert, daß die partizipative Beziehung zwischen Betriebsrat und Geschäftsleitung sich im Rahmen eines Herrschaftsverhältnisses vollziehe, wobei der Betriebsrat zu den Beherrschten gehöre. Das mache es außerordentlich schwierig, eine symmetrische Partizipationsbeziehung herzustellen. Da der Betriebsrat zwar über garantierte Rechte verfüge, zugleich aber praktisch über keine wirklichen Machtmittel, sei er auf die Bereitschaft zur Kooperation der Gegenseite angewiesen. Im Begriff der "vertrauensvollen Zusammenarbeit" sieht Kotthoff deshalb den wichtigsten Beziehungsaspekt zwischen Betriebsrat und Geschäftsleitung ausgedrückt: "Interessenvertretung und Machtausübung in der partizipativen Beziehung sind untrennbar verbunden mit der Bildung von Vertrauen. Jeder Mißtrauensakt führt zu einer Mißtrauensspirale, die jeden Ansatz zur Partizipation erstickt. Jeder Vertrauensakt ist ein Kredit, der zu einer Stabilisierung des Vertrauens führt." (14) Die Akzeptierung des Interessengegners als eines auf der Grundlage gültiger Spielregeln gleichrangigen Mitspielers sei das "A und O" der Bewährung des Systems der betrieblichen Interessenvertretung.

Dybowski-Johannson stellt die Frage, ob die Erfolge traditionell sozialpartnerschaftlicher Betriebsratspolitik sich auch unter veränderten wirtschaftlichen Bedingungen einstellen würden. Diese Erfolge hätten in der Vergangenheit, in den Zeiten relativer wirtschaftlicher Prosperität und Stabilität, auf der Existenz eines betrieblichen Konzessionsspielraums der Unternehmer beruht. "Die durch die ökonomischen Strukturprobleme und den spezifischen Charakter der neuen Technologien aufgeworfenen wirtschaftlichen und sozialen Konsequenzen verringern zugleich den ökonomischen Konzessionsspielraum, der zur sozialen Befriedigung der Interessen und Bedürfnisse der abhängig Beschäftigten zur Verfügung steht. Die materiellen Möglichkeiten, die bisher für die Aufrechterhaltung eines sozial akzeptablen Beschäftigungsniveaus, für die Kontinuität steigender

Realeinkommen sowie für die Kompensation von Arbeitsbelastung und -intensivierung gegeben waren, sind merklich geschrumpft. Objektiv werden damit auch die Grundlagen der über lange Jahre erfolgreichen Vermittlungsrolle betrieblicher Interessenvertretung zunehmend in Frage gestellt." (15)

Am Beispiel der neuen Technologien wird im empirischen Teil noch zu zeigen sein, vor welche Bewährungsprobe die Betriebsräte, aber auch die Unternehmensleitungen angesichts der tiefgreifenden Strukturveränderungen in der Wirtschaft gestellt sind, für das die Computerisierung nur ein Stichwort ist. Das Gebot der "vertrauensvollen Zusammenarbeit" des Betriebsverfassungsgesetzes, das so häufig geschmäht und überstrapaziert worden ist, wird wohl erst jetzt seine eigentliche Bewährungsprobe zu bestehen haben. Das gilt natürlich auch für die Betriebsräte, die im Schnittpunkt der Interessen von Belegschaft, Unternehmensleitung und Gewerkschaft stehen, deren tatsächliche Einflußmöglichkeiten weitgehend abhängig sind von der Bereitschaft der Unternehmensleitungen zur kooperativen Zusammenarbeit, von der Unterstützung durch Belegschaft und Gewerkschaft.

5.4. Betriebsrat und Belegschaft

Die Betriebsräte sind an keinerlei direktes Mandat der Belegschaft gebunden. Die Arbeitnehmer können für ihren Arbeitsbereich zwar Beschwerden beim Arbeitgeber vorbringen, tatsächliche Änderungen aber können nur die Betriebsräte erreichen; sie haben vom Gesetzgeber das alleinige Mandat für Verhandlungen mit dem Arbeitgeber bekommen. Dennoch haben die Arbeitnehmer mehr Möglichkeiten der Einflußnahme als nur über den alle drei Jahre stattfindenden Wahlakt. Sie können bei Abteilungs- und Betriebsversammlungen nicht nur für verbalen Druck auf den Arbeitgeber sorgen, sondern auch auf ihre Betriebsräte. Vor allem in Großbetrieben mit hohem Organisationsgrad und starker Vertretung der Vertrauensleute können Gewerkschaftsmitglieder Druck auf die Betriebsräte ausüben. Sie können über die Vertrauensleute auch Einfluß auf die Kandidatenzusammenstellung für die Betriebsratswahlen nehmen. Formal haben sie auch das Recht, beim Arbeitsgericht den Ausschluß eines Betriebsrats oder des ganzen Betriebsrates zu erreichen (§23, mindestens ein Viertel der wahlberechtigten Arbeitnehmer sind notwendig). Von dieser Möglichkeit wird allerdings kaum Gebrauch gemacht.

Die Belegschaft hat nur relativ beschränkte Möglichkeiten, den Betriebsrat auf bestimmte Entscheidungen und Handlungsweisen zu verpflichten. Der Betriebsrat wiederum hat nicht die Möglichkeit, die Belegschaft mit dem Mittel des Arbeitskampfes zu mobilisieren. Streitigkeiten zwischen Arbeitgeber und Betriebsrat, die hinter verschlossener Tür oder sogar vor der Einigungsstelle oder dem Arbeitsgericht ausgetragen werden, entziehen sich der direkten Teilnahme der Arbeitnehmer und können zu einer Entfremdung zwischen Belegschaft und Betriebsrat beitragen.

Dybowski-Johannson weist darauf hin, daß die von ihr behauptete wachsende Distanz zwischen Belegschaftsvertretungen und Betriebsangehörigen im wesentlichen Ausdruck zweier, in den kooperativen Strukturen betrieblicher Interessenvertretung angelegter Tendenzen seien: einer zunehmenden Bürokratisierung und Spezialisierung der Betriebsratstätigkeit sowie einer damit einhergehenden Professionalisierung der Interessenvertretung. (16) Sie ist Folge der Verrechtlichung der industriellen Beziehungen. Der Preis für die rechtliche Absicherung einer Arbeitnehmervertretung ist auch die damit verbundene Notwendigkeit zur Formalisierung und zum detailgenauen Aneignen von Sachwissen. Die Gewerkschaften können zwar die Arbeit der Betriebsräte unterstützen, sie aber nicht übernehmen. Vor allem in kleineren Betrieben mit keinem oder nur einem freigestellten Betriebsrat sind Betriebsräte oft überfordert. In großen Betrieben mit entsprechend gut besetzten Betriebsräten und einer Reihe von Freistellungen wächst zwar die Möglichkeit zur Spezialisierung, aber auch damit die Gefahr der Entfernung zur Basis. Die Arbeitsteilung, in großen Betrieben unabdingbar, kann sogar dazu führen, daß sich Betriebsräte zwar in ihrem Fachbereich auskennen, den Überblick über den Gesamtbereich aber verlieren. "Die Ambivalenz dieser Spezialisierung ist offensichtlich: Sie fördert die Bürokratisierung der Tätigkeit der betrieblichen Interessenvertretung und verstärkt zugleich die Gefahr, daß sich der Betriebsrat zunehmend gegenüber der Belegschaft verselbständigt. Dennoch kann man nicht an der Tatsache vorbeisehen, daß es sich hierbei um eine Entwicklung handelt, die im Charakter der Betriebsratstätigkeit angelegt ist und durch die Novellierung des Betriebsverfassungsgesetzes von 1972 noch verstärkt wurde." (17)

In seiner "Soziologie des Betriebsrates" faßt Weber die in der Betriebsratsrolle angelegte Ambivalenz so zusammen: Der Betriebsrat werde innerhalb des rechtlichen Rahmens durch die Unabhängigkeit der Institution zur relativ selbständig urteilenden und agierenden Instanz, "der es im Rahmen der Legitimationserfordernisse überlassen bleibt, in welchem Maße und in welcher Form sie innerhalb oder auch außerhalb des zunächst durch Recht gesetzten Rahmens die individuellen oder kollektiven Interessen der Belegschaft mehr oder minder selektiv aufgreift". (18)

In dieser relativen Eigenständigkeit ist auch die Möglichkeit zu Differenzen mit der Belegschaft, ja sogar zum Bruch angelegt. Dabei kann es sogar geschehen, daß gegen die artikulierten Interessen der Belegschaft vom Betriebsrat gehandelt wird und er dennoch "objektive" Interessen vertritt. Ein "klassisches" Beispiel dafür ist die Überstundenfrage. Die Gewerkschaft dringt auf einen Abbau der Überstunden und auf Neueinstellungen. Dabei hat sie auch die Belastungen der Arbeitnehmer durch Überstunden im Auge. Auf der anderen Seite sehen Arbeitnehmer in Überstunden oft ein notwendiges "Zubrot" und wollen darauf nicht verzichten. Für den Arbeitgeber wiederum liegt die Möglichkeit, mit Überstunden statt mit Neueinstellungen zu operieren, im Sinne einer Unternehmensstrategie, die kurzfristig auf sich wandelnde Marktchancen reagieren kann. Ein Betriebsrat kann in solcher Situation zwischen alle Stühle geraten. Weber weist darauf hin, daß solche Differenzen so lange keine Auswirkungen haben, wie ein Betriebsrat auf die direkte Unterstützung der Belegschaft nicht angewiesen ist. Das kann sich aber schnell ändern, wenn der Betriebsrat in einer zwischen Betriebsrat und Management strittigen Frage die Unterstützung der Belegschaft sucht. Spätestens bei den Wahlen wird ihm oder Teilen von ihm die Quittung für ein Verhalten präsentiert, das von der Belegschaft nicht honoriert wird, obwohl es durchaus in ihrem "objektiven Interesse" liegen kann. "Insgesamt zeigt sich hieran die Problematik und Ambivalenz der Handlungssituation der Interessenvertretung, einerseits die Interessen der Arbeitskräfte gegebenenfalls unabhängig von diesen vertreten zu können und unter Umständen auch gegen die artikulierten subjektiven Interessen vertreten zu müssen, andererseits durch die faktischen Interessen der Belegschaft angeleitet und orientiert zu sein." (19)

Weber weist zu Recht darauf hin, daß der im Betriebsverfassungsgesetz angelegte Zwiespalt der Betriebsratsrolle sich auf die Belegschaft übertragen kann. Die begnüge sich oft mit der rechtlichen Schutzfunktion und den begrenzten rechtlichen Möglichkeiten des Betriebsrates. Hinzu komme, daß Durchsetzungsfähigkeit vor allem als Frage von Verhandlungsgeschick und fachlicher Versiertheit begriffen wird, jedoch nicht als Machtfrage. "Die Unterlegenheit und das eigene Unvermögen werden so auf die Interessenvertreter übertragen. Mit der Ausblendung der Gegenmachtfunktion des Betriebsrates und der Akzentuierung von Verhandlungen als Weg der Durchsetzung von Interessen korrespondiert bei Teilen der Belegschaft die Vorstellung, der Betriebsrat sei lediglich Vermittler zwischen divergierenden Interessen." (20)

5.5. Betriebsrat und Gewerkschaften

Im Verhältnis zwischen Betriebsrat und Gewerkschaft geht der Gesetzgeber von einer prinzipiellen Trennung aus: Der Betriebsrat ist nicht der Befehlsempfänger der Gewerkschaft, sondern als Vertretung aller Arbeitnehmer in einem Betrieb unabhängig von den Weisungen der Gewerkschaftsfunktionäre. Die Gewerkschaften hatten sich bei der Beratung über die Gesetzentwürfe zu einem neuen Betriebsverfassungsgesetz für eine stärkere Verklammerung zwischen Betriebsrat und Gewerkschaft eingesetzt, waren damit aber nicht durchgedrungen.

Doch die strikte Trennung zwischen Betriebsrat und Gewerkschaft gilt zwar im Prinzip, nicht aber unbedingt in der Praxis. Darauf weist schon der ungewöhnlich hohe Organisationsgrad von Betriebsräten hin, der bei Arbeiter-Betriebsräten im allgemeinen über 80 Prozent (in einer DGB-Gewerkschaft organisiert) liegt. Von daher ist eine starke Verbindung zwischen Betriebsrat und Gewerkschaft gegeben. Außerdem haben, wie dargestellt, die Gewerkschaften eine Reihe von ausdrücklichen Rechten durch das Betriebsverfassungsgesetz erhalten. Dazu gehören das ungehinderte Zugangsrecht zum Betrieb und das Recht auf Teilnahme bei Betriebsversammlungen. Auch bleiben den Gewerkschaften ausdrücklich die Angelegenheiten tarifrechtlicher Art vorbehalten.

Dybowski-Johannson weist zu Recht darauf hin, daß im Unterschied zu dem Betriebsverfassungsgesetz von 1920 jenes von 1972 (und auch das von 1952) vor dem Hintergrund einer festen Verankerung der Betriebsräte in der Gewerkschaftsbewegung entstanden ist. "In dieser Perspektive einer faktisch weitgehenden erfolgreichen Bindung der Betriebsräte erhielt die normativ festgeschriebene Trennung von Betriebsrat und Gewerkschaft eine wesentlich andere Gewichtung als unter den Bedingungen einer politisch und organisatorisch autonomen Rätebewegung." (21)

Die organisatorisch-personelle Verflechtung von Betriebsräten und Gewerkschaften sicherte nicht nur den Gewerkschaften Einfluß auf die Betriebsräte. Zugleich sicherten sich auch die Betriebsräte Einfluß auf die Gewerkschaften: Sie können den Gewerkschaften durch ihre "Basisnähe" mit wichtigen Informationen dienen, haben über den Arbeitsplatz einen direkten Bezug zu den Arbeitnehmern und zu den Gewerkschaftsmitgliedern und sind wichtig bei der betrieblichen Umsetzung von ausgehandelten Tarifverträgen (an denen wiederum Betriebsräte über die Tarifkommissionen beteiligt sind). Für Gewerkschaftsfunktionäre war und ist der Weg über den Betriebsrat eine wichtige Voraussetzung für den Sprung in die Gewerkschaftshierarchie. "Folge dieser praktischen Bedeutung der Betriebsräte als gewerkschaftliche Organisationsbasis im Betrieb war nicht nur eine Stärkung ihrer Stellung als Zentrum der betrieblichen Gewerkschaftsorganisation: De facto erscheinen sowohl den Belegschaften wie auch den Gewerkschaften die Betriebsräte als die primäre Repräsentanz gewerkschaftlicher Organisation im Betrieb." (22)

Beispielhaft läßt sich das komplizierte Miteinander von Gewerkschaften und Betriebsräten an der Tarifpolitik in der Hochkonjunktur zeigen. Die Gewerkschaften, die sich an den durchschnittlichen Unternehmenseinkommen orientierten, blieben mit ihren Abschlüssen oft unter den Möglichkeiten einzelner Betriebe. So konnten Betriebsräte während dieser wirtschaftlich günstigen Zeit über Betriebsvereinbarungen - unter Beachtung des tariflichen Rahmens - erhebliche finanzielle Spielräume ausschöpfen. Dadurch wurde die zentrale gewerkschaftliche Tarifpolitik zwar von den Betrieben von innen her gestützt, zugleich brachte aber die starke Stellung von Betriebsräten die Gefahr der Ent-Solidarisierung mit sich. Die Gewerkschaftsführung versuchte dieser Gefahr durch die Stärkung der Vertrauensleute im Betrieb und durch eine tarifnahe Lohnpolitik auszugleichen. Doch dieses Konzept setzte sich nur teilweise durch und scheiterte manchmal an dem Widerstand der Betriebsräte, die ihre Kompetenzen nicht beschnitten sehen wollten. Auch errangen die Vertrauensleute generell nicht die Stärke, um aus eigener Kraft (ihnen ist ja das Mittel des Arbeitskampfes nicht verwehrt) erhebliche materielle Verbesserungen für die Gewerkschaftsmitglieder durchzusetzen. Bei der Novellierung des Betriebsverfassungsgesetzes wurde die Stellung der Betriebsräte noch einmal ausdrücklich bestätigt; ein besonderer Schutz für Vertrauensleute wurde nicht anerkannt. Die Betriebsräte blieben die wichtigsten Repräsentanten der Gewerkschaften in den Betrieben; die Vertrauensleute übten vorwiegend Hilfsfunktion für die Betriebsräte aus. Nur in Ausnahmen, vor allem in Großbetrieben, gelang es den Vertrauensleuten, bei entsprechend hohem Organisationsgrad in den Betrieben eine eigenständige Stellung zu erreichen. (23)

Nun galt diese Form der grundsätzlichen, aber nicht konfliktfreien Zusammenarbeit zwischen Gewerkschaften und Betriebsräten vor allem für Zeiten der Hochkonjunktur.

Die Akzente hatten sich verschoben: Da der Spielraum für die Verteilung von materiellen Verbesserungen sich reduziert hatte, sich aber gleichzeitig Fragen der finanziellen Bestandssicherung, der Sicherung der Qualität der Arbeitsplätze in den Vordergrund geschoben hatten, zeichnete sich ab, daß sich die Gewichte wieder zu verlagern begannen. So machte ein Gewerkschaftsfunktionär darauf aufmerksam, daß gerade die Fragen, die für die heutige Arbeitsplatzsituation wichtig sind (Rationalisierung, Technologie), sich der Einflußnahme der Betriebsräte entziehen, da das Gesetz ihnen hier eine echte Mitbestimmung verwehrt. So könne es zunehmend Sache der Gewerkschaften werden, für eine Verbesserung in diesem Bereich zu sorgen. (24) Andererseits ist es aber auch denkbar, daß es starken Betriebsräten in Großbetrieben gelingt, über freiwillige Betriebsvereinbarungen wesentliche Verbesserungen herauszuholen, die für die große Mehrheit der Gewerkschaftsmitglieder in einem Industriebereich nicht zu erreichen sind. Damit wachsen aber auch die Gefahren für eine einheitliche gewerkschaftliche Interessenvertretung.

Daß von der Gewerkschaftsführung die Gefahr einer Entfremdung zwischen Betriebsräten und Gewerkschaften gesehen wird, macht ein Interview des damaligen Bezirksleiters der IG Metall Baden-Württemberg (und heutigen stellvertretenden IG-Metall-Vorsitzenden), Steinkühler, deutlich. Er sagte 1978, in den Krisenjahren seien immer mehr Betriebsräte in das Krisenmanagement der Unternehmen einbezogen worden. Ein zunehmender "Betriebssyndikalismus, bei dem die Betriebsräte nur die Interessen des Unternehmens berücksichtigen, sei gefährlich. Es wachse die Gefahr, daß betriebsübergreifende Probleme nicht ausreichend berücksichtigt würden. (25)

5.6. Die wirtschaftliche Situation

Die Veränderung der wirtschaftlichen Situation, die relativ rasch nach der Verabschiedung des neuen Betriebsverfassungsgesetzes erfolgte, veränderte auch die Handlungsbedingungen für die Betriebsräte. Wie dargestellt, sind ihre Rechte gerade dort relativ schwach, wo es um die direkten Folgen gravierender wirtschaftlicher Entscheidungen geht (Rationalisierungen, Betriebsänderungen, technologische Neuerungen). Zugleich wurden die Verteilungsräume materieller Art kleiner. Betriebsräte sind aber besonders in den genannten wirtschaftlichen Schlüsselfragen stark auf die Kooperation von Firmeninhaber und Management angewiesen. Da diese selber sehr stark auf die veränderten "Umwelt"-Bedingungen reagieren müssen - und dazu gehört auch eine relativ flexible Disposition über Arbeitskräfte angesichts der sich rasch ändernden Absatzbedingungen -, werden die möglichen Erfolge kleiner, die Betriebsräte unter diesen Umständen erringen können. Ob dies, wie Mückenburger (26) annimmt, zu einer zunehmenden Bereitschaft der Belegschaft zum Konflikt und damit einer aktiveren, auf offene Konfliktaustragung gerichtete Betriebsratsrolle führt, muß angezweifelt werden. Die angesichts der Probleme am Arbeitsmarkt wachsende Unsicherheit über die beruflichen Zukunftschancen zwar nicht aller Arbeitnehmer, aber doch eines relevanten Teiles, kann auch zu wachsender Unsicherheit und Vorsicht führen. Aus den strukturellen Veränderungen muß nicht automatisch eine erhöhte Konfliktbereitschaft der Arbeitnehmerschaft und damit der Betriebsräte folgen. Kern/Schumann haben in einer früheren Untersuchung zu "Industriearbeit und Arbeiterbewußtsein" auf die wirtschaftlichen Krisenmomente hingewiesen, die neue Fragen stellten. Sie waren zu dem Ergebnis gekommen, daß Zweifel an der der Konfliktthese zugrunde liegenden Annahme zu äußern seien, "daß der gesellschaftliche Antagonismus zwischen Kapital und Lohnarbeit sich den Arbeitern in der Arbeitssphäre in erfahrbaren Konflikten konkretisiere, deren Verarbeitung zur Erkenntnis des Herrschaftscharakters der Gesellschaft und zur gesellschaftskritischen politischen Aktion" führe. (27)

Auf den Zusammenhang von Wirtschaftssituation und Vertretungswirksamkeit wird auch in einer Studie des Wirtschafts- und Sozialwissenschaftlichen Institutes (WSI) des DGB hingewiesen. "Die Aktions- und Informationsmöglichkeiten der Interessenvertretung der abhängig Beschäftigten und der Gewerkschaften werden entscheidend bestimmt von den Gefährdungen, die die wirtschaftliche, soziale und politische Entwicklung mit sich bringt" (28), heißt es in dieser Studie. Dabei seien die Arbeitnehmer in der Bundesrepublik besonders betroffen von der Tatsache, daß der seit den 1974 einsetzenden strukturellen Veränderungen lange Zeit für praktisch unerschütterbar gehaltene Zustand der Vollbeschäftigung offensichtlich auf Dauer beseitigt worden sei. So steht an erster Stelle dieser Studie die Entwicklung der Arbeitslosigkeit. Zählte sie 1967, in der damaligen Konjunkturkrise, 341 000 und sank sie 1970 sogar auf 97 000 herunter, so stieg sie 1975 zum ersten Mal auf über eine Million (1 223 000). Bis auf die Ausnahme des Jahres 1979 sank sie nicht mehr unter diese Marke und stieg in diesem Jahrzehnt bald auf über zwei Millionen. Vorübergehend erreichte sie im Februar 1985 die vorläufige Rekordzahl von 2,6 Millionen. Damit waren mehr als zehn Prozent der Beschäftigten arbeitslos. Auch die inzwischen einsetzende wirtschaftliche Erholung änderte an dem hohen Arbeitslosensockel sowie den sektoralen und regionalen Unterschieden vorerst wenig.
Dabei änderte sich nicht nur die Höhe der Arbeitslosenzahl, sondern auch deren Struktur. Anders als in der Krise von 1966/67 waren Angestellte ebenso betroffen wie Arbeiter, Akademiker ebenso wie bestimmte Spezialistengruppen. "Die Tatsache, daß die Massenarbeitslosigkeit sich verstetigt hat, weist darauf hin, daß in unserem Wirtschaftssystem ein wohl nicht umkehrbarer Prozeß der Umstrukturierung der Wirtschaft stattgefunden hat." (29)

Zu den veränderten Bedingungen zählte die WSI-Studie auch:
- eine Veränderung bei den Arbeits- und Qualifikationsbedingun-

gen: Zwar zeichne sich durch Automatisierung und Mechanisierung eine erhebliche Verbesserung der körperlichen Belastungen ab, zugleich aber machten sich auch die negativen Folgen bemerkbar. Durchrationalisierung und Ökonomisierung von menschlicher Arbeit führten zu zusätzlichem Leistungsdruck. Den Tendenzen zur Höherqualifizierung von allerdings kleineren Beschäftigungsgruppen stünden Dequalifizierungsentwicklungen bei einer ganzen Reihe von Beschäftigungsgruppen entgegen.

Auf die strukturellen Änderungen des Wirtschaftssystems (gebremstes Wachstum, Strukturkrisen in einigen Branchen, Verstärkung der zyklischen Krisen und hohe Auslandsabhängigkeit) seien die Unternehmen gezwungen zu reagieren. Zu diesen Strategien zählt die WSI-Studie vor allem die beschleunigte Rationalisierung und Entwicklung neuer Technologien. Als Beispiel werden genannt die verschärfte Rationalisierung und Modernisierung durch verbesserte Organisationsformen, aber insbesondere auch die beschleunigte Technologieentwicklung und Einsatz von EDV, Mikroprozessoren, Robotern und Textverarbeitungsgeräten. Auf die geänderten wirtschaftliche Strukturbedingungen wird noch zurückzukommen sein. Dabei ist den Verfassern der WSI-Studie insoweit zuzustimmen, als auf die Interessenvertretungen in Betrieb und Unternehmen, aber auch auf die Betriebe und Unternehmen selbst schwierige Aufgaben mit neuen Qualitäten zugekommen sind. Fraglich ist aber der folgende Schluß: "Zugleich schafft diese Entwicklung aber auch zumindest bei Teilen der abhängig Beschäftigten ein verschärftes Bewußtsein und damit die Möglichkeiten für eine wirksamere Mobilisierung und Gegenwehr als bisher." (30) Dieser Schluß ist deshalb fraglich, weil als mögliche Reaktion auf Gefährdungen, wie bei Kern/Schumann (1977) angedeutet, auch der Rückzug in das Private und Verunsicherung denkbar sind. Außerdem ist ja gerade für eine Strukturkrise typisch, daß sie nicht alle Arbeitnehmer, alle Branchen und alle Bereiche gleichermaßen trifft, sondern äußerst ungleichgewichtig ist.

5.7. Zusammenfassung

Der Betriebsrat, so hatte Fürstenberg zutreffend ausgeführt, befindet sich in einer "Grenzsituation". Seine Rolle ist nicht eindeutig, sondern ambivalent. Das jeweilige Umfeld beeinflußt

Handlungswirksamkeit oder Handlungsschwäche eines Betriebsrates. In dem von verschiedenen Kräften (Arbeitgeber, Belegschaft, Gewerkschaft) beeinflußten Kraftfeld muß er sich orientieren und den jeweiligen Bedingungen anpassen. Da er nicht, wie das englische Beispiel, auf ein Konzept klassenkämpferischer Gegenmachtbildung baut, ist er darauf angewiesen, die rechtlichen Möglichkeiten zu nutzen. Doch ohne Anbindung an die Belegschaft, ohne Verbindung zur Gewerkschaft und ohne die Bereitschaft des Arbeitgebers zur Kooperation wird ein Betriebsrat sich kaum behaupten können. Relevant für seine Handlungsfähigkeit und seinen Spielraum sind auch die wirtschaftlichen Daten. Auf andere Faktoren, zu denen ganz entscheidend die Betriebsgröße zählt, wird noch im empirischen Teil zurückzukommen sein. Im folgenden Kapitel wird ausgeführt, auf welche speziellen betrieblichen Strukturen er trifft und wie dies seine Handlungsmöglichkeiten beeinflußt.

6. BETRIEBLICHE MITBESTIMMUNG UND BETRIEBLICHE STRUKTUREN

Grundprämisse der Mitbestimmungsdiskussion ist, anzunehmen, daß "gezielter sozialer Wandel extern durch normative Regelung innerbetrieblicher Organisationsformen eingeleitet werden kann". (1) Geht man von dieser Prämisse aus, so ist zu fragen, auf welches "natürliche Partizipationspotential in Unternehmungen" (2) dieser Versuch trifft. Inwieweit treten die vom Betriebsverfassungsgesetz gewünschten Folgen auf, und wo treten disfunktionale Auswirkungen auf? Für das gestellte Thema ist von ganz entscheidender Bedeutung, welche Realisierungschancen dieses Gesetz unter den strukturellen Bedingungen eines Betriebes hat. Sind die Widerstände von vornherein so groß, daß die gesetzlichen Ansätze scheitern müssen, oder paßt es sich in die reale Welt des Betriebes ein? Welche Reaktionen sind von Unternehmsführung und Belegschaft zu erwarten?

6.1. Die unternehmerische Entscheidungsfreiheit

Als der Gesetzgeber sich entschloß, die Reform der Betriebsverfassung vorzuziehen und die Unternehmensverfassung einem späteren Gesetz zu überlassen, stellte er, wie dargestellt wurde, diese Reform zwar in den Gesamtzusammenhang der Mitbestimmungs- und Demokratisierungsdiskussion. Er machte aber zugleich deutlich, daß das "neue" Betriebsverfassungsgesetz keinesfalls in die unternehmerische Entscheidungsfreiheit eingreifen sollte, sondern sich darauf zu beschränken habe, die sozialen Folgen für die betroffenen Arbeitnehmer abzuwehren oder zu mildern. Ganz deutlich sollte sich damit die Betriebsverfassung von der Unternehmensverfassung, die auf Mitbestimmung an der "Spitze" zielte, unterscheiden.

Als die damalige Bundesregierung die Reform der Betriebsverfassung einleitete, konnte sie sich, wie schon erwähnt, auf den positiven Bericht der "Mitbestimmungskommission" aus dem Jahre 1970 gerade in Hinblick auf die Erfahrungen mit dem alten Betriebsverfassungsgesetz stützen. "Völlig einheitlich wurde von allen befragten Personen die Auffassung vertreten, daß ohne eine intensive Zusammenarbeit zwischen Unternehmensleitung und betrieblicher Arbeitnehmervertretung die Führung eines modernen Unternehmens unmöglich ist", hieß es in dem Bericht der Sachverständigenkommission zur Auswertung der bisherigen Erfahrungen bei der Mitbestimmung, der noch von der Regierung Kiesinger in Auftrag gegeben worden war. (3)

In der Tat wurde von vielen Unternehmern sowohl das "alte" als auch das neue" Gesetz als "gute Grundlage für die Integration der Arbeiter in die moderne Betriebswelt" begriffen, aber auch als Möglichkeit, die "technische Qualität von Entscheidungen" zu verbessern. (4) In diesem Zusammenhang ist auch die Äußerung eines führenden Unternehmers zu sehen, der in einem Interview meinte: "Ich muß sagen, hätten wir dieses Betriebsverfassungsgesetz nicht, dann müßte ein Unternehmen ähnliche Regelungen im eigenen Interesse entwickeln, und ich muß sagen, daß wir das im Ausland auch tun; in Ländern, wo es gleichartige Vorschriften noch nicht gibt." (5) Er machte diese Bemerkung vor dem Hintergrund der Frage, wie man den Entscheidungsprozeß in einem Unternehmen verbessern und die Motivation der Arbeiter verstärken könne. Grundsätzlich wird auch von Arbeitgeberseite betont, daß in "einer demokratisch strukturierten Gesellschafts- und Wirtschaftsverfassung die Individuen als Arbeitnehmer Rechte haben". (6) Das Ausmaß der Rechte bezeichne zwar auf der einen Seite die Qualität der demokratischen Verfassung, bezeichne aber auch - und dort wird die Grenze gezogen - "die Intensität der Gefährdung der Elastizität von unternehmerischer Entscheidungsfreiheit". (7)

In der Bundestagsdebatte über die Neufassung des Betriebsverfassungsgesetzes markierte der CDU-Sprecher die Grenze, die Mitbestimmungs- und Mitberatungsregelungen durch die marktwirtschaftliche Grundordnung gezogen seien: "Unverzichtbares Element dieser unserer Ordnung ist die Möglichkeit der Unternehmen, auf die wechselnden Gegebenheiten des Marktes im Sinne einer langfristigen Rentabilitätsorientierung zu reagieren. Nur eine solche Grundorientierung der Einzelunternehmen gewährleistet gesamtwirtschaftlich die größte Effizienz." (8) Solange nicht der Bestand und das Wachstum der Unternehmen durch gesetzliche Regelungen gefährdet würden, seien die neuen Bestimmungen zu begrüßen. "Die Intention des neuen Betriebsverfassungsgesetzes, mehr Objektivität und Transparenz als Bedingungen des sozialen Friedens im Betrieb zu schaffen, verspricht letztlich auch den Unternehmern eine bessere Grundlage für wirtschaftliches Handeln und nicht nur den Mitarbeitern höhere Sicherheit und Anerkennung ihrer Persönlichkeit." (9)

Ginge man nach diesen Äußerungen, so müßten Unternehmensziele und Ziele des Betriebsverfassungsgesetzes miteinander harmonisieren und damit Konflikte auf ein Mindestmaß reduzieren. Da die betriebliche Realität aber von Konflikten gekennzeichnet ist - wofür die hohe Zahl von Arbeitsgerichtsverfahren im Zusammenhang mit dem Betriebsverfassungsgesetz nur ein Indiz ist - , ist nach den möglichen Gründen zu fragen.

6.2. Die duale Stuktur des Betriebs

Der Betrieb ist "sowohl eine Leistungseinheit als auch ein soziales Gebilde" (10); er hat somit eine duale Struktur. Der Betrieb ist als "Verknüpfung zweier dualistischer Organisationen zu definieren, das heißt als zwei ineinander verschränkte, von unterschiedlichen Zielen her strukturierte Systeme sozialer Rollen". (11) Dabei ist das eine Ziel primär die Produktion von Gütern und Dienstleistungen, das andere primär die Produktion von Existenz gewährenden Arbeitsplätzen. Dabei findet das zweite Ziel - die Schaffung von Existenz gewährenden Arbeitsplätzen, aber auch die selbständige Entfaltung der Persönlichkeit des einzelnen Arbeitnehmers - nach Ansicht von Bartölke/Wächter nur sehr begrenzt Anerkennung als Betriebsziel. (12) Obwohl in der Betriebswirtschaftslehre Ansätze zu verzeichnen sind, die diese auch als Sozial- und Verhaltenswissenschaft begreifen, überwog nach Meinung von Kluth lange Zeit ein Verständnis, nach dem als "funktional die Verhaltensweisen gelten, die zur Erreichung des technisch-ökonomischen Zieles des Betriebes beitragen". (13) "Man übersieht dabei, daß wir es im Betrieb sowenig wie in anderen sozialen Organisationen lediglich mit einer technisch zu begreifenden Rationalität, sondern zugleich auch mit etwas zu tun haben, das von dieser technischen Rationalität grundsätzlich unterschieden ist und daher als soziale Rationalität zu bezeichnen wäre." (14)

In der betrieblichen Wirklichkeit treffen drei normative Ansprüche, nämlich technische, ökonomische und soziale, und damit dreierlei Vorstellungen von rationalem Handeln aufeinander, "die sich niemals ohne Rest auf einen Nenner bringen lassen, das heißt einen permanenten Zustand der Spannung und des Konflikts schaffen". (15) In dieses Spannungsfeld stößt der Betriebsrat, der nicht am Betriebszweck orientiert ist, sondern an den sozialen und persönlichen Bedürfnissen der einzelnen Funktionsträger. Der Betriebsrat stellt somit eine eigene formale Organisation innerhalb des Betriebes dar, "deren Ziel es ist, die sozialen und wirtschaftlichen Interessen der ausführenden Arbeit zu sichern und zu fördern". (16)

"Auf diese Weise ist ein Konflikt institutionalisiert, der zwar in seiner ursprünglichen Form dem privatkapitalistischen Betrieb und der ihm zugehörenden Wirtschafts- und Gesellschaftsordnung entstammt, jedoch in abgewandelter Form, nämlich der Spannung zwischen leitender und ausführender Arbeit, in allen uns bekannten Betriebssystemen auftritt." (17)

Geht man von dieser Darstellung der Ziele des Betriebes und des Betriebsrates aus, so stellt sich die Frage, wie die positiven Beurteilungen des Betriebsverfassungsgesetzes aus der Sicht von Arbeitgebern begründet werden. Dabei zeichnet sich ab, daß die Bewertung dieses Gesetzes ganz entscheidend davon abhängt, welche Erwartungen man mit dieser Reform verknüpft und welche Folgen beabsichtigt sind. Die stellen sich aus der Sicht der Arbeitgeber und der Arbeitnehmer unterschiedlich dar.

6.3. Partizipation als technokratisches Mittel?

Nicht so sehr als Ergebnis der Umsetzung normativer Forderungen, sondern als Folge der "Anpassung eines produktiven sozialen Systems an eine komplexe, sich ständig rasch verändernde Umwelt" sieht Ulrich den Zwang zu größerer Kooperation. Diese Aufgabe könne nicht zentral von einer Person oder einer kleinen Personengruppe gelöst werden, sondern nur in arbeitsteiliger, dezentralisierter Zusammenarbeit. Dieses mehr technokratisch-pragmatische Verständnis führt zu der Annahme, daß an der Willensbildung immer mehr Arbeitnehmer teilnehmen würden, sieht aber als "das Kriterium, wonach Art und Ausmaß der Mitwirkungsbefugnis des einzelnen ... bestimmt wird, ganz primär und immer deutlicher die wissens- und verhaltensmäßige Eignung des einzelnen zur Erfüllung einer bestimmten arbeitsteiligen Funktion im Rahmen dieses Prozesses". (18)

Auch Wilpert glaubt, daß die Mehrheit der erfolgreichen Manager die Teilung von Macht und Einfluß im Entscheidungsprozeß vornehmlich instrumental zum Zweck einer Verbesserung der technischen Qualität von Entscheidungen versteht. Das würde bedeuten, daß der Sinn von Partizipation letztendlich technokratisch sei. So sehr es die unbestrittene Aufgabe des Managements sei, die technische Qualität von Entscheidungen zu verbessern, so solle man auch sehen, daß andere Entscheidungsmerkmale als nur technische für andere Gruppen relevant seien. Gerade im Hinblick auf den Wert, den kooperative Führung für Manager besitze, so argumentiert Wilpert, liege hierin eine unangebrachte Verkürzung des Situationsverständnisses. "Angesichts des weltweiten Zuges zu einer Ausweitung der Selbst- und Mitbestimmung Betroffener in allen gesellschaftlichen Bereichen muß man erkennen, daß Partizipation eben nicht nur ein Mittel des Managements ist, die technischen Merkmale von Entscheidungen zu verbessern, sondern durchaus auch anderen Zwecken dient und häufig auch ein Ziel an sich sein mag." (19)

Auch Weihe geht von konkurrierenden Zielsetzungen entsprechend der dargestellten dualen Struktur des Betriebes aus. "Die Zielsetzung der Mitbestimmung richtet sich nicht auf eine effizientere Durchsetzung kapitalorientierter Interessen, sondern auf eine Berücksichtigung von Interessen der Arbeitnehmer, die mit kapitalorientierten Interessen konkurrieren." (20)

Geht es nur darum, die Qualität und Transparenz von Entscheidungen zu verbessern, oder soll es gelingen, unterschiedliche Interessen im Betrieb im Zweifelsfall auch konfliktär auszutragen? Für die zweite Möglichkeit entscheiden sich Bartölke/Wächter. Wenn man Mitbestimmung realisieren wolle, so müsse man bei den Entscheidungen über die Ziele ansetzen, die im Gegensatz zu den Entscheidungen über Mittel interessenorientiert seien. Es komme darauf an, "daß keine der Gruppen mit einer bloß faktischen Auszeichnung an der Entscheidung beteiligt wird und keine Gruppe die Möglichkeit bekommt, ihre eigenen Interessen als allgemeine durchzusetzen". (21)

Als "Alternative und Ergänzung" zur Koordination und zum Ausgleich unterschiedlicher Interessen durch die Marktmechanismen sieht Weihe die Berücksichtigung kontroverser Wertpositionen in unternehmerischen Entscheidungen und Entscheidungsprozessen. "Voraussetzung dafür ist eine ausreichende personelle Repräsentation der 'Betroffenen' und 'Beteiligten' in den Entscheidungsgremien, die durch eine gleichmäßige Machtverteilung zwischen sozialen Sub-Systemen zur Angleichung von Einflußchancen auf relevante Entscheidungsprozesse unterstützt werden muß." (22)

Es war bereits dargestellt worden, daß die Intention bei der Abfassung des neuen Betriebsverfassungsgesetzes nicht war, die unternehmerische Entscheidungsfreiheit anzutasten, sondern ihre Folgen zu berücksichtigen und gegebenenfalls zu mildern. Eine gleichberechtigte Dialogsituation zur Austragung von Interessengegensätzen ist nur sehr begrenzt erreichbar. Damit sieht Weihe auch die Grenzen gezogen, die mit dem Betriebsverfassungsgesetz erreichbar sein können, und er warnt vor einer Überschätzung der gesetzlichen Möglichkeiten: "Das Betriebsverfassungsgesetz als Regelinstrument für soziale Spannungsverhältnisse anzusehen ... ist bei den im Gesetz festgeschriebenen Herrschaftsstrukturen, die eine Unterordnung der Arbeit unter die Eigentumsrechte des Kapitals beinhalten, und bei der Begrenzung der Bereiche, in dem ein Zwang zum Interessenausgleich durch die Einspruchsrechte der Arbeitnehmer ausgeübt wird, eine Überschätzung der Wirksamkeit und Bedeutung der Mitbestimmung nach dem Betriebsverfassungsgesetz für die unmittelbaren unternehmerischen Entscheidungen." (23)

Aufgrund dieser Position haben sich die Gewerkschaften lange Zeit dagegen gewehrt, die Betriebsverfassung von der Unternehmensverfassung abzuspalten. Als dieser Versuch mißlang, forderten sie mit noch mehr Nachdruck die paritätische Unternehmensverfassung.

6.4. Betriebliche Mitbestimmung und betriebliche Organisation

Mitbestimmung in Form einer Dialogsituation, so argumentieren vor allem den Gewerkschaften nahestehende Wissenschaftler, habe nicht nur an der Spitze zu geschehen, sondern im Prinzip an jedem Arbeitsplatz und in jeder Gruppe. Zum Beispiel sei eine Mitbestimmung bei der Gestaltung des Arbeitsplatzes und der Arbeitsinhalte dann ziemlich unwirksam, wenn nicht auch Mitbestimmung auf Unternehmensebene erfolge. (24) "Denn sonst können alle Forderungen auf Arbeitsplatzebene entweder von vornherein mit der angeblichen Notwendigkeit, ein gegebenes Unternehmensziel zu verfolgen, abgewiesen werden, oder die auf Arbeitsplatzebene zielende Initiative wird im Rahmen der gegebenen Unternehmensziele eingebettet". (25)

So wird gefordert, in die Mitbestimmung alle Teilsysteme der Organisation einzubeziehen. Dazu gehören:

a) das Produktionssystem,
b) die die Produktion unterstützenden und begleitenden Systeme (Beschaffung, Lagerung, Absatz),
c) das Erhaltungssystem (Personalwesen),
d) das Anpassungs- und Innovationssystem (Forschung und Entwicklung),
e) das Management (politisches System). (26)

Modelle aus der Organisationstheorie kommen diesen Vorstellungen durchaus entgegen. Das geschieht in bewußter Abkehr von dem Ansatz Max Webers, der Organisation vor allem als zweckrational ausgerichtet ansah und die Persönlichkeit der Organisationsmitglieder weitgehend unbeachtet ließ. Abweichend von diesem Ansatz, der von einer genauen Festlegung der Aufgaben und Verantwortungsbereiche ausging, lehnen Vertreter neuerer Organisationsmodelle mechanistische, abstrakte und wenig anpassungsfähige Konzepte in der Tradition Webers ab und berücksichtigen die Bedürfnisse der Organisationsmitglieder stärker. Zu diesen Ansätzen gehören beispielsweise der

1. von Likert:
   Er argumentiert, ein partizipativer Führungsstil sei am günstigsten. Dabei wird das Prinzip der Gruppenentscheidung auf die gesamte Organisation übertragen, wobei dem Vorgesetzten eine Verknüpfungs- und Integrationsfunktion zukommt;
2. der Ansatz von Argyris:
   Er versucht die Diskrepanz zwischen Individualzielen und denen der Organisation zu überbrücken, indem er vier Strukturen von Entscheidungsprozessen einführt, bei denen alle Organisationsmitglieder gleiche Rechte und Pflichten haben und darüber entscheiden, unter welchen Bedingungen hierarchisches Vorgehen akzeptiert wird;
3. "management by objectives":
   Dabei wird zwar eine Hierarchie aufgebaut, der Aufbau des Zielsystems aber durch Zielvereinbarung zwischen Untergebenen und Vorgesetzten erreicht. Die Ziele sollen Maßstab für die Effektivität des Betriebes sein und Kriterien für die Beurteilung der Positionsinhaber geben. (27)

Auch diese Ansätze gehören in den größeren Zusammenhang der Wechselbeziehungen zwischen Arbeitsorganisation und Arbeitsverhalten hinein, wie sie erstmals durch den Taylorismus Gegenstand objektiver Analysen wurden. Dabei hatte sich die Erkenntnis immer stärker durchgesetzt, daß Organisation auch als sozialer Sachverhalt zu betrachten sei. (28) Die Begründer der Human-Relations-Schule entdeckten, daß Individual- und Gruppenbedürfnisse der Arbeitnehmer von entscheidendem Einfluß auf die Arbeitsleistung seien. "Diese Erkenntnisse bedeuten, daß die Leistung eines Arbeiters nicht durch seine physische, sondern durch seine soziale Kapazität bestimmt wird, d.h. daß Arbeiter als autonome Individuen nicht nur den Normen und Belohnungen ihrer Vorgesetzten unterliegen, sondern Mitglieder einer Gruppe mit ihren eigenen sozialen Normen und Bedingungen sind." (29) Als Konsequenz aus diesem Ansatz folgte unter anderem die Betonung der informellen Gruppen, die in ihrer Bedeutung für die betriebswirtschaftliche Struktur allerdings bald als überschätzt erkannt wurde, aber auch die Notwendigkeit von Entscheidungsdelegation und demokratischer Leitung.

Schaubild: Interventionsmechanismen

FORM	MASSNAHMEN
Job Rotation Wechselnde Teilarbeit	beabsichtigter Tätigkeitswechsel
Job Enrichment Schaffung einer natürlichen Arbeitseinheit	qualitative Aufgabenbereicherung
Job Enlargement Gewährleistung einer zusammenhängenden Folge von Tätigkeiten trotz Arbeitsteilung	quantitative Aufgabenvergrößerung
partizipative Arbeitsorganisation	Beteiligung an der Willensbildung (Planung, Entscheidung, Kontrolle)
(Teil)autonome Gruppen	selbstgesteuerte Arbeitsgruppen im Rahmen partieller Gruppenstrukturen oder als Gesamtstruktur

aus: Bierfelder, Wilhelm H., Quo vadis, Arbeitsstrukturierung?
in: Schriften zur Unternehmungsführung, Hrsg.H.Jacob, Band 25

"Unter dem Stichwort 'Humanisierung der Arbeitswelt' begannen sich Sozialtechniken durchzusetzen, die in Abkehr von traditionellen Konzepten der Arbeitsstrukturierung, zum Beispiel des 'scientific management', die Arbeitsorganisation 'als soziotechnisches System' verstanden, das durch Formen der Arbeitsstrukturierung gestaltenden Interventionen unterworfen werden kann, die Mehrfach-Zielsetzungen (z.B. Effizienz und Zufriedenheitskriterien) gerecht werden können!" (30)

Allen diesen Ansätzen ist allerdings gemeinsam, daß

a) "zunehmende Effektivität der Organisation über die Verwirklichung von kooperativen Organisationsformen und anderer Interventionsmechanismen möglich ist und daß

b) die Berücksichtigung von Interessen und Bedürfnissen der Organisationsmitglieder möglich ist, ohne daß sich die Ziele der Organisation insgesamt ändern". (31)

Dagegen fordert Staehle, daß ergänzend ein normativer Überbau in die Modelle eingehen soll. "Demokratische Grundprinzipien sollen in allen sozio-technischen Systemen und ihren Subsystemen als Voraussetzung für die freie, ungehemmte Entfaltung der Persönlichkeit der Systemmitglieder verwirklicht werden." (32) Dazu gehören nach Staehle

- Abbau von allen unnötigen Freiheitsbeschränkungen;
- Abbau von Fremdkontrolle zugunsten von Selbstkontrolle;
- Abbau von extrinsischer Motivation zugunsten von intrinsischer;
- Abbau von Leistungswettbewerb zugunsten von Kooperation hinsichtlich der Erfüllung gemeinsamer Aufgaben. (33)

Gemessen an diesen hohen Anforderungen bedeuten die Partizipationsmodelle im Sinne dieser Organisationstheorie allein noch keine Demokratisierung. "Allerdings können über das Einräumen von Entscheidungsspielräumen im Sinne der Partizipationsmodelle, die oft notgedrungen z.B. wegen technischer Erfordernisse oder als Anpassung an das gestiegene Ausbildungsniveau oder Organisationsteilnehmer eingeführt werden müssen, Veränderungen des Bewußtseins erzeugt werden, die das gegenwärtige negative Urteil gegen Demokratisierung im Betrieb auflösen können." (34)

Grundsätzlich erscheint der Widerspruch zwischen mehr aus erwerbswirtschaftlicher Sicht gesehenen Motiven und sozialethischen Motiven nur schwer aufhebbar, in der Praxis aber können beide Tendenzen aufeinandertreffen und damit auch die Realisierungschancen für das Betriebsverfassungsgesetz, das auf solche Freiräume angewiesen ist, verbessern. "Hier eröffnet sich ein Aktionsfeld für die Gewerkschaften, das bislang in seiner Tragweite noch kaum erkannt worden ist." (35) Die bisherige Gewerkschaftspolitik sei überwiegend quantitativ und defensiv ausgerichtet gewesen (Schutz gegen Arbeitslosigkeit, Krankheit, Unfall, materielle Absicherung im Fall von Rationalisierung oder Freisetzung). Der vielleicht wichtigste Einzelansatz zur Gestaltung der Arbeit aber liege, so argumentiert Leminsky, in der Veränderung der Tätigkeit selbst. "Ziel muß es sein, Tätigkeiten zu bilden, die ein Mindestmaß an Lernfähigkeit, Entscheidungsmöglichkeiten, sozialen Kontakten, Teamwork, differenzierter Belastung und Aufstiegsmöglichkeiten eröffnen." (36)

6.5. Die Motivationsstruktur bei Arbeitnehmern

Das Betriebsverfassungsgesetz hat, so war festgestellt worden, nur sehr begrenzte Möglichkeiten, eine gleichberechtigte Dialogsituation zwischen Arbeitgebern und Arbeitnehmern, zwischen Unternehmensführung und Belegschaftsvertretern, zu erzwingen. Umso mehr ist es darauf angewiesen, vorhandene oder potentielle Partizipationsansätze zu nutzen. Das gilt auch deshalb, weil das Betriebsverfassungsgesetz nach wie vor für Tausende von Arbeitnehmern die einzige Möglichkeit ist, Mitbestimmungs- und Mitberatungsrechte wahrzunehmen, und auch dort, wo die Unternehmens-Mitbestimmung eingeführt ist, über den Aufsichtsrat nur bedingt auf die Ausgestaltung von Arbeitsplatz und Arbeitsablauf Einfluß genommen werden kann. Dort aber, das haben inzwischen sowohl Arbeitgeber als auch Arbeitnehmer erkannt, werden die Interessen der Arbeitnehmer am direktesten berührt.

Wenn auch nicht unbedingt unter dem Gesichtspunkt der Demokratisierung, sondern mehr unter dem Gesichtspunkt der Motivations- und Leistungssteigerung haben viele Unternehmer Organisationsmodelle akzeptiert, die die Interessen des einzelnen Arbeitnehmers stärker berücksichtigen. Gewollt oder ungewollt kann dies dazu beitragen, die Partizipationsmöglichkeiten am Arbeitsplatz zu stärken. Das setzt natürlich auch voraus, daß bei den Arbeitnehmern selbst über die reine Verwertung seiner Arbeitskraft hinaus Interesse an einem größeren Freiheitsspielraum vorhanden ist. Ob dies der Fall ist oder nicht - darüber gehen die Ansichten und empirischen Befunde auseinander. So stellt beispielsweise Staehle fest, daß zwar vom theoretischen Standpunkt aus einer stärkeren Ent-Bürokratisierung und Demokratisierung nichts im Wege stünde, in der Praxis sich jedoch zeige, "daß die überwiegende Mehrzahl der Mitarbeiter in den heutigen sozio-ökonomischen Systemen der Idee der Mitbestimmung sehr zurückhaltend gegenübersteht. Diese Tatsache läßt sich nicht einfach mit dem Hinweis auf die jahrhundertelange

Entmündigung und Unterdrückung der Arbeitnehmer sowie deren sprichwörtliche Autoritäts- und Obirgkeitsgläubigkeit erklären." (37)

Staehle argumentiert, daß bürokratische Strukturen ein wichtiges Bedürfnis der Menschen nach Sicherheit und Geborgenheit in einer Arbeitswelt, die für den einzelnen immer komplexer und weniger durchschaubar geworden sei, befriedigten. "Der Mitarbeiter in einer bürokratischen Organisation ... fühlt sich im Schutz von Hierarchie und Autorität sicher und wird von keinem Zweifel über die Richtigkeit einer übergeordneten Entscheidung geplagt, da ihm alle wichtigen Informationen zur Beurteilung der Entscheidung fehlen." (38)

Dabei räumt Staehle allerdings ein, daß die bürokratische Organisation erst die relative Unfreiheit schaffe, die er beklage. Die Zersplitterung der Arbeitsprozesse, die sehr weitgehende Rollendifferenzierung sowie abstrakte Regeln und Vorschriften schränkten die Eigenständigkeit ein und schafften erst das Sicherheitsproblem. (39) Dieser Prozeß habe dem Sicherheitsstreben "zu einem unverhältnismäßig hohen Stellenwert in der Bedürfnishierarchie verholfen und andere Bedürfnisse gezielt unterdrückt". (40) Zu diesen unterdrückten Bedürfnissen gehöre der Wunsch nach umfassender Beherrschung der unmittelbaren Umgebung eines Menschen als Basis einer arbeitsplatzbezogenen Mitbestimmung. Der Autor fordert eine weitgehende Entbürokratisierung, wobei er optimistisch davon ausgeht, daß die "Schaffung möglichst autonomer Subsysteme mit abgrenzbaren Aufgabenbereichen, verbunden mit verantwortlicher Mitentscheidung", zu einer Änderung in der Bedürfnishierarchie der Arbeitnehmer führen könnte. (41)

Empirische Untersuchungen bis zum Anfang der siebziger Jahre hatten gezeigt, daß Arbeitszufriedenheit vorwiegend "extrinsisch", das heißt vorrangig durch Beschäftigung und Bezahlungssicherheit motiviert werde (Jürgensen 1947, von Friedeburg 1963 und Sand 1971). Nach diesen Untersuchungen erhält die Bezahlung Vorrang vor dem Betriebsklima, der Tätigkeit selbst und der Selbständigkeit der Arbeitsausführung. (42)

Zu einem tendenziell anderen Ergebnis kommt Fürstenberg in seiner Chemiearbeiteruntersuchung, die im Zusammenhang mit

Rationalisierungsmaßnahmen stand. Danach wachse das Selbstbewußtsein mit den Selbstverwirklichungschancen, auch wenn sie sich zunächst nur im engeren Arbeitsbereich vergrößerten. Daraus folge, daß die Gestaltung des Rationalisierungsprozesses nicht allein eine materielle, sondern auch eine ideelle Bedeutung für den arbeitenden Menschen habe. "Die Verbesserung der Lebensqualität am Arbeitsplatz wird in dem Maße gelingen, in dem alle Möglichkeiten ausgeschöpft werden, durch Rationalisierung nicht nur technisch-wirtschaftliche Ziele zu verfolgen, sondern auch eine Erweiterung des Handlungsspielraumes des arbeitenden Menschen zu erreichen." (43)

Auf eine weitere Möglichkeit weisen Altmann/Bechtle hin. Im Zusammenhang mit der weitgehenden Spezialisierung von Produktionsbereichen sehen sie eine potentielle Spannung zwischen bürokratischen Positionen zugeschriebener Herrschaft und Fachautorität. Sie könne offen zutage treten, wenn es zu einem Konflikt zwischen betrieblicher Loyalität und betriebsunabhängiger Sachorientierung komme. "Es gilt als eines der hervorragenden Merkmale professionalisierter, technisch kompetenter Positionen, daß sie dazu neigen, sich mit ihren Aufgaben, mit dem Produktionsablauf, den eingesetzten Technologien, mit dem Produkt zu identifizieren, sich nur der Kontrolle und dem Urteil von Fachkollegen zu unterstellen und der Organisation, z.B. deren rein ökonomisch motivierten Zielen, ihre Loyalität zu versagen." (44) Folgte man dieser Analyse, so eröffnete der Trend zur Spezialisierung nicht nur für wissenschaftlich ausgebildete Spezialisten - worauf noch im Zusammenhang mit den Angestellten zurückzukommen ist -, sondern auch für qualifizierte Facharbeiter Ansätze zu größerer Selbständigkeit.
Gewerkschaftliche Praktiker gehen davon aus, daß die Erfüllung von Mitbestimmungsforderungen am Arbeitsplatz zwar auch eine stärkere Integration der Arbeitnehmer in den Betrieben und unter Umständen eine Leistungssteigerung bedeuten könnten. Sie könnten aber auch langfristig die Realisierungsmöglichkeiten für die Mitbestimmung verstärken. Sie sprechen sich dafür aus, solche Fähigkeiten und Verhaltensweisen einzuüben, die auch für die Mitbestimmung nutzbar zu machen seien. "Dieser Nutzen liegt - neben einer unmittelbaren Verbesserung der Arbeitsbedingungen - in der möglichen Bewußtseinsänderung der Betroffenen. Sie können erkennen, daß die betrieblich (technischen) Verhältnisse änderbar sind und daß sachgerechte Entscheidungen aus unterer

Ebene auch ohne von oben eingesetzte Vorgesetzte möglich sind." (45)

Kirsch glaubt, daß es in Zukunft für das politische System (Management) großer Betriebswirtschaften immer schwieriger werde, sich eine unangefochtene Machtposition zu erwerben und zu erhalten. Wilpert zitiert eine Umfrage, nach der 74 % der Top-Manager es für wahrscheinlich hielten, daß "der Autoritätszerfall in allen Bereichen der Gesellschaft die Unternehmen künftig zu Konsequenzen zwingen wird. In der Folge wird das mittlere Management in gleichem Maße den 'Untergebenen' wie der Geschäftsleitung verantwortlich sein." (46)

Aus dieser tendenziell nach Meinung der Autoren sich abzeichnenden Änderung der Machtverhältnisse zieht Kirsch die Konsequenz, daß die Kernorgane des politischen Systems es sich in der Zukunft weniger leisten könnten, bestimmte Forderungen zu negieren. "Die traditionellen Machtmittel der Unternehmensführung (materielle Belohnungen und Bestrafungen) werden in zunehmendem Maße gegenüber der Administration der Betriebe ihre Wirkung verlieren." (47)

Kirsch hebt dabei auf die leitenden Angestellten und deren zunehmende Mobilität ab, die in einer "Wohlstandsgesellschaft" höhere Bedürfnisse nach Selbstverwirklichung und Autonomie anstreben würden. Da auch die leitenden Angestellten und Spezialisten der administrativen Ebene das Eigentum als alleinige Legitimation für die Ausübung politischer Macht immer mehr in Frage stellten, sei die Folge, daß die Inhaber politischer Führungsstellen ihre Machtposition in zunehmendem Maße auch auf die Unterstützung der von ihnen geführten Administration führen müßten. "Politische Planung kann nicht davon ausgehen, daß die Ziele der Betriebswirtschaft und deren Prioritäten bereits verbindlich vorgegeben sind und es nur darauf ankommt, ein System zu entwerfen, das vorgegebene Ziele, beziehungsweise Kriterien erfüllt." (48) Kirsch argumentiert, daß es für einen Prozeß des geplanten Wandels notwendig sei, Ziele zu verfolgen, die in Einklang mit den subjektiven Werten und Präferenzen der Administration stünden.

Sieht Kirsch vor allem bei den leitenden und mittleren Angestellten ein erhöhtes Partizipationspotential, so geht Fürstenberg davon aus, daß dies ganz allgemein für die Angestelltenschaft zuträfe. Er stellt fest, daß die Angestellten sehr viel stärker als die Arbeiter von traditionellen bürgerlichen Bildungsinhalten geprägt seien. Diese traditierten Bildungsinhalte, die sich oft an den Elementen humanistischer Bildung orientierten, würden leicht in einen Widerspruch zu Berufsinhalt und Berufswirklichkeit treten, die "sachlich rational und stark von technisch-wirtschaftlichen Veränderungen geprägt sind". (49) Aus dieser Lage heraus seien ganz wesentliche Anstöße zur Kritik an den bestehenden Arbeitsverhältnissen und zu einer Humanisierung der Arbeit entstanden.

Analog zu der Bedürfnishierarchie von Maslow sieht Fürstenberg folgende fünf Interessenschwerpunkte bei den Angestellten:

1. physiologische Bedürfnisse;
2. das Sicherheitsbedürfnis;
3. soziale Bedürfnisse;
4. das Bedürfnis nach Achtung und Anerkennung;
5. das Bedürfnis nach Selbstverwirklichung. (50)

Fürstenberg kommt zu dem Schluß, daß gerade aufgrund des besonderen Berufs- und Bildungsbewußtseins der Angestellten "die Ideen der Mitwirkung und des Aufstiegs durch Leistung in der Angestelltenschaft weit verbreitet und geradezu unabdingbar für ihr Selbstverständnis" (51) seien. Es gehe nun darum, einen neuen sozialen Spielraum im technisch-wissenschaftlich determinierten Arbeitsvollzug zu gewinnen. Dies könne nur durch eine allmähliche Veränderung der hierarchischen Strukturen im Arbeitsleben geschehen. "Wichtigstes Hilfsmittel sind die funktionale Anreicherung der Arbeitsaufgaben im Sinne eines Spielraums für Eigeninitiative, der Übergang zum kooperativen Führungsstil und schließlich die Stärkung der Rechte und Pflichten des einzelnen Arbeitnehmers sowie die Delegation bestimmter Rechte zur Interessenwahrnehmung an teilautonome Funktionsgruppen." (52)

Auch die Gewerkschaften, die auf der einen Seite alles versuchen, die Spaltung der Arbeitnehmerschaft in Arbeiter und Angestellte nach Möglichkeit aufzuheben, auf der anderen Seite aber nicht umhin können, die in manchen Fällen doch unterschiedliche Situations- und Interessenlage der Angestellten zu konstatieren, haben sich in letzter Zeit um diese Gruppe verstärkt bemüht. So ist heute fast jeder dritte Beschäftigte der Metallindustrie ein Angestellter. "Das unterstreicht die Umstrukturierung innerhalb der Arbeitnehmerschaft und kennzeichnet unsere Aufgabenstellung in der Angestelltenarbeit", heißt es in einer Entschließung des 12. ordentlichen Gewerkschaftstages der IG Metall. (53)

Dabei beschreibt die IG Metall die Lage der Angestelltenschaft aus einem mehr defensiven Verständnis, aus dem - analog zu den Forderungen Fürstenbergs - gleichwohl der Wunsch nach Veränderung in Hinblick auf mehr Selbständigkeit hervorgehen könnte: "War in der Vergangenheit vor allem der Produktionsbereich Ziel von Rationalisierungsmaßnahmen, so treffen diese heute verstärkt den Angestelltenbereich. Die Anwendung neuer Bürotechniken und der Einsatz von Computern haben eine durchgreifende Rationalisierung, eine starke Normierung der Arbeitsmittel sowie die Anwendung von zahlreichen Arbeits- und Leistungsbewertungssystemen gebracht." (54)

Nicht so sehr im Zusammenhang mit dem Betriebsverfassungsgesetz als mit dem neuen Mitbestimmungsgesetz weist Küller auf die "qualifizierten Angestellten" und deren "wachsendes Selbstbewußtsein" hin, das gleichbedeutend mit einem stärkeren Partizipationspotential sein kann. Er sieht bei entsprechenden gewerkschaftlichen Strategien sogar die Chance, daß sie sich stärker an die Arbeitnehmerorganisation anlehnten. Dieser Tatbestand, daß sich im Bereich qualifizierter Angestellter ein kritisches Potential herausbilde, sei allerdings keine Neuerscheinung. "Auch bisher schon mußten Unternehmensleitungen befürchten, daß stets dort, wo in erheblichem Ausmaß qualifizierte Angestellte, z.B. mit akademischer Vorbildung, tätig sind, die Gefahr einer gewerkschaftlichen Orientierung dieser Gruppen wächst." (55)

Das Betriebsverfassungsgesetz macht zwar eine Unterscheidung zwischen Arbeitern und Angestellten, was unter anderem Auswirkungen für die Wahlen und für die Zusammensetzung des Betriebsrates haben kann, legt aber keine unterschiedlichen Rechte fest. Das gilt mit Ausnahme der "leitenden Angestellten", um die seit der Entstehung des neuen Betriebsverfassungsgesetzes, aber auch des Mitbestimmungsgesetzes, ein heftiger Kampf entbrannt war. Dabei hatte, wie dargestellt, der Gesetzgeber davon abgesehen, bei der Abfassung des Betriebsverfassungsgesetzes gesonderte Sprecherausschüsse für leitende Angestellte einzuführen. Das geschah unter anderem auch auf den Druck der Gewerkschaften hin, die in der Folgezeit versuchten, durch Anrufung der Arbeitsgerichte den Kreis der Angestellten, die vom Betriebsverfassungsgesetz ganz oder teilweise ausgenommen werden, so klein wie möglich zu halten.

Fragt man danach, auf welche Partizipationspotentiale das Betriebsverfassungsgesetz trifft, so muß man hier erneut auf eine zumindest lange Zeit sehr widersprüchliche Haltung der Gewerkschaften hinweisen, die der Mitbestimmung am Arbeitsplatz zumindest anfänglich mit gemischten Gefühlen gegenüberstanden. Sie sahen zwar auch die "verantwortungsbewußte Mitbestimmung des einzelnen bei allen Fragen seiner Arbeitnehmersituation" als wichtig an, fürchteten aber zugleich die Mitbestimmung am Arbeitsplatz als "direkte und basisnahe Form der Mitbestimmung ohnehin als Risiko für eine einheitliche, starke Interessenvertretung der Arbeitnehmer durch die Gewerkschaften". (56)

Zwar wurden im Betriebsverfassungsgesetz auch die Rechte der einzelnen Arbeitnehmer gestärkt, für die Fragen des Arbeitsablaufs und der Arbeitsgestaltung - soweit sie dem Einfluß des Betriebsverfassungsgesetzes unterliegen - bleibt der auf repräsentativer Basis gewählte Betriebsrat zuständig und nicht der einzelne Arbeitnehmer oder Sprechergruppen. Zwar haben die Gewerkschaften versucht, die Arbeit der Vertrauensleute in den Betrieben, die oft einen direkten "Draht" zu den einzelnen Arbeitnehmern haben, zu stärken und sie mit der Betriebsratsarbeit fester zu verbinden; es scheint ihnen aber nicht ganz gelungen zu sein, damit Konflikte ganz zu unterbinden, die dadurch entstanden, daß die "Basis" sich in ihren repräsentativen Gremien nicht ausreichend vertreten sah. Der seit Jahren schwelende Konflikt bei Daimler-Benz und das Auftreten von "Spaltergruppen" bei Betriebsratswahlen kennzeichnen das Dilemma, in dem sich die Gewerkschaften und die Mehrzahl der Betriebsräte befinden. Gerade weil die Gestaltung des konkreten Arbeitsplatzes und die Frage, welchen Freiheitsspielraum er für den einzelnen Arbeitnehmer läßt, immer wichtiger zu werden scheinen, bleibt es offen, ob die Betriebsräte und Gewerkschaften allein tatsächlich alle Partizipationspotentiale nutzen.

6.6. Zusammenfassung

Zusammenfassend kann man bisher sagen, daß von zwei Seiten her und von unterschiedlichen Zielen ausgehend sich potentielle Möglichkeiten zur Realisierung des Gesetzes eröffnen:

1. von Arbeitnehmerseite her: bei allen notwendigerweise zu machenden Einschränkungen scheint doch zumindest tendenziell der Wunsch nach größeren Freiräumen am Arbeitsplatz zu wachsen. Das gilt, wie dargestellt, ganz besonders auch für Angestellte und für die wachsende Zahl der Spezialisten in der Administration. Das Betriebsverfassungsgesetz bietet Chancen, diese Freiräume zu nutzen.
2. von Arbeitgeberseite: auch dort scheint, zumindest in größeren Betrieben die Bereitschaft zu wachsen, dem wachsenden Wunsch nach mehr Selbstentfaltung in den Betrieb zu integrieren, ohne den vor allem technisch-ökonomischen Betriebszweck zu gefährden. Das Betriebsverfassungsgesetz bietet in dieser Hinsicht die Möglichkeit, diese Wünsche in den Betrieben zu integrieren.

Freilich ist damit nicht gesagt, daß die Konflikte zwischen Arbeitgebern und Arbeitnehmern grundsätzlich aufhebbar wären. Die duale Struktur des Betriebes bleibt bestehen. Gerät ein Unternehmen beispielsweise unter verstärkten Rationalisierungsdruck und versucht, die Kostensituation vor allem auf dem Personalsektor zu senken, so kann er mit dieser Zielsetzung sehr schnell in Konflikt mit den Zielen der Arbeitsqualität und der Arbeitsplatzsicherheit kommen.
Der Betriebsrat wiederum, der sich in einer Grenzsituation befindet, weil er nach dem Willen des Gesetzgebers einerseits dem Wohle des Betriebes, aber auch den Interessen der Arbeitnehmer verpflichtet ist (§1 BetrVG), hat nur sehr begrenzte Möglichkeiten, auf unternehmerische Grundsatzentscheidungen einzuwirken und ihre Folgen abzumildern. Gerade weil seine Stellung problematisch ist und seine gesetzlichen Möglichkeiten begrenzt sind, ist er darauf angewiesen, alle Realisierungschancen zu nutzen, die sich ihm bieten. Dabei kann er nicht außer Betracht lassen, daß das einzelne Unternehmen, in dem er die Interessen der Arbeitnehmer vertritt, den Marktgesetzen unterworfen ist. So kann es unter Umständen möglich sein, daß er zugleich dem Druck der Unternehmensleitung und dem der

einzelnen Arbeitnehmer ausgesetzt ist. Das gilt beispielsweise ganz besonders dann, wenn er bei Kündigungen, die er nicht verhindern kann, Auswahlkriterien nach sozialen Gesichtspunkten entwerfen soll.

Schließlich ist auf Wirkungen hinzuweisen, die durch das Betriebsverfassungsgesetz verstärkt werden können und die sich nicht sofort materiell niederschlagen. Die Gewerkschaften gehen davon aus, daß mit dem Mitbestimmungsgesetz allein, das sie wegen der mangelnden Parität als ungenügend empfinden, die Mitbestimmungsdiskussion noch nicht beendet und die Realisierungschancen noch lange nicht alle genutzt sind. Ob sie genutzt werden, hängt weitgehend auch davon ab, ob der einzelne Arbeitnehmer sie an seinem Arbeitsplatz erkennt und ihre Nutzung als in seinem eigenen Interesse liegend betrachtet.

So kommen Bartölke/Wächter, die die Chancen für die Mitbestimmung unter dem Gesichtspunkt der betriebswirtschaftlichen Organisationstheorie geprüft haben, zu folgender Überlegung: Die "Durchsetzung von Mitbestimmung ist angewiesen auf eine breite, politisch bewußte Basis; andererseits ist es fraglich, ob solche Basis je zustande kommt, bevor die durch Mitbestimmung angestrebten Änderungen bezüglich Interessenartikulation und Bewußtseinsbildung stattgefunden haben". Ihnen ist zuzustimmen, wenn sie argumentieren, daß Wandel - der weder automatisch ablaufe noch sich in plötzlichen Sprüngen vollziehe - im Interesse der Beteiligten erfolgen muß, "so daß sich die Bahn des Wandels nicht zu weit von den konkreten, in der jeweiligen Situation geäußerten Bedürfnissen und Bewußtseinszuständen entfernen, und die vom Wandel Betroffenen müssen selbst zum Träger des Wandels werden". (57)

7. BETRIEBLICHE MITBESTIMMUNG IN DER RECHTSSPRECHUNG

Die Rechtssprechung ist für die praktische Anwendung des Betriebsverfassungsgesetzes von großer Bedeutung. Wie im gesamten Bereich des Arbeitsrechts setzen richterliche Entscheidungen auch für das Betriebsverfassungsgesetz wichtige Markierungspunkte, an denen sich Betriebsräte und Arbeitgeber zu orientieren haben. Bei einem Gesetz, das so stark durch den Kompromißcharakter bestimmt ist, kann es nicht überraschen, daß für die rechtliche Ausgestaltung der Gesetzesbestimmungen ein breiter Spielraum besteht. Beide Seiten, Betriebsräte und Arbeitgeber, müssen daran interessiert sein, diesen Spielraum für sich zu nutzen und auszuweiten. So gibt es inzwischen eine umfangreiche Rechtssprechung zum Betriebsverfassungsgesetz, von der Experten sagen, "daß es selbst für den Rechtskundigen immer schwieriger wird, die betriebsverfassungsrechtlichen Teilbereiche zu übersehen". (1)

Im folgenden Kapitel kann deshalb nur schwerpunktmäßig versucht werden, die Stellung des Betriebsverfassungsrechts im Gesamtsystem des Arbeitsrechts darzustellen, die rechtlichen Grenzen vor allem unter Einbeziehung der Rechtssprechung des Bundesarbeitsgerichts (BAG) zu umreißen und die Haltung der Gewerkschaften, die durch den Rechtsschutz für ihre Mitglieder stellvertretend für die Betriebsräte handeln, wiederzugeben. Schließlich ist im Zusammenhang dieser Arbeit die Rechtssprechung auch deshalb wichtig, weil sie Spiegel der betrieblichen Wirklichkeit sein kann.

7.1. Arbeitsrecht und Demokratisierung

"Das Arbeitsrecht ist erwachsen aus der sozialen Schutzbedürftigkeit der Arbeitnehmer, also einer bestimmten gesellschaftlichen Situation", (2) heißt es bei Söllner in einem Kommentar zum Arbeitsrecht. Das Betriebsverfassungsrecht, Teil des kollektiven Arbeitsrechts, ist von diesem historischen Hintergrund nicht zu trennen. Inzwischen greift es mit seinem Ansatz über die ursprünglich mehr defensiv gedachten Schutzfunktionen des Arbeitsrechts hinaus. Heute geht es nicht mehr, so Ehrhardt, nur um passive individuelle Schutzrechte, gegen "Willkür", "sondern um die aktive Gestaltung betrieblicher Strukturen unter gesellschaftlichen Zielsetzungen, die in der Demokratisierung .... ein Konstituens des demokratischen Rechtsstaates und einer freiheitlichen Gesellschaftsordnung sehen". (3)

Das Stichwort von der "Demokratisierung" nimmt auch der Arbeitsrechtler Schaub auf, freilich in einem sehr eingeschränkten Sinn. In seinem Kommentar zum Betriebsverfassungsgesetz betont er zwar, "das Betriebsverfassungsgesetz will die monokratische Struktur des Betriebes beseitigen und der Demokratisierung des Arbeitslebens dienen", relativiert aber diese

Aussage mit der Feststellung: "In seiner Stellung als Unternehmer wird der Arbeitgeber nur insoweit eingeschränkt, wie es der Sozialstaatsgedanke (Art. 20 GG) erfordert." (4) So sieht er die Rechte der Arbeitnehmerschaft auf unternehmerischem Gebiet daher regelmäßig auf Informations- und Anhörungsrechte begrenzt; nur dann stünde ihrer Vertretung Mitbestimmungsrechte zu, wenn davon der "einzelne Arbeitnehmer personell betroffen wird oder die sozialen Belange der Belegschaft im Vordergrund stehen". (5)

Dieses eingegrenzte Demokratieverständnis findet sich in zahlreichen Kommentaren zum Betriebsverfassungsgesetz und der dazu gehörigen Rechtssprechung. Söllner sieht allenfalls "in Ansätzen" eine Beteiligung an der unternehmerischen Entscheidung. Die Betriebsvertretungen hätten keine "Mitdirektionsrechte", ihre Beteiligung sei der Ausübung vieler Gestaltungsrechte des Arbeitgebers nur vorgeschaltet, übe mithin eine Art "von Filterwirkung" aus. (6)

Richardi betont in einem Aufsatz zu der Frage, ob Betriebsräte die notwendige Anpassung an den technischen Fortschritt verhindern könnten, der Betriebsrat habe "an der unternehmerischen Planung, Organisation und Leitung unmittelbar keine paritätischen Beteiligungsrechte". (7) Zwar sei beispielsweise bei der Frage des Einsatzes von Datensichtgeräten die rechtzeitige Einschaltung des Betriebsrats von erheblichem Gewicht für die unternehmerische Entscheidung, "die unternehmerische Entscheidung selbst unterliegt aber nicht der paritätischen Mitbestimmung, sondern es geht bei den Mitbestimmungsrechten um die wirtschaftlichen Auswirkungen auf die von der Maßnahme betroffenen Arbeitnehmer, die ergonomische Gestaltung des Arbeitsplatzes und den Persönlichkeitsschutz". (8)

Die Erwartungen, die Gewerkschaften und Betriebsräte an das Betriebsverfassungsgesetz und an die dieses Gesetz interpretierenden Arbeitsrichter stellen, gehen von einem sehr viel großzügigeren Demokratieverständnis aus. Gewerkschaftsvertreter sehen das Betriebsverfassungsgesetz im Zusammenhang mit den weitergehenden Zielsetzungen des Mitbestimmungsgesetzes und der paritätischen Mitbestimmung überhaupt. In einer Art von Negativ-Bilanz der Praxis des Betriebsverfassungsgesetzes aus dem Jahr 1975 beklagt Hensche vom Hauptvorstand der IG Druck und

Papier die Fälle verspäteter und/oder unzureichender Information über unternehmerische Entscheidungen, beispielsweise bei Betriebsstillegungen. Daran werde sich erst etwas ändern, "wenn die Aufsichtsräte großer Unternehmen paritätisch zusammengesetzt sind und damit auch die Unternehmensvorstände vom Votum einer gleichberechtigten Arbeitnehmerbank abhängig sind". (9) Diese Wertung wurde vor dem Inkrafttreten des Mitbestimmungsgesetzes aus dem Jahre 1976 abgegeben, das die gewerkschaftlichen Erwartungen nicht erfüllte. So ist anzunehmen, daß sich an dieser Einschätzung nichts geändert hat.

Die Rechtssprechung zum Betriebsverfassungsgesetz wie zum gesamten Arbeitsrecht überhaupt liegt im Schnittpunkt sehr unterschiedlicher Erwartungen, die sich auch auf das Maß und das Ausmaß der Teilhaberrechte an betrieblichen Entscheidungsabläufen beziehen. Zwar hatte die Regierungsvorlage zum Betriebsverfassungsgesetz, wie dargestellt, dafür sehr enge Grenzen gezogen, da sie grundsätzlich die unternehmerische Entscheidungsfreiheit nicht antastete. Aufgrund des Kompromißcharakters des Gesetzes blieb ein breiter Raum für richterliche Auslegung. Dafür weist auch Ehrhardt hin, wenn er feststellt, daß die relativ großen Optionsmöglichkeiten der Arbeitsrichter im Zusammenhang mit dem Betriebsverfassungsgesetz "in der Allgemeinheit der Gesetzesformulierungen und in dem politischen Kompromißcharakter vor allem der Betriebsverfassung zu suchen (ist), die durch Ausklammerung von miteinander in Konflikt stehenden Grundsätzen politische Entscheidungen in die Arbeitsgerichtsbarkeit verlagern". (10)

7.2. Betriebsverfassungsrecht im System des Arbeitsrechts

Für das Arbeitsrecht ist kennzeichnend, daß es nur zum Teil im Gesetz geregelt ist. Außerordentlich wichtige Regeln wurden und werden erst durch die Arbeitsgerichte entwickelt. Man denke beispielsweise an die Rechtssprechung des Bundesarbeitsgerichts (BAG) zum Arbeitskampfrecht. "Das auf diese Weise entstehende 'Richterrecht' bestimmt das Verhalten von Arbeitnehmern und Gewerkschaften wie auch von Arbeitgebern in gleicher Weise, wie wenn eine ausdrückliche Gesetzesbestimmung existieren würde." (11)

Von der sozialen Wirkung kommen, so Däubler, BAG-Urteile

Gesetzen gleich. Doch gelte der relativ große Entscheidungsspielraum für Arbeitsrichter nicht nur dort, wo keine oder nur ansatzweise gesetzliche Regelungen vorhanden seien. Die sozialgestaltende Funktion der Gerichte werde auch dort wirksam, wo Gesetzesnormen im gleichen Umfang wie in anderen Rechtsgebieten vorhanden seien. So könne auch im Betriebsverfassungsrecht nicht von einer "zwingenden Vorprogrammierung richterlicher Entscheidungen die Rede sein". (12)

Wenn gesagt werde, "der Richter ist der eigentliche Herr des Arbeitsrechts", meint Söllner, dann offenbare sich darin zugleich ein "bedauerlicher Zwiespalt zwischen dem Verfassungsprinzip der Gewaltenteilung und der Rechtswirklichkeit". (13) Während Däubler an diese Feststellungen eine scharfe Kritik des Richterstandes vor allem in bezug auf die seiner Meinung nach konservativen Vorstellungen im Bundesarbeitsgericht anknüpft, warnt Söllner vor einer Politisierung des Arbeitsrechts. Zwar könne die Aufhellung des politischen Hintergrundes eines Gesetzes zu dessen richtigem Verständnis beitragen. "Der politische Ausgleich, der in einer Rechtsnorm seinen Ausdruck gefunden hat, darf aber nicht bei der Anwendung der Norm durch subjektive rechtspolitische Vorstellungen überspielt werden." (14) Die Ambivalenz, die aus dem politischen Kompromißcharakter des Betriebsverfassungsgesetzes herrührt, wird durch die Besonderheiten des Arbeitsrechts noch verstärkt.

Die Betrachtung der höchstrichterlichen Rechtssprechung in diesem Kapitel konzentriert sich vor allem auf das Betriebsverfassungsgesetz. Dabei muß auf den engen Zusammenhang zwischen diesem und anderen Gebieten des Arbeitsrechts hingewiesen werden. Das Arbeitsrecht wird in das Individualarbeitsrecht und das kollektive Arbeitsrecht gegliedert. So zählen zum Beispiel zum Individualarbeitsrecht das Arbeitsvertragsrecht sowie das Arbeitsschutzrecht, zum kollektiven Arbeitsrecht gehören das Tarifvertrags- und Arbeitskampfrecht sowie das Betriebsverfassungs- und Personalvertretungsrecht. Diese formale Trennung täuscht über die inhaltlichen Verbindungen hinweg. In der Praxis stehen die Rechtsgebiete in einem Zusammenhang und greifen ineinander über. So ist zum Beispiel das Tarifvertragsrecht dem Betriebsverfassungsrecht "vorgeschaltet". "Die betriebsverfassungsrechtlichen Mitbestimmungsrechte und Mitbestimmungsmöglichkeiten sind grundsätzlich gegenüber einschlägigen tariflichen oder tarifüblichen Regelungen subsidiär. Ist eine Angelegenheit im Tarifvertrag geregelt, so entfällt die Befugnis der Betriebsvereinbarungsparteien, diese aufzugreifen und zu verbessern." (15) Damit werde eine Regelungskonkurrenz zwischen Betriebs- und Tarifvereinbarungen vermieden; der Betriebsrat solle nicht als bessere "Tarifpartei" erscheinen, meint Säcker.

Doch nicht nur innerhalb des kollektiven Arbeitsrechts, sondern auch zwischen diesem Bereich und dem Individualarbeitsrecht gibt es viele Berührungspunkte. Das gilt beispielsweise bei einem Kündigungsvorgang. Hier wird der Betriebsrat als kollektive Interessenvertretung eingeschaltet, indem der Arbeitgeber ihm die Kündigungsgründe vorträgt und Gelegenheit für eine Stellungnahme gibt. Der Arbeitnehmer kann dann mit einem möglichen Widerspruch des Betriebsrates (gegen eine ordentliche Kündigung) oder den möglichen Bedenken (gegen eine außerordentliche Kündigung) ausgestattet auf individueller Basis im Rahmen einer Kündigungsschutzklage klären lassen, ob die Kündigung berechtigt ist oder nicht. Das Beispiel der Kündigung zeigt, wie stark nicht nur formal, sondern auch inhaltlich, das kollektive Arbeitsrecht und das Individualarbeitsrecht zusammenhängen. Inhaltlich gilt dies auch deshalb, weil die Rechtsposition eines Arbeitnehmers vor dem Arbeitsgericht dann wesentlich gestärkt wird, wenn er eine ihn unterstützende Stellungnahme des Betriebsrates vorweisen kann. Bis zu einem gewissen Grad gestatten erst kollektive Rechte dem einzelnen Arbeitnehmer, seine individuellen Interessen wirksam zu vertreten.

7.3. Die Rechtssprechung zum BetrVG

Die Streitfrage, ob die Arbeitsgerichte, vor allem das BAG, sich eher eine restriktive oder eine extensive Auslegung des Betriebsverfassungsgesetzes zu eigen gemacht haben, läßt sich so allgemein nicht beantworten. Vielmehr kommt es auf die einzelnen Paragraphen im Betriebsverfassungsgesetz selbst an. Dabei ist die These zu entwickeln und zu belegen, daß die Rechtssprechung zu einer eher großzügigen Auslegung dort neigt, wo es um den individuellen Schutz vor unternehmerischen Entscheidungen geht, eine eher enge Auslegung dort erfolgt, wo unternehmerische Entscheidungen im Kern betroffen werden.

Beleg für eine eher extensive Auslegung ist der Bereich der Kündigungen. Kündigungen gehören zu den "klassischen" betrieblichen Mitbestimmungsfällen, von denen die Arbeitnehmer besonders betroffen werden. Der Gesetzgeber hat den Betriebsrat hier mit klar umrissenen Rechten ausgestattet. Dieser klaren Linie ist auch die Rechtssprechung in der Regel gefolgt. Dazu gehört, daß jede ohne Anhörung des Betriebsrats ausgesprochene Kündigung unwirksam ist; sie kann auch nicht durch nachträgliche Anhörung "geheilt" werden. Ferner sind im Anhörungsverfahren alle relevanten Gründe für die Kündigung zu nennen. Sie können im Kündigungsschutzverfahren nicht einfach durch andere ersetzt werden. Die gesetzlichen Fristen, die dem Betriebsrat zur Stellungnahme eingeräumt werden, können nicht einseitig durch deklarierte Eilbedürftigkeit verkürzt werden. Schließlich ist die Anhörungspflicht auch bei der Kündigung von Tendenzträgern nicht außer Kraft gesetzt, da der Betriebsrat in der Lage sein muß, selbst zu beurteilen, ob die Kündigungsgründe tendenzbedingt sind oder nicht. Wie hoch die Rechtssprechung den Schutz des Arbeitnehmers einschätzt, zeigt sich darin, daß eine Kündigung auch dann unwirksam ist, wenn dem Arbeitgeber Fehler unterlaufen, "dagegen wirken sich auf die Ordnungsmäßigkeit des Anhörungsverfahrens solche Mängel nicht grundsätzlich aus, die in den Zuständigkeits- und Verantwortungsbereich des Betriebsrats fallen" (16) (vergl. BAG vom 4.8.1975). Inzwischen ist auch geklärt, daß die Widerspruchsgründe des § 102 BetrVG sich nicht nur auf betriebsbedingte, sondern auch auf personen- und verhaltensbedingte Gründe beziehen (BAG vom 22.7.1982).

Angesichts des hohen Wertes, den die Rechtssprechung dem Kündigungsfall in der Bedeutung für den einzelnen Arbeitnehmer zumißt, kann nicht verwundern, daß die Hürden für die Entlassung eines Betriebsrates erst recht hoch sind. Während die ordentliche Kündigung eines Betriebsrates nach den Bestimmungen des BetrVG unzulässig ist, gibt diese Bestimmung den Betriebsräten (aber auch den Mitgliedern der Jugendvertretung, des Wahlvorstandes und den Wahlbewerbern) auch einen Schutz vor außerordentlichen Kündigungen; sie sind nur mit Zustimmung des Betriebsrates möglich. Erst ein Arbeitsgericht kann die nicht gegebene Zustimmung durch Richterspruch ersetzen. Diesem verstärkten Schutz ist auch das BAG mit seiner Rechtssprechung gefolgt. So hat es in einer Grundsatzentscheidung festgestellt, daß ein Betriebsratsmitglied erst dann entlassen werden darf, wenn die Zustimmng eines Arbeitsgerichts zu einer außerordentlichen Kündigung Rechtskraft erlangt hat (vergl. BAG vom 11.1.1976). "Eine vor diesem Zeitpunkt erklärte Kündigung ist nicht nur schwebend unwirksam, sondern unhaltbar nichtig", lautet das Urteil. Durch eine Entscheidung vom 29.1.1981 hat das BAG zudem exemplarisch deutlich gemacht, daß auch eine Massenänderungskündigung die Rechtsposition eines Betriebsrates in seinen Arbeitsbedingungen nicht zu berühren vermag. "Das BAG nimmt bei dieser gesetzlichen Konzeption hin, daß das hier in Rede stehende Betriebsratsmitglied unter Umständen wegen der Nichterfassung durch die Massenänderungskündigung im Ergebnis günstigere Bedingungen erhält als die vergleichbaren Arbeitnehmer." (17) Dabei dient generell der Kündigungsschutz für Betriebsratsmitglieder "nicht nur dem Schutz des einzelnen Betriebsratsmitgliedes vor Kündigungen, die aus Anlaß seiner Tätigkeit im Betriebsrat ausgesprochen werden, sondern in gleicher Weise auch dem Schutz der Funktionsfähigkeit des Betriebsrates als Organ." (18)

Daß das BAG auf den Schutz des einzelnen Arbeitnehmers besonderen Wert legt, hat der Große Senat des BAG in der mündlichen Verhandlung vom 26. Febr. 1985 in einer grundlegenden Entscheidung zur Weiterbeschäftigungspflicht in einem Kündigungsschutzprozeß bestätigt. Bisher bestand eine solche Pflicht nur in einem sehr eingegrenzten Kreis der Fälle, wenn der Betriebsrat der Kündigung eines Arbeitnehmers widersprochen und dieser nach der Kündigungsschutzklage Klage auf die Feststellung erhoben hatte, daß das Arbeitsverhältnis durch die Kündigung nicht aufgelöst ist.

In einem solchen Fall war der Arbeitgeber gehalten, den Arbeitnehmer auch nach Ablauf der Kündigungsfrist bis zu einem rechtskräftigen Urteil bei unveränderten Arbeitsbedingungen weiterzubeschäftigen. Von dieser Verpflichtung konnte er wiederum nur aufgrund eines relativ eng gefaßten Katalogs von Bestimmungen befreit werden (§102 Abs. 5 BetrVG). Diesen Fällen kam allerdings nach Angaben des DGB, unter anderem wegen des nicht einfachen Verfahrens, relativ geringe Bedeutung zu. (19)

Bestätigt wird in einer Studie des Max-Planck-Institutes in Hamburg die Behauptung der Gewerkschaften, das Kündigungsschutzgesetz habe bis dahin seinen Zweck, Arbeitnehmer vor ungerechtfertigten Kündigungen zu schützen, nur sehr lückenhaft erfüllt. So wird angegeben, daß nur in dreizehn von 10.000 Kündigungsfällen der Arbeitnehmer aufgrund eines Urteils bei demselben Arbeitgeber weiterbeschäftigt wurde. Den meisten Arbeitnehmern, bei denen zu Unrecht eine Kündigung erfolgt sei, habe man mit Abfindungen den "Kündigungsschutz" abgekauft. Der zuständige Abteilungsleiter im Bundesarbeitsministerium wird 1981 mit den Worten zitiert, Verbesserungen könnten nach seiner Meinung nur dann erreicht werden, wenn zu Beginn eines jeden Arbeitsgerichtsverfahrens das Gericht bei Erfolgsaussicht per einstweiliger Verfügung die Weiterbeschäftigung anordne. Damals war aber das BAG noch der Meinung, das Kündigungsschutzgesetz lasse eine solche Konstruktion nicht zu. (20)

Inzwischen hat das BAG in seinem genannten Urteil von Anfang dieses Jahres eine solche Weiterbeschäftigungspflicht unter bestimmten Umständen bestätigt. Der Große Senat des BAG sprach entlassenen Arbeitnehmern einen Anspruch auf Weiterbeschäftigung während laufender Kündigungsverfahren zu, wenn ihre Kündigung in erster Instanz für unwirksam erklärt wird. Damit wird der Kündigungsschutz für den Arbeitnehmer verstärkt. Allerdings gilt dieser Weiterbeschäftigungsanspruch nicht generell. So heißt es in dem Urteil, der Weiterbeschäftigungsanspruch bestehe nur, wenn die Kündigung unwirksam sei und überwiegend schutzwerte Interessen des Arbeitgebers einer solchen Beschäftigung nicht entgegenstünden. Außer im Fall einer offensichtlich unwirksamen Kündigung begründe die Ungewißheit über den Ausgang des Kündigungsprozesses ein schutzwertes Interesse des Arbeitgebers an der Nichtbeschäftigung des Arbeitnehmers für die Dauer des Kündigungsprozesses. Erst zu dem Zeitpunkt, an dem im Kündigungsschutzprozeß ein Urteil ergehe, das die Unwirksamkeit der Kündigung feststelle, könne die Ungewißheit des Prozeßausgangs allein ein überwiegendes schutzwertes Interesse des Arbeitgebers nicht mehr begründen; es bestehe mithin Anspruch auf Weiterbeschäftigung für den Arbeitnehmer. Diese komplizierte Begründung kann leicht dazu führen, die Fallen in diesem Urteil zu übersehen. Dennoch ist eine Stärkung des Kündigungsschutzes zu konstatieren. (21)

Zwar kann der Kündigungsschutz als Beispiel für eine relativ großzügige Auslegung des Arbeitsrechts durch Arbeitsgerichte gelten. Dennoch bleibt beispielsweise eine unternehmerische

Entscheidung selbst, die zu einer Kündigung führt, im Kern unberührt. Der Betriebsrat kann nur versuchen, bei Widerspruch gegen eine ordentliche Kündigung die in § 102 BetrVG genannten eng umgrenzten Gründe geltend zu machen. So kann die Auswahl unter sozialen Gesichtspunkten für einen Betriebsrat eine außerordentlich schwierige und zweischneidige Aufgabe sein. Bei Betriebsstillegungen und Massenentlassungen kann der Betriebsrat versuchen, über den Interessenausgleich oder den Sozialplan Kündigungen für den Arbeitgeber zu verteuern. Verhindern aber kann auch er in einem solchen Fall Kündigungen nicht. "Da solche Maßnahmen Ausfluß fundamentaler unternehmerischer Entscheidungen sind, hat der Gesetzgeber auf eine paritätische Mitbestimmung auf betrieblicher Ebene verzichten müssen. Lediglich zur Minderung wirtschaftlicher Nachteile bei Betriebsstillegungen kann der Betriebsrat gemäß § 112 Abs.4 BetrVG einen Sozialplan durchsetzen." (22) Das BAG hat diese Grenzen auch nicht überschritten, allerdings innerhalb dieser Grenzen darauf geachtet, daß die Rechte des Betriebsrates beachtet werden. So hat der Unternehmer den Betriebsrat einzuschalten, bevor er darüber entschieden hat, ob und wieweit die Betriebsänderung erfolgt. (BAG vom 20.11.1970.) Damit folgt das BAG der Tendenz, Informationsrechte zwar nachdrücklich zu bekräftigen, nicht aber in unternehmerische Entscheidungen selbst einzugreifen. Dabei ist ausdrücklich der Betriebsrat nicht als bloßer Erklärungsempfänger zu betrachten, "sondern die gewählten Arbeitnehmervertreter (sollen) aus ihrer bekannten Sachkunde der Arbeitnehmerinteressen heraus auch Möglichkeiten erhalten, auf die vorgesehene Arbeitgeberentscheidung Einfluß zu nehmen". (23) Deshalb bestehe über die Unterrichtsverpflichtung hinaus auch eine Verpflichtung zur Beratung. Beraten bedeute dabei, das Argumentieren für oder gegen eine Sache, nicht aber die Mitentscheidung des Betriebsrates.

Dabei hat das BAG nicht nur die Beratungsrechte des Betriebsrates zu einem frühzeitigen Zeitpunkt bestätigt, sondern auch wiederum die Schutzwirkung für betroffene Arbeitnehmer relativ weitgehend ausgelegt. Selbst bei "Belegschaftsverdünnungen", die nicht zu einer sichtbaren Einschränkung der Betriebsorganisation oder der Stillegung einzelner Abteilungen führen, ist nach der Rechtssprechung des BAG dann von einer Betriebsänderung zu sprechen, "wenn es sich dem Umfang nach um eine grundlegende Maßnahme handelt". (24). Dies sei dann der Fall, wenn bei kleineren und mittleren Unternehmen die Maßstäbe der Massenentlassung des § 17 Kündigungsschutzgesetz (KSchG) erfüllt seien und bei Großunternehmen fünf Prozent der Belegschaft des in Betracht kommenden Bereiches von der Maßnahme betroffen würden (vergl. BAG vom 22.5.1979, vom 15.10.1979 und vom 22.1.1980). Von den Arbeitgebern sind wiederholt zu hohe Sozialpläne kritisiert worden. So sei bei Sozialplänen "eine erschreckende Tendenz einer Überdotierung festzustellen", die gegebenenfalls durch die Gerichte eingedämmt werden müsse. (25). Bemerkenswert ist in diesem Zusammenhang, daß das BAG im Oktober 1983 durch das Bundesverfassungsgericht in Karlsruhe korrigiert wurde, das einige Urteile der Kollegen in Kassel aufhob. Danach sind Sozialpläne im Konkurs nicht bevorrechtigt zu bedienen. Das BAG dürfe sich nicht zum Ersatz-Gesetzgeber aufschwingen, hieß es in der Urteilsbegründung. Die Bundesregierung stellte zwar dann den ursprünglichen Vorrang von Ansprüchen aus Sozialplänen wieder her, begrenzte aber zugleich diese Ansprüche auf ein Drittel der Konkursmasse.

Wenn man sich an die historische Entwicklung des Arbeitsrechts erinnert, das sich aus dem Schutzgedanken für den einzelnen Arbeitnehmer gegen die Auswirkung unternehmerischer Entscheidungen heraus entwickelte, dann wird auch verständlich, warum Arbeitsgerichte einer eher großzügigen Auslegung einzelner Paragraphen des Betriebsverfassungsgesetzes dann zuneigen, wenn es um diesen Schutz geht, auch wenn damit Folgekosten für unternehmerische Entscheidungen verbunden sind. In wirtschaftlich schwierigen Zeiten und bei relativ hoher Arbeitslosigkeit kommen solchen Entscheidungen besondere Bedeutung zu.

Geht man von dem für das Betriebsverfassungsgesetz wichtigen Schutzgedanken aus, so müßten die Arbeitsgerichte auch dieser Tendenz dort folgen, wo es um solche Rechte des Betriebsrates geht, die seine Arbeitsfähigkeit sichern und damit auch dem einzelnen Arbeitnehmer zugute kommen, der bei der Vertretung seiner Interessen auf den Betriebsrat angewiesen ist. Zwar sind, wie dargestellt, auch die Rechte des einzelnen Arbeitnehmers verstärkt worden, entscheidend für seine effektive Vertretung aber ist unverändert der Betriebsrat, der stellvertretend für ihn und andere Arbeitnehmer handelt. Er ist als repräsentatives Gremium nicht an ein imperatives Mandat gebunden.

So ist auch im Prinzip nicht bestritten, daß die Betriebsratsmitglieder nicht nur einen Anspruch auf Freistellung unter Lohnfortzahlung (§ 37 Abs.2, 38 BetrVG) und einen speziellen Kündigungsschutz besitzen müssen, um ihre Aufgaben effektiv erfüllen zu können, sondern auch einen entsprechenden Kenntnisstand. Nur wenn sie über die entsprechenden Kenntnisse verfügen, sind sie in der Lage, sachgemäß mit dem betriebsverfassungsrechtlichen "Handwerkszeug" umgehen zu können. Dennoch ist die Rechtssprechung vor allem zu der Frage der Freistellung von Betriebsratsmitgliedern für Schulungs- und Bildungsveranstaltungen nach § 37 Abs.6 und 7 BetrVG so umfangreich und kontrovers wie zu keiner anderen Frage des Betriebsverfassungsgesetzes. Allein die Entscheidungssammlung zum Arbeitsrecht (EzA) verzeichnete bis 1980 68 Entscheidungen vor allem des BAG zur Frage der Schulungen.

Inzwischen dürfte dieser Paragraph ausreichend "durchgeprüft" sein. Daß um die Bestimmung dieses Paragraphen so vehement gestritten wurde, hat nicht nur damit etwas zu tun, daß es um die bloße Sicherung der Arbeitsfähigkeit des Betriebsrates geht. Vielmehr haben die Gewerkschaften die Schulungsarbeit auch als Mittel zur Einwirkung auf die Betriebsräte gesehen, die somit eine wichtige Klammerfunktion darstellen kann. Den Arbeitgebern mag es schwer gefallen sein, einzusehen, warum sie die Stärkung der Betriebsarbeit durch gewerkschaftliche Schulungsarbeit auch noch finanzieren sollten. Sie mögen zudem gewerkschaftliche Indoktrinationen gefürchtet haben. Wie die Frage der Abgrenzung der leitenden Angestellten war auch das Thema der Schulungen für ideologische Auseinandersetzungen besonders gut geeignet. Die relativ unscharf gefaßten Bestimmungen des § 37 haben diese Auseinandersetzungen eher noch gefördert. Sie wurden zunehmend auf die Arbeitsgerichte verlagert.

Nach § 37 Abs.6 BetrVG in Verbindung mit Abs.2 sind Betriebsratsmitglieder für die Teilnahme an Schulungs- und Bildungsveranstaltungen von ihrer beruflichen Tätigkeit ohne Minderung des Arbeitsentgeltes freizustellen, wenn auf den betreffenden Veranstaltungen Kenntnisse vermittelt werden, die für die Arbeit des Betriebsrates erforderlich sind. Dabei sind die "betrieblichen Notwendigkeiten" zu berücksichtigen. Das Problem ist, daß sich aus den gesetzlichen Bestimmungen nicht zwingend ergibt, welche Schulungsthemen konkret als erforderlich für die Betriebsratsarbeit anzusehen sind, wie lange die Schulungen dauern sollen und wie viele Mitglieder des Betriebsrates an den Schulungen teilnehmen dürfen. Umstritten war dabei zwischen Arbeitgebern und Betriebsräten sowie den Gewerkschaften nicht nur die Freistellung und die Fortzahlung des Arbeitsentgeltes, sondern auch die Frage der Kostentragung durch den Arbeitgeber (in Verbindung mit § 40 Abs. 1 BetrVG). Als Grundlinie hat das BAG in der ersten Hälfte der siebziger Jahre herausgearbeitet, daß die Vermittlung von Kenntnissen im Zusammenhang mit § 37 Abs. 6 BetrVG nur dann für die Betriebsratsarbeit erforderlich ist, wenn diese Kenntnisse unter Berücksichtigung der konkreten Situation im Betrieb und Betriebsrat benötigt werden, damit die Betriebsratsmitglieder ihre derzeitigen und demnächst anfallenden gesetzlichen Aufgaben wahrnehmen können. Dabei sei der Grundsatz der "Verhältnismäßigkeit" zu beachten. Es könne sich dabei sowohl um sogenanntes Grundwissen als auch um Spezialkenntnisse handeln. So heißt es in der Entscheidung vom 28.1.1975: "Eine Betriebsräteschulung kann nur dann als erforderlich angesehen werden, wenn nach den Verhältnissen des konkreten Betriebs Fragen und Probleme anstehen werden, die der Beteiligung des Betriebsrates unterliegen und hinsichtlich derer im Hinblick auf den Wissenstand des konkreten Betriebsrates eine Schulung von Betriebsratsmitgliedern erforderlich scheint, will der Betriebsrat seine Beteiligungsrechte sach- und fachgerecht ausüben."

Nicht unproblematisch dabei ist, daß sich der Betriebsrat bei den Freistellungsbeschlüssen aufgrund § 37 Abs.6 auch von dem Grundsatz des "vertretbaren Verhältnisses" leiten lassen muß. Er hat dabei nicht nach subjektivem Ermessen zu entscheiden, sondern sich auf den "Standpunkt eines vernünftigen Dritten" zu stellen, der die Interessen des Arbeitgebers einerseits, das des Betriebsrates andererseits gegeneinander abwägt. (Vergl. BAG vom 2.9.1975.) Damit wird auch in der Rechtssprechung des BAG die Mittlerfunktion des Betriebsrates unterstrichen, der eben nicht nur reiner Interessenvertreter sein soll. Auch hat das BAG klargemacht, daß der Arbeitgeber einen Anspruch darauf hat, daß ihm die zeitliche Lage der Schulungsveranstaltung und die dafür vorgesehenen Teilnehmer rechtzeitig mitgeteilt werden, und zwar so rechtzeitig, daß er noch die Einigungsstelle anrufen kann, wenn er meint, daß der Betriebsrat die betrieblichen Notwendigkeiten nicht ausreichend berücksichtigt habe. Der Betriebsrat muß bei einem solchen Widerspruch bis zu einer Klärung die Entsendung des Mitgliedes zurückstellen.

Es ist nicht ganz einfach, abschließend zu beurteilen, ob die Rechtssprechung des BAG zur Schulungsfrage (auf die problematische Abgrenzung der Absätze 6 und 7 kann aus Platzgründen hier nicht eingegangen werden) aus der Sicht der Betriebsräte eher als großzügig oder eng zu bewerten ist. Man wird wohl in diesem Fall Däubler zustimmen können, wenn er wertend meint, daß das BAG einerseits bestrebt gewesen ist, "die allzu engen Grenzen seiner Rechtssprechung zu § 37 II BetrVG 1952 zu verlassen und in stärkerem Maße sowohl allgemeine juristische wie auch außerjuristische Kenntnisse einzubeziehen". Auf der anderen Seite will es einer unbegrenzten Schulung "auf Vorrat" vorbeugen. (26)

Die Rechtssprechung des BAG zu den Schulungsmaßnahmen für Betriebsräte ist ein gutes Beispiel für die Art von Gratwanderung, die sich aus dem ambivalenten Charakter des Betriebsverfassungsgesetzes ergibt. Dabei ist einerseits nicht zu verkennen, daß die obersten Gerichte dort die Rechte des Betriebsrates betonen oder sogar verstärken, wo es unter Beachtung der Verhältnismäßigkeit um konkrete Probleme des Betriebsalltags geht, für die sich die Betriebsräte (und nicht nur die Betriebsratsvorsitzenden) das dafür notwendige Wissen aneignen können. Das gilt nicht nur für die schon durch Gesetz enger gezogenen Bestimmungen des § 37 Abs.6, sondern auch für die weiter gefaßten Bestimmungen von Abs.7. So heißt es in der BAG-Entscheidung vom 6. April 1976 ausdrücklich, es dürften nicht allgemeine staatsbürgerliche Kenntnisse vermittelt werden, die für jeden Arbeitnehmer nützlich sind, sondern die "zu behandelnden Themen müssen mindestens in mittelbarem Zusammenhang mit den gesetzlichen Befugnissen des Betriebsverfassungsgesetzes stehen und hierfür geeignet (sein)". Damit wird einer "Politisierung" der Betriebsratsarbeit über den Umweg der Schulungen weitgehend vorgebeugt. Unter Beachtung auch der betrieblichen Interessen des Arbeitgebers wird dem Betriebsrat keineswegs eine Art von "Blankoscheck" ausgestellt. Die betrieblichen Notwendigkeiten markieren dabei eine Grenze, die nicht ohne weiteres überschritten werden dürfen. Andererseits, auch das läßt sich aus den BAG-Entscheidungen ablesen, dürfen betriebliche Notwendigkeiten nicht einfach zum Vorwand genommen werden, um der legitimen Schulung von Betriebsratsmitgliedern Hindernisse in den Weg zu legen.

Ähnliches gilt auch für die Zutrittsmöglichkeiten der Gewerkschaften zu den Betrieben, die im BetrVG 72 im Vergleich zu dem BetrVG 52 ohnehin verstärkt worden sind (§2 BetrVG). Auch diese sind keineswegs unbeschränkt. Nach § 2 Abs.2 BetrVG ist zur Wahrnehmung der im Betriebsverfassungsgesetz genannten Aufgaben und Befugnisse der im Betrieb vertretenen Gewerkschaften deren Beauftragten nach Unterrichtung des Arbeitgebers Zugang zu gewähren. Auch hier hat das BAG eine "Kompromißformel" für die Bewältigung der für die Auslegung des Betriebsverfassungsgesetzes typischen "Gratwanderungen" gefunden. Es hat zwar einerseits argumentiert, daß das Zutrittsrecht der Gewerkschaften zum Betrieb unabdingbar einen Bezug zu betriebsverfassungsrechtlichen Angelegenheiten haben muß, andererseits aber eingeräumt, daß der Katalog der Gründe nicht zu eng gefaßt sein darf. Ein Zutrittsrecht bestehe auch dann, wenn es um Aufgaben geht, die in einem engen "inneren Zusammenhang" mit dem Betriebsverfassungsgesetz stehen und an deren Lösung die Gewerkschaften berechtigtes Interesse haben. Das BAG hat ein Zutrittsrecht dann verneint, wenn ein Gewerkschaftsbeauftragter einzelne Arbeitnehmer an ihrem Arbeitsplatz aufsuchen will, um mit ihnen Fragen des geltenden Tarifrechts zu besprechen. (Vergl. BAG vom 6.6.1973.) Dabei stecken hinter solchen rechtlichen Fragen auch immer Machtfragen, muß es doch den Gewerkschaften darum gehen, die betriebliche Basis durch eine relativ weitgehende Verklammerung von gewerkschaftlichen und betrieblichen Interessen zu stärken. Dabei ist der Eindruck vorherrschend, daß das BAG dazu neigt, solchen Bestrebungen eher Grenzen zu ziehen, zugleich aber die konkret auf den Betrieb und die einzelne Belegschaft bezogenen Rechte des Betriebsrates zu bekräftigen. Man mag, wie die Gewerkschaften, solche relativ künstlich erscheinenden Grenzziehungen bedauern, doch entsprechen sie dem "Kompromißcharakter" des Betriebsverfassungsgesetzes.

Der Eindruck, daß das BAG dort die Rechte der Belegschaftsvertretungen unterstreicht, wo dies im Betriebsverfassungsgesetz relativ klar vorgeschrieben ist und wo es um die Schutzbedürftigkeit der Arbeitnehmer vor den Auswirkungen unternehmerischer

Entscheidungen sowie der für eine solche wirksame Vertretung notwendigen Arbeitsfähigkeit und -kompetenz des Betriebsrates geht, bestätigt sich auch bei der schwerpunktmäßigen Wertung der Rechtssprechung zu den Informationsrechten des Betriebsrates im Zusammenhang mit den §§ 80, 90 und 92 BetrVG. Ohne eine rechtzeitige und umfassende Information des Betriebsrates durch den Arbeitgeber über gegenwärtige und zukünftige betriebliche Vorgänge ist eine effektive Betriebsratsarbeit kaum möglich. Dieser Einsicht folgend hat der Gesetzgeber ein klares Informationsrecht für den Betriebsrat im Betriebsverfassungsgesetz verankert, das eine Informationspflicht für den Arbeitgeber bedeutet: "Zur Durchführung seiner Aufgaben nach diesem Gesetz ist der Betriebsrat rechtzeitig und umfassend vom Arbeitgeber zu unterrichten. Ihm sind auf Verlangen jederzeit die zur Durchführung seiner Aufgaben erforderlichen Unterlagen zur Verfügung zu stellen." (§ 80 Abs.2.) In seiner Rechtssprechung hat das Bundesarbeitsgericht diese Aussage bekräftigt: "Wenn §80 Abs.2 ein Informationsrecht jederzeit gewährt, heißt dies, daß der Betriebsrat jederzeit und ohne Einschränkung die erforderlichen Unterlagen zur Durchführung seiner Aufgaben zur Verfügung gestellt verlangen kann. Das Wort 'jederzeit' gibt dem Betriebsrat die Möglichkeit, ständig tätig zu werden und ständig eine Unterrichtung zu erfahren. Das BetrVG ist insofern eindeutig. Es gibt dem Betriebsrat einen Anspruch auf umfassende Unterrichtung, d.h. er ist eingehend und detailliert in dem Ausmaß zu unterrichten, daß er einen vollständigen Überblick hat." (BAG vom 11.7.1972.) Im Zusammenhang mit dem Einblicksrecht in die vom Arbeitgeber geführten Listen über die Bruttolöhne und -gehälter hat das BAG in seinem Urteil vom 12.2.1980 bestätigt, daß sich ein solches Einblicksrecht auch auf die übertariflichen Vergütungen erstreckt. "Der Betriebsrat braucht einen besonderen Anlaß für das Einblicksrecht nicht darzulegen. Es ist auch nicht erforderlich, daß er bei der Geltendmachung des Einblicksrechts in die Aufzeichnungen über die übertariflichen Vergütungen darlegt, die Zahlung übertariflicher Entgelte beruhe auf einer kollektiven oder kollektivähnlichen Regelung. Denn das Einblicksrecht ist nicht davon abhängig, daß tatsächlich im Betrieb nach irgendwelchen generalisierenden Grundsätzen verfahren wird, sondern dieses Recht dient der Unterrichtung, ob solche Zusammenhänge bestehen und ob sie vom Arbeitgeber eingehalten werden oder nicht." Dabei ist das BAG der Einsicht gefolgt, daß der Betriebsrat ja prüfen soll, ob eine innerbetriebliche Lohngerechtigkeit erreicht ist oder eine andere innerbetriebliche Lohngestaltung erreicht werden kann. (27)

Auch im Zusammenhang mit § 90 (Unternehmensplanung), § 92 (Personalplanung) und § 111 (Betriebsänderung) ist das BAG mit seiner Rechtssprechung vor allem in den siebziger Jahren einer eher weitgefaßten Auslegung des Betriebsverfassungsgesetzes gefolgt. Dabei wird eine so frühzeitige und umfassende Unterrichtung verlangt, daß die Planung im Hinblick auf die sozialen Auswirkungen noch beeinflußbar ist. Der Schwerpunkt liege auf "soziale" Auswirkungen. So heißt es beispielsweise in einer Entscheidung des BAG vom 14.9.1976: "Nach § 111 Satz 1 BetrVG hat der Unternehmer den Betriebsrat über eine geplante Betriebsänderung rechtzeitig und umfassend zu unterrichten und sie mit ihm zu beraten. Das Unternehmen hat den Betriebsrat also bereits dann zu beteiligen, wenn es eine Betriebsänderung plant." Das bedeutet, wie schon zuvor ausgeführt, daß der Plan zur Betriebsänderung zu diesem Stadium der Beratung noch nicht endgültig feststehen darf. In diesem Zusammenhang ist auch eine rechtskräftige Entscheidung des Landesarbeitsgerichts Hamburg vom 2.12.1976 bemerkenswert, das im Wege einer einstweiligen Verfügung einem Unternehmen aufgab, den Betriebsrat umfassend über die Auswirkung eines in der Probephase eingesetzten Computersystems auf die Beschäftigten und deren Arbeitsplätze zu informieren, und zwar unter Vorlage aller Unterlagen. In der Entscheidung heißt es: "Nach überzeugung der Kammer kann die Beteiligte nicht einwenden, sie befinde sich noch nicht im Planungsstadium im Sinne der § 90, 92 BetrVG. Denn das Planungsstadium ist nur dann sinnvoll verstanden, wenn der Betriebsrat noch die anstehende Planung beeinflussen kann." (1 TaBv 5/75.) Mit dieser Entscheidung wird verdeutlicht, daß die Rechtssprechung dem Informationsrecht in der Regel einen hohen Rang zumißt. Allerdings hat das LAG Hamburg im gleichen Fall sich gescheut, daraus die Konsequenzen zu ziehen und die Probephase mit einer einstweiligen Verfügung einzustellen. Eine solche Konsequenz schien dem Gericht zu weitgehend. Diese Entscheidung unterstreicht, daß die Rechtssprechung in der Regel davor zurückschreckt, einmal vollzogene unternehmerische Entscheidungen zu revidieren. Darauf weist auch Säcker in einem Kommentar zu der höchstrichterlichen Rechtssprechung im Zusammenhang mit dem Betriebsverfassungsgesetz hin, wenn er kategorisch erklärt: "Das Unternehmen ist Herr der Betriebs- und Arbeitsorganisation, es bestimmt, welche Maschinen eingesetzt werden und in welcher Weise das Zusammenwirken der Produktionsfaktoren im Betrieb geregelt wird. § 90 BetrVG verpflichtet lediglich zur umfassenden Information der Betriebsräte. Die Anhebung dieses Informationsrechtes zu einem paritätischen Mitbestimmungsrecht würde zu einer ineffizienten, sich durch unter Umständen zahlreiche betriebliche Mitbestimmungsträger vielfältig blockierenden und paralysierenden paritätischen Unternehmensmitbestimmung führen." (28)

Nun mag man vor allem aus der Sicht der Gewerkschaften eine solche These für anfechtbar halten. Auf die Tatsache aber, daß § 91 BetrVG dem Betriebsrat nur ein eng begrenztes korrigierendes Mitbestimmungsrecht einräumt, ist schon im Zusammenhang mit dem Kapitel über die Rechte des Betriebsrates (Kapitel 4) hingewiesen worden. Dabei war auch dargestellt worden, daß das Mitbestimmungsrecht nach § 91 an eine Reihe von Voraussetzungen gebunden ist. So besteht der Anspruch des Betriebsrates nach einer BAG-Entscheidung vom 28.7.1981 auf angemessene Maßnahmen zur Abwendung, Milderung und zum Ausgleich von Belastungen, die infolge der in § 91 BetrVG aufgeführten Änderungen eintreten, eben nur bei neuen Belastungen. "Bei bereits bestehenden besonderen Belastungen kann der Betriebsrat keine Maßnahme nach § 91 BetrVG verlangen." (29) Auch ist die Auslegung der Voraussetzungen wie "besondere Belastungen" und "gesicherte arbeitswissenschaftliche Erkenntnisse" in der Rechtssprechung äußerst strittig. So weist Schrumpf in einem Aufsatz über "Betriebsverfassungsrecht und Bildschirmarbeitsplätze" darauf hin, daß bis Ende 1982 vier Entscheidungen von Landesarbeitsgerichten vorlagen, die die Möglichkeit gesicherter arbeitswissenschaftlicher Erkenntnisse eher zurückhaltend beurteilen. Lediglich das Landesarbeitsgericht Berlin habe dem Betriebsrat ein korrigierendes Mitbestimmungsrecht für die Ausgestaltung von Bildschirmarbeitsplätzen zugestanden. (30)

Die große Bedeutung, die das BAG der frühzeitigen Unterrichtung des Betriebsrates unter Einschluß der Vorlage wichtiger Unterlagen zumißt, läßt sich auch im Zusammenhang mit einer kürzlichen Entscheidung des BAG vom 20. November 1984 darlegen. Dabei geht es um die Vorlage von Unterlagen für den Wirtschaftsausschuß. Der Gesamtbetriebsrat eines Unternehmens hatte gefordert, der Unternehmer müsse schon vor der Sitzung umfangreiche Unterlagen wie Bilanzen und Jahresplanungen vorlegen und sie zur Ablichtung freigeben. Der Arbeitgeber hatte demgegenüber unter Hinweis auf § 106 BetrVG nur Einsicht während der Sitzung gewähren wollen. Dabei betont das BAG grundsätzlich, der Wirtschaftsausschuß müsse Gelegenheit haben, auf die Planungen des Unternehmens Einfluß nehmen zu können. Die Beratungen nach § 108 BetrVG aber hätten nur dann einen Sinn, wenn beide Seiten in gleicher Weise sich darauf vorbereiten könnten. Bei besonders umfangreichen Unterlagen aber wäre der Betriebsrat überfordert, wenn er mit entsprechenden Zahlen erst bei der Sitzung konfrontiert würde. Einschränkend weist das BAG allerdings darauf hin, daß der Arbeitgeber dem Betriebsrat bis zur Sitzung die Unterlagen nicht ständig überlassen müsse; auch seien die Betriebsratsmitglieder zwar berechtigt, sich Notizen zu machen, aber nicht berechtigt, Abschriften anzufertigen. Auch seien Vorlagen von dem Arbeitgeber nicht vorzulegen, wenn Betriebs- und Geschäftsgeheimnisse gefährdet seien. In einem Gewerkschaftskommentar wird allerdings darauf hingewiesen, daß es sich bei einer solchen Einschränkung nur um sehr begrenzte Vorgänge handeln könne, denn nach § 109 BetrVG habe der Betriebsrat die Möglichkeit, die Einigungsstelle anzurufen und entscheiden zu lassen, ob eine solche Weigerung, die sich auf Betriebs- und Geschäftsgeheimnisse bezieht, berechtigt sei. (31) Analog zu der Rechtssprechung zum § 79 BetrVG (Geheimhaltungspflicht) kann man davon ausgehen, daß der Begriff des Betriebs- und Geschäftsgeheimnisses eher eng gefaßt ist. Insgesamt läßt sich aus diesem Urteil selbst unter Berücksichtigung der Einschränkungen ablesen, daß es die Informationsrechte des Betriebsrates stärkt.

Wird man aufgrund der bisher dargestellten BAG-Entscheidungen die These bestätigt finden, daß das Bundesarbeitsgericht die Rechte des Betriebsrates eher bekräftigt als einschränkt, wo es um den Schutz der Arbeitnehmer vor unternehmerischen Entscheidungen, die Arbeitsfähigkeit des Betriebsrates selbst und dessen Informationsmöglichkeiten geht, so gilt diese These nicht so uneingeschränkt für die Bereiche, wo unternehmerische Entscheidungen in ihrem Kern angetastet werden könnten. Das zeigt sich ganz besonders bei den Fragestellungen, die der Einzug neuer Technologien in Büros und Fabrikhallen mit sich gebracht hat. Allerdings ist darauf hinzuweisen, daß die mangelnden Möglichkeiten des Betriebsrates in diesem Bereich weniger der Rechtssprechung als dem Gesetzgeber selbst anzulasten sind. "Die gesetzlichen Vorschriften des Betriebsverfassungsgesetzes gewähren der betrieblichen Interessenvertretung keine ausdrückliche, umfassende und frühzeitige Einflußnahme auf die technisch-organisatorische Veränderung selbst. Die Mitbestimmungsrechte konzentrieren sich auf die personellen Folgemaßnahmen, d.h. sie setzen dann ein, wenn schon längst Fakten geschaffen sind, Geräte bestellt oder gekauft sind." (32). Der Betriebsrat kann zwar versuchen, diese Folgen für den Unternehmer teuer zu machen und sie für die betroffenen Arbeitnehmer durch materiellen Ausgleich oder Änderungen zu erleichtern, an den eigentlichen Entscheidungen ist er aber zumindest rechtlich nicht beteiligt. Ein weitsichtiger Arbeitgeber wird allerdings bemüht sein, seinen Betriebsrat so frühzeitig wie möglich einzuschalten, um Folgekosten zu vermeiden und vor allem die Akzeptanz bei den Arbeitnehmern zu erhöhen. Daß es dafür vor allem in Auto-Großbetrieben eine Chance gibt, weisen Kern/Schumann in ihren neuen Untersuchungen nach, auf die noch einzugehen sein wird. Diese Einflußmöglichkeiten stützen sich allerdings weniger auf rechtliche Möglichkeiten als auf die politische Durchsetzungsfähigkeit und die Unterstützung durch die Belegschaft.

Der Betriebsrat hat über mehrere Paragraphen des Betriebsverfassungsgesetzes die Möglichkeit, indirekt auf unternehmerische Entscheidungen einzuwirken, so über § 87 Abs.1 Nr. 6 und 7 BetrVG, die §§ 90 und 91 sowie über die §§ 111 und 112 BetrVG. Auf sie muß der Betriebsrat sich stützen, wenn er auf Folgeerscheinungen von unternehmerischen Entscheidungen im Technologie-Bereich reagieren will, es sei denn, die Gewerkschaft hätte ihm durch den Abschluß eines entsprechenden Mantel-Tarifvertrages weitergehende Möglichkeiten an die Hand gegeben. Dies ist zum Beispiel im Druckbereich mit dem Tarifvertrag über rechnergesteuerte Textsysteme (RTS-Vertrag) geschehen.

Innerhalb des vom Gesetzgeber relativ eng gesteckten Rahmens des Betriebsverfassungsgesetzes hat sich auch das BAG mit seinen Entscheidungen gehalten. Innerhalb dieses Rahmens hat das BAG beispielsweise die Rechtssprechung zum § 87 Abs.1 Nr. 6 wiederum relativ weit ausgelegt. So heißt es in einem Grundlegenden Beschluß vom 9. September 1975: "Eine technische Einrichtung i.S. des § 87 Abs.1 Nr. 6 BetrVG ist dann dazu bestimmt, das Verhalten oder die Leistung der Arbeitnehmer zu bewachen, wenn die Einrichtung zur Überwachung objektiv und unmittelbar geeignet ist, ohne Rücksicht darauf, ob der Arbeitgeber dieses Ziel verfolgt und die durch Überwachung gewonnenen Daten auch auswertet." Einschränkend heißt es allerdings auch: "Die Möglichkeit, daß erst durch zusätzliche anderweitige Anordnungen oder bestimmte Gestaltungen zukünftig Arbeitnehmer überwacht werden könnten, genügt andererseits nicht." Nach dieser Einschränkung folgt im zweiten Teil der Entscheidung wiederum eine Erweiterung: Der Tatbestand des betreffenden Paragraphen greife auch dann Platz, "wenn auf Grund der Einrichtung unmittelbar Rückschlüsse auf das Verhalten oder die Leistung bestimmter anderer Arbeitnehmer gezogen werden könnten, die nicht die mit der Einrichtung versehene Maschine bedienen". Diese grundsätzliche Entscheidung hat das BAG mit seiner Entscheidung vom 15. September 1984 noch einmal bekräftigt. Danach hat bei der Einführung von Personalinformationssystemen der Betriebsrat mitzubestimmen. Der Gesetzgeber habe, so wurde der BAG-Präsident Kissel aus der Urteilsbegründung zitiert, in der technischen Überwachung von Arbeitnehmern eine größere Gefährdung für das Persönlichkeitsrecht gesehen als bei einer Überwachung mit herkömmlichen Mitteln. Auch die technische Verarbeitung von Leistungs- und Verhaltensdaten führten zu einer solchen Gefährdung. Dieser zu begegnen sei Sinn des Mitbestimmungsrechtes. (33)

7.4. Die "Gratwanderung" des Bundesarbeitsgerichts

Die Gratwanderung, die das BAG bei der Auslegung einzelner Paragraphen des Betriebsverfassungsgesetzes unternommen hat, wird recht gut aus einer zusammenfassenden Wertung Säckers zur höchstrichterlichen Rechtssprechung zum Betriebsverfassungsgesetz deutlich. Sie wurde allerdings schon Ende 1981 veröffentlicht und bezieht deshalb die Rechtssprechung der folgenden Jahre, die von den Gewerkschaften zum Teil heftig kritisiert wurde (darauf wird noch zurückzukommen sein), nicht ein.

An einzelnen Entscheidungen vor allem des BAG versucht Säcker zu demonstrieren, daß dem Betriebsrat nicht unternehmerische Teilhaberrechte eingeräumt werden, sondern er vor allem die Aufgabe habe, die von ihm zu vertretenden Arbeitnehmern vor

"Willkürmaßnahmen" zu schützen. Daraus leite, so läßt sich aus Säckers Interpretationen schließen, das BAG auch die Möglichkeiten und Grenzen betriebsrätlicher Rechte ab. So weist Säcker beispielsweise bei der Rechtssprechung zur Mitbestimmung im Entgeltbereich nach, daß das BAG von einem relativ großzügigen Lohnbegriff ausgeht, der nicht nur Lohn und Gehalt, sondern auch alle sonstigen betrieblichen Sozialleistungen mit einschließt. Das erhöht seine Mitbestimmungsmöglichkeiten aufgrund von § 87 Abs.1 Satz 10 BetrVG. (Vergl. BAG vom 18.3.1976 und vom 19.3.1981.) Andererseits habe aber auch, so Säcker, das BAG hinreichend geklärt, wieweit die Mitbestimmungsrechte reichten: "Betriebliche Lohngestaltung beinhalte nur die Festlegung abstrakt-genereller Grundsätze der Lohnfindung, bezogen auf die betrieblichen Arbeitsplätze, nicht aber die Festlegung der individuellen Lohn- und Gehaltshöhe." (34) (Vergl. BAG vom 29.3.1977 und 28.7.1981.)

So verbleiben nach Säcker im Zusammenhang mit § 87 Abs. 1 Sätze 8 bis 12 mitbestimmungsfreie Bereiche, die sich nicht auf das "Wie", sondern auf das "Ob" einer Entscheidung beziehen. Dazu gehören nach Säcker beispielsweise das "Ob" über die Gewährung eines nicht tariflichen oder einzelvertraglich festgelegten Entgeltbestandteils, die Entscheidung über die Höhe der bereitzustellenden Mittel und die Bestimmung des Zuwendungszwecks, da er von unternehmerischen Zielvorstellungen abhängig sei. Zusammenfassend heißt es bei Säcker: "Die Rechtssprechung läßt sich anschaulich in dem Satz zusammenfassen: der Arbeitgeber bestimmt allein, wieviel Geld er in einen Topf hineingibt ..., aber nur mit dem Betriebsrat zusammen darüber, wie das Geld unter Beachtung des zuvor festgelegten Zuwendungszwecks und des Adressatenkreises verteilt wird." (35). Diese "Topftheorie" verdeutlicht recht gut, wo die rechtlichen Möglichkeiten, aber auch die Grenzen für die Betriebsräte liegen. Im einzelnen kann man, je nach Interessenstandpunkt, über die BAG-Urteile unterschiedlicher Meinung sein. Insgesamt aber dürfte das BAG mit seiner Rechtssprechung vor allem in den siebziger Jahren bei der "Gratwanderung" schwere Abstürze in die eine oder andere Richtung vermieden haben. Ob das auch für die achtziger Jahre gilt, ist vor allem aus der Sicht der Gewerkschaften zweifelhaft.

Säcker weist in einer Reihe von Beispielen aufgrund der

Entscheidungen des BAG auf die Grenzen hin, die die Rechtssprechung für die Mitbeteiligung der Betriebsräte gezogen hat, so beispielsweise

- habe der Betriebsrat kein Mitbestimmungsrecht bezüglich der Frage, ob im Betrieb überhaupt Bildungsmaßnahmen durchgeführt werden (allerdings beim "Wie")
- bei Einstellungen und Versetzungen werde die Auswahl nach den Kriterien fachlicher und persönlicher Eignung vom Gesetz her nicht in das "Mitbeteiligungsermessen" des Betriebsrates gestellt, sondern sei ausschließlich Aufgabe des Arbeitgebers
- der Betriebsrat habe bei der Prüfung der Betriebsbedingtheit einer Einstellung wie einer Kündigung nur "eine Willkürkontrolle" (nicht aber ein generelles Einspruchsrecht).

Zusammenfassend kommt Säcker aufgrund der Rechtssprechung des BAG zu folgender Wertung: "Die betriebliche Mitbestimmung bezweckt die Beteiligung der Arbeitnehmer an den personellen, sozialen und wirtschaftlichen Folgeproblemen, die sich auf betrieblicher Ebene aus unternehmerischen Planungs-, Leitungs- und Organisationsentscheidungen ergeben. Ihr Ziel ist nicht die rechtliche oder faktische Hemmung der unternehmerischen Handlungsfreiheit am Markt im Sinne einer Herabsetzung der marktwirtschaftlichen Anpassungsflexibilität." (36). Die betriebliche Mitbestimmung bleibe somit im "Vorhof" der eigentlichen unternehmerischen Mitbestimmung, die durch das Mitbestimmungsgesetz geregelt sei. Das schließe allerdings nicht aus, daß die "paritätische" Beteiligung des Betriebsrates an der Bewältigung aus Folgeproblemen unternehmerischer Entscheidungen mittelbar auch Auswirkungen auf den Inhalt unternehmerischer Entscheidungen haben könne. Die Mitbestimmung des Betriebsrates könne deshalb nicht mit dem Argument eingeschränkt oder ausgeschlossen werden, davon würden unternehmerische Entscheidungen mittelbar betroffen. Wohl aber könnte sich bei der Auslegung von Einzeltatbeständen ergeben, daß unternehmerische Zielvorgaben dem Mitbestimmungsrecht nicht unterlägen. (37)

Bei der Wertung der Rechtssprechung des BAG ist zu bedenken, daß allgemeine Folgerungen nur sehr vorsichtig zu ziehen sind. Etzel, Richter am Bundesarbeitsgericht Kassel, macht in dem Vorwort zu einer Entscheidungssammlung darauf aufmerksam, "daß jede gerichtliche Entscheidung nur und allein die Aufgabe hat, den jeweils anstehenden Fall einer Lösung zuzuführen. Nicht ist es dagegen Aufgabe der Gerichte, Lehrsätze aufzustellen". (38) Etzel merkt an, der Fachmann hüte sich daher davor, einzelne Rechtssätze aus einer Entscheidung argumentativ zu verwenden, bevor er Tatbestand und Entscheidungsgründe des Urteils in vollem Wortlaut gelesen und überprüft habe, ob nicht die besonderen Umstände des Einzelfalls eine andere Beurteilung rechtfertigten. Das gilt sicherlich für die meisten BAG-Entscheidungen, weniger aber dann, wenn der Große Senat des BAG sich äußert, weil er wegen der grundsätzlichen Bedeutung eines Falls angerufen wird. (Siehe Weiterbeschäftigung im Kündigungsschutzprozeß.)

7.5 Kritik der Gewerkschaften

Die Gewerkschaften haben vor allem in den vergangenen Jahren zum Teil heftige Kritik an Entscheidungen des BAG vor allem des Ersten Senats geübt. Das gilt ganz besonders für das Urteil zum Unterlassungsanspruch des Betriebsrates bei der Verletzung von Mitbestimmungsrechten, auf das noch einzugehen sein wird. Dennoch erfolgte die Kritik vor allem der DGB-Rechtsexperten nicht undifferenziert, sondern verzeichnete auch positive Entwicklungen bei der Rechtssprechung. "Darunter befinden sich auch Entscheidungen, die erfreuliche Ansätze für eine fortschrittliche Auslegung des Betriebsverfassungsgesetzes zeigen und der Rechtsfortbildung dienen" (39), heißt es im Bericht des Hauptvorstandes der IG Druck und Papier aus dem Jahr 1983.
Die Rechtsabteilung dieser Gewerkschaft macht anhand einzelner Entscheidungen des BAG eine Art Bilanz auf, bei der sie unter dem Strich zu einem "immer noch" positiven Ergebnis kommt.

Zu den positiven BAG-Entscheidungen zum Betriebsverfassungsgesetz zählt danach unter anderem:

- Beauftragte einer im Betriebsrat vertretenen Gewerkschaft können zu den Sitzungen des Wirtschaftsausschusses auf Antrag eines Viertels der Mitglieder oder der Mehrheit einer Gruppe des Betriebsrates hinzugezogen werden;
- das Mitbestimmungsrecht des Betriebsrates gilt auch bei der Anordnung von Überstunden in Eilfällen, bei Einzelmaßnahmen und bei freiwilliger Überstundenleistung;
- das Beteiligungsrecht des Betriebsrates besteht auch dann im vollen Umfang, wenn die Ein- oder Umgruppierungen wegen des

Neuabschlusses eines Tarifvertrages, der eine Änderung der Lohn- und Gehaltsgruppen vorsieht, erforderlich wird;

- das Einblicksrecht eines Betriebsrates in die Bruttolohn- und Gehaltslisten bezieht sich auch ohne Darlegung eines besonderen Anlasses auf individuell vereinbarte übertarifliche Vergütungsbestandteile und auf außertarifliche Vergütungen;
- die Aufstellung von Richtlinien für den Widerruf von übertariflichen Zulagen unterliegt der Mitbestimmung des Betriebsrates;
- sowie eine Reihe von Entscheidungen, die sich mit der Mitbestimmung des Betriebsrates bei Tendenzbetrieben beschäftigen und dessen Rechte auch in einem Tendenzunternehmen bestätigen (Kündigungsschutz für Betriebsräte, Einblicksrecht in Lohn- und Gehaltslisten).

Zu den negativen Entscheidungen des BAG werden von der Gewerkschaft gezählt:

- Bei Verletzung seines Mitbestimmungsrechts bei der Anordnung von Überstunden soll der Betriebsrat keinen allgemeinen Unterlassungsanspruch nach dem BetrVG geltend machen können;
- beim Wechsel von der Einzel- zur Gruppenprämie soll der Betriebsrat kein Initiativrecht nach § 87 Abs. Nr. 10 und 11 BetrVG haben;
- das Unternehmen soll gegenüber freigestellten Betriebsratsmitgliedern, die früher in Schicht gearbeitet haben, nicht verpflichtet sein, die Differenz zum Nettolohn, die sich für den Arbeitnehmer daraus ergibt, daß nach seiner Freistellung die an ihn weiterzuzahlenden Zuschläge steuer- und sozialversicherungspflichtig sind, zu zahlen;
- die Betriebsaufspaltung in eine Besitz- und Produktionsgesellschaft soll selbst dann keine Betriebsänderung nach § 111 BetrVG darstellen, wenn für die Arbeitnehmer Nachteile eintreten;
- wenn infolge eines Arbeitskampfes in einem Abnehmer- oder Zuliefererbetrieb Kurzarbeit eingeführt werden soll, soll das Mitbestimmungsrecht des Betriebsrates eingeschränkt sein und sich lediglich auf die Frage erstrecken, wie die Kurzarbeit durchzuführen ist. (40)

Dabei war besonders die Entscheidung des BAG vom 22. Februar 1983 auf heftigen Protest der Gewerkschaften gestoßen, die von einer "Wende" in der Rechtspolitik und einem "völligen Bruch mit der bisherigen Rechtssprechung" sprachen. In diesem Urteil war ein allgemeiner Unterlassungsanspruch des Betriebsrates verneint worden, wenn der Arbeitgeber in einem mitbestimmungspflichtigen Bereich einseitige Maßnahmen trifft. Dabei ging es um die einseitige Anordnung von Überstunden. Diese wurden ungeachtet der Zustimmungsverweigerung durch den Betriebsrat geleistet. Arbeits- und Landesarbeitsgericht hatten unter Androhung eines Zwangsgeldes dem Unternehmen aufgegeben, die einseitige Anordnung von Überstunden zu unterlassen. Das BAG hatte zwar den Mitbestimmungstatbestand selbst ausdrücklich bestätigt. Es hatte aber argumentiert, daß § 23 Abs. 3 BetrVG ausdrücklich nur bei "großen" Verstößen des Arbeitgebers zum Zug käme, nicht aber bei leichten. Der Gewerkschaftskommentator spricht von einer "tragikomischen Folge": "Mitbestimmung bei Überstunden ja - Anspruch auf Unterlassung Mitbestimmung verletzender Handlungen nein." (41)

Die Betroffenheit der Gewerkschaften scheint insofern berechtigt, als die Mitbestimmung bei Überstunden vor allem im Zusammenhang mit dem angestrebten Abbau der Arbeitslosigkeit ein wichtiges "politisches" Recht ist. Das Mitbestimmungsrecht nach § 87, das sehr stark ist und welches der Arbeitgeber nur über eine Einigungsstelle in seinen Folgen einschränken kann, wird aber ohne einen Unterlassungsanspruch aufgrund von § 23 BetrVG (zum Beispiel durch ein Zwangsgeld) relativ wirkungslos. Dennoch dürfte die Gewerkschaftskritik bei einer Gesamtwürdigung der Rechtssprechung des BAG zum Betriebsverfassungsgesetz überzogen sein, wenn sie sich allein auf dieses Urteil stützte. So muß wohl diese Kritik vor allem auch im Zusammenhang mit Entscheidungen zum Arbeitskampfrecht stehen, für das es keine Gesetze gibt. Für diesen Bereich trifft der Ausdruck "Richterrecht" noch stärker zu als für das geschriebene Betriebsverfassungsrecht, wo es vor allem um fehlende Eindeutigkeit geht. So hat sich die Kritik der Gewerkschaften vor allem nach den Aussperrungsentscheidungen vom 10. Juni 1980 verschärft, die die Legalität von Aussperrungen bestätigten. Allerdings ist dagegen abzuwägen, daß das BAG in seiner Entscheidung vom 12. September 1984 Warnstreiks der Gewerkschaften auch während laufender Tarifverhandlungen für zulässig erklärte. Das war vor allem im Zusammenhang mit der von der IG Metall praktizierten "Neuen Beweglichkeit" von großer Bedeutung.

In einer Verteidigung der Rechtssprechung des BAG hat dessen Präsident Kissel versucht, die Gründe für die scharfe Kritik sowohl von seiten der Gewerkschaften als auch von Arbeitgebern zu klären: "Es liegt an den starken Interessengegensätzen, die bis zu existentiellen Fragen gehen. Es liegt an einem Rechtsgefühl, das nicht mehr getrennt ist von politischen Vorstellungen ... Die Grenzen zwischen Politik und Recht sind und werden verwischt. Rechtssprechung ist eben nun nicht die Fortsetzung von Rechtspolitik und Tarifverhandlungen mit anderen Mitteln und kann nicht Nothelfer sein für fehlende parlamentarische Mehrheiten oder Durchsetzungskraft." (42) Das BAG könne den vom Gesetzgeber gezogenen rechtlichen Rahmen weder eigenmächtig über- noch unterschreiten. Bei der notwendigen Abwägung könnten einmal betriebswirtschaftliche Belange auf der Strecke bleiben, ein anderes Mal sozial oder gesellschaftspolitisch Wünschenswertes.

Die Gewerkschaft IG Druck und Papier nimmt diesen Hinweis auf, indem sie ihn in gewerkschaftliche Strategie ummünzt. Sie weist darauf hin, daß "gesetzliche Bestimmungen und höchstrichterliche Rechtssprechung nicht ausschließlich zur Grundlage des gewerkschaftspolitischen Handelns werden kann, da das Recht und somit die Rechtssprechung der Dynamik der gesellschaftlichen Entwicklung unterworfen ist. Rechtsfragen sind nicht zuletzt Machtfragen. Es kommt daher darauf an, in der sozialen Auseinandersetzung selbst aktiv zu werden und Fakten zu schaffen, die die Rechtssprechung anerkennen muß. Nicht nur durch Gesetzgebung und Rechtssprechung, sondern auch durch gewerkschaftliche Gegenmacht kann Rechtsfortbildung stattfinden." (43)

7.6. Gewerkschaftliche Rechtsschutzpolitik

Diese mehr programmatische Aussage kann nicht darüber hinwegtäuschen, daß die Verrechtlichung der Arbeitsbeziehungen auch bei den Gewerkschaften dazu geführt hat, daß Rechtspolitik und Rechtsschutz wichtige Bestandteile gewerkschaftlicher Aktivitäten geworden sind. Dabei spielt das Betriebsverfassungsgesetz eine zentrale Rolle, sind doch die Betriebsräte ein wichtiger Pfeiler der Gewerkschaften, auch wenn der Gesetzgeber sie rechtlich ausdrücklich nicht zum längeren Arm der Gewerkschaften gemacht hat. Obwohl die Zahl der Streitfälle zum Betriebsverfassungsgesetz in den letzten Jahren nicht mehr so sprunghaft gestiegen ist, weil ein größerer Teil der Paragraphen bereits "durchgeprüft" worden ist, so fällt doch bei einem Vergleich der BAG-Entscheidungen zu den Betriebsverfassungsgesetzen 1952 und 1972 die enorme Zunahme auf. Seit Inkrafttreten des Betriebsverfassungsgesetzes von 1972 (19. Januar 1972) bis zum 31. Dezember 1982 sind ohne Nichtzulassungsbeschwerden 1243 Rechtsbeschwerden eingelegt worden, dagegen im Zeitraum vom 1. Oktober 1953 bis zum 31. Dezember 1971 nur 271 Rechtsbeschwerden. Ob dies Phänomen hinreichend mit der Erklärung zu beschreiben ist, daß "im Zuge der allgemeinen Emanzipation der Arbeitnehmerschaft die Fragen der Betriebsverfassung endlich den Stellenwert im Arbeitsleben erhalten haben, der ihnen zusteht", (44) ist fraglich. Diese Zunahme könnte auch ein Hinweis auf zunehmende Konflikte in den Betrieben selbst und die größeren wirtschaftlichen Belastungen sein, die sich formal an nicht eindeutigen Bestimmungen des Betriebsverfassungsgesetzes entzünden. So klagen Arbeitsrichter über die zunehmende Zahl der Fälle vor allem bei Kündigungssachen. Aus dem Geschäftsbereich des Arbeitsgerichts Stuttgart für das Jahr 1982 wird vermeldet, daß auf jeden Richter durchschnittlich 850 Klagen entfielen; früher sei dagegen ein Jahrespensum von 500 für vertretbar gehalten worden. Hingewiesen wird auch auf die drastische Verlängerung der Verfahrensdauer und das Sinken der Vergleichsquoten.

So kann es auch nicht verwundern, daß die Gewerkschaften im gewerkschaftlichen Rechtsschutz eine der wichtigsten Leistungen der Gewerkschaften in der Wahrnehmung ihrer Schutzfunktion sehen. Als Beleg dieser These wird angeführt, daß die Zahl der Rechtssekretäre im Zeitraum von 1970 bis 1981 von 186 auf 313 angestiegen seien. 1970 sei "nur" 41 000 Arbeits- und Sozialfälle in erster und zweiter Instanz zu bearbeiten gewesen, 1980 knapp 80 000. Das entspreche einer Zunahme von 91 Prozent. (45)

Bemerkenswert ist, daß im Rechenschaftsbericht der IG Druck und Papier für das Kalenderjahr 1982 der enorme Anstieg der erledigten arbeits- und sozialrechtlichen Streitigkeiten vor allem in der ersten Instanz als "Ausmaß der Wirtschafts- und Strukturkrise" (46) gewertet wird:

- so seien im Organisationsbereich der IG Druck und Papier von

1980 bis 1982 insgesamt 5952 Verfahren in erster Instanz erledigt worden; das entspreche einer Erhöhung von 52,7 Prozent im Vergleich zum vorherigen Berichtszeitraum (1977 bis 1979).
- dabei sei besonders auffällig die Entwicklung der Kündigungsrechtsstreitfälle von 464 Verfahren im Jahre 1979 auf 1459 Fälle im Jahr 1982. Das sei eine Zunahme um 314,4 Prozent.
- außerdem seien von 4866 erstinstanzlichen Urteilsverfahren (dagegen nur 429 Beschlußverfahren vor allem zu Tarifstreitigkeiten und zum Betriebsverfassungsgesetz) allein fast 60 % Kündigungsrechtsstreitfälle gewesen.

Insgesamt werden von der IG Druck und Papier die erstrittenen Beträge vor den Gerichten aus den Bereichen des Arbeits- und Sozialrechts mit 16 Millionen DM von 1977 bis 1979 angegeben, mit 27,8 Millionen Mark von 1980 bis 1982. Das entspricht einer Erhöhung um 74 Prozent.

Dabei wird die Tatsache, daß die Zahl der Streitigkeiten aus dem Betriebsverfassungsgesetz nicht mehr sprunghaft ansteigt, ausdrücklich nicht darauf zurückgeführt, daß dieses Gesetz in der Praxis weniger umstritten sei, sondern daß viele Zweifelsfragen zwischenzeitlich rechtlich geklärt seien. Dabei sei allerdings zu berücksichtigen, daß in den Urteilsverfahren erster Instanz auch Streitigkeiten zum BetrVG enthalten sein könnten, zum Beispiel Lohnansprüche wegen Betriebsratstätigkeit. Auch in den übrigen Urteilsverfahren könne es um Bestimmungen des Betriebsverfassungsgesetzes gehen, zum Beispiel dann, wenn es um Folgen nicht ordnungsgemäßer Anhörungen von Betriebsräten im Rahmen von Kündigungsschutzverfahren gehe. Dabei wird aus der Tatsache, daß in einer verhältnismäßig hohen Zahl von Beschlußverfahren (38 von insgesamt 159 im Jahr 1982) Unternehmer Antragsteller waren, geschlossen, daß sich die Stellung der Betriebsräte nach dem Betriebsverfassungsgesetz wesentlich gegenüber dem alten Recht verstärkt habe und die Betriebsräte konsequenter als früher ihre gesetzlichen Möglichkeiten ausschöpften. (47)

7.7. Zusammenfassung

Die rechtlichen Möglichkeiten sind für die praktische Arbeit der Betriebsräte von großer Bedeutung. Bei den Auseinandersetzungen mit den Arbeitgebern ist das Betriebsverfassungsgesetz nicht nur die Grundlage ihrer Arbeit, sondern auch eine Art von letzter Zuflucht für den Fall, daß der Arbeitgeber "seinen" Betriebsrat nicht von sich aus mitbeteiligend und mitberatend einschaltet. Kommt es in einem Konfliktfall zum Streit über die Auslegung einzelner Bestimmungen des Betriebsverfassungsgesetzes, so ist für die Betriebsräte wichtig zu wissen, welchen Spielraum die Arbeitsrichter ihnen gelassen haben.

Dieser rechtliche Spielraum kann, wie gezeigt wurde, relativ groß sein. Von "Richterrecht" ist im Zusammenhang mit den Bestimmungen des Betriebsverfassungsgesetzes zu sprechen, die nicht hinreichend deutlich formuliert und somit für die Interpretation offen sind.

Bei dem Versuch, eine schwerpunktmäßige Wertung der höchstrichterlichen Rechtssprechung vorzunehmen, zeigt sich bald, wie schwierig es ist, eine allgemeine Tendenz herauslesen zu wollen, da die Entscheidungen in der Regel auf den Einzelfall zugeschnitten sind. Soweit also allgemeine Tendenzen aus der BAG-Rechtssprechung überhaupt herauszufiltern sind, so läßt sich sagen, daß das BAG einer eher großzügigen und die Rechte des Betriebsrates bestärkenden Auslegung dann zuneigt, wenn es um den Schutz der Arbeitnehmer vor unternehmerischen Entscheidungen geht. In diesem Zusammenhang werden auch die Rechte des Betriebsrats selbst eher bekräftigt. Dazu gehört auch seine Arbeitsfähigkeit. Auch bei den Informationsrechten ist eine eher positive Tendenz im Sinn der Betriebsräte herauszulesen. Eine eher vorsichtige Auslegung ist dann zu registrieren, wenn es um den Kernbereich unternehmerischer Entscheidungen geht oder die Aufhebung oder Korrektur von getroffenen Entscheidungen anstehen. Das Urteil des LAG Hamburg zum Computer-Einsatz ist dafür ein gutes Beispiel. Insgesamt wird man sagen können, daß die Rechtssprechung des BAG dem im Gesetz gezogenen Rahmen nicht überschritten hat, allerdings innerhalb dieses Rahmens gesetzlicher Bestimmungen die betrieblichen Rechte eher bestätigt denn beschnitten hat. Allerdings ist die Rechtssprechung des BAG keineswegs einheitlich. Der politische Kompromißcharakter des Betriebsverfassungsgesetzes, der Reformansätze mit dem Versuch, die Interessen des Arbeitgebers zu berücksichtigen, verbindet, läßt die These Däublers als zutreffend erscheinen, daß die Rechtssprechung zum Betriebsverfassungsgesetz keinesfalls vorprogrammiert ist.

So kann es auch nicht überraschen, daß das Urteil der Gewerkschaften zum Betriebsverfassungsgesetz keineswegs einheitlich ausfällt, sondern sowohl positive als auch negative Züge verzeichnet. Dabei ist darauf hinzuweisen, daß auch bei den Arbeitgebern die einzelnen Entscheidungen unterschiedlich kommentiert werden. Während beispielsweise das Urteil zum Unterlassungsanspruch des Betriebsrates bei Überstunden ausdrücklich als "Jahrhundertentscheidung" begrüßt wurde, wurden andere als viel zu weitgehend empfunden. Insofern spiegeln sich auch in der Rechtssprechung zum Betriebsverfassungsgesetz die unterschiedlichen Interessenstandpunkte wider. Das Bundesarbeitsgericht ist bei seiner "Gratwanderung" kaum zu beneiden. Besonders herbe Kritik hat es sich vor allem bei Urteilen zum Arbeitskampfrecht gefallen lassen müssen, wo es das fehlende Gesetz mit Richterrecht zu ersetzen hat. Die gewerkschaftliche Kritik zur Rechtssprechung des BAG zum Betriebsverfassungsgesetz ist im Vergleich dazu weniger hart ausgefallen und hat dem Tatbestand Rechnung getragen, daß bei den betrieblichen Beziehungen zwischen Arbeitgeber und Betriebsrat geschriebenes Recht die grundlegenden Daten setzt. So hat sich folgerichtig die gewerkschaftliche Kritik über die Einzelkritik an BAG-Urteilen hinaus inzwischen auf einen Forderungskatalog zur betrieblichen Mitbestimmung konzentriert, der auf eine Reform des Betriebsverfassungsgesetzes hinausläuft. Allerdings ist darauf hinzuweisen, daß sowohl bei der Einzel- als auch bei der Pauschalkritik sowohl von Arbeitgebern als auch von den Gewerkschaften das Gesetzeswerk in seinen Grundzügen nie verworfen worden ist, sondern nur einzelne Bestimmungen und deren Auslegung kritisiert worden sind.

So könnten die rechtlichen Auseinandersetzungen zum Betriebsverfassungsgesetz auch als Beleg dafür gelten, wie ernst dieses Gesetz genommen wird, weil sie für die betriebliche Praxis erhebliche Folgen haben können. Die zunehmende Zahl der Rechtsstreitigkeiten zum Arbeitsrecht, wie sie aus den Rechtsschutzstatistiken der Gewerkschaften erkennbar sind, können dabei von dem wirtschaftlichen Hintergrund nicht gelöst werden. Das zeigt unter anderem die steigende Zahl von Kündigungsstreitfällen. Die "Verrechtlichung der Arbeitsbeziehungen" ist wiederholt beklagt worden. Die Schärfe der Auseinandersetzungen in den Betrieben hat zugenommen. Dennoch hat der rechtliche Rahmen mit dazu beigetragen, daß diese Verschärfung in halbwegs geregelten Bahnen verläuft. Auch dies ist ein Vorteil des deutschen Systems der Arbeitsbeziehungen, in dem das Betriebsverfassungsgesetz und die dazugehörige Rechtssprechung eine wichtige Rolle spielen.

B. DATENANALYSE: BETRIEBSRATSARBEIT IN DER PRAXIS

8. HANDLUNGSABLÄUFE UND STRUKTUREN

8.1. Erläuterungen zum Datenmaterial

Mehr als zwanzig Jahre sind seit der umfassenden empirischen Überprüfung von Norm und Wirklichkeit des Betriebsverfassungsgesetzes 1952 durch Blume vergangen. Wie schon in der Übersicht über die Quellenlage am Anfang dieser Arbeit dargestellt, gibt es nur wenige empirische Überprüfungen, die sich nicht an Einzelfragen orientieren, sondern aus einzelnen Elementen den Versuch einer umfassenden Antwort auf eine generelle Fragestellung unternehmen. Nicht nur in der Industriesoziologie wurde die betriebliche Interessenvertretung bis in die siebziger Jahre hinein vernachlässigt. Kotthoff spricht von einem "Mauerblümchendasein", (1) das der Betriebsrat lange Zeit wissenschaftlich gespielt habe. Einige Gründe sind dafür schon genannt worden. Sie liegen in der Konzentration der öffentlichen Diskussion auf die Mitbestimmung an der Unternehmensspitze. So nimmt es auch nicht wunder, daß sich nach Blumes "Normen und Wirklichkeit der Betriebsverfassung" aus dem Jahre 1964 die nächste größere umfassende empirische Untersuchung unter einer generellen Fragestellung auf die Montanmitbestimmung bezog. Es ist der Bericht aus dem Jahre 1970, der im Auftrag der Bundesregierung erstellt worden war und der wichtige Daten für das neue, dann 1976 verabschiedete (und 1979 vom Bundesverfassungsgericht bestätigte) Mitbestimmungsgesetz lieferte. Sieht man von Einzeldarstellungen und bestimmten, Teilbereiche berührenden Untersuchungen ab, so gibt es bisher nur zwei "Klassiker" zum empirischen Vergleich von Norm und Wirklichkeit des Betriebsverfassungsgesetzes: den von Briegl-Mathiaß zur praktischen Wirksamkeit des ersten Betriebsrätegesetzes aus der Weimarer Republik aus dem Jahre 1926 und den von Blume zum ersten Betriebsverfassungsgesetz der Bundesrepublik aus dem Jahre 1964. Seit den siebziger Jahren, vor allem gegen Ende der siebziger Jahre und Anfang der achtziger Jahre haben sich verschiedene Wissenschaftsbereiche des Betriebsverfassungsgesetzes angenommen. Zu nennen ist dabei vor allem Kotthoffs Arbeit "Betriebsräte und betriebliche Herrschaft", auf die noch ausführlich zurückzukommen sein wird, aus dem Jahre 1981, aber auch die empirische Arbeit "Mitbestimmung in der Unternehmenspraxis" (Kirsch/Scholl/Paul 1984), die sich allerdings nur teilweise auf das Betriebsverfassungsgesetz bezieht. Doch auch diese Untersuchungen haben nicht die umfassende, betont politische Fragestellung, wie sie Gegenstand dieser Arbeit ist.

Für den Verfasser dieser Arbeit stellte sich deshalb die Frage, ob er es selbst unternehmen sollte, eine allgemeine empirische Überprüfung vorzunehmen. Dabei war zu bedenken, daß ein solcher Versuch die Kräfte und Möglichkeiten eines einzelnen überfordern würde. Empirische Überprüfungen sind heute oft das Ergebnis von Auftragsforschungen oder werden von eigenständigen Institutionen oder Universitätsinstituten übernommen. Zumindest ist es in der Regel ein Team von Wissenschaftlern, das eine solche Aufgabe übernimmt. Der andere Weg, anhand eines Teilaspektes eine empirische Überprüfung anzufertigen, wurde nach reiflicher Überlegung verworfen, weil angesichts der generellen politischen Fragestellung es kaum möglich gewesen wäre, aus der Darstellung eines Einzelaspektes oder eines sehr begrenzten Untersuchungsfeldes generelle Schlußfolgerungen zu ziehen.

So bot es sich dann an, die in der empirischen Sozialforschung gebräuchliche Methode der Sekundäranalyse zu wählen. Nach Friedrichs ist die Sekundäranalyse "eine Methode, bereits vorhandenes Material unabhängig von dem ursprünglichen Zweck und Bezugsrahmen der Datensammlung auszuwerten". (2) Dabei bietet diese Methode nicht nur den Vorzug von Einsparungen von Zeit und Kosten, sondern auch weitere Vorteile.

So können:

mehrere Untersuchungen,
unterschiedliche Zeitpunkte,
unterschiedliche Ebenen
und verschiedene Methoden

in eine solche Untersuchung einbezogen werden. Zwar fällt der Verzicht auf eine originär eigene empirische Untersuchung nicht leicht, da sie zugleich mit dem Verzicht auf datenmäßige Originalität und Exklusivität einhergeht. Auf der anderen Seite lassen sich in eine solche Untersuchung verschiedene Aspekte und Daten einbeziehen, so daß es vielleicht eher möglich erscheint, auf eine zugegeben recht umfassende Fragestellung auch eine sich diesem Umfang annähernde Antwort zu geben.

Wie von Diefenbacher in seiner Übersicht über "Empirische Mitbestimmungsforschung" (3) angeführt wird, ist gerade in diesem Bereich die Auseinandersetzung um den angemessenen wissenschaftsorientierten Ansatz, die "richtige" Methode, keineswegs abgeschlossen. Da es sich bei der empirischen Mitbestimmungsforschung nicht selten um Auftragsforschung handelt, aus der die Auftraggeber dann später Rechtfertigungsstrategien ableiten, ist sie nicht immer frei von Interessengesichtspunkten.

Durch die Wahl der Methode "Sekundäranalyse" fließen in die Untersuchung verschiedene methodische Ansätze ein. Zu den Methoden gehören unter anderem Dokumentenanalyse, schriftliche Befragungen, Interviews, Gruppendiskussion, teilnehmende und nichtteilnehmende Beobachtung. Jede dieser Methoden hat ihre Vor- und Nachteile. Diefenbacher weist mit Recht darauf hin, daß es die beste Methode nicht gibt, sondern eine jeweils dem Untersuchungsgegenstand angemessene und in diesem Zusammenhang begründete Methode. Diefenbacher (3) zieht aus seiner Übersicht über die empirische Mitbestimmungsforschung die Konsequenz, daß es derzeit weniger darum gehe, großangelegte Arbeiten mit neuer theoretischer Fundierung, neuen Begriffsdefinitionen, neuen Operationalisierungen und neuen Methodenvarianten anzufertigen, sondern "umsichtige Detailarbeit" notwendig sei (4). Als ein solches Zusammentragen von Details zu einem Gesamtbild, das Aufschluß über die Praxis des Betriebsverfassungsgesetzes geben soll, versteht sich diese Arbeit. Die relativ ausführliche Darstellung der Geschichte der Betriebsrätebewegung, der Entstehung der beiden Betriebsverfassungsgesetze der Bundesrepublik, der politischen Umstände und der gesellschaftspolitischen Diskussionen, der Struktur der Gesetze und des jeweiligen Handlungsrahmens bilden dabei das "Unterfutter" für die Zusammentragung des Datenmaterials. Dazu gehören auch die diesem Kapitel vorangehenden Übersichten über die Rechtssprechung und die betrieblichen Strukturen.

Das für diese Untersuchung herangeführte Datenmaterial läßt sich grob in folgende Bereiche unterteilen:

1) Untersuchungen, die sich zwar teilweise auch auf das "klassische Mittel" der standardisierten Befragungen stützen, daran anschließen aber persönliche Befragung und längere, teilnehmende Beobachtung; sie fragen nicht so sehr rein quantitativ Meinungen ab, sondern versuchen Verlaufsformen von betrieblichen Konflikten und Handlungssituationen im Zusammenhang mit der Betriebsratsarbeit darzustellen; dabei geht es nicht so sehr um mögliche einheitliche Verhaltensformen, sondern um die Darstellung der Breite möglicher Handlungsformen, die abhängig von den jeweiligen betrieblichen Gegebenheiten sind. Dazu gehört beispielsweise die Arbeit von Kotthoff als der bisher in dieser Richtung weitgehendste Versuch.

2) Befragungen auf schriftlicher Basis. Diese sind zu unterteilen in interessenorientierte und nicht interessengebundene Untersuchungen. Zu den interessenorientierten Untersuchungen zählen Befragungen von Betriebsräten aus den Bereichen der Einzelgewerkschaften des DGB in Baden-Württemberg. Dabei sind die Fragestellungen nicht von Wissenschaftlern, sondern von Funktionären vorformuliert. Der Nachteil interessengebundener Arbeiten wird bis zu einem gewissen Grad aufgehoben durch die gute Zugangsmöglichkeit zu den Befragten und die gemessen an vergleichbaren wissenschaftlichen Untersuchungen relativ hohen Rücklaufquoten. Dabei sind nach Wissen des Verfassers diese Befragungen bisher nur gewerkschaftsintern benutzt worden. Die Überprüfung der Auswertung konnte zumindest in einer Einzelgewerkschaft dadurch gewährleistet werden, daß sie vom Verfasser selbst vorgenommen wurde. Zu den nicht primär interessengebundenen Untersuchungen zählen solche, die das Funktionieren von Teilen des Betriebsverfassungsgesetzes abfragen und daraus Schlüsse zu ziehen versuchen. Bei allen bisher aufgeführten Untersuchungen geht es um solche, die sich konkret auf das Betriebsverfassungsgesetz beziehen und ihr Datenmaterial aus Befragungen von Betriebsräten, aber auch von Arbeitgebern beziehen;

3) Untersuchungen, die sich weniger mit den "äußeren" Handlungssituationen und Konfliktverläufen beschäftigen, sondern die sich vor allem auf die innere Struktur und Organisation von Betriebsräten konzentrieren;

4) Untersuchungen, die sich mit Teilaspekten beschäftigen, so

zum Beispiel die Problematik von Betriebsratsarbeit in Großunternehmen und in Modellunternehmen;

5) Untersuchungen, die sich vor allem mit der Frage neuer Technologien in den Betrieben auseinandersetzen, und zwar vor allem aus der Sicht der Betriebsräte; diese Untersuchungen sind angesichts der Strukturveränderungen in der Wirtschaft und der damit verbundenen Zukunftsfragen von besonderer Bedeutung und

6) schließlich Untersuchungen, die das Umfeld der Betriebsräte berühren; also beispielsweise Fragen der Akzeptanz von Forderungen nach Mitbestimmung bei der Bevölkerung und Frage nach dem Wertewandel.

Das Betriebsverfassungsgesetz von 1972 strebt eine Verbesserung der Position der Arbeitnehmer in den Betrieben an, und zwar unter Einschaltung einer der sie repräsentierenden und für sie handelnden Vertretung, des Betriebsrates. So scheint es auch legitim, vor allem aus der Sicht der Betriebsräte und aufgrund der Darstellung ihrer Handlungsabläufe- und -situationen die Frage zu überprüfen, ob und wie sich das neue Betriebsverfassungsgesetz in der betrieblichen Praxis bewährt hat. Meinungen der Belegschaft, der Gewerkschaft und der Arbeitgeber wurden, soweit wie möglich und soweit darüber Fakten vorhanden sind, in diese Untersuchung mit einbezogen. Primärer Bezugspunkt aber bleiben die Betriebsräte und ihre Arbeit.

Was die Fragestellung dieser Arbeit betrifft, so ist noch einmal daran zu erinnern, daß sie von einer politikwissenschaftlichen ausgeht: Wie hat sich ein Reformgesetz in der betrieblichen Praxis bewährt? Die rechtlichen Normen, wie sie sich in dem Betriebsverfassungsgesetz von 1972 niedergeschlagen haben, sind das Resultat einer bestimmten politischen Konstellation und eines politischen Kompromisses. Die politische Absicht ist bereits beschrieben worden: sie schlägt sich in einem Reformgesetz nieder, das sich an den bestehenden betrieblichen Strukturen orientiert, nicht auf Gegenmachtbildung setzt, sondern will, daß die Schutzrechte und die Rechte auf Information, Mitberatung und schließlich Mitbestimmung so weit ausgebaut werden, wie es gewandelten gesellschaftlichen Verhältnissen und politischen Mehrheiten entsprach. Dabei markierten die Gebote der vertrauensvollen Zusammenarbeit und die Friedenspflicht wesentliche Merkmale dieses Reformgesetzes. Das Gesetz geht zwar von der Austragung unterschiedlicher Interessen aus, aber in einem auf Kooperation angelegten Handlungsrahmen. Das Gebot der vertrauensvollen Zusammenarbeit ist von der damaligen sozialliberalen Regierung nicht als diplomatische Floskel hineingeschrieben worden, sondern mit der ausdrücklichen Absicht, damit ein zentrales Element des Gesetzes zu bezeichnen. Der soziale Friede, die soziale Partnerschaft innerhalb der sozialen Marktwirtschaft - alle diese Grundelemente, Charakteristika der wirtschaftlichen Ordnung, haben, so war gezeigt worden, in abgewandelter Form Eingang in das Betriebsverfassungsgesetz von 1972 gefunden. Nicht zufällig steckt der wiederholte Hinweis von Regierungsvertretern, daß mit diesem Gesetz die unternehmerische Entscheidungsfreiheit nicht berührt werde, auch die äußere Grenze für die Mitbestimmung der Betriebsräte ab. Über diesen auf Kooperation angelegten Handlungsrahmen waren sich alle Parteien bei der Verabschiedung einig, auch wenn es über die tatsächliche Ausformung von Teilen des Gesetzes heftige Debatten und Kontroversen gab. Insofern ist das Betriebsverfassungsgesetz typisch für Vorstellungen, die auf sozialpartnerschaftliche Verhaltensweisen ausgerichtet sind. Das Betriebsverfassungsgesetz repräsentierte zum Zeitpunkt seiner Verabschiedung auch einen weitgehenden gesellschaftspolitischen Konsens, der schon beim Mitbestimmungsgesetz des Jahres 1976 so nicht mehr bestand (nicht zufällig erhoben die Arbeitgeberverbände Verfassungsklage).

Wahrscheinlich ist im wirtschaftlich-sozialen Bereich das Betriebsverfassungsgesetz von 1972 das letzte große Reformvorhaben, das sich im Prinzip, nicht in der konkreten Ausformung, auf prinzipiellen Konsens stützen konnte. Umso lohnender scheint der Versuch, anhand des Datenmaterials zu überprüfen, ob es sich - und zwar vor allem aus der Sicht der Betroffenen - in seinen eng umschriebenen politischen Grenzen bewährt hat. Es ist noch einmal darauf hinzuweisen, daß Maßstab bei der Beantwortung der Frage, ob und wie das Reformgesetz sich bewährt hat, der konkrete politische Wille ist, wie er bei der Begründung des Gesetzes und bei seiner Verabschiedung formuliert worden ist. Deshalb ist der Herausarbeitung der historischen, gesellschaftlichen und politischen Bedingungen, unter denen das "neue" Betriebsverfassungsgesetz entstanden ist, auch soviel

Raum gewidmet worden. Gerade eine politikwissenschaftliche Arbeit kann diese Bedingung nicht vernachlässigen und bezieht sowohl bei der Fragestellung als auch bei den Maßstäben für die Beantwortung politische Kategorien mit ein.

In den folgenden Abschnitten soll das gesichtete Datenmaterial vorgestellt, erklärt und gewichtet werden. Nach der Detailarbeit soll dann der Versuch gemacht werden, die gestellte Frage nach der Bewährung des Reformgesetzes zu beantworten.

8.2. Untersuchungen zum Betriebsverfassungsgesetz von 1952

Das gesichtete Datenmaterial für diese Arbeit konzentriert sich auf die Zeit nach 1972, also nach dem Inkrafttreten des novellierten Betriebsverfassungsgesetzes. Frühere Untersuchungen sollen nur insoweit herangezogen werden, als damit Vergleiche angestellt werden können. Die "bisher fundierteste Darstellung" (5) von Briegl-Mathiaß aus dem Jahre 1926 liegt fast sechzig Jahre zurück und ist als Vergleich für das heutige Gesetz kaum brauchbar. Sie kam auf der Grundlage von schriftlichem Material und zahlreichen Gesprächen zustande, beschrieb "auch Probleme der Praxis der Anwendung des Gesetzes und Entwicklungstendenzen des Betriebswesens", gelangte zu dem Ergebnis, "daß der Versuch des Gesetzgebers, durch das Betriebsrätewesen die Arbeiter in die Betriebe und in die Wirtschaftsordnung zu integrieren, gescheitert ist". (6) Dagegen habe es zu einem Ausbau und zu einer Stärkung der machtpolitischen Stellung der Gewerkschaften in den Betrieben geführt.

Eher als die unter historischen Gesichtspunkten durchaus interessante Arbeit von Briegl-Mathiaß erlauben jene Arbeiten einen direkteren Vergleich, die sich mit dem Betriebsverfassungsgesetz von 1952 befassen. Dazu zählen die von Rump (1965) über die Auswirkungen des Betriebsverfassungsgesetzes in der Sicht eines Betriebsratsvorsitzenden, die von Voigt (1962) über die Mitbestimmung der Arbeitnehmer in den Unternehmen und die von Wagner (1960) über Erfahrungen mit dem Betriebsverfassungsgesetz. Sie berühren aber nur Einzelpunkte oder sind nicht umfassend genug, als daß sie sich für einen Vergleich anbieten würden (7). Blumes empirische Arbeit aus dem Jahre 1964 über "Normen und Wirklichkeit einer Betriebsverfassung" (8) ist wegen ihrer Fragestellung und des Umfanges ihrer Erhebungen im

Rahmen dieser Untersuchung besonders interessant. Wie schon zuvor bei einer "Zwischenbilanz der Mitbestimmung" (1962) sollte ein Vergleich der gesetzlichen Normen mit der betrieblichen Praxis angestellt werden. Mit Mitteln der Sozialforschung sollte die Studie eine Antwort auf die Frage geben, inwieweit sich das Betriebsverfassungsgesetz von 1952 in der Praxis bewährt hatte.

Blume und seine Mitarbeiter wählten für die Untersuchung 491 Betriebe im gesamten Bundesgebiet aufgrund einer Stichprobe aus und führten in 432 Betrieben Interviews mit Betriebsratsvorsitzenden durch. Sie benutzten dafür standardisierte Fragebogen. Darüber hinaus wurden in 46 Betrieben mit mehr als tausend Arbeitnehmern (für die Gesamterhebung war eine Belegschaftsstärke von über 200 maßgebend) anhand eines Leitfadens Gespräche durchgeführt, die über den Rahmen des standardisierten Fragebogens hinausgingen.

Vorgeschaltet der Befragung von Betriebsräten (nicht von Arbeitgebern) war eine auf der gleichen Grundlage beruhende Erhebung über die Erfahrungen und Meinungen von Arbeitnehmern mit dem Betriebsverfassungsgesetz. Dabei wurde festgestellt, daß der "Informationsgrad" sich dem Nullpunkt zuneigt, "sofern man nicht die in Organen der Unternehmens- bzw. Betriebsverfassung handelnden Personen aus eigenem Erleben kennt". (9) Mit anderen Worten: über den Betriebsrat fanden die meisten Arbeitnehmer Zugang zur abstrakten Idee der Mitbestimmung und bezogen von den in ihrem Arbeitsumfeld handelnden Personen auch die Kenntnisse über die Mitbestimmung. Dabei wurde als die wichtigste Aufgabe des Betriebsrates die Sicherung der materiellen Ansprüche betrachtet; Aufgaben von Betriebsrat und Gewerkschaften wurden als weitgehend identisch gewertet. Als auffallend hoch gibt Blume die Zahl derjenigen an, die nicht auf einen Betriebsrat verzichten wollten: 90 von 100 Befragten. Recht hoch war auch der Zufriedenheitsgrad: zwei Drittel betrachteten die Arbeit des Betriebsrates als positiv. Dabei weist Blume allerdings an anderer Stelle darauf hin, daß selbst im großstädtischen Raum ein Drittel der erfaßten Betriebe mit einer Belegschaftsstärke zwischen 100 und 200 Arbeitnehmern keinen Betriebsrat gebildet hatten. Dafür waren in über 50 Prozent sämtlicher Betriebe mit einem Betriebsrat die Arbeitnehmer in einer DGB-Gewerkschaft organisiert. Organisationsgrad und Beteiligung an den Betriebsratswahlen standen wiederum in einem direkten Zusammenhang: Zumindest bei den Arbeitern ergab sich eindeutig, daß die Wahlbeteiligung stieg, je mehr Arbeiter organisiert waren. (10)

Bei der Untersuchung über Zusammensetzung und Struktur des Betriebsrates ist hervorzuheben, daß 98 Prozent der Betriebsratsvorsitzenden in einer DGB-Gewerkschaft organisiert waren, fast hundert Prozent der Ämter des Betriebsratsvorsitzenden mit gewerblichen Arbeitnehmern besetzt waren (80 Prozent der Stellvertreter) und über drei Viertel der Betriebsratsvorsitzenden ihrem Betrieb länger als zehn Jahre angehörten (über ein Drittel sogar länger als 20 Jahre). Blume faßt die weit über die gesetzlichen Normen hinausgehende Bedeutung des Betriebsratsvorsitzenden als "Dauerinstitution" folgendermaßen zusammen: "Die Tendenz, Männer zu Betriebsratsvorsitzenden zu machen, die eine gewisse Lebenserfahrung mit sich bringen und spezielle Erfahrungen im Betrieb sammeln konnten, ist sehr deutlich. Mit dieser Tendenz korrespondiert die Neigung, den einmal gewählten Vorsitzenden zu bestätigen. Über die Hälfte dieser Männer ist schon zehn Jahre oder länger im Amt. Die Neigung, eine Person, die sich bewährt hat, nach jeder Wahl wieder zu berufen, wächst mit der Betriebsgröße. In Betrieben mit über 2000 Belegschaftsmitgliedern sind fast zwei Drittel der Betriebsratsvorsitzenden zehn Jahre und länger im Amt." (11)

Bevor Blume auf die Wirksamkeit der sozialen und personellen Mitbestimmung (bzw. Mitberatung) eingeht, macht er darauf aufmerksam, daß die Untersuchungen nicht so sehr Aufschluß über den tatsächlichen Umfang der praktizierten Mitbestimmung zuließen, sondern vorwiegend über die Meinungen der Befragten informierten. Es könne deswegen nicht befriedigend über den Grad der tatsächlichen Ausnutzung berichtet werden. Blume vermutet zwar einen engen Zusammenhang zwischen Zufriedenheits- und Ausnutzungsgrad, kann dieses aber nicht mit seiner Untersuchung belegen.

Im Bereich der sozialen Mitbestimmung kommen Blume und seine Mitarbeiter zu dem Schluß, daß in der Sicht der Betriebsratsvorsitzenden diese Form der Mitbestimmung "einigermaßen klappt". Beeindruckend hoch (100 Prozent) seien die Quoten der Zufriedenheit, wenn es um Fragen der Regelung der täglichen

Arbeitszeit und Pausen, der Bestimmung von Zeit und Ort der Auszahlung von Löhnen und Gehältern sowie der Änderung der Art der Auszahlung gehe. Auch bei der allgemeinen Lohnfindung sei der Zufriedenheitsgrad noch 73 Prozent (wobei Löhne und Gehälter wesentlich durch Tarifverträge festgesetzt seien). Noch 65 Prozent aller Gesprächspartner bezeichneten ihre Mitbestimmung bei der Ausbildung von gewerblichen Arbeitnehmern als "ausreichend". (12)

Zur Mitwirkung und Mitberatung des Betriebsrates in personellen "Angelegenheiten weist Blume darauf hin, daß der Betriebsrat nach dem "alten Betriebsverfassungsgesetz in diesen Fragen kein gleichberechtigtes Mitentscheidungsrecht hatte; der Arbeitgeber entschied vielmehr allein. Im Gegensatz zum "neuen" Betriebsverfassungsgesetz besaß der Betriebsrat bei Einstellungen nur ein Informationsrecht (§61), bei Einzelentlassungen ein Anhörungsrecht (§66 I) und bei Massenentlassungen ein Erörterungsrecht (§66).

Ist nach Blume bei den Mitbestimmungsrechten im sozialen Bereich davon auszugehen, daß diese im großen und ganzen "klappen", so kommen er und seine Mitarbeiter im personellen Bereich nicht zu ganz so eindeutigen Urteilen. So antworteten auf die Frage "Halten Sie Ihre Mitbestimmungsrechte bei Einstellungen für weitgehend genug oder glauben Sie, daß Sie in dieser Frage nicht mitbestimmen können?" mehr als die Hälfte negativ. Unter diesen negativen Äußerungen suchen 13 Prozent die Gründe dafür auf dem Arbeitsmarkt, 17 Prozent in der fehlenden Verankerung von Mitbestimmungsrechten im Gesetz und ein erheblicher Teil im Verhalten des Arbeitgebers. Außerdem wird hervorgehoben, daß der Betriebsrat nur bei der Einstellung von gewerblichen Arbeitnehmern mitwirken könne, nicht aber bei Angestellten. Überraschend hoch fielen dagegen die Antworten auf die Frage aus, ob die Rechte bei Einzelentlassungen ausreichend seien: vier Fünftel aller befragten Betriebsratsmitglieder äußerten sich positiv. Dabei schränkte Blume die Aussage insofern ein, als er darauf hinweist, daß in der damaligen Zeit der Hochkonjunktur Einzelkündigungen durch den Arbeitgeber selten gewesen seien; Kündigungen erfolgten meist durch den Arbeitnehmer oder, wenn durch den Arbeitgeber, nur bei wirklich schweren Verstößen - Angaben, die sich heute unter veränderten wirtschaftlichen Bedingungen nur noch schwer nachvollziehen lassen. Bei Massenentlassungen waren nach Blume die Quoten der Zufriedenheit nicht ganz so hoch: immerhin erklärten 66 Prozent der Betriebsratsvorsitzenden, in deren Bereich Massenentlassungen schon einmal vorgekommen waren, ihre Mitbestimmungsrechte seien in diesem Punkt ausreichend. Allerdings weist Blume darauf hin, daß der Arbeitgeber in diesem Bereich wirtschaftlicher Entscheidungen relativ ungestört handeln könne. Der Betriebsrat war nur in der Lage, Folgeerscheinungen zu erörtern. Umso erstaunlicher scheint der relativ hohe Grad der Zustimmung zu sein. Während Blume keinen Zusammenhang zwischen Betriebsgröße, Wirtschaftsbereich und Zufriedenheitsgrad feststellte, fand er dagegen einen Zusammenhang zwischen Organisationsgrad der Belegschaft und dem Zufriedenheitsgrad heraus: umso besser die Belegschaft organisiert war, umso zufriedener äußerten sich Betriebsratsvorsitzende über ihre Mitbestimmung im personellen Bereich. (13)

Von den umfänglichen Untersuchungen Blumes sollen noch zwei Bereiche erwähnt werden, die auch für heutige Fragestellungen interessant sind. Da ist einmal das Verhältnis Arbeitgeber/Betriebsrat. Auf die etwas suggestive Frage "Wenn Sie das Verhältnis zwischen den Mitgliedern des Betriebsrates und der Geschäftsleitung beurteilen würden, wie würden Sie es charakterisieren? Würden Sie eher sagen, jeder geht seinen Weg für sich, aber wir dulden uns gegenseitig, oder würden Sie eher sagen, wir arbeiten zusammen, weil wir uns nötig haben" entschieden sich immerhin 73 Prozent der Befragten für "zusammenarbeiten, weil wir uns gegenseitig nötig haben". Allerdings schränkt Blume die Aussage gleich wieder ein: auf die Frage, ob die Geschäftsleitung lieber mit oder ohne Betriebsrat arbeite, meinten immerhin 42 Prozent, daß sie lieber ohne ihn seien. "Die Tatsache aber verdient beachtet zu werden, daß ein nicht unbeachtlicher Teil von Befragten vorgibt, mit dem Arbeitgeber zusammenarbeiten zu wollen, obwohl die gleichen Personen meinen, daß der Arbeitgeber den Arbeitnehmervertretern lieber den Rücken als das Gesicht zukehre." (14) Diese Aussage unterstreicht noch einmal den Hinweis, daß die Befragungen Aufschluß über Meinungen geben, die sich mit der betrieblichen Wirklichkeit und den tatsächlichen Konflikten nicht unbedingt decken müssen.

Für das Verhältnis zwischen Gewerkschaft und Betriebsrat kommt

Blume zu dem Schluß, daß die Befragung die Annahme bestätige, daß der Betriebsrat ohne gewerkschaftliche Rückendeckung auf verlorenem Posten stehe. So antworteten 87 Prozent auf die Frage "Wie beurteilen Sie persönlich Ihren eigenen Kontakt zur Gewerkschaft? Würden Sie sagen wollen: gut, könnte besser sein oder legen Sie keinen großen Wert darauf?" mit der Antwort "gut". Die hohe Zahl der Stimmen, die sowohl eine enge Verbindung von Betriebsrat und Gewerkschaften befürworten als auch die gewerkschaftlichen Kontakte des Betriebsrates als gut bezeichneten, dürfte als Indiz dafür gewertet werden, daß syndikalistische Rätebewegungen in der Masse der Betriebe heute keinen Anklang mehr fänden, heißt es bei Blume. Auch in diesem Bereich ist natürlich wieder zu fragen, ob diese Meinungsbefragungen tatsächlich ausreichend Auskunft über vorhandene Konflikte geben. (15)

Zusammenfassend stellt Blume fest, daß in allen befragten Bereichen eine Spanne zwischen dem, was der Gesetzgeber gewollt und was in der betrieblichen Praxis realisiert worden sei, vorhanden sei. Diese Spanne sei allerdings verschieden groß. Dabei weist er darauf hin, daß die krassesten Mißstände in kleinen Betrieben anzutreffen seien. Auf die Frage, warum der Wille des Gesetzgebers nicht überall respektiert werde, gibt er die Antwort: Mangelnde Informiertheit und mangelndes Interesse der Arbeitnehmer, mangelnde Kenntnisse und mangelnde Aktivität ihrer Vertreter, aber auch mangelnder Wille zur Zusammenarbeit auf der Arbeitgeberseite. In einigen Bereichen stehe das Betriebsverfassungsgesetz von 1952 neben der sozialen Wirklichkeit. "Will man ernsthaft vertrauensvolle Zusammenarbeit aller im Unternehmen wirkenden Kräfte und Personen, dann muß sie im Gesetz anders institutionalisiert werden. Will man ernsthaft Mitbestimmung der Arbeitnehmer, dann müßte sie gesetzlich untermauert werden. Jetzt hängt sie völlig vom guten Willen der Arbeitgeber ab." (16)

Die Forderungen nach einer Reform des Betriebsverfassungsgesetzes, die Blume damals stellte, wurden 1972 erfüllt. Mit dem Oleuen" Gesetz beschäftigen sich die folgenden Untersuchungen und das Datenmaterial.

8.3. Betriebliche Wirklichkeit und Betriebsratsrollen

Kotthoff bezieht sich in seiner Untersuchung über "Betriebsräte und betriebliche Herrschaft" auf die Arbeit Blumes. Er merkt an, daß die von Blume behauptete Kluft zwischen Norm und Wirklichkeit sich nicht zwingend aus Blumes Untersuchungen ergäben. Vielmehr sei in manchen Bereichen eine relativ hohe Übereinstimmung festzustellen. Kotthoff führt das auf einen Mangel im methodischen Bereich zurück. Blume gehe ungeprüft davon aus, daß erfaßte Meinungen sich nicht oder kaum vom Verhalten, von der sozialen Wirklichkeit unterschieden. Kotthoff behauptet, daß, ganz im Gegenteil, zwischen Zufriedenheitsgrad und Praxis kein wirklicher Zusammenhang bestehe. Er verweist dabei auf seine eigene Untersuchung; aufgrund analytischer Überlegungen über den Gegenstand sei wahrscheinlich oder sogar evident, daß "nämlich Meinungen und Zufriedenheitsgrade nur einen sehr begrenzten Einblick in die Praxis der Mitbestimmung geben können". (17)

Kotthoff geht in seiner Untersuchung "Betriebsräte und betriebliche Herrschaft" davon aus, daß sich über die Partizipation des Betriebsrates von vornherein weder aufgrund der Zielsetzung der Gewerkschaften noch aufgrund des Textes des Betriebsverfassungsgesetzes Aussagen machen ließen. Auch bloße quantitative Befragungen, die Rückschluß zwar auf Meinungen, nicht aber auf tatsächliche Verhalten zuließen, würden nicht weiterhelfen. "Die in der Logik der Partizipation angelegte Ambivalenz von Konflikt und Kooperation läßt im Gegenteil mehrere und sehr unterschiedliche Realisierungsarten und Strukturen der Partizipation vermuten." (18) Diese Ambivalenz ist auch, so war gezeigt worden, im Betriebsverfassungsgesetz selbst angelegt.

Als Arbeitsthese nimmt Kotthoff an, daß es nicht eine Betriebsratsrolle gebe, sondern verschiedene. Mit seiner Untersuchung versucht er herauszufinden, welche dieser Rollen es in der betrieblichen Praxis gibt, wie stark sie verteilt sind und wovon sie abhängig sein könnten. Dabei setzt er voraus, daß die entscheidenden Interaktionen zwischen Arbeitgeber und Betriebsrat im Betrieb sich im institutionellen Bereich abspielen - eine Beschränkung, der er sich bewußt ist, da er einräumt, daß Strukturen und Prozesse außerhalb der institutionellen Ebene eine große Rolle spielen können. Für seine Untersuchung hat Kotthoff Vorgespräche mit Gewerkschaftsvertretern in sieben Verwaltungsstellen geführt; dazu kamen Vertreter des Arbeitgeberverbandes. Daraufhin wurde in 63 repräsentativ ausgewählten Betrieben eine Befragung von Betriebsratsmitgliedern und Mitgliedern der Geschäftsleitung durchgeführt. Das Untersuchungsgebiet erstreckte sich dabei auf den südbadischen Raum. Dabei wurden Betriebe in einer Größenordnung von 70 Beschäftigten an aus verschiedenen DGB-Einzelgewerkschaften erfaßt.

Tabelle:

Aufteilung der Betriebe nach Größenklassen:

14	Betriebe aus der Größenklasse	70 - 150 Arbeitnehmer
9	Betriebe aus der Größenklasse	151 - 300 Arbeitnehmer
17	Betriebe aus der Größenklasse	301 - 600 Arbeitnehmer
10	Betriebe aus der Größenklasse	601 - 1000 Arbeitnehmer
14	Betriebe aus der Größenklasse	über 1000 Arbeitnehmer

Quelle: Kotthoff, a.a.O., S. 38

Kotthoff weist darauf hin, daß in - bis auf einen - allen dafür vorgesehenen Betrieben die vorgesehenen Betriebsrat-Interviews durchgeführt werden konnten, und in immerhin 55 (von 63) Betrieben alle Interviews mit Geschäftsleitungen. Die Interviews, die sich über mehrere Stunden erstreckten, waren strukturierte Leitfadengespräche. "Ziel der Gesprächsführung war, dem Befragten größtmögliche Freiheit zu lassen in der Beantwortung der Fragen, ihn aber zu verhaltensnahen Konkretisierungen und Präzisierungen anzuhalten." (19)

Kotthoff machte darauf aufmerksam, daß die Gespräche vor dem Hintergrund der beginnenden Strukturkrisen stattfanden, die sich aber auf die Befragungsergebnisse zu jenem Zeitpunkt noch nicht konkret auswirkte.

Kotthoff kam es vor allem darauf an, aus dem tatsächlichen Verhalten von Betriebsräten und den Konfliktformen in den Betrieben eine Gesamt-Typologie im Sinne von Idealtypen unterschiedlicher Partizipationsmuster zu entwickeln. Dabei arbeitete er sechs Typen heraus:

a) den ignorierten Betriebsrat,
b) den isolierten Betriebsrat,
c) den Betriebsrat als Organ der Geschäftsleitung,
d) den respektierten zwiespältigen Betriebsrat,
e) den respektierten standfesten Betriebsrat,
f) den Betriebsrat als kooperative Gegenmacht,

dazu

g) den klassenkämpferischen Betriebsrat, den er bei seiner Untersuchung nicht antraf und den er deshalb nur am Rande behandelt.

Im folgenden sollen diese sechs Typen, also ohne den klassenkämpferischen Betriebsrat, dargestellt werden:

a) Der ignorierte Betriebsrat:

Nach Kotthoff ist der ignorierte Beriebsrat typisch für Kleinbetriebe (er fand sie in einem Drittel "seiner" Kleinbetriebe mit weniger als 50 Arbeitnehmern vor). Dabei sei der Chef in einigen Fällen zugleich Besitzer der Firma, zeige einen autoritären Führungsstil, verhandele mit den Arbeitnehmern (zu 50 Prozent Facharbeiter und Handwerker) direkt unter Ausschaltung des Betriebsrates. Der Chef beteilige den Betriebsrat in keinem Entscheidungsbereich, er informiere ihn noch nicht einmal nachträglich. Dem Betriebsrat fehlten sämtliche Arbeits- und Mitwirkungsmöglichkeiten. Der Betriebsrat sei für alle Seiten, also auch die Arbeitnehmer, nebensächlich und werde daher ignoriert. (20) Bemerkenswert ist, so Kotthoff, daß in Einzelfällen der gewerkschaftliche Organisationsgrad bis zu 80 Prozent betrage, Betriebsratsvorsitzende außerhalb des Betriebs gewerkschaftlich aktiv seien und die Arbeitnehmer zum Teil ein ausgeprägtes gewerkschaftliches Lohnbewußtsein hätten, das sich aber in keiner Weise auf die innerbetriebliche Interessenvertretung auswirke. Die Beziehungen im Betrieb seien auf die Person des "Chefs" zugeschnitten, der wiederum seine Beziehungen zu den Arbeitnehmern (die zum Teil beträchtliche Freiräume hätten) personalisiert und eine Institution wie den Betriebsrat für überflüssig hält.

Nach Kotthoff ist dieser Partizipationstyp in fünf von den 63 untersuchten Betrieben vertreten, vier davon mit 70 bis 100 Beschäftigten, einer mit etwas mehr als 200. (21)

b) Der isolierte Betriebsrat:

Kotthoff beschreibt diesen Typ so: Er sei fast ausschließlich in Betrieben mit einer Belegschaftsgröße von 200 bis 600 Arbeitnehmern und einem relativ niedrigen Anteil qualifizierter Arbeitnehmer anzutreffen. Die Geschäftsleitungen, in der Regel Firmeneigentümer, wollten zwar einerseits den Betrieb direkt und unbürokratisch, wie ein Kleinunternehmen, führen, ständen aber andererseits an der Spitze einer so großen Organisation, die sich nicht mehr allein durch persönliche Kontakte und persönliches Eingreifen leiten ließe. Bei den Geschäftsleitungen zeige sich eine ungeschminkt autoritäre Einstellung gegenüber den Arbeitnehmern. Die Folge sei ein Klima der Verunsicherung und Einschüchterung. Eine hohe offene Aggressivität der betrieblichen Hierarchie treffe auf eine versteckte bei den Arbeitnehmern. (22) Im Gegensatz zu dem ignorierten Betriebsrat sei dieser Betriebsrat zwar formal-geschäftsmäßig etabliert, die Geschäftsleitung gebrauche ihn aber primär als ein Organ, das ihren Willkürmaßnahmen einen Anstrich von formaler Rechtmäßigkeit gebe. Die Geschäftsleitung erwarte von diesem Betriebsrat, daß er Beschwerden von Arbeitnehmern abwehre, beschneide Kontakte mit Arbeitnehmern und den Gewerkschaften und versuche, ihn zu "isolieren". Auch versuche die Geschäftsleitung nicht, ihn in das betriebliche Herrschaftssystem einzubinden und ihm innerhalb dieses Raumes relative Eigenständigkeit zu geben. Betriebsräte solcher Art seien oft gespalten, weil zwar immer wieder Arbeitnehmer versuchten, diese Verhältnisse durch ihre Wahl in den Betriebsrat zu ändern, dabei an den bestehenden Verhältnissen und der Resignation ihrer Kollegen scheiterten. Kotthoff zählt 14 von 63 Betrieben zu diesem Typ. Zwölf davon seien Betriebe mit 200 bis 600 Arbeitnehmern. "Der isolierte Betriebsrat ist fast ausschließlich nur in den mittelgroßen Eigentümerbetrieben mit 200 bis 600 Arbeitnehmern anzutreffen, in denen - trotz eines zum Teil sehr hohen Organisationsgrades - die gewerkschaftliche Präsenz sehr gering ist und in denen ein niedriges Qualifikationsniveau der Arbeitnehmer besteht." (23)

c) Der Betriebsrat als Organ der Geschäftsleitung:

"Der Betriebsrat als Organ der Geschäftsleitung ist die perfekte Integration der gesetzlichen Arbeitnehmervertretung in die betrieblichen Herrschaftsverhältnisse patriarchalischer Privatunternehmen." (24) So faßt Kotthoff die Beschreibung dieses dritten Betriebsratstyps zusammen. Das Auftreten dieses Betriebsratstyps sei von der Betriebsgröße unabhängig. Die Geschäftsleitung habe eine "Familien-Theorie", die der Beachtung der "menschlichen Seite" einen breiten Raum gebe. Die Betrachtung des Betriebs als Familie - und dies ist die entscheidende Einschränkung - aber sei mit der Anerkennung von Interessengegensätzen unvereinbar. Folgerichtig werde der Betriebsrat auch nicht als eigenständiger Vertreter von Arbeitnehmerinteressen anerkannt, sondern er sei das Medium zur Realisierung feudal-ähnlicher Verhältnisse im Betrieb. Der Betriebsratsvorsitzende besitze eine wichtige Vertrauensstellung, aber als Vasall der Geschäftsleitung gegenüber der übrigen Belegschaft. Der Betriebsratsvorsitzende beherrsche den Betriebsrat; seine Hauptaufgabe werde darin gesehen, die Geschäftsleitung bei der Erfüllung des Betriebszweckes zu unterstützen. So werde der Betriebsratsvorsitzende Teil der betrieblichen Hierarchie mit wichtigen Kontroll- und Disziplinierungsaufgaben. Die Belegschaft begegne einem solchen Vertretungsorgan mit scheuer Distanz, sehe aber keine Möglichkeit der Veränderung, werde aber auch bei solchen Versuchen blockiert. Auch hierbei fällt auf, daß der Organisationsgrad der Arbeitnehmer zum Teil recht hoch ist, auch die Beziehungen zwischen Gewerkschaft und Geschäftsleitung gut sind, dies aber so gut wie keinen Einfluß auf die betriebliche Interessenvertretung hat.

Kotthoff hat diesen dritten Typ in 16 von 63 Betrieben vorgefunden. Er ist nach seinen Untersuchungen damit der Typ mit der größten Verbreitung in dem Untersuchungsgebiet. (25)

d) Der respektierte zwiespältige Betriebsrat als Ordnungsfaktor

Kotthoff macht darauf aufmerksam, daß dieser Typ überwiegend in größeren Betrieben, die nicht in Privatbesitz sind, angetroffen werde. Dabei treffe der Betriebsrat auf ein Management, das sich als fortschrittlich und aufgeschlossen betrachte und die

Institution des Betriebsrates anerkenne. Es sei ein Management, das von sich glaube, es berücksichtige - und zwar ohne den Anstoß eines Betriebsrates - die sozialen Komponenten. Diese Art von Partizipation habe somit eine Oberflächen- und eine Tiefenschicht. Die Oberflächenschicht beruhe auf einem Netz von routinierten Informations- und Entscheidungsverfahren. Es gehe formal gesehen mit rechten Dingen zu; der Betriebsrat werde ebenso formal als autonomes Vertretungsorgan anerkannt. Die faktische Partizipationspolitik aber werde durch andere Mechanismen unterhalb dieser offiziellen Ebene bestimmt. Es bestünden enge Kontakte zwischen dem Management und dem Betriebsratsvorsitzenden, der gegenüber der Belegschaft abgeschirmt werde. Der Betriebsrat in Gestalt des Vorsitzenden werde so zu einem Assistenten und Katalysatoren der Geschäftspolitik. Es bestünden zwar in Gestalt von Opponenten im Betriebsrat und in Gestalt von Vertrauensleuten Kritiker eines solchen Kurses, doch könnten sie sich im Regelfall kaum durchsetzen. So könne der Betriebsrat seine Rolle als "Ordnungsfaktor" trotz dieser vorhandenen Widerstände durchhalten. Dabei akzeptierten die Betriebsratsspitzen die Geschäftspolitik als richtig, und zwar für die Erhaltung der Arbeitsplätze, und setzten ihr kein eigenes Vertretungskonzept entgegen. Beschwerden würden zwar aufgenommen, aber nur insoweit, als sie dieses Konzept nicht grundsätzlich in Frage stellten. Kotthoff weist darauf hin, daß diese Rolle als Ordnungsfaktor vor dem Hintergrund einer hohen gewerkschaftlichen Präsenz im Betrieb ausgeübt werde. Der Typ sei beispielhaft für den Versuch, und zwar für einen erfolgreichen, nicht gegen, sondern unter Berücksichtigung des Faktors Gewerkschaft und Betriebsrat die Partizipation zu assimilieren. (26)

Dieses ordnungsbetonte Partizipationsmuster sei in elf von 63 Betrieben anzutreffen, und zwar in vierzig Prozent der Großbetriebe (über tausend Arbeitnehmer) und in 33 Prozent aller Betriebe mit mehr als 600 Arbeitnehmern. "Es ist das in größeren Betrieben mit der Rechtsform einer Kapitalgesellschaft verbreitetste Muster. Es ist, was die Anzahl der davon betroffenen Arbeitnehmer in der BRD betrifft, wahrscheinlich das bedeutendste von allen Mustern." (27)

e) Der respektierte standfeste Betriebsrat

Nach Kotthoff betrachtet ein solcherart typisierter Betriebsrat die Beziehungen zwischen Arbeitgebern und Arbeitnehmern als regulierte Konfliktbeziehung. Dabei wird das Amt funktional verstanden: der Betriebsrat habe die Pflicht, die Belange der Arbeitnehmer zur Sprache zu bringen und sie zu vertreten. Diese Art von Interessenvertretung erlaube die offene Austragung von Konflikten, allerdings innerhalb dieses regulierten Beziehungsgeflechts. Unabhängigkeit, sachliche Kompetenz, Standfestigkeit und Zivilcourage charakterisierten diese Art von Betriebsräten, die sich auf die Amtstugend und auf die persönliche Integrität stützten. Dieser Betriebsrat sei im Vergleich zu den vorher geschilderten Typen vertretungswirksamer, weil er sich eindeutig als Interessenvertretung der Arbeitnehmer verstehe und in Konflikten mit der Hierarchie zugunsten der Arbeitnehmer Stellung beziehe.

Ausdrücklich weist Kotthoff darauf hin, daß bei der Definition der Vertretungsansprüche und deren Durchsetzung diese Betriebsräte sich an den rechtlich fixierten Grundlagen orientierten; ihr Handeln sei weitgehend identisch mit der Umsetzung rechtlicher und tariflicher Normen. Die Wirksamkeit dieser Art von Vertretung beruhe nicht auf der Mobilisierung der Belegschaft. Allerdings sei diese auf Amtsverständnis und persönliche Tugend gegründete Art von Interessenvertretung nicht so entstanden, sondern erst möglich geworden durch vorhergehende Aktionen der Belegschaft, und zwar vor allem durch Vertrauensleute. Danach erst seien die entsprechenden Persönlichkeiten in ihre Ämter gelangt, auch sprächen bei der Kandidatenaufstellung die Vertrauensleute nach wie vor das entscheidende Wort. Nur das zwar getrennte, aber keineswegs unverbundene Handeln von Vertrauensleuten und Betriebsräten schaffe erst die Voraussetzung für die Wirksamkeit dieser Art von selbständiger Interessenvertretung. Erleichtert wurde sie dadurch, daß Geschäftsleitungen dieser Betriebe den Vertretungsanspruch und damit die Konfliktgegnerschaft akzeptiert hätten und darin für das Funktionieren der internen Abläufe auch Vorteile sähen - allerdings erst nach entsprechender Vorarbeit durch die Vertrauensleute. (28)

Kotthoff hat den Typ des respektierten standfesten Betriebsrates in sieben von 63 untersuchten Betrieben gefunden, und zwar vor allem in größeren Mittelbetrieben (800 bis tausend Beschäftigte). Er komme in Betrieben mit weniger als 300 Arbeitnehmern gar nicht vor. Ein Grund dafür sei, daß sich dieses Partizipationsmuster schlecht mit der Mentalität von Familienunternehmern vertrage. Auffallend hoch sei der gewerkschaftliche Organisationsgrad (fünf mit über 70 Prozent), noch auffallender die hohe Anzahl von gewerkschaftlichen Vertrauensleuten (in sechs der sieben Betriebe kommen auf hundert Arbeitnehmer zwei oder mehr Vertrauensleute). (29)

f) Der Betriebsrat als kooperative Gegenmacht

Kotthoff bezeichnet folgende Pfeiler als wesentlich für die Vertretungswirksamkeit dieser Art von Interessenvertretung: die intensive Kommunikation zwischen Betriebsrat und Belegschaft, zwischen Betriebsrat und Vertrauensleuten im Rahmen eines Eigenlebens der Arbeitnehmerschaft und schließlich die offensive Konfliktbeziehung zwischen Betriebsrat und Geschäftsleitung. Dabei seien diese Pfeiler in ungewöhnlich enger Form miteinander verbunden. Diese Art der erfolgreichen Interessenvertretung sei aber nur erklärlich vor dem Hintergrund einer Interessenvertretung, die sich gewerkschaftlich begreife und sich gegenüber den Vertrauensleuten verantwortlich fühle. Dabei habe der Betriebsrat eine solide ideologische Orientierung, ein kritisches politisches Bewußtsein, dessen Bezüge zur Arbeiterbewegung noch lebendig seien. Zu dieser Art von "Glücksfällen", wie Kotthoff sie sieht, gehöre eine außergewöhnliche mobilisierungsfähige Belegschaft, die trotz unterschiedlicher Strukturierung und Qualifikation nicht auseinanderstrebe, eine aus Vertrauensleuten und Betriebsräten gebildete Einheit mit den erwähnten gleichen Grundansichten und ein in sich geschlossener und einheitlich agierender Betriebsrat. Dabei schlössen sich Professionalisierung und wirksame, arbeitnehmernahe Interessenvertretung keineswegs aus, sondern ergänzten sich. Probleme würden schon bei ihrer Entstehung erkannt und vor Ort untersucht. Damit würde gewährleistet, daß nicht erst Probleme dann aufgegriffen würden, wenn sie schon von der Geschäftsleitung katalogisiert worden seien. Sachkompetenz und Vertretungswirksamkeit erlaubten eine starke Stellung gegenüber der Geschäftsleitung. Dabei akzeptiere die Geschäftsleitung den Betriebsrat als Machtfaktor und nehme hin, daß dieser manchmal das Heft des

Handelns an sich reiße - ob aus Einsicht oder mehr oder weniger gezwungen aufgrund der faktischen Verhältnisse läßt Kotthoff dabei offen. Im Ergebnis jedenfalls sehe die Geschäftsleitung den Betriebsrat als einen konstruktiven Mitgestalter an. Kotthoff betont dabei, daß das Bewußtsein der Betriebsräte, der Vertrauensleute und der Belegschaft bestimmend sei für diese Art von intensiver, den Konflikt austragender, aber nicht auf Konfrontation abzielender Interessenvertretung. "Dieses Bewußtsein ermöglicht eine Interpretation der betrieblichen Konflikte aus der Perspektive der Interessenlage der Arbeitnehmerschaft und ist der Kompaß für das Vertretungsengagement. Das ist eine festere und dauerhaftere Klammer für eine wirkungsvolle Interessenvertretung als das funktionale, vom Ethos der Elitepersönlichkeit abhängige Amtsverständnis der Betriebsratsspitzen des Typs V." (30) Daß dieser Typ unter den von Kotthoff und Mitarbeitern untersuchten Betrieben nur einmal vorkommt, bestätigt die relative Seltenheit einer solchen Kombination von diesen Faktoren.

Zusammenfassung der Typenhäufigkeit:

Typ I	5 Betriebe
Typ II	14 Betriebe
Typ III	17 Betriebe
Typ IV	11 Betriebe
Typ V	7 Betriebe
Typ VI	1 Betrieb
nicht typologisiert	8 Betriebe
Summe:	63 Betriebe

(Quelle: Kotthoff a.a.O., S. 248)

Bei Kotthoffs Untersuchungen ist bemerkenswert, daß es einen siebten, den klassenkämpferischen Betriebsrat nicht gibt, obwohl er in der Bundesrepublik vorkommt. Kotthoff, der auf diesen Typ selbst nicht traf, muß auf andere Untersuchungen zurückgreifen. Er nimmt dabei Bezug auf ein großes Werk mit 12000 Arbeitnehmern eines bekannten Automobilkonzerns in einer Großstadt im Rhein-Neckar-Raum, das wegen seiner ungewöhnlichen Konfliktdichte zu einem begehrten Objekt soziologischer Forschung geworden sei. Das Verhältnis zwischen Geschäftsleitung und Arbeiterschaft sei dort durch und durch von Mißtrauen und Klassenkampfstimmung gekennzeichnet. Betriebsrat, Vertrauensleute und Belegschaft seien dort eine Einheit; die vom Betriebsrat angestoßene Mobilisierung der Belegschaft stark. Der Betriebsrat selbst lehne das Betriebsverfassungsgesetz als Rahmenbedingung seines Handelns ab. Das relativ entwickelte und kämpferische Bewußtsein dieser Belegschaft ermögliche dem Betriebsrat weitgehend ein Unterlaufen der faktischen und rechtlichen Barrieren. Die Vertretungserfolge gingen dabei über den Handlungsrahmen des Gesetzes hinaus. "In der Gegenwart scheint dieser Typ eine sehr seltene Ausnahmeerscheinung zu sein. Es ist ein für die BRD untypischer Typ, der gerade deswegen eine hohe Aussagekraft über die Austragung der industriellen Konflikte in diesem Land hat." (31)

Was die von Kotthoff festgestellten sechs anderen Typen seiner Untersuchung angeht, so stellt er zwischen den Typen I bis III und IV bis VI einen tiefen Graben fest. In den Typen der ersten Gruppe herrschten stark restriktive Autoritätsmuster, die eine vertretungswirksame Partizipation verhinderten. In der zweiten Gruppe seien die Strukturen für eine wirksame Partizipation günstiger. Stellt man die beiden Gruppen zahlenmäßig gegenüber, so umfaßt die erste Gruppe der vertretungsschwachen Betriebe 36 Betriebe, die zweite dagegen nur 19 (von insgesamt 63 Betrieben, wobei acht davon nicht klassifiziert sind). Das bedeutet, daß, gemessen an den Anforderungen des Betriebsverfassungsgesetzes, nur der weitaus kleinere Teil der Betriebe diesen entspricht. Selbst wenn man einräumt, daß solche Typisierungen nur immer Annäherungen an die Wirklichkeit sein können und einen begrenzten Aussagewert haben, so ist dennoch dieses Ergebnis überraschend.

Im folgenden versucht Kotthoff Zusammenhänge zwischen den einzelnen Partizipationstypen und einigen "Strukturvariablen" herauszuarbeiten. Dabei zeigt sich ein enger Zusammenhang zwischen Typengruppen und der Betriebsgröße. Nach Kotthoff steigen die Chancen für eine symmetrische Partizipation zwar nicht linear, aber in Sprüngen, wobei der entscheidende Sprung bei einer Größenordnung von 600 liege. Dagegen steht die Variable "Industriezweig" in keinem feststellbaren Zusammenhang mit der Typengruppe.

Einen sehr starken Einfluß habe die Variable "Besitzverhältnisse". 56 Prozent der Betriebe der Typengruppe I bis III, also der mit vertretungsschwachen Betriebsräten, gehörten zu einer Personengesellschaft, in der der untersuchte Betrieb der einzige oder der Hauptbetrieb sei. Dabei handele es sich oft um typische Familienbetriebe. Die Nähe oder Entfernung des Eigentümers vom Betriebsgeschehen beeinflusse die Partizipationschancen. Die Variablen "Besitzverhältnisse" und "Betriebsgröße" träten dabei als Zwillingspaar auf.

Überraschend weist Kotthoff nur einen sehr bedingten Zusammenhang zwischen gewerkschaftlichem Organisationsgrad und Partizipationsmustern nach. Ein solcher Zusammenhang bestehe nur bei sehr niedrigem (unter 20 Prozent) und sehr hohem Organisationsgrad (über 70 Prozent), nicht aber im mittleren Bereich. So haben nur 30 Prozent der vertretungsschwachen ersten Gruppe einen niedrigen Organisationsgrad, 62 Prozent dagegen einen mittleren und acht Prozent sogar einen sehr hohen. Der stärkste Zusammenhang bestehe dagegen zwischen der Anzahl der gewerkschaftlichen Vertrauensleute im Betrieb und den beiden Typengruppen. 86 Prozent der Typengruppe I bis III, aber nur 26 Prozent der Typengruppe IV bis VI hätten keinen oder weniger als einen Vertrauensmann auf hundert Beschäftigte. Dagegen haben nach Kotthoffs Angaben 45 Prozent des Typs IV zwei oder mehr Vertrauensleute je hundert Arbeitnehmer, 71 Prozent sogar von denen des Typs V. "Der beste Indikator für den gewerkschaftlichen Einfluß auf die Art der Partizipation ist nicht die Anzahl der Mitglieder, sondern die Anzahl der gewerkschaftlichen Vertrauensleute." (32)

Kotthoff weist noch einmal darauf hin, daß die Mitgliedschaft in den Gewerkschaften allein noch keine wirksame Vertretung von Arbeitnehmerinteressen garantiere. Nur dort, wo sich ein Vertretungsbewußtsein wecken oder unterstützen lasse, sei vertretungswirksame Partizipation anzutreffen. Dabei müsse sich der aktive Teil der Arbeitnehmerschaft an der Gleichwertigkeit der Interessen von Kapital und Arbeit orientieren, ihnen müßten

Handlungsstrategien angeboten werden, und schließlich müsse sich ein solches Bewußtsein über den engen Betriebsrahmen hinaus erstrecken. Die Gewerkschaften seien dabei das wichtigste Instrument zur Organisierung und Bündelung eines solchen

Glaubens. "Nur dort, wo sie ein Vertretungsbewußtsein wecken oder unterstützen können, ist eine vertretungswirksame Partizipation anzutreffen." (33)

Legt man strenge Maßstäbe an, so treffen sie nur auf die Typen V und VI zu, also von den 63 untersuchten und 55 typisierten Betrieben nur acht. Das ist ein bemerkenswert geringer Anteil. Das Betriebsverfassungsgesetz legt, so war ausgeführt worden, nur den möglichen Handlungsrahmen für die Betriebsräte fest; er kann ausgefüllt, über- oder unterschritten werden. Über das tatsächliche Verhalten von Betriebsräten sagt dieser Handlungsrahmen wenig aus. So kann es nicht überraschen, daß Kotthoff sehr unterschiedliches Verhalten von Betriebsräten feststellt; er spricht von der Gleichzeitigkeit von sehr verschiedenen Partizipationsformen Tür an Tür, ja, dem Bestehen zweier unvereinbarer sozialer Welten an einem Ort. Strukturvariable wie "Betriebsgröße" und "gewerkschaftlicher Organisationsgrad" könnten diese Unterschiede nur sehr bedingt erklären, in manchen Fällen sei der Trend eher gegenläufig. So sucht er nach weiteren Erklärungsgründen. Er sieht eine der Möglichkeiten dafür in dem Studium der Geschichte sowie der Entwicklung des Betriebes und der Belegschaft über einen längeren Zeitraum hinweg. Dies sei von der Industriesoziologie bisher vernachlässigt worden. Bei der Suche nach der Entstehung von Bedingungen für defiziente und vertretungswirksame Partizipation kommt Kotthoff zu folgenden Erklärungsversuchen:

Erstens: Die fundamentale Voraussetzung für vertretungswirksame Partizipation sei die Bereitschaft und der Wille zu partizipieren, sowohl bei der Geschäftsleitung als auch beim Betriebsrat. Bei zwei Dritteln der Geschäftsleitungen sei diese Bereitschaft nicht vorhanden. Dort, wo die Geschäftsleitungen diese Bereitschaft hätten, seien diese entstanden als direkte oder indirekte Reaktion auf Machtbildungsprozesse in der Belegschaft und ihren Vertretungsorganen. (34)

Zweitens: Auch bei vielen Betriebsräten sei die Bereitschaft zur Partizipation mangelhaft ausgeprägt, so nur bei 15 Prozent der Betriebsratsspitzen mit vertretungsschwacher Partizipation. In der Mehrzahl der Fälle mit defizienter Partizipation gebe es einen Konsens zwischen Geschäftsleitungen und Betriebsräten über die Partizipationsziele.

Drittens: Etwa die Hälfte der Betriebsratsspitzen aus Betrieben mit defizienter Partizipation hielten die betrieblichen Verhältnisse zwar für mehr oder weniger veränderungsbedürftig, aber kaum für veränderbar. Sie hätten den restriktiven unternehmerischen Deutungsmustern nichts entgegenzusetzen.

Viertens: Ein wesentlicher Grund für das Verharren in einem solchen Bewußtsein sei in der Eingeschlossenheit des Denkens dieser Betriebsräte zu sehen; sie seien auf die Einmaligkeit und Besonderheit ihrer betrieblichen Verhältnisse fixiert.

Fünftens: Dagegen sei bei den Typen mit besonders vertretungswirksamer Partizipation (V und VI) eine direkte oder indirekte Verankerung in der Tradition der Arbeiterbewegung festzustellen, die vertretungsrelevante Deutungsmuster liefere; damit würden Handlungspotentiale für die Wahrnehmung und Austragung betrieblicher Konflikte geschaffen.

Kotthoff stellt in diesem Zusammenhang den Gewerkschaften kein besonders gutes Zeugnis aus. Sie hätten keinen großen bewußtseinsorientierenden Einfluß auf die Betriebsräte und die Belegschaften gehabt. Die Bildungsveranstaltungen erreichten in der Regel nur die, die schon interessiert seien. "Die Einflußnahme auf die Interessenvertretungsprozesse im Betrieb dürfte wohl der wirksamste Weg zur Bewußtseinsbildung sein. Diesen Weg haben die Gewerkschaften etwa seit Mitte der 50er Jahre vernachlässigt. Sie haben das Feld der betrieblichen Interessenvertretung den Betriebsräten überlassen. Besonders in den Betrieben mit defizienter Partizipation waren gewerkschaftliche Versuche, die Interessenvertretung zu beeinflussen, sehr selten und wenig überzeugend und zielstrebig." (35) Kotthoff zielt dabei wohl weniger auf die rechtlichen und materiellen Hilfestellungen der Gewerkschaften als auf die politische Arbeit, auf die Bildung von Bewußtsein, das über die besonderen Probleme der einzelnen Betriebe hinausgeht.

Kotthoff nennt als wesentliche Voraussetzung für die Umsetzung von Partizipationswillen, daß dieser nicht nur bei den Vertretern, sondern auch bei den Vertretenen vorhanden sein müsse. Nur mit der Belegschaft im Rücken sei der Betriebsrat stark. Die Entstehung einer solchen Bereitschaft sei ein zirkulärer Prozeß; die Bereitschaft zur Unterstützung müsse in der Belegschaft vorhanden sein, zugleich müsse der Betriebsrat bereit sein, dieses zu fördern. In der Mehrheit der Betriebe sei diese Bereitschaft, selbst in der zweiten Gruppe, unzureichend ausgebildet. Die Informierungsbereitschaft der Betriebsräte sei oft gering; Betriebsratspolitik vollziehe sich oft als Geheimsache. Eine von Arbeitnehmern, Vertrauensleuten und Betriebsräten gemeinsam gebildete Betriebsöffentlichkeit sei die wesentliche Voraussetzung für die Bildung von Interesse und Teilnahmebereitschaft in der Unternehmung.

Ein wesentliches Hindernis auf dem Weg zur Bildung einer solchen Betriebsöffentlichkeit aber seien oft die Geschäftsleitungen. So sehe die Mehrheit der Geschäftsleitungen der Typen I bis III (53 Prozent) auch in der sachlichen Informierung der Belegschaft über Partizipationsvorgänge einen Vertrauensbruch, auf den sie mit aller Schärfe reagieren würden. Nicht weniger bemerkenswert sei, daß zwei Drittel der Geschäftsleitungen der Typen IV bis VI "in ihrer Definition von Vertrauensbruch spontan auf das Informationsverhalten des Betriebsrates gegenüber der Belegschaft zu sprechen kommen, wenngleich sie nicht die Informierung als solche, sondern eine Konfliktbewußtsein hervorrufende Informierungspraxis meinen." (36)

Auf die dem Betriebsverfassungsgesetz innewohnende Ambivalenz von Konflikt und Kooperation geht Kotthoff am Schluß seiner Untersuchung ein. Diese Ambivalenz sei typisch für die Betriebsratsrolle: "... er muß immer am 'runden Tisch' und 'bei den Bataillonen' gegenwärtig sein." (37) Dabei müßten Machtausübung und Widerstand in die Regeln des Mitmachens transportiert werden. Die Machtausübung müsse in eine langandauernde Beziehung mit dem Gegner verlagert werden. Vertrauen werde dabei zu einer funktionalen Forderung. Mit dieser Vertrauensbildung einher gehe die Bildung von Sachkompetenz. "Arbeitsteilung, Professionalisierung und ein Mindestmaß an Bürokratisierung sind unvermeidbare Folgen, wenn der Betriebsrat den Anforderungen gerecht werden will. Betriebsrats-Sein wird zu einem Haupt- oder mindestens Nebenberuf auf Zeit, oft auf lange Zeit. Die vertretungswirksamen Erfordernisse, die kontinuierliche vertrauensvolle Beziehung und die Sachkompetenz sind doppelgesichtig." (38)

Diese Doppelgesichtigkeit ist bekannt: sie kann sich beispielsweise darin äußern, daß sie die Bereitschaft zur Kooperation mit der Geschäftsleitung so stark werden läßt, daß sie die Elemente des Konflikts ignoriert; die Professionalisierung des Betriebsrats wiederum kann zur Abkoppelung von der Belegschaft führen.

Besonders die Sachkompetenz sei eine zweischneidige Angelegenheit, argumentiert Kotthoff. Sie zu erwerben setzt viel Zeit und hohe Einsatzbereitschaft voraus. Dies führe aber oft zur Entfernung von den beruflichen Interessen und verbaue damit Aufstiegschancen. Früher oder später stünde deshalb ein Betriebsrat oft vor der Wahl: Engagement im Betriebsrat oder beruflicher Aufstieg. Habe er sich aber für den Betriebsrat entschieden, so könne er in einen Teufelskreis kommen. Der Aufbau einer Machtstellung im Betriebsrat sowie die Erwerbung von Sachkompetenz bei gleichzeitiger Entfernung von der beruflichen Basis lasse es schwer fallen, aus der Betriebsratsrolle wieder herauszuschlüpfen. Dies gelte ganz besonders für den Betriebsratsvorsitzenden. Kotthoff geht auf diese Problematik ein und weist darauf hin, daß in der großen Mehrheit der Betriebe I bis IV der Einfluß in der Person des Betriebsratsvorsitzenden monopolisiert sei. "Wir können nicht nachdrücklich genug darauf hinweisen, wie weit die Stellung des Betriebsratsvorsitzenden von seiner im BetrVG § 26 konzipierten Rolle als erster Mann und Sprecher des Betriebsrates entfernt ist. In vielen Betrieben ist er der einzige Mann, in vielen anderen der erste unter zwei bis drei Männern, die mitspielen." (39)

Daß die Betriebsratstätigkeit immer mehr zu einer "One-Man-Show" wird, belegt Kotthoff mit folgenden Zahlen: 56 Prozent der Betriebsratsvorsitzenden aller sechs Typen seien schon länger als zehn Jahre im Betriebsrat, 25 Prozent sogar länger als siebzehn Jahre. Zwar würden sechzig bis siebzig Prozent der nicht zur Betriebsratsspitze gehörenden Mitglieder nach einer zweiten Amtsperiode aus dem Amt scheiden, diese Fluktuation aber finde nur in den unteren Rängen statt: im Durchschnitt blieben die Betriebsratsvorsitzenden wahrscheinlich länger im Amt als die Geschäftsleitungen im Betrieb, sofern diese Angestellte seien.

8.4. Betriebliche Wirklichkeit außerhalb von Ballungsgebieten

In einer ebenfalls von Kotthoff mitkonzipierten Untersuchung von Kluge/Kneer/Schneider über "Betriebsräte in der industriellen Provinz" werden zum Teil die Ergebnisse bestätigt, die Kotthoff in seiner Untersuchung zusammengestellt hat. Das gilt sowohl für die Variationsbreite der Betriebsratstypen als auch für die starke, ja oft dominierende Stellung des Betriebsratsvorsitzenden in den meisten überprüften Betrieben.

Die acht Fallstudien über betriebliche Herrschafts- und Produktionsverhältnisse beschäftigen sich mit der Interessenvertretung in kleinen und mittelgroßen Industriebetrieben Süddeutschlands außerhalb der Ballungsgebiete, also in oft abgeschiedener und damit recht übersichtlicher Lage. Den Untersuchungen von Kluge/Kneer/Schneider liegen Daten aus passiv teilnehmenden Beobachtungen in acht Betrieben zugrunde, denen sich jeweils Interviews mit den Betriebsräten und die Befragung von Arbeitnehmern in den Betrieben anschlossen. Die Beobachtungen, die sich über mehrere Wochen und sogar Monate erstreckten, wurden von 1976 bis 1977 in Betrieben in der Größe zwischen 200 und 2500 Beschäftigten vorgenommen und erstreckten sich auf die Industriebereiche Chemie, Textil, Genußmittel und Metall. Dabei waren bis auf einen Betrieb alle untersuchten Betriebe nur Teile größerer, zum Teil multinationaler Betriebe. Damit spielen im Gegensatz zu Kotthoffs Untersuchungen Betriebe, bei denen Eigentümer und Leiter identisch sind, kaum eine Rolle. Als Untersuchungsabsicht wird angegeben: "Bei der Analyse des Untersuchungsgegenstandes betriebliche Interessenvertretung steht im Mittelpunkt, wie durch die Aktivitäten von Betriebsräten Arbeitnehmerinteressen wahrgenommen werden... und welche Zusammenhänge zwischen der Tätigkeit von Betriebsräten und der betrieblichen Situation der Arbeitnehmer bestehen." (40)

Dabei richten die Verfasser gleichsam den Blick "von unten nach oben", und zwar insofern, als sie die Tätigkeit der Geschäftsleitungen zwar in ihre Untersuchungen mit einbeziehen, aber nicht als primären Untersuchungsgegenstand betrachten, sondern nur insoweit, als er die Arbeit der Betriebsräte betrifft. Mit den acht Untersuchungen wird nicht beansprucht, sie seien für die Situation der Betriebsräte in der Provinz repräsentativ. Aber sie geben doch Aufschluß über Handlungsmöglichkeiten und

Handlungsarten von Betriebsräten in den Strukturen, in die ihre Tätigkeit eingebettet ist. Dabei handelt es sich in der Mehrzahl nicht um Kleinbetriebe, sondern um größere Betriebe mit entsprechend großen Betriebsräten (fünfzehn und mehr Mitglieder sowie Freistellungen).

Legt man Kotthoffs Raster der Partizipationstypen an, so findet man in dieser Untersuchung bis auf den Typ I, der ja vor allem für Kleinbetriebe gilt, alle anderen Typen, und zwar sogar zweimal den besonders vertretungswirksamen Typ VI. Auch in diesen Untersuchungen wird Kotthoffs These untermauert, daß auf der Grundlage des Betriebsverfassungsgesetzes sich so unterschiedliche Verhaltensformen und Konfliktmuster entwickeln können, daß man von verschiedenen sozialen Welten, die nebeneinander existieren, sprechen kann.

Dabei findet sich wiederum die Aussage bestätigt, daß im Gegensatz zur Absicht der "Väter" des Betriebsverfassungsgesetzes, die ja den Betriebsrat vor allem als kollektives Gremium konzipierten, in den meisten untersuchten Betrieben der Betriebsratsvorsitzende die entscheidende, nicht selten dominierende Rolle spielt. In einem Untersuchungsbericht wird nachgezeichnet, wie sich durch den Wechsel des Betriebsratsvorsitzenden die Handlungsmuster im Betriebsrat ändern und wie aus einem vertretungsarmen ein relativ vertretungswirksamer Betriebsrat wird. Daß der Betriebsratsvorsitzende eine so wichtige Rolle spielt, gilt dabei sowohl für den vertretungsschwachen als auch für den vertretungswirksamen Betriebsrat. Konzentriert sich in den vertretungsschwachen Betriebsräten der Betriebsratsvorsitzende auf die Geschäftsleitung und strebt eine vertrauensvolle Zusammenarbeit unter weitgehendem Ausschluß der Belegschaft an, so ist der ebenso dominierende Betriebsratsvorsitzende im vertretungswirksamen Betriebsrat in der Regel nur dann erfolgreich, wenn er sich der kollektiven Unterstützung seines Betriebsrates versichert und zugleich eine enge Zusammenarbeit mit der Belegschaft, vor allem mit den Vertrauensleuten, sucht. Auch bei dieser Untersuchung weisen die Verfasser nach, daß nicht so sehr der gewerkschaftliche Organisationsgrad, sondern das Vorhandensein eines starken Vertrauensleutekörpers Aufschluß über die Handlungsmöglichkeiten eines vertretungswirksamen Betriebsrates gibt.

In den von Kluge/Kneer/Schneider untersuchten acht Betrieben finden sich zwei extrem unterschiedliche Formen von Betriebsratverhalten. Da ist der eine Betriebsrat in einem Betrieb mit Tausenden von Beschäftigten, der von der Geschäftsführung als integraler Bestandteil angesehen wird und dessen Funktion darin bestehen soll, die betrieblichen Notwendigkeiten an die Belegschaft heranzutragen. Dabei wird von großen Teilen dieser Belegschaft der Betriebsrat als untergeordnete Instanz des Betriebes angesehen, der zusammen mit der Geschäftsleitung den "Feind" darstellt, dem es sich zu entziehen gilt. Und da wird das Beispiel eines anderen Betriebes mit 1330 Arbeitnehmern zitiert, in dem Betriebsrat, Vertrauensleutekörper und Belegschaft eine Einheit mit starker Bereitschaft zum Konflikt darstellen.

Auch Kluge/Kneer/Schneider kommen zu dem Ergebnis, daß von der Partizipationsbereitschaft der Geschäftsleitungen sehr stark die Handlungsmöglichkeit der Betriebsräte abhängt. Dabei wird andererseits aber auch dargestellt, daß bei einem Betriebsrat mit ausgeprägter Bereitschaft zum Konflikt bei gleichzeitiger starker Verankerung in der Belegschaft sich auch eine nicht besonders partizipationswillige Geschäftsleitung einem solchen Druck nicht ohne weiteres entziehen könne. Dabei hänge die Bereitschaft der Belegschaft zur Unterstützung des Betriebsrates auch sehr stark von dem vorhandenen oder nicht vorhandenen politischen und gewerkschaftlichen Bewußtsein ab. Dieses Bewußtsein sei aber das Resultat besonderer historischer und regionaler Bedingungen. Deshalb legen die Verfasser der Betriebsberichte aus der Provinz auch großen Wert auf die Einbeziehung der Vorgeschichten "ihrer" Betriebe.

Schließlich weisen Kluge/Kneer/Schneider auch darauf hin, daß die Aufgeschlossenheit von Geschäftsleitungen für soziale Fragen im Betrieb und das Betriebsklima noch keinen Aufschluß über die Kooperationsbereitschaft gegenüber dem Betriebsrat zuließen. Ein Nebeneinander von hoher sozialer Aufgeschlossenheit - zumindest in Phasen relativer wirtschaftlicher Stabilität mit entsprechendem Verteilungsspielraum - und niedriger Bereitschaft zur Partizipation schlössen sich keineswegs aus. Auch diese Möglichkeit findet sich bei Kotthoff. Zusammenfassend läßt sich sagen, daß - bis auf die Ausnahme der Wichtigkeit von Familienbetrieben, die in diesen Untersuchungen nicht vorkommen - die Aussagen von Kotthoff weitgehend bestätigt werden. Danach zeichnen sich zwischen Ballungsgebieten und relativ abgeschlossenen Gebieten, was die Verschiedenartigkeit von Partizipationstypen angeht, keine wesentlichen Unterschiede ab.

8.5. Betriebsräte im Beziehungsgeflecht

Keinen Anspruch auf Repräsentativität erhebt zwar Dybowski-Johannson in ihrer vom Bundesministerium für Bildung und Wissenschaft geförderten und im Rahmen der Bildungsarbeit der IG Metall durchgeführten empirischen Untersuchung über die Voraussetzung und Bedingung von Betriebsratstätigkeit. Dennoch gibt die Untersuchung interessante Aufschlüsse über Betriebsratsstrukturen und -rollen. Mit Hilfe von Gruppendiskussionen und Intensivinterviews im Rahmen der gewerkschaftlichen IG-Metall-Bildungsveranstaltungen von 1973 bis 1975 sollten "qualitative Analysen" über die objektive Situation und die Bedingungen betrieblicher Interessenvertretung erarbeitet werden. "Bestimmendes Moment der empirischen Analyse war die Absicht, typische Wahrnehmungsmuster, Situationsdeutungen und Interpretationsfiguren überhaupt erst einmal zu benennen und zu beschreiben, ohne den Anspruch zu haben, ihre jeweilige quantitative Relevanz verbindlich abschätzen zu können." (41) Auch Dybowski-Johannsons Untersuchung beschränkt sich auf Gespräche mit Betriebsräten. Dabei bedient sie sich vor allem der qualitativen Analyse, die sich in diesem Fall vor allem auf die Art der Äußerungen, nicht so sehr auf deren Häufigkeit konzentriert und dabei vor allem eine Sprachanalyse vornimmt.

Mit Kotthoff ist auch Dybowski-Johannson der Ansicht, daß das Management der wichtigste Bezugspunkt für den Betriebsrat ist, der dessen Handlungsmöglichkeiten im starken Maße bestimmt. Sie macht aber auch Aussagen zum Verhältnis zwischen Betriebsrat und Belegschaft sowie zwischen Betriebsrat und Gewerkschaft; auch werden Aussagen über die Struktur der Betriebsräte gemacht. Die wesentlichen Aussagen zu diesen Bereichen sollen im folgenden zusammengefaßt werden.

Betriebsrat und Unternehmensleitung:

Wie schon in ihrem theoretischen Teil begründet die Verfasserin, warum sie die Rolle des Managements als so zentral für die Aktionsmöglichkeit des Betriebsrats ansieht. Sie geht dabei von dem hohen Grad der Verrechtlichungen aus, der, wie dargestellt, das industrielle Beziehungssystem der Bundesrepublik auszeichnet. Mit ihm sei einerseits die Art und Weise der Konfliktaustragung und Interessenvertretung weitgehend institutionalisiert, zum anderen aber auch die konfliktfähigen Themen definiert. Das Betriebsverfassungsgesetz eröffne zwar dem Betriebsrat eine Zugriffsmöglichkeit auf die Folgen von betrieblichen Entscheidungsprozessen, doch verfügten Betriebsräte nur über begrenzte Sanktionsmittel, um in dem betrieblichen Rahmen ihre Interessen auch gegen den Widerstand der Unternehmer durchsetzen zu können. "Damit ist ein grundsätzliches Dilemma betrieblicher Interessenvertretung bezeichnet. Verkörpert der Betriebsrat unter dem Gesichtspunkt machtpolitischer Konstellation das Moment von Kontrolle und Gegenmacht zur privaten Verfügungsgewalt der Kapitaleigentümer, so konstituieren die institutionellen Bedingungen betrieblicher Interessenvertretung faktisch eine Machtasymmetrie zugunsten des ökonomischen Machtpotentials der Unternehmen." (42) Sehr viel stärker als die Gewerkschaften seien daher die Betriebsräte auf die Konzessionsbereitschaft und -fähigkeit der Gegenseite angewiesen.

Dieser Charakter der Herrschaftsbeziehung werde von den befragten Betriebsräten auch als solcher empfunden. Aus den Äußerungen der befragten Betriebsräte zieht Dybowski-Johannson den Schluß, daß der Tatbestand der prinzipiellen Machtasymmetrie von den Befragten erkannt werde, und zwar grundsätzlich über das jeweilige "Betriebsklima" hinaus. Die innerbetrieblichen Verhältnisse würden dabei auch als Ausdruck der gesellschaftlichen Verhältnisse interpretiert. Dies führe allerdings nicht zu einer kritisch-resignativen Haltung. Dabei beschränkten sich die Hoffnungen der Betriebsräte auf Veränderung auf solche Reformen, die realistisch seien.

Diese pragmatische Orientierung wird von einem Betriebsrat folgendermaßen ausgedrückt: "Wir können natürlich für eine abstrakte Zielvorstellung leben und kämpfen. Aber was ich meine, was für uns wichtig ist, ist, daß hier jetzt etwas für uns dabei herauskommt. Das sind doch ganz klare Grundvorstellungen. Das wird immer irgendwie zwei Klassen ausmachen. Aber wir müssen sehen, daß wir ein größeres Stück vom Kuchen abbekommen." (43)

Eine solche pragmatisch orientierte Einstellung führe bei den Betriebsräten eben nicht zu einer grundsätzlichen Kritik des gesellschaftlichen und betrieblichen Systems, zumindest nicht in ihren praktischen Auswirkungen. So würden im wesentlichen materielle Verbesserungen der sozialen Situation angestrebt, allzu starke Forcierung von sozialen Konflikten zur Durchsetzung weitreichender Ziele aber nicht angestrebt.

Die Gewerkschaften lieferten, so Dybowski-Johannson, zwar den Betriebsräten nicht nur wichtige praktische Hilfen, sondern auch die notwendige Auslegung und Orientierung bei der Auseinandersetzung mit gesellschaftlichen Problemen. Dieses durchaus vorhandene systemkritische Bewußtsein aber zeitige kaum politische Handlungsrelevanz. Soziale Konflikte würden nur in dem Maß ausgetragen, wie diese sich auf die Bedingungen des spezifischen Einzelbetriebes zurückführen ließen und in diesen einzufügen seien. Die Konsequenz:
"In den Perspektiven der Interessenvertretung auf betriebsspezifische Bedingungen eingeengt und zudem auch in der Wahl ihrer Mittel zur Durchsetzung von Forderungen stark beschränkt, sehen die Betriebsräte kaum eine Chance, von sich aus die bestehenden Machtstrukturen im Betrieb zu verändern ... Was die Arbeitnehmervertretung für die Belegschaft an Verbesserungen in puncto Arbeitsbedingungen oder materiellen Zugeständnissen erreichen kann, vermag nach Auffassung der Betriebsräte daher erfolgreicher durch Kooperation als durch Gegenmacht bewirkt werden." (44)

Interessengegensätze bei prinzipieller Machtasymmetrie würden zwar von den Betriebsräten wahrgenommen, die Auseinandersetzungen auf betrieblicher Ebene jedoch auf der Basis von Sachverstand und Argumenten bei grundsätzlicher Kompromißbereitschaft geführt. Dieser auf Argumentation ausgerichtete Stil der Auseinandersetzung schließe entsprechend den Bestimmungen des Betriebsverfassungsgesetzes die Mobilisierung der Belegschaft in Form von Arbeitsniederlegungen aus. Mangelnde Mobilisierungsmöglichkeiten bei gleichzeitiger fachlicher Unterlegenheit gegenüber dem Management aber verstärke die Kräfteasymmetrie zwischen Management und Betriebsrat. Allerdings betrachteten sich nicht alle Betriebsräte, vor allem nicht die aus den Großbetrieben, gegenüber dem Management als unterlegen. Dennoch bleibe bei allen die Einsicht in die strukturelle Unterlegenheit des Betriebsrates. "So erfolgreich (man) die Tätigkeit des Betriebsrates beurteilt, so groß die Stärke des Betriebsrates eingeschätzt wird und so kompetent und so verhandlungsgeschickt er sein mag, es bleibt bei dieser Deutung das Bewußtsein erhalten, daß man nichts erzwingen kann und daß man daher Kompromisse eingehen muß." (45)

Betriebsrat und Belegschaft:

Die Verfasserin sieht durch ihre Befragungen von Betriebsräten ihre Annahme bestätigt, daß eine Entfremdung zwischen Betriebsrat und Belegschaft bestehe. Dabei werde die durchaus wahrgenommene Kritik der Belegschaft nicht selten zurückgeführt auf mangelnde Einsicht und Kenntnis. Die vom Betriebsverfassungsgesetz vorgesehene Eigenständigkeit habe Auswirkungen auf die Einschätzung von Betriebsräten über ihre Stellung: letztlich werde dem Betriebsrat die eigentliche Initiativfunktion beim Prozeß der Interessenvertretung zugesprochen, nicht der Belegschaft. Man handele für die Belegschaft, nicht umgekehrt. So komme eine Art von Dienstleistungsbeziehung zwischen Betriebsrat und Belegschaft zustande. Aber auch eine Stellvertreter-Politik könne nicht auf eine zumindest zeitweise Aktivierung der Belegschaft verzichten. Doch werde die Kooperation mit der Belegschaft von der Mehrzahl als einseitiger Informationsfluß betrachtet.

Grundlegend bleibe auch in Phasen der Aktivierung der Belegschaft das Bewußtsein von der abgehobenen Stellung des Betriebsrates. "Die Solidarität mit der Belegschaft ist nicht mehr politische Grundlage des Betriebsratshandelns, sondern ein instrumentalisiertes Sanktionsmittel, über das der Betriebsrat nach eigenem Kalkül verfügt." (46)

Nicht so positiv wie beispielsweise Kotthoff sieht Dybowski-Johannson die Arbeit der Vertrauensleute. Die Erfahrung habe gezeigt, daß die Vertrauensleute allzuoft unter die Kontrolle des Betriebsrates gerieten, Einschränkungen durch ihre Gewerkschaften unterlägen und somit mobilisierende Fähigkeiten in der Belegschaft kaum ausdrücken könnten. Dabei gebe es oft Spannungen zwischen Vertrauensleuten und Betriebsräten, die, unterschiedlich legitimiert, ihre Aufgaben unterschiedlich sehen könnten. Die Betriebsräte sähen die Funktion der Vertrauensleute vorrangig als unterstützend und nicht so sehr eigenständig an; die Betriebsräte betrachteten sich dabei als dominierend im System betrieblicher Interessenvertretung. Die Verfasserin spricht von einer hierarchischen Struktur der Arbeitsteilung zwischen Betriebsrat und Vertrauensleuten, die eine wirksame Kontrolle durch die Vertrauensleute kaum zuließe. Die Vertrauensleute "bleiben letztlich das Hilfsorgan des Betriebsrats oder werden als Teil der betrieblichen Interessenvertretung angesehen, in der dem Betriebsrat die entscheidende Funktion und dominierende Stellung zukommt". (47)

Betriebsräte und Gewerkschaft:

Die Verfasserin kommt aufgrund der Befragungen von Betriebsräten zu dem Ergebnis, daß die betriebliche Vertretung zumindest in Ansätzen einer Ablösung von den Gewerkschaften und gewerkschaftlicher Politik unterliege. Man betrachte zwar die Gewerkschaft als "großen Bruder", von dem man praktische Unterstützung und Orientierung erwarte, doch sei man der Ansicht, daß die Betriebsräte selbst die eigentlichen betrieblichen Probleme zu lösen hätten. Daran ändere auch die Tatsache nichts, daß die Betriebsräte durchweg Mitglieder von Gewerkschaften seien. "Die Betriebsbezogenheit (ist) nicht nur faktische Handlungsebene und politische Realität; sie ist - wie bereits in anderen Untersuchungen belegt - Programm: der anstehende Konfliktstoff wird grundsätzlich innerhalb des betrieblichen Rahmens ausgetragen und bereinigt, die Einbeziehung der Gewerkschaft, soweit nur immer möglich, vermieden. Damit scheint die im Betriebsverfassungsgesetz vorgezeichnete betriebliche Vertretungspolitik und die in ihr angelegte abgespaltene Form betrieblicher Interessenvertretung ihre Wirkung nicht verfehlt zu haben." (48)

Dybowski-Johannson kommt zu dem Schluß, daß bei prinzipieller Organisationsloyalität die Gewerkschaft primär als Dienstleistungsbetrieb oder als "Notbremse" benutzt werde. Dabei sei die Unabhängigkeit von der Gewerkschaft umso größer, je kompetenter und selbständiger man die Arbeit des Betriebsrates einschätze.

Zu dieser relativen Unabhängigkeit trage - und das gelte vor allem in Großbetrieben - die Möglichkeit bei, von den Gewerkschaften nicht ausgeschöpfte Lohnspielräume für die betriebliche Lohnpolitik zu nutzen. Allerdings, dies muß wohl aus der rückblickenden Sicht kritisch angemerkt werden, ob diese Spielräume unter verschärften wirtschaftlichen Bedingungen (die Untersuchung wurde schon zwischen 1973 und 1975 gemacht) noch vorhanden sind, ist fraglich.

Einschränkend fügt Dybowski-Johannson hinzu, daß die Haltung der Betriebsräte zu dem Problem der komplementären Lohnpolitik ambivalent sei. Zwar stärke eine solche Möglichkeit die Betriebsräte innerhalb der Betriebe, vor allem durch das Interesse der Belegschaft, andererseits habe ein Betriebsrat keine Möglichkeit, solche Lohnerhöhungen, die über die Tarife hinausgingen, gegen den Willen des Managements oder der Firmenleitung durchzusetzen. Je größer aber hingegen die Bereitschaft des Managements sei, Lohnzugeständnisse zu machen, je größer könne die Abhängigkeit werden. Das Management könnte mit der Drohung, vertraglich nicht abgesicherte Leistungen zu streichen, den Betriebsrat zur Kooperation in anderen Bereichen zwingen.

Die Verfasserin weist darauf hin, daß zwar ein durchaus differenziertes Verhältnis zwischen Betriebsrat und Gewerkschaft bestehe, aber kein grundsätzliches Konkurrenzverhältnis. Die übergroße Mehrzahl der Betriebsräte seien loyale Mitglieder, die wüßten, daß ihre Stärke letztendlich von der Stärke der Gewerkschaften abhinge: "Ungeachtet der formal-organisatorischen und personellen Verflechtungen werden jedoch überbetriebliche und innerbetriebliche Interessenwahrnehmung und -vertretung als inhaltlich getrennte Einflußbereiche und Interessensphären gedeutet. Diese Bedeutung bestätigt faktisch die institutionell vorgezeichnete Interessenvertretung." (49)

8.6. "Verrechtlichung" und Betriebsratsrolle

In dem Teil "Betriebliche Mitbestimmung in der Rechtssprechung" ist bereits dargestellt worden, wie wichtig das Betriebsverfassungsgesetz als Handlungsrahmen für den Betriebsrat ist und wie sehr die Auslegung dieses Gesetzes durch die Gerichte auch seine Handlungsmöglichkeiten bestimmt. Auch Dybowski-Johannson versucht nachzuweisen, wie stark die Verrechtlichung der

Arbeitsbeziehungen durch das Betriebsverfassungsgesetz die Arbeit der Betriebsräte prägt. Wenn sie von einer Machtasymmetrie in den Beziehungen zwischen Betriebsrat und Management ausgeht, so kann ein solcher empirischer Befund nicht überraschen. Denn wenn dem Betriebsrat in Konfliktsituationen oft die Machtmittel zur Durchsetzung seiner Forderungen fehlen und die Belegschaft nur sehr bedingt mobilisiert werden kann und darf, so bleibt der Betriebsrat umso stärker auf die rechtlichen Normen als institutionelle Grundlage angewiesen. Der Kenntnis des Betriebsverfassungsgesetzes kommt deshalb, so versucht Dybowski-Johannson aufgrund ihrer Befragungen nachzuweisen, zentrale Bedeutung zu. Dabei werde die Abhängigkeit von der Auslegung des Gesetzes umso stärker empfunden, je mehr sich innerbetriebliche Konflikte an der Auslegung gesetzlicher Regelungen entzündeten. Die Unbestimmtheit einiger Gesetzesartikel werde beklagt, dabei aber übersehen, daß diese Unbest0lmtheit keine sprachliche Zufälligkeit sei, sondern auch Ergebnis der politischen Bedingungen, unter denen das Gesetz zustande gekommen sei. Das Gesetz ist, so ist ergänzend hinzuzufügen, eben auch in seiner Unbestimmtheit das Ergebnis eines politischen Kompromisses.

Die Verfasserin weist darauf hin, daß die Mehrheit der von ihr befragten Betriebsräte in dem rechtlichen Rahmen des Betriebsverfassungsgesetzes, trotz aller die Handlungsmöglichkeiten der betrieblichen Interessenvertretung limitierenden Bestimmungen, eine wesentliche Grundlage für eine wirksame Interessenvertretung sieht. (50) Legt man diese Aussage zugrunde, so kann nicht überraschen, daß viele der befragten Betriebsräte im Mangel an fachlichen Kenntnissen "eines der einschneidendsten Hindernisse für eine wirkungsvolle Interessenvertretung sehen". "Die Erfordernis, den gesetzlich auferlegten Verzicht auf konfliktorientiertes Durchsetzungspotential durch auf dem Verhandlungsweg bestehende Rechte und Einflußmöglichkeiten des Betriebsrates ausgleichen zu müssen, läßt die fachlichen Qualifikationen in den Augen der Befragten umso bedeutsamer erscheinen." (51)

Der Herrschaftscharakter, so Dybowski-Johannson, bleibe in den Augen der befragten Betriebsräte zwar als allgemeine Rahmenbedingung bestehen, doch trete er ihnen in den täglichen Auseinandersetzungen in versachlichter Form entgegen. Zu den sachlichen Anforderungen der Betriebsratsarbeit trete deshalb noch hinzu die Fähigkeit zur angemessenen Kommunikation mit den Vertretern der Arbeitgeberseite, deren Angehörige oft anderen sozialen Schichten als die Betriebsräte entstammten. Mit den Anforderungen an Fachwissen sowie an sprachlichen und argumentativen Fähigkeiten sei die Vorstellung eng verbunden, daß sich die einzelnen Betriebsratsmitglieder in zunehmendem Maße spezialisieren müßten, um ihren Aufgaben erfolgreich nachkommen zu können. Dabei werde die Spezialisierung gleichsam als Sachzwang ausgewiesen. Von einigen der Betriebsräte werde das Bild des Experten und Spezialisten entworfen, die, wie auf der Gegenseite, auf Abruf zur Verfügung stehen müßten. Diese Vorschläge seien offensichtlich Organisationsmodellen des modernen Managements nachgebildet.

Dybowski-Johannson macht dabei auf das Dilemma betrieblicher Interessenvertretung aufmerksam. Angesichts der Tatsache, daß rechtliche Normen den Handlungsrahmen bestimmten und spezifische Kenntnisse bedingten, diese Kenntnisse aber erst noch erworben werden müßten, sei die Tendenz zur Spezialisierung und Professionalisierung strukturbedingt. Dabei handele es sich beim Betriebsratsamt aber nach wie vor um ein Wahlamt, das immer wieder neu vor dem Hintergrund einer politischen Interpretation legitimiert werden müsse. Betriebsratsarbeit sei eben auch und vor allem eine politische Handlungsweise. "Wenn die Tendenz zur Professionalisierung, die sich als Folge der Kanalisierung des Interessengegensatzes aufdrängt, vom Grundsatz her im Widerspruch steht zum befristeten Charakter dieser Tätigkeit, so ist damit ein dauerhaftes Problem betrieblicher Interessenvertretung bezeichnet, das seine Ursachen in den widersprüchlichen Bedingungen des Betriebsratshandelns hat." (52)

Daß der Betriebsrat immer mehr zu einem Beruf wird, stoße bei der Mehrheit der Betriebsräte kaum auf Widerspruch. Die Kenntnisse, die vor allem in einem Großbetrieb zu erwerben seien, könnten in einer Amtsperiode von drei Jahren gar nicht erworben werden. Dieser Zug zur Professionalisierung werde noch durch die Tatsache verstärkt, daß die schnellen organisatorischen und technischen Veränderungen im Betrieb vor allem die freigestellten Betriebsräte vor kaum lösbare Probleme stellten. Zwar ist ihnen gesetzlich die Weiterbildung garantiert, faktisch aber könnten sie von der beruflichen Entwicklung schnell abgekoppelt werden. Damit wachse ihre Abhängigkeit von ihrer Wiederwahl. Da man andererseits angesichts der Probleme und Aufgaben vor allem in einem größeren Betrieb auf Freistellungen nicht verzichten könne, sei die Gefahr des "An-den-Sessel-Klammerns" offenkundig. Auch Möglichkeiten des sozialen Aufstiegs, die für einen Freigestellten nicht mehr am, sondern nur noch außerhalb des ursprünglichen Arbeitsplatzes möglich seien, spielten dabei eine Rolle.

Die besondere Konstruktion der Industriebeziehungen in der Bundesrepublik mit ihrer Verrechtlichung, für die das Betriebsverfassungsgesetz ein besonders einprägsames Beispiel ist, führt, so die Verfasserin, zu einer Auffassung von der Betriebsratsrolle, die ihrer ursprünglichen demokratischen Grundkonzeption entgegenstehe. "Wenn vor allem das Moment der Freistellung einzelner Betriebsratsmitglieder einem naturwüchsigen Prozeß der Ämterhäufung entgegenkommt, so bedeutet dies auch, daß politische Gesichtspunkte einer angemessenen Kandidatenauswahl immer mehr zurücktreten zugunsten solcher Kriterien, die jene Personen begünstigen, die diese Ämter immer schon bekleidet haben. Indem dadurch die Kontinuität der Betriebsratsarbeit hergestellt wird, die sich mehr und mehr gegenüber dem ursprünglichen politischen Legitimationszwang verselbständigt, besteht zumindest von den Anforderungen des Betriebsratshandelns her die Gefahr, daß die demokratischen Prinzipien der Interessenvertretung ausgehöhlt werden." (53)

Die Verfasserin weist damit auf ein schwerwiegendes Problem hin, das in der Ambivalenz der Betriebsratsrolle angelegt ist. Würde ihre Annahme, die sie aufgrund von Befragungen gewonnen hat, auf den größeren Teil der Betriebsräte zutreffen, so wäre dies in der Tat eine wenig wünschenswerte Entwicklung. Das Betriebsverfassungsgesetz sollte ja gerade zu einer begrenzten Demokratisierung betrieblicher Strukturen beitragen. Wenn dies ausgerechnet bei den Betriebsräten selbst nicht gelänge, wäre damit ein wichtiger Lernprozeß gefährdet.

8.7. Zwischenbilanz

Faßt man sowohl die bei Dybowski-Johannson als auch bei Kotthoff gewonnenen Aussagen zusammen, so läßt sich aus ihnen ableiten, daß die Betriebsräte in der Bundesrepublik das Betriebsverfassungsgesetz als Handlungsgrundlage angenommen haben. Trotz aller Einwände, die von Betriebsräten in den Befragungen vorgebracht werden, bleibt doch festzuhalten, daß sie die legalistische Position akzeptieren und zur Grundlage ihres Handelns machen. Dybowski-Johannson bezeichnet es als wesentliches Ergebnis ihrer Untersuchung, daß "die durch die institutionelle Verankerung der Betriebsräte erzeugten Strukturen der Interessenvertretung Selbstverständnis, Deutungen und Handlungsentwürfe der Betriebsräte in hohem Maße prägen". (54)

Folgt man diesen Thesen, so müssen die Verrechtlichung und die Individualisierung betrieblicher Konflikte als Charakteristika der Betriebsratsarbeit gelten. Die Praxis kooperativer Konfliktregulierung entspräche den Absichten, die die politischen Kräfte Anfang der siebziger Jahre mit dem Betriebsverfassungsgesetz und seiner Novellierung verbunden haben. Diese Art von Konfliktregulierung, die im Gegensatz zum "collective bargaining" britischer Prägung steht, befindet sich, so Dybowski-Johannson, auch im Einklang mit Arbeitnehmerinteressen, für die Produktivität und langfristiges Überleben ihres Betriebes einen wichtigen, wenn nicht den wichtigsten Bezugspunkt darstellten. Die am Betriebsverfassungsgesetz ausgerichtete Interessenvertretung akzeptiere die Grenze, die mit der durch Sanktionen erzwingbaren Friedenspflicht gezogen sei.

So gesehen, geht es den Betriebsräten nicht vorrangig um die Veränderungen von Machtstrukturen durch die Bildung von Gegenmacht, sondern vor allem um die konkrete Durchsetzung von Belegschaftsinteressen durch Kooperation. Wie dargestellt, findet sich eine solche Wertung auch bei Kotthoff bestätigt, denn unter den 63 von ihm untersuchten Betrieben findet sich nur einer, bei dem die Betriebsräte zur Bildung von Gegenmacht auch betriebliche Machtstrukturen zu verändern suchen. Der eine klassenkämpferische Betriebsrat spielt in Kotthoffs eigenen Untersuchungen keine Rolle. Während Dybowski-Johannson versucht, generelle Deutungsmuster herauszuarbeiten, differenziert Kotthoff in dem dargestellten Rahmen grundsätzlich zwischen vertretungsschwachen und vertretungsstarken Betriebsräten. Dabei versucht er nachzuweisen, daß defiziente Partizipation einen "circulus vitiosus" der Machtlosigkeit in Gang setze, wohingegen vertretungswirksame Partizipation einen wechselseitigen Lernprozeß einleiten könne. Eines der erstaunlichsten

Ergebnisse seiner Untersuchung sei dabei, daß Geschäftsleitungen einen starken Betriebsrat nicht als notwendiges Übel betrachten, sondern daß sie nicht weniger zufrieden seien als die Geschäftsleitungen mit Betriebsräten, die als vertretungsschwach betrachtet werden. "Sie haben nicht nur die Erfahrung gemacht, daß ein starker und konfliktorischer Betriebsrat zu verkraften ist, sondern daß er Vorteile mit sich bringt für eine Stabilisierung des Betriebs als Leitungs- und Sozialsystem." (55)

Allerdings, so ist hinzuzufügen, sind solche "Glücksfälle" rein zahlenmäßig, so folgt wenigstens aus Kotthoffs Untersuchungen, in der Minderheit. Dabei bescheinigt Kotthoff den Betriebsräten, daß sie nicht an einer Verschärfung des Mißtrauens, sondern im Gegenteil an vertrauensvoller Zusammenarbeit interessiert seien. Beide Autoren kommen zu dem Schluß, daß das Betriebsverfassungsgesetz von 1972 keine grundlegende Veränderung in den Verhaltensmustern bewirkt habe. Die betriebliche Mitbestimmung habe sich so etabliert, daß eine Hinwendung zu alternativen Vertretungsformen wenig wahrscheinlich sei. Auch die Strukturveränderungen in der Wirtschaft hätten bisher wenig daran geändert.

Die bisher vorgestellten Autoren, die sich mit Betriebsratshandeln unter den Bedingungen des Betriebsverfassungsgesetzes befassen, haben außer der mehr unter "historischen" Gesichtspunkten interessanten Arbeit von Blume für ihre Untersuchungen vor allem qualitative Methoden benutzt. Dabei erhebt die von Kotthoff auch einen gewissen Anspruch auf Repräsentativität. Der Aussagewert der Untersuchungen von Dybowski-Johannson ist dagegen begrenzt, da sie sich nur auf einen bestimmten Ausschnitt konzentrieren und außerdem gewerkschaftlich ohnehin aktive Betriebsräte im Rahmen einer Gewerkschaftsschulung befragt worden sind. Deshalb spielen bei ihr vertretungsschwache Betriebsräte auch keine so auffallende Rolle wie bei Kotthoff.

9. BETRIEBSVERFASSUNGSGESETZ: NORM UND WIRKLICHKEIT

Im ersten Teil der Datensammlung ist versucht worden, Norm und Wirklichkeit des Betriebsverfassungsgesetzes aufgrund von empirischen Untersuchungen nachzuzeichnen, die sich mit konkreten Handlungsabläufen im Betrieb und den - je nach betrieblichen Gegebenheiten - unterschiedlichen Rollenverhalten der Betriebsräte beschäftigen. Im folgenden Teil wird die Darstellung dieses "Beziehungsgeflechts" durch weitere empirische Untersuchungen über die innere Struktur des Betriebsrats sowie sein Verhältnis zu Gewerkschaft und Belegschaft vertieft. Zwei umfangreiche gewerkschaftliche Untersuchungen aus den Bereichen der DAG und des DGB beschäftigen sich dann konkret mit der Frage, wie sich die Verwirklichung der einzelnen Paragraphen des Betriebsverfassungsgesetzes aus der Sicht der Betriebsräte darstellt. Zur Ergänzung dieser interessengebundenen Untersuchungen werden zwei weitere angeführt, die sich ebenfalls mit dem "Funktionieren" des Gesetzes und der betrieblichen Mitbestimmung beschäftigen. Diese Untersuchungen knüpfen an Blumes Arbeit zum Betriebsverfassungsgesetz des Jahres 1952 an. Auch die im zweiten Teil vorgestellten Untersuchungen bedienen sich teilweise der standardisierten schriftlichen Befragung, der vertiefenden Interviews und anderer empirischer Methoden. Doch liegt das Schwergewicht - im Vergleich zum ersten Teil der Datensammlung - auf der umfangreichen standardisierten schriftlichen Befragung; die Untersuchungen sind also stärker "quantitativ" ausgerichtet.

9.1. Daten zur inneren Struktur des Betriebsrats

In einer Untersuchung über die Betriebsratswahlen von 1952 bis 1978 hat sich Niedenhoff mit der inneren Struktur der Betriebsräte beschäftigt. In den Untersuchungen finden sich jene Tendenzen bestätigt, die auf eine besondere starke Stellung des Betriebsratsvorsitzenden hinweisen. Niedenhoffs Arbeit bezieht sich auf eine Zufallsauswahl von 225 Betrieben mit 3454 Betriebsratsmitgliedern. Angestrebt wurde ein Auswahlansatz von einem Prozent. Niedenhoff arbeitet dabei mit einem standardisierten Fragebogen, der an die Betriebe (nicht an die Betriebsräte) verschickt wurde. (1)

Niedenhoff kommt zu dem Ergebnis, daß Presseberichte über

erdrutschartige Verschiebungen bei Betriebsratswahlen nicht mit seinen empirischen Befunden übereinstimmten. Sie zeigten vielmehr, daß das Verhältnis zwischen Neuwahl und Wiederwahl von Betriebsratsmitgliedern in der Untersuchungsperiode von 1959 bis 1978 relativ konstant geblieben sei. Danach wurde bei den Betriebsratswahlen ungefähr ein Viertel der Betriebsräte neu gewählt; drei Viertel wurden wiedergewählt. Seit den Betriebsratswahlen 1972 sei ein leichter Anstieg der Neugewählten zu erkennen (1978 = 27,2 Prozent). Ähnliche Tendenzen wie bei den Betriebsratsmitgliedern fand Niedenhoff auch bei den Betriebsratsvorsitzenden. Auch hier falle ins Auge, daß der überwiegende Teil der Betriebsratsvorsitzenden über die Untersuchungsperiode hinweg wiedergewählt wurde. So seien 78,3 Prozent der Betriebsratsvorsitzenden (gegenüber 74 Prozent der Betriebsratsmitglieder) wiedergewählt worden. "Damit scheint die Position des Betriebsratsvorsitzenden in der Regel noch gefestigter zu sein, als die ohnehin schon relativ sichere Position eines Betriebsratsmitgliedes." (2)

Auch bei der Altersentwicklung hat Niedenhoff den Befund einer ununterbrochen hohen Wiederwahl von Betriebsratsmitgliedern bestätigt gefunden. Danach haben sich im Beobachtungszeitraum 89,6 Prozent der Betriebsratsmitglieder in der Altersgruppe von 30 bis 59 Jahren befunden, wobei das Durchschnittsalter der Betriebsratsvorsitzenden sogar zwischen 40 und 59 Jahren liegt. Auch bei der Entwicklung der Betriebszugehörigkeit der Betriebsratsmitglieder und des Betriebsratsvorzitzenden zeige sich, so Niedenhoff, die Kontinuität des Betriebsratsamtes. Die meisten Betriebsratsmitglieder seien mehr als zehn Jahre im Betrieb, der überwiegende Teil der Betriebsratsvorsitzenden, die mehr als 20 Jahre im Betrieb seien, nehme ständig zu.

Bestätigt findet sich auch bei Niedenhoff, daß Betriebsratsmitglieder und vor allem Betriebsratsvorsitzende einen hohen Organisationsgrad aufweisen. Er liegt nach seinen Untersuchungen bei den Betriebsratsmitgliedern bei über 80 Prozent und bei den Betriebsratsvorsitzenden sogar bei über 90 Prozent. Dieser sehr hohe Organisationsgrad sei über den gesamten Beobachtungszeitraum relativ konstant geblieben. (3)

Dabei gehört der größte Teil der Betriebsratsmitglieder einer DGB-Gewerkschaft an. Das gilt auch für die Betriebsratsvorsitzenden. Niedenhoff gibt dabei einen über die Jahre relativ gleichbleibenden Anteil von um die 80 Prozent DGB-Mitgliedschaft bei den Betriebsratsvorsitzenden an (bei leicht fallender Tendenz), etwa zehn Prozent der Betriebsratsvorsitzenden seien bei der DAG organisiert (bei leicht steigender Tendenz).

Zusammenfassend kommt Niedenhoff zu dem Ergebnis, daß zwar über die Jahre die Wahlkampfintensität zugenommen habe, wofür die Entstehung mehrerer Listen bei Wahlkämpfen spreche (Niedenhoff schreibt dies dem seiner Ansicht nach zunehmenden gesellschaftspolitischen Engagement der DGB-Gewerkschaften zu), daß sich die Zusammensetzung der Betriebsräte aber nicht wesentlich geändert habe. Die im Beobachtungszeitraum festgestellten Ergebnisse zeigten, daß sich die Veränderungen in der Zusammensetzung der Betriebsräte innerhalb einer kleinen Marge von sechs Prozent vollzogen hätten. Für eine relativ hohe Akzeptanz der Einrichtung eines Betriebsrates spricht Niedenhoffs Befund, daß die Wahlbeteiligung über die gesamte Beobachtungszeit mit durchschnittlich 74,3 Prozent ein sehr hohes Niveau habe und dieses Niveau auch relativ konstant geblieben sei. Diese Aussage wird allerdings durch die nach wie vor hohe Zahl der Betriebe eingeschränkt, die über keinen Betriebsrat verfügen.

In einer Untersuchung über die Betriebsratswahl von 1981 kommt der gleiche Verfasser, diesmal in einer Publikation des Instituts der deutschen Wirtschaft, zu ähnlichen Ergebnissen. Diese Erhebung bezieht sich auf eine Fragebogenaktion in 4528 Betrieben und erfaßt damit nach Niedenhoffs Angaben 16,3 Prozent aller abhängig Beschäftigten in der Bundesrepublik Deutschland. (4) Die starke Stellung der Betriebsratsvorsitzenden zeichnet sich auch bei dieser Umfrage ab. So würden drei Viertel der Betriebsratsvorsitzenden wiedergewählt (bei den anderen Betriebsratsmitgliedern nur zwei Drittel). Am beständigsten sei das Amt des Betriebsratsvorsitzenden in großen Betrieben. So seien 1981 in Betrieben mit mehr als 8000 Beschäftigten lediglich 7,4 Prozent der Betriebsratsvorsitzenden neu gewählt worden. Dabei seien Alter und Betriebszugehörigkeit nahezu homogen: die Betriebsratsvorsitzenden der Wahlperiode 1981 bis 1984 seien in der Regel um die 45 Jahre und könnten auf mehr als 20 Jahre Betriebszugehörigkeit zurückblicken. Deutlich höher als bei den anderen Betriebsratsmitgliedern sei bei den Vorsitzenden der Organisationsgrad. Nach Niedenhoff sind 1981 89,5

Prozent der Betriebsratsvorsitzenden Mitglieder einer Gewerkschaft (12,8 Prozentpunkte höher als die anderen Mitglieder). Knapp 80 Prozent seien bei den DGB-Gewerkschaften organisiert. Dabei steige der Organisationsgrad wiederum mit zunehmender Betriebsgröße.(5)

Organisationsgrad der Betriebsratsvorsitzenden (in Prozent)

DGB	DAG	CGB	ULA	Sonstige	Nichtorganisierte
79,9	5,2	0,5	0,5	3,4	10,5

Quelle: Niedenhoff, a.a.O., S. 56

Werden auch von Gewerkschaftsvertretern gegen Niedenhoffs Erhebungen im Detail und in der Wertung Einwände erhoben, so lassen sie doch Aussagen über Tendenzen zu, die im Prinzip unbestritten sein dürften. Das gilt einmal für die hohe Akzeptanz der Einrichtung des Betriebsrates durch die Belegschaften, wofür die relativ hohe Wahlbeteiligung ein Indiz ist. Zum anderen kommt die Kontinuität in der Betriebsratsarbeit durch die Tatsache zum Ausdruck, daß der größere Teil der Betriebsräte und der überwiegende Teil der Betriebsratsvorsitzenden wiedergewählt werden. Schließlich dürfte der weit über dem Durchschnitt liegende Organisationsgrad bei den Betriebsräten und bei den Betriebsratsvorsitzenden ein Hinweis auf die recht enge Verklammerung zwischen Gewerkschaften und Betriebsräten sein. Dazu gehört auch Niedenhoffs aus einer anderen Untersuchung stammender Befund, daß in 57,8 Prozent der Betriebsräte Gewerkschaften, wenn auch gelegentlich, mit ihren Vertretern an den Sitzungen teilnehmen. Dabei nehme die Häufigkeit der Anwesenheit von Gewerkschaftsvertretern bei Sitzungen mit wachsender Betriebsgröße zu. (6)

Vergleicht man Niedenhoffs Untersuchungen mit einer von Kirsch geleiteten Teiluntersuchung über den "Einfluß von Partizipation und Mitbestimmung auf unternehmenspolitische Entscheidungsprozesse", so kommt man zu ähnlichen Ergebnissen. Diese Untersuchung ist wegen einer relativ geringen Rücklaufquote der sowohl an Unternehmensleitungen als auch an Betriebsräte verschickten Fragebögen nur von eingeschränkter Repräsentativität. Auch in dieser Untersuchung aus dem Jahre 1979 fällt der große Anteil von wiedergewählten Betriebsräten (82 Prozent sind seit 1975 und früher im Betriebsrat) auf. Dieser Prozentsatz erhöhe sich bei den Freigestellten auf 96 Prozent. Nach Ansicht der Verfasser deutet dies "auf Kontinuität der Betriebsratsarbeit und auf eine relativ starke Verankerung in der Belegschaft hin". (7)

Die Verfasser sprechen von einer herausragenden Stellung des Betriebsratsvorsitzenden, die oft noch durch gleichzeitige Mitgliedschaft im Aufsichtsrat, im Gesamt- oder im Konzernbetriebsrat unterstrichen werde.

Betriebsratsvorsitzender

in der Gewerkschaft				im Betriebsrat seit			
DGB	DAG	CGB	keine	1975	1972	1969 und vorher	freigestellt
85%	11%	0%	4%	10%	19%	70%	89%

Quelle: Kirsch, Werner u.a. Der Einfluß von Partizipation und Mitbestimmung auf unternehmenspolitische Entscheidungsprozesse München 1979 II 5/6 (Manuskript)

In der Untersuchung von Kirsch sind noch zwei Ergebnisse bemerkenswert. So wird darauf hingewiesen, daß der Anteil der Angestellten im Betriebsrat relativ hoch sei (Belegschaft 20 Prozent, Betriebsrat 44 Prozent). Dies sei überraschend, da bisher die Angestellten als wenig interessiert an Mitbestimmungsfragen und Gewerkschaftsarbeit gegolten hätten. "Vielleicht steckt hinter dem hohen Angestelltenanteil die Qualifikation oder zumindest eine Sprach- und Verwaltungskompetenz, die von der Belegschaft als wichtige Voraussetzung für eine wirkungsvolle Betriebsratsarbeit gesehen wird." (8)

Zum anderen wird auf die enge Verbindung von Betriebsräten und Vertrauensleuten aufmerksam gemacht. Wo es Vertrauensleute gebe, seien in 63 Prozent der Fälle ein oder mehrere Mitglieder

der Vertrauenskörperleitung gleichzeitig Betriebsräte, in neun Prozent seien sogar alle auch Betriebsräte. (9)

In der Tendenz ähnliche Ergebnisse wie bei Niedenhoff und Kirsch finden sich, was die Struktur des Betriebsrates angeht, auch bei einer umfassenden Untersuchung von Rancke über die Realstruktur der Betriebsverfassung in Großunternehmen. (10) Seine Untersuchung erstreckt sich dabei auf Unternehmen, die in der Regel mehr als 2000 Arbeitnehmer beschäftigen. Dabei wandte das von Rancke geleitete Projektteam eine Kombination von Methoden an: eine erste Phase nichtteilnehmender Beobachtung, eine zweite Phase der Diskussion vorläufiger Zwischenergebnisse mit Experten aus den Unternehmen sowie der Sozialpartner und schließlich eine dritte Phase der Vollerhebung durch ausführliche schriftliche Befragung. Angeschrieben wurden 654 Betriebe, und zwar sowohl die Betriebsleitungen als auch die Gesamtbetriebsräte. Bei einer Rücklaufquote, die bei nur 15 Prozent lag, ist auch diese Untersuchung nur als bedingt repräsentativ zu bezeichnen (im Vergleich beispielsweise zu der allerdings unter sehr günstigen Bedingungen arbeitenden Biedenkopf-Kommission mit einer Rücklaufquote von 80 Prozent), doch wird von dem Verfasser eine solche Rücklaufquote als nicht unüblich bei sozialwissenschaftlichen Untersuchungen bezeichnet.

Auch bei Rancke findet sich die niedrige Zahl derer im Betriebsrat bestätigt, die nicht organisiert sind (in Großunternehmen 8,3 Prozent). Das gilt auch für das Phänomen des "Beharrungsvermögens" des Betriebsrates. "Damit hat sich ein schon in anderen Untersuchungen vermuteter Trend bestätigt, der ein umso stärkeres Beharrungsvermögen der Alt-Mitglieder anzeigt, je größer die betriebliche Wahleinheit ist." (11)

Rancke führt die enormen Anforderungen, die vor allem an die Betriebsräte großer Unternehmen gestellt werden, als einen wichtigen Grund für die häufige Wiederwahl an. Das Amt fordere Kenntnisse und Erfahrung, die offenbar nur in mehreren Wahlperioden erworben werden könnten. Die auch in anderen Untersuchungen aufgezeigte Tendenz zur Professionalisierung zumindest eines Teiles des Betriebsrates in einem Großunternehmen ist auch bei Rancke nachweisbar. Dies führe zwar einerseits zu einer gewissen personellen Erstarrung, lege aber auch den Grundstein für neue institutionelle Wege, auf die noch zurückzukommen sein wird. "Die Alternative zwischen Professionalisierung oder Wechsel von Betriebsratsmitgliedern, mag sie früher noch realistisch sein, stellt sich heute in den meisten Betrieben der Großunternehmen nicht mehr." (12)

Die Professionalisierung habe sich aufgrund der Schulungen vor allem von seiten der Gewerkschaften auf nahezu allen betrieblichen Mitbestimmungsebenen in Großunternehmen durchgesetzt. Sie werde von den einzelnen Betriebsräten im Sinne einer Karriereplanung auch akzeptiert. Die damit verbundenen negativen Folgen wie Bürokratisierung, Ausbau der Hierarchie und Entfernung von der Belegschaft seien zwar unübersehbar, aber nur schwer aufhebbar. Ob diese Tendenzen durch stärkere Einbeziehung der "Basis" und der Vertrauensleute oder durch einen verstärkten Minderheitenschutz im Betriebsrat aufgehoben werden könnten, müsse offen bleiben (auf die Frage des Minderheitenschutzes wird noch im Zusammenhang mit Reformvorschlägen für das Betriebsverfassungsgesetz zurückzukommen sein).

9.2. Daten zum Verhältnis Betriebsrat/Gewerkschaft

Wie Kirsch kommt auch Rancke zu dem Ergebnis, daß nicht so sehr die Gruppenzugehörigkeit (Angestellte/Arbeiter) des Betriebsratsvorsitzenden für die Wirkungsintensität des Betriebsrates maßgebend sei, sondern der Organisationsgrad aller Beschäftigten im Betrieb. Allerdings dürfe dies nicht zu dem voreiligen Schluß führen, ein hoher Organisationsgrad gewährleiste auch einen starken Einfluß der Gewerkschaft. Die Beziehungen zwischen dem Betriebsrat und den im Betrieb vertretenen Gewerkschaften stünden vielmehr in einem eigentümlichen Spannungsverhältnis und seien in mehrfacher Hinsicht ambivalent. (13)

Rancke geht von besonders günstigen Voraussetzungen für gewerkschaftliche Präsenz in Großbetrieben aus. Der Organisationsgrad bei den Belegschaften und bei den Betriebsräten liege höher als der Durchschnittswert in der Gesamtwirtschaft. Hinzu komme (auf diesen Punkt hatten ja auch schon Kotthoff und andere hingewiesen) die wichtige Rolle der Vertrauensleute. In fast der Hälfte aller von Rancke erfaßten Unternehmen seien gewerkschaftliche Vertrauensleute tätig. Sie unterstützten und berieten die Betriebsräte; umgekehrt wiederum seien viele

Betriebsräte Vertrauenspersonen der Gewerkschaften. Viele Betriebsräte übten gewerkschaftliche Funktionen aus, so beispielsweise in den Tarifkommissionen. "Indessen bedeutet die relativ hohe Quote organisatorisch-vermittelter Identität keineswegs die unmittelbare und konfliktlose Orientierung an und Identifizierung mit gewerkschaftlichen Zielvorstellungen im Betrieb." (14)

Wie auch Kotthoff geht Rancke davon aus, daß ein hoher Organisationsgrad zwar ein möglicher Bestimmungsfaktor für betriebsrätliche Handlungswirksamkeit ist, sie davon aber nicht ohne weiteres abgeleitet werden könne. (Kotthoff zeigt ja auch Gegenbeispiele auf.) Auch könne nicht ohne weiteres darauf geschlossen werden, daß gewerkschaftliche Vorstellungen und Forderungen damit ohne Probleme in den Betriebsalltag umgesetzt würden. Im Gegenteil: manche Betriebsräte in Großunternehmen besäßen ein hohes Maß an Unabhängigkeit und Selbständigkeit gegenüber den Gewerkschaften; manche Bezirksverwaltung der Gewerkschaft dürfte eher vom Betriebsrat eines Großunternehmens abhängen als umgekehrt. (15)

Rancke hat eine ungewöhnliche Machtfülle von Betriebsratsvorsitzenden in Großbetrieben angetroffen. In 68 Prozent aller Unternehmen sei der Vorsitzende des Betriebsrates des größten Betriebes zugleich Vorsitzender des Gesamtbetriebsrates, in 52 Prozent der Unternehmen zugleich Vorsitzender des Konzernbetriebsrates und in 61 Prozent Mitglied des jeweiligen Aufsichtsrates. Nicht selten verfügten Betriebsratsvorsitzende über einen Verwaltungsapparat, der sie von den Gewerkschaften wenigstens teilweise unabhängig mache. Betriebspolitik, Taktik und Strategie würden weitgehend in den Betriebsräten dieser Großbetriebe festgelegt, die Gewerkschaften zwar beratend herangezogen, doch verstärkt als "Dienstleistungsunternehmen".

Rancke weist auch darauf hin, daß vor allem Betriebsratsvorsitzende von Großunternehmen bedeutende Erfolge auf dem Gebiet der betrieblichen Lohnpolitik erreicht hätten. Die Vereinbarung von Zulagen in Übereinstimmung mit den Paragraphen 87/88 des BetrVG habe ihre Handlungsmöglichkeiten und damit die Unabhängigkeit von der Gewerkschaft gestärkt. Das gelte auch für den erfolgreichen Abschluß von Betriebsvereinbarungen.

Rancke, der auch auf die wichtige Rolle der Betriebsräte, nicht nur in Großunternehmen, bei der Einstufung einzelner Lohngruppen eingeht, kommt zusammenfassend zu folgendem Ergebnis: "(der) Einfluß der Gewerkschaft auf den Betriebsrat eines Großunternehmens (ist) - von einigen Grundsatzfragen abgesehen - nicht so intensiv wie häufig angenommen wird. Jedenfalls zeigt das hier analysierte Verhältnis Gewerkschaft/Betriebsrat ein differenziertes Bild: in Fragen der gewerkschaftlichen Betätigung im Betrieb, der Präsenz am Arbeitsplatz (gewerkschaftliche Vertrauensleute), der Unterstützung des Betriebsrates (Sachverständige), der "Existenzprobleme" der Gewerkschaft (leitende Angestellte) und der prinzipiellen gewerkschaftlichen Organisierung und Orientierung der Betriebspolitik macht sich ein gewerkschaftlicher Einfluß deutlich bemerkbar... Auf der anderen Seite haben die hier ausgewerteten Erfahrungen, Daten und Analysen anderer Studien die schon früher geäußerten Vermutungen bestätigt: die Betriebsräte von Großunternehmen sind in Fragen der einzelnen Mitbestimmungsangelegenheiten, der betrieblichen Mitbestimmungspolitik und der betrieblichen Lohnpolitik gegenüber den Gewerkschaften weitgehend unabhängig, umgekehrt sogar eher in der Lage, die lokalen Gewerkschaftsverwaltungen zu dominieren und teilweise zu wichtigen Konkurrenten der tarifautonomen Regelungspartner auf betrieblicher und unternehmensweiter Ebene zu werden. Die hohe personelle Identität bei gewerkschaftlichen und betriebsverfassungsrechtlichen Funktionsstellungen ist durchaus ambivalent interpretierbar." (16)

Faßt man das Ergebnis der bisher vorgestellten Untersuchungen zur Struktur des Betriebsrates zusammen, so kann man sagen, daß die relativ hohe Anzahl von wiedergewählten Betriebsräten, vor allem der Betriebsratsspitze, und die relativ lange Verweildauer der Betriebsratsvorsitzenden und ihrer Stellvertreter für eine ausgeprägte Kontinuität der Betriebsratsarbeit sprechen. Die starke Stellung des Betriebsratsvorsitzenden, die so im Gesetz nicht vorgesehen ist, scheint besonders ausgeprägt in Großbetrieben zu sein, in denen Betriebsratsvorsitzende außer in ihrem eigenen Betriebsrat noch in einer Anzahl anderer Gremien sitzen. Die Dominanz des Betriebsratsvorsitzenden und die wichtige Rolle der Vertrauensleute, die schon von Kotthoff und anderen festgestellt worden war, hat sich auch in den mehr quantitativ orientierten Untersuchungen bestätigt. Auf die besondere Situation für die Betriebsräte in Großbetrieben soll später noch eingegangen werden.

9.3. Daten zum Verhältnis Betriebsrat/Belegschaft

Im Zusammenhang mit der inneren Struktur von Betriebsräten war bereits auf die von Kirsch geleitete Untersuchung des Instituts für Organisation in München über "Der Einfluß von Partizipation und Mitbestimmung auf unternehmenspolitische Entscheidungen" aufmerksam gemacht worden. Eins der vier Teilprojekte befaßt sich dabei mit der Problematik der Vertretung von Arbeitnehmerinteressen. "Es ist die Frage zu klären, wie groß die Übereinstimmung zwischen den von Arbeitnehmern geäußerten Bedürfnissen und ihrer Wahrnehmung durch Arbeitnehmervertreter ist und warum hier Ähnlichkeiten und Diskrepanzen auftreten." (17)

Dabei wurden sowohl Fragebogen an Arbeitnehmer als auch an Betriebsräte versandt. Dazu waren Gespräche mit Betriebsratsmitgliedern vorgesehen. An der Untersuchung nahmen 18 Betriebe teil; in vierzehn dieser Betriebe antworteten sowohl Arbeitnehmer als auch Betriebsräte. Die Rücklaufquote war diesmal besser als bei der bereits erwähnten anderen Teiluntersuchung, die Fragebogen an Betriebsräte und Unternehmensleitung einschloß. Sie lag bei den Arbeitnehmern zwischen 32 und 65 Prozent - unterschiedlich in den einzelnen Branchen - und bei den Betriebsräten zwischen 53 und 73 Prozent. Dabei sind nur Betriebe mit über 500 Arbeitnehmern ausgewählt worden. Angesichts der Betriebsgröße kann es nicht überraschen, daß der gewerkschaftliche Organisationsgrad deutlich höher liegt als der Durchschnitt. 54 Prozent der befragten Arbeitnehmer erklären, sie seien Gewerkschaftsmitglieder, davon wiederum 88 Prozent in einer DGB-Gewerkschaft, von den Betriebsräten waren wiederum 77 Prozent organisiert.

Für die bereits angeführte hohe Akzeptanz des Betriebsrates durch die Arbeitnehmer liefert auch diese Untersuchung Beweise. Sie arbeitet nicht mit Prozentzahlen, sondern mit Skalen. Auf die Frage "Wie gut werden die Interessen der Arbeitnehmer berücksichtigt?" (von der Geschäftsführung bzw. Betriebsleitung, von ihren Vorgesetzten, vom Betriebsrat, von den Vertrauensleuten, von der zuständigen DGB-Gewerkschaft, von der DAG) geben, so läßt sich an der Skala ablesen, die meisten

Arbeitnehmer dem Betriebsrat die meisten Skalenpunkte. Dabei drücken die Nichtorganisierten, die knapp die Hälfte der befragten Arbeitnehmer stellen, den Mittelwert in der Gesamtstichprobe herunter. Das erklärt einerseits die Differenz zwischen den Einschätzungen von Arbeitnehmern und Betriebsräten, aber vielleicht auch die Tatsache, daß in der Skala noch vor den Vertrauensleuten und den Gewerkschaften - wenn auch nach den Betriebsräten - die Vorgesetzten kommen. Überhaupt ist auf den ersten Blick die Tatsache interessant, daß auch auf die Frage "Wie wichtig ist eine stärkere Berücksichtigung der Arbeitnehmerinteressen?" sowohl die Arbeitnehmer als auch die Betriebsräte eine stärkere Berücksichtigung durch die Vorgesetzten fordern. In der Betriebswirklichkeit ist natürlich der Vorgesetzte wichtigster Adressat der Kritik, aber auch von Hoffnungen vieler Arbeitnehmer. Der Betriebsrat kann helfend und vermittelnd eingreifen; die eigentlichen Entscheidungen über Arbeitsplatzsituation und Karriereaussichten aber treffen die Vorgesetzten. (18)

Die Feststellung, daß der Betriebsrat in der Sicht der Arbeitnehmer dieser Untersuchung zufolge einen relativ hohen Stellenwert genießt, führt zu der Frage nach den Gründen. Um dies herauszufinden, haben Kirsch und Mitarbeiter die Arbeitnehmer gefragt, wie wichtig für sie persönlich bestimmte Interessen seien, und ihnen eine Liste vorgelegt. Die Betriebsräte wiederum sollten auf die Frage antworten, für wie wichtig sie aus der Sicht der Arbeitnehmer ihres Betriebes eine Reihe von aufgelisteten Interessen halten. Kirsch und seine Mitarbeiter kommen dabei zu zwei wichtigen Feststellungen:

1) daß die Betriebsräte die Interessen der Arbeitnehmer recht gut einzuschätzen wissen; zwischen den Antworten der Arbeitnehmer und der Betriebsräte gibt es keine extremen Schwankungen;

2) der Wunsch nach einem gesicherten Arbeitsplatz wird von Arbeitnehmern und ihren Vertretern "als ein Interesse von annähernd überragender Bedeutung angekreuzt". (19)

Abweichungen in den Kurvenverläufen erklären die Verfasser damit, daß die Verwirklichungschancen von Forderungen aus der Sicht der Betriebsräte und der Arbeitnehmer unterschiedlich eingeschätzt werden können. Betriebsräte, die in der Praxis stehen, orientierten ihre Wünsche eher an dem real Machbaren als Arbeitnehmer. Trotz geringer Abweichungen läßt aber diesen Untersuchungen zufolge die Tendenz der Antworten bei beiden Gruppen darauf schließen, daß höhere Löhne und Gehälter zwar immer noch als wichtig eingestuft werden, in der Rangfolge der Interessen aber erst an neunter Stelle von 13 stehen. "Wenn demnach Einkommenserhöhung kein zentrales Thema (mehr) ist, dann ist man auch nicht bereit, erschwerte Arbeitsbedingungen in Kauf zu nehmen, um mehr zu verdienen." (20)

Der Wunsch nach einem gesicherten Arbeitsplatz und der Wunsch, mit den Arbeitskollegen gut auszukommen - also eine gute Arbeitsatmosphäre -, stehen an der Spitze der Wünsche der Arbeitnehmer. Alle anderen Interessen folgen, so ergibt sich aus diesen Erhebungen, mit einem größeren Abstand. Danach bilden Forderungen mit finanziellem Charakter (höhere Löhne, Gehälter, Vermögensbeteiligung und höhere Altersversorgung) das Mittelfeld. Zusätzliche Verdienstmöglichkeiten (Überstunden, Akkord- und Schichtarbeit) werden erst zum Schluß genannt. "Gegenüber Untersuchungen über Arbeitnehmerbelange der 60er und Anfang der 70er Jahre hat hier eine Verschiebung der Interessenschwerpunkte stattgefunden. Während früher der Wunsch nach höherem Entgelt eindeutig dominierte, tritt heute das Streben nach mehr Sicherheit und nach einem im weitesten Sinne angenehmen Arbeitsplatz in den Vordergrund." (21)

9.4. Gewerkschaftliche Untersuchungen zur Betriebsratsarbeit (DAG)

Sowohl mit der inneren Struktur der Betriebsräte, mit ihren Erwartungshaltungen und ihrer Arbeitssituation als auch mit der Anwendungspraxis des Betriebsverfassungsgesetzes beschäftigt sich eine Umfrage der Deutschen Angestellten-Gewerkschaft (DAG), Landesverband Hamburg, aus dem Jahre 1980. (22)

Sie faßt die Ansichten der befragten DAG-Betriebsräte zusammen und stellt sozusagen eine "Innensicht" der betroffenen Betriebsräte in bezug auf die Verwirklichung des Betriebsverfassungsgesetzes in den Betrieben dar. Zusammen mit einer Umfrage des Deutschen Gewerkschaftsbundes aus dem Landesbezirk Baden-Württemberg gehört diese Umfrage zu den interessengebundenen Umfragen. Interessengebundene Untersuchungen sind nicht zweckfrei; sie sollen sowohl für die betroffene Gewerkschaft Einblick in die Ansichten der Betriebsräte und die Betriebspraxis geben, aber auch als Argumentationshilfe in den Auseinandersetzungen mit den Arbeitgebern dienen. Insofern sind sie keine streng wissenschaftlichen Untersuchungen, die eher zu einer negativen als zu einer positiven Zeichnung neigen dürften. Auf der anderen Seite erlauben sie doch durch die relativ hohe Bereitschaft der Betriebsräte, bei solchen internen Befragungen mitzumachen, einen guten Einblick in die Problematik ihrer Arbeit. Wie dargestellt, ist gerade bei empirischen Arbeiten die Rücklaufquote oft ein gravierendes Problem; die Kooperationsbereitschaft der Befragten ist dabei von großer Bedeutung. Trotz der eingeschränkten wissenschaftlichen Qualität solcher interessengebundenen Untersuchungen haben sie wegen der relativ guten Zugangsmöglichkeit zu den Befragten im Zusammenhang dieser Arbeit ihren Wert.

Die DAG bezeichnet ihre Umfrage aus dem Jahre 1980 als "ein Dokument der Selbsteinschätzung und Wahrnehmung der eigenen Wirkungsmöglichkeit Hamburger Betriebsräte". (23)

Grundlage der DAG-Untersuchung war ein standardisierter Fragebogen, der an 1500 nach Angaben der DAG überwiegend in dieser Gewerkschaft organisierter Betriebsratsmitglieder verschickt wurde. Von diesen Fragebogen seien 436, also ein knappes Drittel, zurückgeschickt worden. Von diesen 436 Betriebsratsmitgliedern seien 382 (87,4 Prozent) gewerkschaftlich organisiert und davon wiederum 354 (92,6 Prozent) in der DAG.

Die von Niedenhoff festgestellte Attraktivität der Betriebsratsfunktion sowohl in den Augen von Arbeitnehmern (hohe Wahlbeteiligung) als auch der Funktionsträger (hohe Bereitschaft zur Wiederwahl) findet sich in der DAG-Untersuchung so weitgehend nicht wieder. So antworteten bei der Frage, "Wie schätzen Sie das Interesse der Arbeitnehmer Ihres Hauses an der Betriebsratstätigkeit ein?" zwar 8,2 Prozent mit "groß" und 44,8 Prozent mit "befriedigend", aber auch 45,9 Prozent mit "gering" und 1,1 Prozent mit "nicht vorhanden". Auf die Frage, ob sie bei den nächsten Betriebsratswahlen wieder kandidieren würden, antworteten 51,3 Prozent mit "ja", mit "nein" 18,3 Prozent, 30,4 Prozent mit "unentschieden". Bei denjenigen, die "nein" angaben, wurden folgende Gründe angeführt:

Frage: Werden Sie bei der nächsten Betriebsratswahl wieder kandidieren? Wenn nein, kreuzen Sie bitte an, ob einer oder mehrere der unten angeführten Gründe ausschlaggebend dafür waren:

verstärkter Ärger mit dem Arbeitgeber	26,9 %
die Kollegen im Betrieb honorieren die Arbeit in keiner Weise	41,0 %
jetzt sollen es einmal andere versuchen	50,0 %
die Probleme werden immer größer	12,8 %
die Arbeit zeigt keine Erfolge	26,9 %
Behinderung bei der beruflichen Entwicklung	26,9 %
zu starke zeitliche Belastung	75,6 %

Quelle: DAG, a.a.O., S. 8

Eine Kluft zwischen Anspruch und Wirklichkeit zeigt sich bei den Fragen zur Zufriedenheit mit der Betriebsratsarbeit. Nur 25 Prozent der befragten Betriebsratsmitglieder geben an, ihre Ansprüche an die Betriebsratsarbeit seien voll verwirklicht worden, mit "nein" antworten 14,3 Prozent, mit "teilweise" 63,1 Prozent. Allerdings läßt sich aus diesen Antworten nicht ohne weiteres eine hohe Unzufriedenheit mit der Betriebsratsrolle ablesen, weil sich nicht feststellen läßt, was in der Antwort "teilweise" steckt. Von den Auftraggebern der Untersuchung wird interpretierend behauptet, daß eine recht deutliche Beziehung zwischen der "vertrauensvollen Zusammenarbeit" mit dem Arbeitgeber und der Realisierung der eigenen Ansprüche bestehe. "Je schlechter sich die Zusammenarbeit mit dem Arbeitgeber darstellt, desto stärker ist die 'Enttäuschung' der Betriebsräte. Damit wird die Aussage gestützt, daß die eigenen Ansprüche an die BR-Arbeit vor allem wegen der starren Haltung des Arbeitgebers nicht verwirklicht werden konnten." (24) Diese Aussage deckt sich beispielsweise auch mit der Kotthoffs. Interessant, so heißt es in der Untersuchung, sei eine Differenzierung nach freigestellten und nicht freigestellten Betriebsräten. Freigestellte Betriebsratsmitglieder hätten nach eigener Einschätzung ihre Ansprüche an die Betriebsratsarbeit weitaus stärker verwirklichen können. "Wenn die BR-Arbeit zumindest zeitweilig zur Haupttätigkeit wird, ist die Zufriedenheit mit dem Erreichten größer. 'Freigestellte' erleben direkt die tägliche Routine und die vielfältigen Detailarbeiten sowie die Umsetzung von Beschlüssen des BR." (25)

Frage: Haben Sie Ihre eigenen Ansprüche, die Sie an die Betriebsratstätigkeit geknüpft haben, verwirklichen können?

ja: 22,5 % nein: 14,3 % teilw.: 63,1 %

bei den Nein-Antworten wurden folgende Gründe angegeben:

keine Mehrheit für eigene Vorschläge im Betriebsrat gefunden	14,1 %
Vorstellungen ließen sich im Rahmen der gesetzlichen Möglichkeiten nicht verwirklichen	25,8 %
keine Unterstützung der Mitarbeiter für Forderungen	22,6 %
starre Haltung des Arbeitgebers	37,5 %

Quelle: DAG, a.a.O., S. 12

Wenn die in der Studie behauptete Zufriedenheit mit der Betriebsratsrolle sehr wesentlich mitbestimmt wird von der Haltung des Arbeitgebers, dann wäre es natürlich aufschlußreich zu wissen, wie sich das Verhältnis zum Arbeitgeber in der betrieblichen Praxis darstellt. Vertrauensvolle Zusammenarbeit, so heißt es in der DAG-Untersuchung, zwischen Betriebsrat und Arbeitgeber sei nicht schon dadurch geschaffen, daß sie im Betriebsverfassungsgesetz vorausgesetzt werde. Sie werde in den erfaßten Betrieben sehr unterschiedlich verwirklicht. "Vertrauensvolle Zusammenarbeit als gesetzlich vorgeschriebenes, stilprägendes Prinzip einer offenen und ehrlichen Kooperation hat nicht nur klimatische Bedeutung, sondern wirkt sich gravierend auf die konkrete Beteiligung des BR aus. Sie ist Einflußfaktor, aber auch Resultat der gesamten Beziehung zwischen BR und Arbeitgeber." (26)

Auch bei der Frage nach der vertrauensvollen Zusammenarbeit sind die Ergebnisse ambivalent. Zwar empfinden 25 Prozent der befragten Betriebsräte die "vertrauensvolle Zusammenarbeit" als "sehr gut" und "gut", über 35 Prozent halten sie für "befriedigend", aber immerhin 38 Prozent der Betriebsräte halten die Zusammenarbeit mit dem Arbeitgeber für "unterkühlt" bis "nicht vorhanden".

Bei der Frage nach der konkreten Umsetzung einzelner Bestimmungen des Betriebsverfassungsgesetzes zeichnet sich bei dieser Befragung eine deutliche Abstufung ab. So werde eine umfassende Information, die rechtzeitig erfolge, durch den Arbeitgeber bei

- Kündigungen zwar von 85 %,
- Einstellungen zwar von 71 %,
- bei Baumaßnahmen aber nur von 48 %,
- bei Änderungen der Arbeitsabläufe und der -organisation nur noch von 31 %
- und bei der Personalplanung nur von 24 %

der befragten Betriebsratsmitglieder festgestellt.

In der Studie wird aus diesen Ergebnissen die Folgerung gezogen: "Je konkreter die negativen Folgen für den Arbeitgeber aus einer nicht gesetzesmäßigen Beteiligung des BR sind, desto größer ist die Beachtung der betriebsrätlichen Rechte (fehlende Anhörung des BR führt zur Unwirksamkeit der Kündigung)". (27)

Eine ähnliche Beziehung ergebe sich auch zwischen der Stärke eines Beteiligungsrechtes (Mitbestimmungsrecht oder nur Informations- und Beratungsrecht) und der Bereitschaft des Arbeitgebers zur Beachtung betriebsrätlicher Rechte.

Frage: Wie beurteilen Sie die Umsetzung des vom Gesetz geforderten Grundsatzes der vertrauensvollen Zusammenarbeit zwischen Ihrem Betriebsrat und dem Arbeitgeber?

sehr gut:	2,5 %	befriedigend:	35,7 %	schlecht:	16,5 %
gut:	23,6 %	unterkühlt:	17,4 %	nicht vorhanden	4,3 %

Frage: Wie unterrichtet der Arbeitgeber den Betriebsrat?

	umfassend	nicht ausreichend	rechtzeitig	nicht rechtzeitig	unaufgefordert	nach Auff ord.	gar nicht
Einstellungen	71,0%	28,9%	78,0%	22,0%	81,6%	13,9%	4,5%
Kündigungen	85,6%	14,4%	92,2%	7,8%	91,8%	5,5%	2,7%
Personalplanung	23,9%	76,1%	44,8%	55,2%	21,4%	52,8%	25,8%
Baumaßnahmen	48,1%	51,9%	58,2%	41,8%	33,5%	42,0%	24,6%
Änderung d. Arbeitsabläufe/-organisation	31,1%	68,9%	44,8%	55,2%	26,8%	56,6%	16,6%

Quelle: DAG, a.a.O., S. 10

Die These der Untersuchung, daß die Beteiligungs- und Mitbestimmungsrechte des Betriebsverfassungsgesetzes sehr unterschiedlich verwirklicht werden, wird durch eine weitere Befragung gestützt, die wissen will, in welchen Bereichen die Betriebsräte die meisten und wo sie die wenigsten Erfolge erringen könnten. Danach haben die Betriebsratsmitglieder aus ihrer Sicht besondere Erfolge bei personellen Einzelmaßnahmen (Einstellung, Versetzung, Kündigung) erzielen können. An zweiter und dritter Stelle kommen die Abwendung von sozialen Härten und sonstige individuelle Einzelmaßnahmen. Es zeige sich, daß die Betriebsräte in der alltäglichen Mitbestimmungsarbeit, also bei den Individualproblemen, sehr erfolgreich seien. Die Erfolgsquote liege bei anderen Bereichen wesentlich niedriger. So glaubten beispielsweise beim Arbeitsschutz nur 37 Prozent der Betriebsräte erfolgreich arbeiten zu können, bei der Gestaltung von Arbeitsplätzen nur 35 Prozent der Befragten sowie bei der Aus- und Weiterbildung nur 26 Prozent. Am Ende der Skala - und das ist aufschlußreich - liegt der Rationalisierungsschutz. "Im letztplacierten Bereich zeigt sich, daß das Gesetz nicht die erforderlichen Durchsetzungsmöglichkeiten gibt. Erfolge hängen hier weitestgehend vom Entgegenkommen der Arbeitgeber ab. Die Verbesserung der Mitbestimmungsrechte wird daher an erster Stelle allgemein bei Rationalisierungsmaßnahmen, an zweiter Stelle speziell bei der Arbeit an Datensichtgeräten und an dritter Stelle bei den Personalinformationssystemen gefordert. Diese Probleme sind bisher im Gesetz nur unzureichend geregelt worden." (28)

Wie aus den folgenden Tabellen hervorgeht, ist vor allem die Frage nach Verbesserungsmöglichkeiten für das Betriebsverfassungsgesetz recht suggestiv gestellt. Es wird allerdings noch zu zeigen sein, daß dieser Trend sich nicht nur durch die DAG-Umfrage erhärten läßt, die, wie bei der Arbeit Blumes, nur Ansichten wiedergibt und keine tatsächlichen Konfliktverläufe. Dennoch sind sie als "Innenansicht" wertvoll.

Frage: In welchen Bereichen hat der Betriebsrat nach Ihrer Auffassung erfolgreich arbeiten können?

Rationalisierungsschutz	24,3 %
Abwendung von sozialen Härten	64,9 %
Einstellung/Kündigung/Versetzung	76,8 %
individuelle Einzelmaßnahmen	54,5 %
Personalplanung	19,2 %
Gestaltung von Arbeitsplätzen	34,6 %
Arbeitsschutz	36,9 %
Aus- und Weiterbildung	25,9 %
Sonstiges	12,6 %

Frage: Sie werden mit uns übereinstimmen, daß aus der praktischen Arbeit heraus die Mitbestimmung des Betriebsrats nach dem BetrVG in allen Bereichen verbessert werden muß. Welche DAG-Forderungen würden Sie besonders unterstützen?

Verbesserung der Mitbestimmung bei:	
Rationalisierungsmaßnahmen	75,2 %
Arbeit an Datensichtgeräten	61,9 %
Personalinformationssystemen	58,0 %
Datenschutz	36,0 %
Sonstiges	9,1 %

Frage: Wo sehen Sie schwerpunktmäßig die Aufgaben der zukünftigen Betriebsratsarbeit, sofern sie betriebsrätlich zu beeinflussen ist?

Sicherung der Arbeitsplätze	79,3 %
Erhaltung und Errichtung menschengerechter Arbeitsplätze	64,6 %
Steuerung der Auswirkungen von neuen Techniken	50,6 %
Abwendung von Härten durch Rationalisierungsschutzmaßnahmen	58,0 %
Verhinderung von "totalen" Überwachungssystemen	53,8 %
Schutz der persönlichen Daten der Arbeitnehmer	39,6 %
Sonstiges	7,7 %

Quelle: DAG, a.a.O., S. 16

In einer Wertung der Umfrageergebnisse werden die Forderungen zusammengefaßt, die sich aus gewerkschaftlicher Sicht aus dem Datenmaterial ergeben. Sie begründen zugleich eine neue gewerkschaftliche Strategie. Bemerkenswert ist dabei, daß, obwohl die DAG im allgemeinen im Vergleich zu den DGB-Einzelgewerkschaften als "weichere" Gewerkschaft gilt, die Forderungen sich gleichen.

Die Betriebsratsarbeit werde, so heißt es in der Studie, in den 80er Jahren weiter an Bedeutung zunehmen. Weitere Rationalisierung und Arbeitsplatzvernichtung in den Betrieben - insbesondere im Dienstleistungssektor - bei rückläufiger Wirtschaftsentwicklung machten betriebsrätliche Arbeit wichtiger denn je. Es gehe in diesem Jahrzehnt darum, "in konsequenter Anwendung des Betriebsverfassungsgesetzes seine sozial- und allgemeinpolitischen Zielsetzungen zu realisieren: die Arbeitnehmer vor einseitigen, nur an wirtschaftlichen Interessen orientierten Maßnahmen des Arbeitgebers zu schützen und andererseits den 'Herrschaftsbereich Betrieb' durch Beteiligung der Arbeitnehmervertreter an den Entscheidungen wenigstens teilweise zu demokratisieren." (29)

Angesichts der Tatsache, so wird in der Studie argumentiert, daß die Beteiligungsrechte der Betriebsräte gerade dort am schwächsten seien, wo die befragten Betriebsräte die wichtigsten Aufgaben sähen, reiche die Novellierung des Betriebsverfassungsgesetzes nicht mehr aus. Die Arbeit der Betriebsräte habe sich gewandelt und werde sich weiter wandeln. Sie sei in den vergangenen Jahren mit volks- und betriebswirtschaftlichen Problemen weniger konfrontiert worden als heute. Das gelte vor allem auch für den Bereich der Technologie. Rationalisierungsmaßnahmen und die Einführung neuer Techniken bestimmten das betriebliche Bild und erforderten eine Erweiterung betriebsrätlicher Arbeit über ihre klassische Aufgabenstellung hinaus.

9.5. Gewerkschaftliche Untersuchungen zur Betriebsratsarbeit (DGB)

Legt man "objektive" wissenschaftliche Kriterien an, so hat die Umfrage bei den Einzelgewerkschaften des DGB-Landesbezirkes Baden-Württemberg zur "Betriebsrätearbeit unter den Bedingungen der derzeitigen krisenhaften Entwicklung" (30) aus dem Jahre 1981 nur einen sehr bedingten Aussagewert. Dem steht gegenüber die bessere Zugangsmöglichkeit zu den Befragten bei einer solchen interessengebundenen Fragebogenaktion und die relativ hohe (im Vergleich zu sozialwissenschaftlichen Erhebungen) Zahl der teilnehmenden Personen. Da sie über die Erhebung der Fakten hinaus auch gewerkschaftlichen Rechtfertigungsstrategien dienen, kann ihr Bild nicht wissenschaftlich "objektiv" und ungeschminkt sein. Insofern handelt es sich wie bei der DAG-Umfrage wiederum nur um eine "Innenansicht", die dennoch im Rahmen einer solchen Arbeit ihren Wert hat, zumal umfassende wissenschaftliche Bestandsaufnahmen des Betriebsverfassungsgesetzes äußerst rar sind.

Mit 1780 von Betriebsräten der Einzelgewerkschaften ausgefüllten Fragebogen zur Betriebsratsarbeit ist das Datenmaterial, auf das sich diese Umfrage stützt, relativ umfangreich. Der DGB gibt an, daß diese 1780 Fragebogen der gleichen Anzahl von Betrieben entsprächen, und zwar mit einer Gesamtbeschäftigtenanzahl von 877 613 Arbeitnehmern. Die IG Metall sei dabei mit 1059 rückgemeldeten Fragebogen (gleich 630 111 Beschäftigte) beteiligt gewesen. Die IG Metall als größte Einzelgewerkschaft ist noch einmal gesondert ausgewertet worden. Dabei wurde in diesem Bereich nach Betriebsgröße differenziert. Leider läßt sich aus dem vorgelegten Datenmaterial nicht erkennen, wieviel Fragebogen tatsächlich ausgeschickt und wieviele zurückgesandt wurden. Die Rücklaufquote ist also nicht angegeben. Auch wird nicht mitgeteilt, nach welchen Kriterien die befragten Betriebsräte ausgewählt wurden. Allerdings läßt sich aufgrund einiger interpretierender Erklärungen von seiten der Gewerkschaft zu den erhobenen Daten schließen, daß besonders aktive und gewerkschaftlich nahe Betriebsräte ausgewählt wurden, so daß es sich hier um eine "Positivauswahl" mit relativ hoher Motivation und Konfliktbereitschaft handeln dürfte. Das deckt sich auch mit den Erfahrungen bei der Auswertung der Umfrage der Gewerkschaft IG Druck und Papier, die ebenfalls in diesem Zusammenhang vorgenommen wurde. Auch wird nicht mitgeteilt, ob es sich um "einfache" Betriebsräte oder um Betriebsratsvorsitzende oder um ihre Stellvertreter handelt.

Der Fragebogen selbst gliedert sich in drei Teile: einen ersten Bereich, der sich mit der möglichen Behinderung der Betriebsratsarbeit allgemein befaßt, einen zweiten, der sich mit der Verwirklichung des Betriebsverfassungsgesetzes anhand einzelner Paragraphen auseinandersetzt, und schließlich einen dritten und letzten Teil, der sich mit möglichen Sanktionsmaßnahmen und rechtlichen Auseinandersetzungen beschäftigt.

In den zusammenfassenden Erklärungen zu den Ergebnissen der Fragebogenaktion wird eingeräumt, daß die Methode des rein quantitativ abfragenden Fragebogens umstritten sei. Es sei fraglich, ob damit die Betriebspraxis wirklich erfaßt werde. Auf der anderen Seite stelle er eine Möglichkeit dar, die vielfältigen Formen der betrieblichen Praxis in ihren Problemen und Entwicklungstendenzen herauszukristallisieren. Offenbar wurde bei der Fragebogenaktion die Möglichkeit, ein unparteiisches Forschungsinstitut zu beauftragen, schnell verworfen. Die Begründung, die dafür gegeben wird, kann allerdings nicht überzeugen: "Die Praxis der Betriebsrätearbeit ist allein schon von der Aufgabenformulierung her nicht unparteiisch und damit unserer Meinung nach nicht ohne einen parteilichen Standpunkt zu untersuchen, will man aus den Ergebnissen lernen können." (31)

Wäre es allein um die Sorge gegangen, den Fragebogen praxisnah genug zu gestalten, was ja in der Tat Erfahrung voraussetzt, so wären sicherlich Wege möglich gewesen, die auch für eine wissenschaftliche Untersuchung vertretbar gewesen wären. In der Untersuchung wird allerdings die Möglichkeit, daß durch unwissenschaftliches Arbeiten Fehler entstanden sein könnten und Chancen nicht wahrgenommen wurden, eingeräumt.

Hingewiesen wird darauf, daß die Fragebogen aus den Betrieben kämen, die einen Organisationsgrad (DGB) von knapp 50 Prozent hätten. Demgegenüber liege der allgemeine durchschnittliche DGB-Organisationsgrad bei 37 Prozent in Baden-Württemberg. Diese Differenz sei allerdings nur insofern von Bedeutung, als man bei der Erfassung der Betriebsräte von einer gewissen positiven Auswahl ausgehen könne. Somit müsse man damit rechnen, daß das Ergebnis etwas "positiver" ausfalle als es der Realität entspreche. Dies gelte aber nicht unbedingt für den Bereich der IG Metall: hier würden sich allgemeiner Organisationsgrad in Baden-Württemberg und der in den ausgewählten Betrieben decken (rund 50 Prozent). Neben der nicht aufgeführten Rücklaufquote hat die Umfrage einen weiteren Mangel: es wird nicht mitgeteilt, wie hoch die Zahl der betriebsratsfähigen Betriebe im Vergleich zu der mit Betriebsräten ausgestatteter Betriebe in Baden-Württemberg überhaupt ist. Es wird nur beiläufig darauf hingewiesen, daß eine Million Betriebe in der Bundesrepublik zwar betriebsratsfähig seien, aber keinen Betriebsrat hätten. Einen guten Einblick gibt allerdings die extra ausgewertete Umfrage im Bereich der IG Druck und Papier: dort wird angegeben, daß von 1033 betriebsfähigen Betrieben nur 357 über Betriebsräte verfügten.

Die ersten acht von insgesamt 28 DGB-Fragen zur Praxis des Betriebsverfassungsgesetzes beschäftigten sich mit möglichen Behinderungen der Betriebsratswahl und der Betriebsratsarbeit. Zusammenfassend kann man sagen, daß in der überwiegenden Anzahl der Befragungen eine solche Behinderung nicht aufgeführt wird. Allerdings ist nach Meinung des DGB die verbleibende Anzahl von Behinderungen immer noch gravierend genug, daß von erheblichen Störungen gesprochen werden könne.

Geht man die Fragen im einzelnen durch, so fällt auf, daß der Versuch zur Verhinderung einer Betriebsratswahl relativ selten vorkommt, nämlich nur in 3,4 Prozent der untersuchten Betriebe.

Da es sich hierbei um die Grundvoraussetzung betrieblicher Arbeit überhaupt handelt, kann die niedrige Zahl kaum überraschen. Auf der anderen Seite wird darauf hingewiesen, daß es sich bei den Befragten um eine "Positivauswahl" handele, also um besonders aktive Betriebsräte. Da Behinderungen aber vor allem bei einer Erstwahl und in Kleinbetrieben vorkommen, zugleich aber eine erhebliche Zahl von Betrieben nach wie vor ohne Betriebsrat ist, zeigt die Beantwortung dieser Frage nicht die ganze Wahrheit. Höher schon, nämlich bei der Frage, ob Arbeitgeber oder Beauftragte schon einmal versucht hätten, die Betriebsratswahl zu beeinflussen (durch Einschleusen von leitenden Angestellten oder durch Initiierung gewerkschaftsgegnerischer Listen), liegt die Prozentzahl der Ja-Antworten: 10,6 Prozent. Danach wird versucht, jede zehnte Betriebsratswahl zu beeinflussen. Allerdings geht aus den Prozentzahlen nicht hervor, wie ernsthaft diese Störversuche waren und ob sie zu einem "Erfolg" geführt haben. Die nächsten Fragen beziehen sich nicht auf die Wahl, sondern auf die mögliche Behinderung der Betriebsratsarbeit selbst - also der Alltagspraxis. Bei der allgemeinen Frage nach einer möglichen Behinderung wird allerdings nicht eine zusammenfassende Antwort verlangt, sondern gefragt, "welche Formen der Behinderung der betriebsrätlichen Arbeit" schon vorgekommen seien. Dabei reichen die Antworten von 67 bis 90 Prozent in der Nie-Kategorie und von 25 bis 36 Prozent in der Gelegentlich-Kategorie. Die Frage ist, wie dabei die Gelegentlich-Antworten zu werten sind, wie gravierend die behaupteten Störversuche waren und ob sie zum Erfolg führten. (32)

Frage: Welche Formen der Behinderung der betriebsrätlichen Arbeit sind bisher vorgekommen?

	oft	geleg.	nie	leer
a) BR-Mitglieder mit "wichtigen" Aufträgen von der Teilnahme an BR-Sitzungen abgehalten?	1,5%	25,6%	67,3%	5,5%
b) Vorhaltungen des Arbeitgebers wegen zu umfangreicher BR-Sitzungen?	3,9%	23,6%	67,2%	5,1%
c) Vorhaltungen des Arbeitgebers, wenn mehr als vier Betriebsversammlungen im Jahr stattfinden?	5,9%	20,5%	62,9%	10,5%

	oft	geleg.	nie	leer
d) Verlangt der Arbeitgeber eine zeitliche Begrenzung der Betriebsversammlung?	3,7%	15,5%	74,8%	5,8%
e) Werden Arbeitnehmer durch die Betriebsleitung oder deren Beauftragte von der Teilnahme an Betriebsversammlungen abgehalten?	1,5%	16,4%	76,2%	5,8%
f) Versuchen der Arbeitgeber oder dessen Beauftragte, Gewerkschaftsbeauftragte von der Betriebsversammlung fernzuhalten?	0,6%	5,5%	99,2%	3,6%
g) Wird den Arbeitnehmern freigestellt, anstelle des Besuchs der Betriebsversammlung heimzugehen bei Fortzahlung des Arbeitsentgelts?	0,9%	3,6%	90,6%	4,8%

Quelle: DGB, a.a.O., S. 30

Die nächsten vier Fragen beziehen sich auf § 37 Abs. 2 BetrVG (vorübergehende Freistellung von der beruflichen Tätigkeit ohne Minderung des Arbeitsentgelts), §38 (Freistellungen) sowie §37 Abs. 6 und 7 (Schulungen). Was die vorübergehende oder dauernde Freistellung für die Betriebsratsarbeit angeht, so ist der Prozentsatz der Behinderungen bei der vorübergehenden Freistellung höher als bei der dauerhaften. So antworteten auf die Frage "Versucht der Arbeitgeber, die einzelnen Betriebsräte in ihrer Arbeit nach § 37 (2) BetrVG zu behindern"? mit "oft" 1,6 Prozent, mit "gelegentlich" 21,1 Prozent, mit "nie" 75,3 Prozent. Auf die Frage "Versucht der Arbeitgeber, die Freistellung nach § 38 BetrVG zu verhindern" antworteten 78,3 Prozent mit "nein" und 4,4 Prozent mit "ja" (der Rest gab keine Antwort). Wesentlich ungünstiger sieht das Bild aus, wenn es um Freistellungen für Schulungen geht. Nach dieser Umfrage gibt es nur in 57 beziehungsweise 66 Prozent der Betriebe keine Schwierigkeiten, dagegen gelegentliche Schwierigkeiten in 36,0 beziehungsweise 26,6 Prozent der Betriebe und oftmals Probleme in 4,2 beziehungsweise 3,6 Prozent der Betriebe. Überraschen kann dieses Ergebnis nicht. Vor allem in den Jahren nach der Verabschiedung des Betriebsverfassungsgesetzes waren vor allem Art und Maß der Schulungen zwischen Arbeitgebern und Betriebsräten besonders umstritten. Die Bewertung der Antworten hängt wieder wesentlich davon ab, wie man die Gelegentlich-Kategorie bewertet, also ob sie sehr gravierend ist und zu welchen Ergebnissen auftretende Schwierigkeiten geführt haben.

Zu den Voraussetzungen wirksamer Betriebsratsarbeit gehört, daß der Arbeitgeber die Kosten und den Sachaufwand übernimmt, den Betriebsrat also mit Räumen, sachlichen Mitteln und Büropersonal versieht. Zwar geben 82,2 Prozent der Befragten an, es habe damit keine Schwierigkeiten gegeben, aber 15,5 Prozent geben Schwierigkeiten an. Das ist eine durchaus beachtenswerte Zahl, weil ohne entsprechende Ausstattung der Betriebsrat kaum arbeitsfähig ist. Allerdings läßt sich aus den Antworten nicht entnehmen, welcher Art diese Schwierigkeiten und wie erheblich sie waren. Auch läßt sich natürlich nicht überprüfen, ob die Klagen berechtigt waren.

Die nächsten Fragen beschäftigen sich mit der Umsetzung einzelner Paragraphen des Betriebsverfassungsgesetzes in die betriebliche Praxis. Sie sind im Zusammenhang mit dieser Arbeit, trotz der erwähnten Einschränkungen ihrer Aussagekraft, besonders interessant. Vergleicht man die Ergebnisse der DGB-Befragung mit jenen der DAG (bei allerdings nicht identischen Fragestellungen), so bestätigt sich die Tendenz, daß es ein Gefälle gibt: und zwar zwischen den Paragraphen, deren Nichtbeachtung durch den Arbeitgeber für ihn direkte Folgen hat (z.B. Anhörung bei Kündigungen), und denen, wo die Folgen nicht so direkt sind (Information über Personalplanung). So wird in fast 90 Prozent der untersuchten Betriebe der Betriebsrat vor Kündigungen ordnungsgemäß gehört (entspricht etwa den DAG-Zahlen), und in 76 Prozent der Fälle werden dem Betriebsrat die Kündigungsgründe schriftlich mitgeteilt. Überraschend hoch ist allerdings der Anteil der Antworten auf die Frage, ob der Betroffene von dem Betriebsrat angehört werde: in 24,1 Prozent "nicht immer". Das ist eine relativ hohe Zahl, wenn man davon ausgeht, daß der Betriebsrat ja den Betroffenen vertreten soll. Allerdings gehen aus der Art der Antworten nicht die Gründe für die Nichtbeachtung einer solchen praktischen Grundregel vor, die lautet, daß ohne Anhörung und Beteiligung der Betroffenen der Betriebsrat nicht handeln soll. (33)

Deutlich weniger Ja-Stimmen als bei der Frage der Kündigungen gibt es bei der DGB-Überprüfung des § 99 BetrVG. Gefragt wird, ob der Arbeitgeber seinen Verpflichtungen aus diesem Paragraphen vor der Einstellung, bei der Eingruppierung, bei Umgruppierungen und bei Versetzungen nachkomme. Die Ja-Antworten bewegen sich in der Bandbreite von 60 bis 58 Prozent. Als unzureichend wird die Haltung des Arbeitgebers in 24 bis 25 Prozent der Fälle angegeben, mit "nein" antworten 11 bis 12 Prozent der Befragten. Nicht klar ist wiederum, was unter "unzureichend" zu verstehen ist und welche Folgen dies hat. Der § 99 BetrVG bestimmt, daß der Betriebsrat bei den genannten personellen Einzelmaßnahmen ein Mitbestimmungsrecht hat. Er kann die Zustimmung allerdings nicht grundsätzlich verweigern, sondern nur, wenn bestimmte Kriterien erfüllt sind: zum Beispiel, wenn die Maßnahme gegen Gesetz, Betriebsvereinbarung oder Tarifvertrag verstößt, anderen Arbeitnehmern des Betriebes dadurch gekündigt wird oder betroffene Arbeitnehmer selbst dadurch - zum Beispiel bei einer Versetzung - ungerechtfertigte Nachteile erleiden. Verweigert der Betriebsrat die Zustimmung, muß der Arbeitgeber versuchen, diese Zustimmung vom Arbeitsgericht zu erreichen. Insofern ist auch die Frage selbst ungenau gestellt, denn man will ja nur wissen, ob der Arbeitgeber seinen "Verpflichtungen" nachgekommen ist, ohne diese genau zu bestimmen. Insofern muß offenbleiben, ob nicht zumindest ein Teil der Antworten, die sich auf "unzureichend" beziehen, bei einer klaren Ja/Nein-Frage dem negativen Bereich zuzurechnen wäre. Aus der recht unbestimmten Fragestellung mag auch resultieren, daß im Vergleich der Fragen zur Kündigung die DAG-Befragung positiver ausfällt als die des DGB (Ja-Antworten: DGB 60 Prozent, DAG 70 bis 79 Prozent).

Frage: Wird der Betriebsrat vor Kündigungen ordnungsgemäß gehört?

nein	nicht immer	ja	leer
1,4%	8,2%	89,4%	0,9%

Frage: Kommt der Arbeitgeber seinen Verpflichtungen aus § 99 BetrVG nach?

	nein	unzur.	ja	leer
a) vor der Einstellung	12,5%	25,6%	60,0%	1,8%
b) bei Eingruppierungen	11,4%	24,1%	58,6%	5,8%
c) bei Umgruppierungen	11,2%	22,6%	59,2%	6,8%
d) bei Versetzungen	11,5%	24,2%	58,2%	6,0%

Quelle: DGB, a.a.O., S. 15 und 16

Vergleich DAG-Umfrage:

Frage: Wie unterrichtet der Arbeitgeber den Betriebsrat?

	umfassend/	nicht ausr./	rechtz./	n.rechtz./	unauf./	n.Auf.
Einstellungen	71,0%	28,9%	78,0%	22,0%	81,6%	13,9%
Kündigungen	85,6%	14,4%	92,2%	7,8%	91,8%	5,5%

Quelle: DAG-Umfrage, a.a.O., Seite 10

Mitbestimmungsrechte hat der Betriebsrat nach § 87, in dem Arbeitszeit und innere Ordnung des Betriebes zusammengefaßt sind. Sie gehören zum klassischen Betätigungsfeld für Betriebsräte. Gefragt wird, ob Mitbestimmungsrechte nach diesem Paragraphen mißachtet beziehungsweise unterlaufen werden. Nach der DGB-Umfrage haben auf die Frage 63,8 Prozent mit "nein" geantwortet, immerhin 32,1 Prozent mit "ja" (3,9 Prozent ohne Antwort). Nach § 87 hat der Betriebsrat beispielsweise mitzubestimmen bei Fragen der Ordnung des Betriebs und des Verhaltens von Arbeitnehmern, Beginn und Ende der täglichen Arbeitszeit, Einführung und Anwendung von technischen Einrichtungen, die dazu bestimmt sind, das Verhalten oder die Leistung der Arbeitnehmer zu überwachen, Fragen der betrieblichen Lohngestaltung und Festsetzung der Akkord- und Prämiensätze. Kommt eine Einigung zwischen Betriebsrat und Arbeitgeber nicht zustande, ersetzt der Spruch der Einigungsstelle die fehlende Einigung. Ein wesentlich schwächeres Recht, nämlich das auf

Information und Beratung und, nur in bestimmten Fällen, ein Recht auf Abwendung oder Milderung der Maßnahme, hat der Betriebsrat nach § 90 und 91. Doch gerade dieser Bereich ist für den Betriebsrat besonders wichtig, geht es doch um Planung von Bauten, technischen Anlagen, der Planung von Arbeitsabläufen oder Arbeitsplätzen. Gerade im Zusammenhang mit der Einführung neuer Technologien haben diese Paragraphen ihre aktuelle Bedeutung erhalten.

Auf die Frage "Ist der Arbeitgeber seinen Verpflichtungen nach § 90 nachgekommen" antworten nach Angaben des DGB zwar 65 Prozent mit "ja", aber immerhin 28,7 mit "nein". Interessant, aber nicht ganz eindeutig in ihrer Aussage sind die beiden nächsten Fragen, die mit der vorhergehenden zusammenhängen. Da wird einmal gefragt, ob der Betriebsrat beim Arbeitgeber Maßnahmen entsprechend § 91 beantragt habe.

Nach der DGB-Befragung haben etwa gleichviel der befragten Betriebsräte mit "ja" (44,6 Prozent) und mit "nein" (45,7 Prozent) geantwortet. Diese relativ hohe Zahl der Ja-Antworten ist ein Indiz dafür, daß dieser Paragraph zwischen Arbeitgebern und Betriebsrat besonders umstritten sein könnte. Bemerkenswert hoch erscheint dann wiederum der Anteil der Ja-Stimmen auf die Frage zu sein, in welchen Fällen, in denen der Betriebsrat entsprechende Maßnahmen beantragt habe, der Arbeitgeber diesen Anträgen entsprochen habe. Angegeben werden fast 50 Prozent Ja-Stimmen und 13,0 Prozent Nein-Stimmen. Entsprechend gering ist die Prozentzahl, die Auskunft darüber gibt, ob in den Nein-Fällen die Einigungsstelle angerufen wurde: mit "ja" antworteten nur 1,8 Prozent, mit "nein" 35,7 Prozent der befragten Betriebsräte, 62,3 Prozent gaben keine Antworten.

Eher negativ dagegen ist die Tendenz der Antworten auf die Frage, ob der Arbeitgeber den Betriebsrat rechtzeitig über die Personalplanung unterrichte. Mit "ja" antworteten nur 41,9 Prozent mit "unzureichend" dagegen 44,7 Prozent und mit "nein" 11,6 Prozent. Der § 92 begründet nur ein Informations- und Beratungsrecht; die Nichtbeachtung durch den Arbeitgeber hat keine direkte Folgen. Die Personalplanung ist gerade im Zusammenhang mit der Arbeitsplatzsicherung ein wichtiges Betätigungsfeld für den Betriebsrat. Er kann allerdings nur Vorschläge für die Personalplanung und deren Durchführung machen. Auch bei dieser Frage ist nicht ersichtlich, was sich an Problemen und Folgen unter der Rubrik "unzureichend" verbirgt.

Generell werden die Betriebsräte dann gefragt, ob der Arbeitgeber seinen Verpflichtungen zur rechtzeitigen und umfassenden Unterrichtung nachkomme. Diese Frage wird im Zusammenhang mit §80 gestellt, wo der allgemeine Aufgabenkatalog des Betriebsrates umrissen wird. In Absatz 2 wird vorgeschrieben, daß der Betriebsrat rechtzeitig und umfassend vom Arbeitgeber zu unterrichten sei und daß ihm auf Verlangen jederzeit die zur Durchführung seiner Aufgaben notwendigen Unterlagen zur Verfügung zu stellen seien. Auf die gestellte Frage antworten 7,5 Prozent mit "nein", 48,9 mit "unzureichend", 42,6 Prozent mit "ja", und ein Prozent gibt keine Antwort. Da eine rechtzeitige und umfassende Information eine wichtige Voraussetzung der Betriebsratsarbeit ist, erscheint der hohe Anteil der eher negativen Antworten bemerkenswert. Allerdings gilt auch hier wie bei den anderen Fragen wieder die Einschränkung, daß nicht ersichtlich ist, welches Maß an Unzufriedenheit sich unter der Kategorie "unzureichend" verbirgt.

Frage: Werden Mitbestimmungsrechte aus § 87 BetrVG durch den Arbeitgeber mißachtet bzw. unterlaufen?

nein	ja	leer
63,8%	32,1%	3,9%

Frage: Ist der Arbeitgeber seinen Verpflichtungen nach § 90 nachgekommen?

nein	ja	leer
28,7%	65,8%	5,4%

Frage: Unterrichtet der Arbeitgeber den Betriebsrat rechtzeitig über die Personalplanung?

nein	unzureichend	ja	leer
11,6%	44,7%	41,6%	1,8%

Frage: Kommt der Arbeitgeber seinen Verpflichtungen nach § 80 (2) BetrVG auf rechtzeitige und umfassende Unterrichtung nach?

nein	unzureichend	ja	leer
7,2%	48,9%	42,6%	1,1%

Quelle: DGB, a.a.O., S. 31-33

Vergleicht man die entsprechenden Fragen in den Umfragen von DAG und DGB, so fällt bei beiden die negative Tendenz (im Vergleich beispielsweise zu Kündigungen) bei der Personalplanung (§ 92) auf:

DAG-Frage: Wie unterrichtet der Arbeitgeber den Betriebsrat?

	umfassend	nicht ausreichend	rechtzeitig	nicht rechtzeitig
Personalplanung	23,9%	76,1%	44,8%	55,2%

DGB-Frage: Unterrichtet der Arbeitgeber den Betriebsrat rechtzeitig über die Personalplanung?

nein	unzureichend	ja	leer
11,6%	44,7%	41,6%	1,8%

Quellen: DAG, a.a.O., S. 10
DGB, a.a.O., S. 33

Nicht ganz so klar ist die Tendenz im Vergleich der Fragen zu §90 (Planung von Baumaßnahmen, Änderung der Arbeitsabläufe und Organisation:

DAG-Frage: Wie unterrichtet der Arbeitgeber den Betriebsrat?

	umfassend	nicht ausreichend	rechtzeitig	nicht rechtzeitig
Baumaßnahmen	48,1%	51,9%	58,2%	41,8%
Änderung der Arbeitsabläufe/ Organisation	31,1%	68,9%	44,8%	55,2%

DGB-Frage: Ist der Arbeitgeber seinen Verpflichtungen nach § 90 nachgekommen?

nein	ja	leer
28,7%	65,8%	5,4%

Quellen: DAG, S. 10
DGB, S. 32

Die DGB-Befragung fällt in diesem Punkt eindeutig besser aus als die DAG-Befragung, obwohl einschränkend zu bemerken ist, daß die Fragestellungen nicht identisch sind. Immerhin meinen auch bei der DGB-Umfrage fast dreißig Prozent der Befragten, daß der Arbeitgeber seinen Verpflichtungen nicht nachkommt.

Im Zusammenhang mit Rationalisierungsmaßnahmen und neuen Techniken ist für die Betriebsratsarbeit der § 111 BetrVG wichtig. Er sieht eine Informations- und Beratungspflicht des Arbeitgebers bei Betriebsänderungen vor, die "wesentliche Nachteile für die Belegschaft oder erhebliche Teile der Belegschaft zur Folge haben können". Als Betriebsänderungen gelten Einschränkung und Stillegung des ganzen Betriebes oder von wesentlichen Betriebsteilen, Verlegung des ganzen Betriebs oder von wesentlichen Betriebsteilen, grundlegende Änderungen der Betriebsorganisation, des Betriebszwecks oder Betriebsanlagen und Einführung grundlegend neuer Arbeitsmethoden und Fertigungsverfahren. Der Betriebsrat kann dabei einen Interessenausgleich oder einen Sozialplan verlangen. Dabei antworteten auf die Frage "Wird der Betriebsrat gemäß § 111 BetrVG rechtzeitig und umfassend über Betriebsänderungen informiert" mit "nein" 6,8 Prozent, mit "unzureichend" 28,1 Prozent und mit "ja" 56,5 Prozent. Auch hier ist natürlich zu fragen, was unter "unzureichend" zu verstehen ist und welche Folgen diese unzureichende Information hat. Nimmt man aber einmal die Nein-Antworten und die Unzureichend-Antworten als in der Tendenz negativ zusammen, so wären fast 35 Prozent der befragten Betriebsräte der Meinung, sie seien nicht oder nicht ausreichend informiert worden. Das wäre dann ein gutes Drittel.

Vergleicht man die Umfragen von DAG und DGB in den Punkten, wo sie, wenn auch begrenzt, vergleichbar sind, so bestätigt sich bei beiden ein Gefälle beispielsweise zwischen den "Extrempunkten" Unterrichtung bei Kündigungen und Information über Personalplanung. Wenn auch nicht ganz so deutlich wie bei der DAG-Umfrage, so bestätigt sich auch bei der DGB-Umfrage die These, daß je konkreter die negativen Folgen für den Arbeitgeber aus einer nicht gesetzesmäßigen Beteiligung des Betriebsrats sind, desto größer die Beachtung der betriebsrätlichen Rechte sei. Schließlich läßt sich aus beiden Umfragen gemeinsam ablesen, daß der Anteil jener Betriebsräte, die meinen, sie seien nicht ausreichend informiert oder beteiligt worden, doch erheblich ist: er schwankt zwischen 30 bis 50 Prozent. Trotz aller Einschränkungen, die man bei einer interessengebundenen Umfrage machen muß, die zu dem zum Teil mit unklaren Fragestellungen arbeitet, ist dies doch ein bemerkenswerter Anteil. Nimmt man noch die Tatsache hinzu, daß - wie beispielsweise im Bereich der IG Druck - in zwei Drittel der Betriebe gar kein Betriebsrat existiert, so könnte man daraus schließen, daß in einem beträchtlichen Teil der Betriebe das Betriebsverfassungsgesetz nicht angewandt wird oder - zumindest in Teilen - nicht funktioniert.

Der letzte Teil der DGB-Umfrage beschäftigt sich mit möglichen Sanktionen bei Verstößen gegen das Betriebsverfassungsgesetz. So kann, bei Vorliegen entsprechender Tatbestände, ein Strafverfahren gegen Betriebsverfassungsorgane oder ein Verfahren wegen Ordnungswidrigkeiten eingeleitet werden. Wie auch aus anderen Umfragen hervorgeht, spielen solche Verfahren in der Praxis keine wesentliche Rolle. Das kann ein Hinweis darauf sein, daß beide Sozialpartner versuchen, nach Möglichkeit die Verhandlungswege auszuschöpfen und nur im äußersten Fall die Gerichte für Strafen zu bemühen. Bei vielen Betriebsräten besteht eine psychologische Hürde, zum Arbeitsgericht zu gehen, weil damit der Anschein erweckt werden könnte, man wolle die Verhandlungsgrundlage aufkündigen. Oft wird eher mit einer solchen Möglichkeit gedroht als daß sie konkret angewendet wird. Allerdings ist der Umkehrschluß auch nicht erlaubt, daß die relativ seltene Inanspruchnahme der Gerichte für Ordnungs- und Strafverfahren das gute Funktionieren des Betriebsverfassungsgesetzes beweise.

	nein	ja	leer
Frage: Geht die Behinderung oder Störung der betriebsrätlichen Arbeit unter Androhung von Nachteilen seitens des Arbeitgebers so weit, daß ein Strafverfahren nach § 119 BetrVG gerechtfertigt wäre?	91,3%	3,4%	5,2%
Frage: Sind in der Vergangenheit solche Strafverfahren vom Betriebsrat eingeleitet worden?	91,4%	1,3%	7,2%
Frage: Sind Vorfälle bekannt, die ein Ordnungswidrigkeitsverfahren gemäß § 121 BetrVG rechtfertigen würden?	82,5%	11,4%	6,0%
Frage: Sind in der Vergangenheit solche Ordnungswidrigkeitsverfahren eingeleitet worden?	86,2%	2,1%	11,5%

	oft	geleg.	nie	leer
Frage: Mußte der Arbeitgeber gemäß § 23 Abs. 3 BetrVG auf Veranlassung des Betriebsrats vom Arbeitsgericht zur Erfüllung seiner Pflichten aus dem BetrVG gezwungen werden?	4,8%	4,6%	83,2%	7,3%

	nein	ja	leer
Frage: Mußten Rechtsstreitigkeiten des Betriebsrates mit dem Arbeitgeber vor den Arbeitsgerichten ausgetragen werden?	79,9%	17,0%	2,9%

Quelle: DGB, a.a.O., S. 35 und 36

Bei der Wertung der Daten ist darauf hinzuweisen, daß beispielsweise zwar 11,4 Prozent meinten, die Verstöße des Arbeitgebers rechtfertigten die Einleitung eines Verfahrens wegen Ordnungswidrigkeit, aber nur in 2,1 Fällen dann auch wirklich ein Verfahren eingeleitet wurde. Mit 17 Prozent recht hoch ist die Zahl der Betriebsräte, die schon betriebsverfassungsrechtliche Streitigkeiten vor Arbeitsgerichten austragen mußten. Dabei ist noch zu bedenken, daß das einzelne Betriebsratsmitglied keine Rechtsstreitigkeiten austragen kann, sondern nur als Privatperson. Als Betriebsrat kann er nur betriebsverfassungsrechtliche Streitigkeiten austragen. (34)

Ergänzend zu den Ergebnissen der Umfragen bei den DGB-Einzelgewerkschaften ist bei der Umfrage der IG Metall, die den größten Teil der befragten Betriebsräte stellt, noch nach Betriebsgröße differenziert worden. Dabei bestätigt sich eine schon bekannte Tendenz, daß je größer der Betrieb ist, desto besser die Chance ist, daß die Bestimmungen des Betriebsverfassungsgesetzes eingehalten werden und der Betriebsrat entsprechend vertretungsstark handeln kann. Das läßt sich an folgenden Beispielen aus der DGB-Umfrage im Zusammenhang mit der Differenzierung nach Betriebsgröße im Bereich der IG Metall darstellen:

- je mehr Beschäftigte in einem Betrieb seien, desto unwahrscheinlicher sei der Versuch zur Verhinderung einer Betriebsratswahl;

- je kleiner der Betrieb sei, desto häufiger gebe es bei Kündigungsverfahren Schwierigkeiten. In den Betrieben von 3000 Beschäftigten an werde hundertprozentig korrekt bei Anhörungsverfahren zur Kündigung verfahren;

- je kleiner der Betrieb sei, desto größer sei die Wahrscheinlichkeit, daß die Bestimmung des §99 (Mitbestimmung bei personellen Einzelmaßnahmen) nur unzulänglich eingehalten werde. In Betrieben von 3000 Beschäftigten an komme der Arbeitgeber seinen Verpflichtungen "tadellos" nach. (35)

Auch bei Großbetrieben findet sich aufgrund dieser Umfrage die Tendenz bestätigt, daß die klassischen Mitbestimmungsrechte des Betriebsrats (Kündigung, personelle Einzelmaßnahmen) am besten verwirklicht werden.

In einer zusammenfassenden Wertung der Umfrageergebnisse weist der DGB darauf hin, daß die Umfrage über Bedingungen und Probleme der Betriebsratsarbeit vor dem Hintergrund einer krisenhaften wirtschaftlichen Entwicklung und einer sich zuspitzenden sozialen Situation durchgeführt worden sei. Es müsse gefragt werden, ob die Bestimmungen des Betriebsverfassungsgesetzes noch den derzeitigen Notwendigkeiten entsprächen. Die Arbeit der Betriebsräte müsse gerade jetzt die notwendigen Möglichkeiten der Verteidigung individueller Arbeitnehmerexistenzen ermöglichen. Dabei könne die Veränderung der betrieblichen Realität nicht nur von oben durch Veränderungen der großen Politik erreicht werden, sondern sie müsse aus der betrieblichen Realität heraus entwickelt werden. Zentrale These und Konsequenz des DGB aus der Umfrage: "Wir stehen vor der Notwendigkeit einer Reform der betriebsverfassungsrechtlichen Grundlagen, die aus Denksystemen der Konjunktur entwickelt wurden, die in der Krise nicht tauglich sind." (36)

Bemerkenswert ist, daß sich in ihren Schlußfolgerungen sowohl der "gemäßigte" DAG als auch der DGB relativ einig sind. Beide ziehen aus ihren Umfragen den Schluß, daß die novellierten Bestimmungen des Betriebsverfassungsgesetzes nicht mehr ausreichten. Während dIE DAG vor allem auf die Herausforderungen und Bedrohungen durch die neuen Technologien hinweist und in diesen Bereichen eine Ausweitung der betriebsrätlichen Rechte fordert, bezieht sich der DGB stärker auf Krisensymptome. In der Stoßrichtung sind aber die Forderungen beider Gewerkschaften gleich. Aus den Umfrageergebnissen ziehen sie zwar nicht den Schluß, das Betriebsverfassungsgesetz habe sich nicht bewährt: beide Gewerkschaften akzeptieren es als notwendige Arbeitsgrundlage. Aber sie stellen doch erhebliche Defizite bei der Verwirklichung fest. Würde man aus der Sicht der Gewerkschaften Folgerungen aus der bisherigen Praxis des Betriebsverfassungsgesetzes ziehen, so hat es sich zwar bedingt bewährt (die Defizite weisen dabei auf die notwendige Einschränkung hin); die eigentliche Bewährungsprobe aber komme erst. Ohne eine Reform und ohne Ausweitung der Rechte der Betriebsräte sei sie nicht zu bestehen.

9.6. Erhebungen zur Wirklichkeit betrieblicher Mitbestimmung

Nicht interessengebunden ist die Untersuchung von Rummel, die in den Jahren 1973 und 1974 - also relativ kurz nach der Novellierung des Betriebsverfassungsgesetzes - vorgenommen und erst in den Jahren 1979 und 1980 veröffentlicht wurde. "Diese Untersuchung will die bisherigen Erfahrungen mit dem Betriebsverfassungsgesetz quantitativ und qualitativ erforschen und eine Analyse der Ursachen vornehmen, die für eine Abweichung der Erhebungsergebnisse von den gesetzlichen Normen verantwortlich sind." (37)

Auch diese Untersuchung beruht wiederum auf einer Befragung von Betriebsräten (und nicht von Unternehmensleitungen). Der Verfasser gibt an, daß von 800 befragten Betriebsräten aus verschiedenen Betrieben 439 verwertbare Antworten eingegangen seien. Grundlage der Untersuchung waren wiederum standardisierte Fragebogen, die die Verwirklichung verschiedener Bereiche des Betriebsverfassungsgesetzes in der betrieblichen Praxis abfragten. Abgefragt wurden Meinungen der Betriebsräte, so daß tatsächliche Konfliktverläufe und Konflikthintergründe aus den Befragungen nicht ohne weiteres ersichtlich sind. Gefragt wird erst nach der Art und Weise, ob und wie bestimmte Bereiche verwirklicht worden sind, dann nach der "Konfliktträchtigkeit".

Der Verfasser merkt an, daß die Mitbestimmungsrechte des Betriebsrats beispielsweise bei personellen Entscheidungen auf vielen Gebieten nicht die Kodifizierung einer vorhandenen Praxis bedeuteten, "sondern eine vom Gesetzgeber beabsichtigte Zielvorstellung darstellen, deren Realisierung auch einige Jahre nach Inkrafttreten des BetrVG von 1972 bei weitem nicht abgeschlossen ist". (38)

Die in mehreren Abschnitten veröffentlichte Untersuchung

beschäftigt sich sowohl mit personellen Einzelmaßnahmen als auch mit personellen Kollektivmaßnahmen im Rahmen der Personalplanung. Außerdem wird nach der Beteiligung des Betriebsrats bei der Planung von Neu-, Um- und Erweiterungsbauten, bei der Planung von technischen Anlagen sowie bei der Planung von Arbeitsverfahren und Arbeitsablauf gefragt. Differenziert wird dabei nach Betriebsgröße.

Der Unterschied zwischen den bereits vorgestellten interessengebundenen Untersuchungen und dieser nicht interessengebundenen besteht darin, daß die Ergebnisse bei Rummel in Teilbereichen deutlich besser ausfallen als bei den Gewerkschaftsumfragen. Das kann auch nicht zu sehr überraschen, sind doch bei den Gewerkschaftsumfragen besonders aktive und konfliktbereite Gewerkschaftler und Betriebsräte ausgewählt worden. Dennoch zeichnet sich trotz der Unterschiedlichkeit im Einzelergebnis die Ähnlichkeit in der Tendenz ab. Und zwar ist auch bei Rummel festzustellen, daß in Bereichen, wo der Betriebsrat ein reagierendes Mitbestimmungsrecht wie beispielsweise bei Kündigungen hat, die Beteiligungsrechte viel besser verwirklicht sind als beispielsweise dort, wo direkte Folgen für den Arbeitgeber bei einer Nichtbeteiligung oder unzureichenden Beteiligung des Betriebsrates nicht sofort sichtbar werden wie bei den Paragraphen 90 (Unterrichtungs- und Beratungsrecht bei der Gestaltung von Arbeitsplatz, Arbeitsablauf und Arbeitsumgebung) und 92 (Unterrichtungs- und Beratungsrechte bei der Personalplanung). So weisen Rummels Untersuchungen beispielsweise aus, daß bei Kündigungen nur in 8,4 Prozent der Fälle die Beteiligung des Betriebsrates unzureichend sei, während die Prozentzahlen im Bereich des § 90 weitaus weniger günstig aussehen. So geben 33 Prozent der befragten Betriebsräte an, sie seien bei der Planung von Neu-, Um- und Erweiterungsbauten erst nach der getroffenen Entscheidung informiert worden, was den Bestimmungen des § 90 BetrVG glatt widerspricht. Sogar 37,1 Prozent geben an, sie seien bei der Planung von technischen Anlagen erst nach der getroffenen Entscheidung informiert worden (fünf Prozent werden gar nicht erst hinzugezogen), und immerhin noch 23,3 Prozent werden bei der Planung von Arbeitsverfahren und Arbeitsablauf erst dann informiert, wenn die Entscheidung schon gefallen ist. Das schon in den vorhergehenden Untersuchungen festgestellte Gefälle innerhalb des Betriebsverfassungsgesetzes läßt sich also auch bei Rummel nachweisen.

Auch in einem zweiten Bereich lassen sich zwischen den interessengebundenen Untersuchungen der Gewerkschaften und der Untersuchung von Rummel Parallelen aufzeigen. Dies gilt für die Betriebsgröße, die Rummel mit einbezogen hat. Rummel kommt dabei anhand der Mitbestimmung des Betriebsrates im personellen Bereich zu drei zusammenfassenden Schlußfolgerungen:

1) Mit zunehmender Größe einer Organisation wachse auch die Institutionalisierung von Entscheidungsprozessen und somit die Chance der Praktizierung des Betriebsverfassungsgesetzes in der Form einer Verwaltungsroutine. Vor allem in kleineren Betrieben werde von der gesetzlichen Norm abgewichen, Folge der Tatsache, daß ein Herr-im-Hause-Standpunkt des Arbeitgebers speziell in kleineren Betrieben anzutreffen sei; (39)

2) Mit wachsender Betriebsgröße erhöhe sich auch das Problembewußtsein der Belegschaftsvertreter. Die "Betriebsräte erkennen das gegebene Konfliktpotential und versuchen durch Verhandlungen mit dem Arbeitgeber auf die Realisierung ihrer Vorstellungen hinzuwirken". (40)

3) Die Arbeitnehmervertreter aber könnten ihre Interessen nur dann wirksam vertreten, wenn sie über Experten-Macht verfügen können, das heißt über den entsprechenden Wissensstand. Mit zunehmender Betriebsgröße erhöhe sich die Wahrscheinlichkeit, daß der Betriebsrat über die notwendigen Kenntnisse verfüge. (41)

Zusammenfassend läßt sich sagen, daß im Rahmen dieser Arbeit Rummels Untersuchungen zu mehreren Bereichen des Betriebsverfassungsgesetzes eine wichtige Ergänzung zu den interessengebundenen Untersuchungen der Gewerkschaften bilden. So "objektivieren" die bisherigen Feststellungen dadurch, daß in der Regel die Ergebnisse bei Rummel besser sind als bei den Gewerkschaften. Das gilt vor allem für den Bereich der personellen Einzelmaßnahmen. Andererseits drehen sie die Tendenz der bisherigen Feststellungen nicht um. Auch bei Rummel gibt es, wie ausführlich dargestellt, ein deutliches Gefälle zwischen der Verwirklichung einzelner Teile des Betriebsverfassungsgesetzes. Und obwohl Rummels Untersuchungen, die allerdings den Nachteil haben, daß sie relativ lange zurückliegen, deutlich positiver ausfallen als die Gewerkschaftsuntersuchungen, so läßt sich doch feststellen, daß zwischen Anspruch und Wirklichkeit teilweise noch erhebliche Unterschiede bestehen. Andererseits werden wichtige Bereiche des Betriebsverfassungsgesetzes - folgt man Rummels Untersuchungen - weitgehend verwirklicht. Das Betriebsverfassungsgesetz hebt ja ausdrücklich, wie begründet worden war, auf die soziale Schutzfunktion für den betroffenen Arbeitnehmer ab. Daher ist der Betriebsrat besonders im Bereich der personellen Einzelmaßnahmen mit Mitbestimmungsrechten ausgestattet. Andererseits wird die unternehmerische Entscheidungsfreiheit im Grundsatz nicht angetastet. Deshalb sind die Mitwirkungsrechte der Betriebsräte dort schwächer, wo es um originär unternehmerische Entscheidungen geht wie beispielsweise im Bereich des § 90 (Bauten, technische Anlagen, Arbeitsverfahren, Arbeitsplätze). Auch bei Rummel zeigt sich, daß der Zufriedenheitsgrad der Betriebsräte deutlich schwächer ist als im Bereich der personellen Einzelmaßnahmen. Anders als in den Untersuchungen der Gewerkschaften zieht Rummel aus diesem Tatbestand keine Konsequenzen. In der Tendenz jedenfalls widersprechen seine Untersuchungen den Ansichten der Gewerkschaften nicht, die davon ausgehen, daß gerade dort, wo die Mitwirkungsmöglichkeiten der Betriebsräte schwächer sind, sich das Betriebsverfassungsgesetz noch zu bewähren haben wird. Das gilt umso mehr, als die technologischen Umwälzungen besonders in diesen Bereichen Auswirkungen zeigen und die Betriebsräte vor neue Probleme stellen.

Auch bei Rummel hat sich, wie dargestellt, gezeigt, daß zwischen Betriebsgröße und Vertretungsstärke des Betriebsrates ein Zusammenhang bestehen kann. In größeren Betrieben müssen die täglichen Arbeitsvorgänge formalisiert sein. Das gilt auch für die Zusammenarbeit zwischen Unternehmensleitungen und Betriebsräten. Diese Formalisierung verringert die Gefahr, daß Bestimmungen des Betriebsverfassungsgesetzes umgangen werden. Zugleich wachsen aufgrund der Größe der Betriebsratsgremien die Arbeitsmöglichkeiten. Höheres Problembewußtsein der Arbeitnehmer und ihrer Vertreter, höheres Konfliktbewußtsein der Betriebsräte und besserer Kenntnisstand müssen nicht automatisch mit der Betriebsgröße wachsen. Doch lassen die bisher vorgestellten Ergebnisse die Aussage zu, daß zumindest mit wachsender Betriebsgröße die Chance zunimmt, daß die Bestimmungen des Betriebsverfassungsgesetzes so in die betriebliche Wirklichkeit umgesetzt werden, wie dies der Gesetzgeber wünscht.

Eine wichtige Ergänzung der bisher vorgestellten Untersuchungen ist die umfangreiche empirische Arbeit von Kirsch/Scholl/Paul zur Mitbestimmung in der Unternehmenspraxis, die 1984 veröffentlicht wurde. Schon in den Vorjahren publizierte Teilergebnisse dieses sich über mehrere Jahre erstreckenden Projekts der Arbeitsgruppe Kirsch am Institut für Organisation der Universität München sind bereits im Rahmen der bisherigen Datenanalyse (so zum Beispiel zur Betriebsratsstruktur und zum Verhältnis Betriebsrat/Belegschaft) vorgestellt worden. Kirsch und seine Mitarbeiter stützen ihre These, daß "entgegen landläufiger Meinung" Mitbestimmung nicht die Handlungsfähigkeit von Unternehmen gefährde, sondern sie im Gegenteil sogar verbessere, mit umfangreichen empirischen Untersuchungen zur Mitbestimmung im Aufsichtsrat, der Mitbestimmung in ausgewählten betrieblichen Problembereichen, Untersuchungen zu der Mitbestimmung bei Investitions- und Personalplanung, der Frage der Handlungsfähigkeit eines Unternehmens und der Bedürfnisberücksichtigung der Arbeitnehmer. Dabei wird ein signifikanter Zusammenhang - und zwar ein positiver - zwischen paritätischer Mitbestimmung, wie sie im Montanbereich verwirklicht worden ist, und der Vertretungswirksamkeit des Betriebsrats sowie der Handlungsfähigkeit eines Unternehmens nachgewiesen.

Die Daten für dieses Forschungsprojekt ("Der Einfluß von Partizipation und Mitbestimmung auf unternehmenspolitische Entscheidungen") wurden in den Jahren von 1976 bis 1980 gesammelt. (42)

Ausdrücklich betonen die Verfasser, daß sowohl Finanzierung als auch Durchführung des Projekts ohne jede Veranlassung und ohne jeden Einfluß "von außen" durchgeführt worden seien. Die Verfasser weisen auf die ihrer Meinung nach bestehende Vernachlässigung der Mitbestimmung in der betriebswirtschaftlichen und wirtschaftswissenschaftlichen Forschung hin. Eines der Ziele ihrer Erhebungen sei gewesen, "in bezug auf die Auseinandersetzung mit Arbeitnehmerinteressen und ihre Vertretung durch Mitbestimmungsorgane eine Lücke in der betriebswirtschaftlichen Forschung füllen zu helfen". (43)

Ein anderes Ziel habe darin bestanden, Daten zur Praktizierung des Betriebsverfassungsgesetzes zu sammeln. Dabei arbeiteten die Verfasser zwar mit relativ standardisierten Fragebogen, schalteten dieser "Breitenerhebung" aber Interviews und Tiefenanalysen vor und sicherten die Daten noch einmal hinterher mit ähnlichen Methoden ab. In die Untersuchungen wurden alle drei Gesetzesbereiche - nämlich Montan-Mitbestimmung, Mitbestimmungsgesetz und Betriebsverfassungsgesetz - einbezogen. Adressaten der Fragen waren sowohl Unternehmensleitungen als auch Betriebsräte. Als Mindestgröße der Betriebe wurde eine Belegschaft mit 300 Angehörigen festgesetzt. Kleinere Betriebe, die nach den bisherigen Untersuchungen oft besonders vertretungsschwache oder überhaupt keine Betriebsräte haben, schieden also aus. Wie bei den bereits vorgestellten Untersuchungen der Arbeitsgruppe Kirsch war die Rücklaufquote relativ unbefriedigend: von den angeschriebenen Betriebsräten antworteten 36 Prozent, von den Unternehmensleitungen nur 19 Prozent. Nur in neun Prozent antworteten sowohl der Betriebsrat als auch die Leitung eines Unternehmens. (Die Verfasser erklären dies unter anderem auch mit der politischen Brisanz des Themas.) (44)

Die Verfasser beschäftigen sich unter anderem auch mit der Frage, ob und wieweit der Betriebsrat indirekt in seiner Vertretungswirksamkeit (oder seiner Vertretungsschwäche) von dem Vorhandensein (oder Nichtvorhandensein) anderer Mitbestimmungsmöglichkeiten, vor allem im Aufsichtsrat, beeinflußt werde. Dabei ist daran zu erinnern, daß die Aufsplitterung in verschiedene Mitbestimmungsbereiche "keiner sachlichen Notwendigkeit (entsprang), sondern Ausdruck gescheiterter Bemühungen um eine einheitliche Vertretung Anfang der 50er Jahre (war)". (45)

Wie dargestellt, vermochte sich der DGB mit seinen Forderungen nach Parität für die ganze Wirtschaft nicht durchzusetzen. Die paritätische Mitbestimmung blieb auf den Montanbereich beschränkt. Das Betriebsverfassungsgesetz von 1952 sieht nur eine Drittelbeteiligung der Arbeitnehmer im Aufsichtsrat einer Kommanditgesellschaft auf Aktien oder einer Aktiengesellschaft vor. (Die Regelung blieb im novellierten Gesetz bestehen.) Das Mitbestimmungsgesetz, das ursprünglich im politischen Zusammenhang mit der Novellierung des Betriebsverfassungsgesetzes stand, wurde aus diesem herausgelöst. Es sieht keine im strengen Sinne paritätische Mitbestimmung vor und gilt nur für bestimmte Betriebe von 2000 Arbeitnehmern an. Dabei gibt es der Sache nach eine korrespondierende Funktion von Betriebsverfassungsgesetz und Mitbestimmungsgesetz. Von grundsätzlichen unternehmenspolitischen Entscheidungen ist der Betriebsrat ausgeschlossen; seine Kontroll- und Mitspracherechte berühren, wie beschrieben, die wirtschaftliche Entscheidungsfähigkeit nicht. Dagegen haben die Mitbestimmungsträger im Aufsichtsrat die Möglichkeit, das "Ob" von grundlegenden unternehmerischen Entscheidungen zu beeinflussen.

In ihren Untersuchungen kommen Kirsch und Mitarbeiter am Beispiel der Mitbestimmungspraxis bei der Investitionsplanung zu dem Schluß, daß in diesem Bereich "der Einfluß des Betriebsrates bei paritätischer Mitbestimmung im Aufsichtsrat deutlich höher ist als bei anderen Mitbestimmungsträgern". (46)

Diesen Zusammenhang weisen die Verfasser auch für den Bereich der Personalplanung nach. Dabei hatten sie bei der Einbeziehung des Betriebsrates in Fragen der Personalplanung ein deutliches Defizit festgestellt. Sie kommen zu dem Ergebnis, daß "selbst nach den Angaben der Unternehmensleitungen in mehr als der Hälfte aller Unternehmen das Betriebsverfassungsgesetz nicht eingehalten wird, und zwar sowohl beim Kern der Personalplanung, beim Bedarfsplan und Bedarfsdeckungsplan, als auch erst recht bei den anderen Teilplänen".(47)

Kirsch und Mitarbeiter stellen nun die Hypothese auf, daß aufgrund der unterschiedlichen Mitbestimmungsmöglichkeiten im Aufsichtsrat die "davon eigentlich unabhängigen" Betriebsratsrechte unterschiedlich berührt würden. So würden bei der Personalplanung in paritätisch mitbestimmten Unternehmen die Arbeitnehmervertreter "deutlich früher" eingeschaltet als in Unternehmen ohne Aufsichtsrat. Eine frühzeitige Information und Beratung über den Personalbedarfsplan sei aber besonders deshalb wichtig, weil dort die Anzahl und Struktur der Arbeitsplätze festgelegt würden. Darauf aber hat der Betriebsrat aufgrund des Betriebsverfassungsgesetzes keinen direkten Einfluß. Zusammenfassend heißt es bei Kirsch: "Um eine 'rechtzeitige und umfassende' Information und Beratung durchsetzen zu können, ist es offensichtlich für die interessierten Betriebsräte sehr günstig, wenn sie durch eine starke Arbeitnehmervertretung im Aufsichtsrat (zu der einzelne Betriebsratsmitglieder in der Regel selbst gehören) die nötige Rückendekkung zur vollen Durchsetzung der gesetzlichen Bestimmungen haben." (48)

Allerdings wird in der Untersuchung auch darauf hingewiesen, daß Betriebsräte versuchen, bei der Umsetzung der Personalplanung in personelle Einzelmaßnahmen korrigierend einzugreifen - und dies in der Regel erfolgreich. Diese korrigierenden Rechte räumt das Betriebsverfassungsgesetz - unabhängig von anderen Mitbestimmungseinrichtungen - den Betriebsräten ein. So steht der Negativ-Bilanz bei der Personalplanung, wo die Rechte der Betriebsräte in der Regel auf Informations- und Beratungsrechte beschränkt sind, nach Kirsch eine Art von Positiv-Bilanz bei der Umsetzung der Personalplanung im betrieblichen Alltag gegenüber. Das Betriebsverfassungsgesetz verschaffe dem Betriebsrat immerhin einen gewissen Mindesteinfluß, der ausreiche, gewisse Korrekturen im Realisierungsstadium durchzusetzen. "Wenn diese Interpretation richtig ist, dann muß man auch in dieser Hinsicht von einem Erfolg der gesetzlichen Mitbestimmungsregelung sprechen. Denn während in anderen Ländern die Durchsetzbarkeit von Arbeitnehmerforderungen ausschließlich von der Macht der Arbeitnehmervertreter, d.h. in aller Regel vom gewerkschaftlichen Organisationsgrad abhängt, verschafft eine gesetzliche Mitbestimmungsregelung einer schwach organisierten Arbeitnehmerschaft gewisse Mindesteinflußmöglichkeiten." (49)

Aufgrund dieses Befundes überrascht es nicht, daß Kirsch in Teilbereichen der personellen Einzelmaßnahmen, vor allem bei Kündigungen, eine relativ erfolgreiche Betriebsratsarbeit verzeichnet. Kündigungen seien für die Betroffenen besonders einschneidend; entsprechend stark engagiere sich der Betriebsrat. Es sei den Betriebsräten in 70 % der untersuchten Unternehmen gelungen, "gewisse Änderungen durchzusetzen". (50)

Kirsch und Mitarbeiter weisen aber auch darauf hin, daß es sich im Bereich der personellen Einzelmaßnahmen um eine außerordentlich mühevolle, wenn auch notwendige Kleinarbeit handele. Von personellen Einzelmaßnahmen im Durchschnitt aller Betriebe würden pro Jahr ein Viertel aller Beschäftigten betroffen. Die große Chance für eine effektive Mitwirkung der Betriebsräte liege deshalb bei der Personalplanung, sofern sie daran beteiligt würden. "Hier kann im Vorfeld ein Konsens mit der Geschäftsleitung über die generelle Personalplanung gesucht werden, was die Mitwirkung bei den einzelnen Maßnahmen zwar nicht überflüssig macht, aber den Umfang der Beratungen, Bemühungen und letztlich auch Auseinandersetzungen sicher verringert durch eine generelle Vorwegnahme." (51)

Kirsch und Mitarbeiter hatten aber deutlich gemacht, daß die Mitbestimmung nach dem Betriebsverfassungsgesetz durch die Mitbestimmung nach dem Mitbestimmungsgesetz im Aufsichtsrat beeinflußt werden kann. Mehr Macht im Aufsichtsrat bedeute in der Regel mehr Macht des Betriebsrates und erhöhe seine Durchsetzungsfähigkeit. Dort, wo das zusätzliche Informationspotential durch Arbeitnehmervertreter im Aufsichtsrat fehle, erfolge eben auch eine wesentlich spätere Einschaltung des Betriebsrats beispielsweise in die Personalplanung. Damit aber schließt sich der Kreis.

Die Verfasser versuchen nachzuweisen, daß verstärkte Einflußmöglichkeiten des Betriebsrates die Handlungsfähigkeit eines Unternehmens nicht hemmten, sondern eher günstig beeinflussen könnten. Durch die vorherige Klärung grundlegender Fragen würden viele Probleme, die sonst bei der Umsetzung genereller Entscheidungen im Betriebsalltag entstünden, gar nicht erst relevant werden. Zusammenfassend heißt es: "In einer theoretischen Perspektive erscheint es jedenfalls durchaus plausibel, daß eine stärkere Mitbestimmung mit produktiveren Formen der Konflikthandhabung einhergeht. Solange ein starkes Ungleichgewicht besteht, ist für die stärkere Seite die Versuchung groß, entweder mit Macht die eigenen Vorstellungen durchzudrücken oder Konflikte überhaupt zu leugnen und eine Harmonievorstellung aufzurichten ... bei ausgeglichenen Einflußmöglichkeiten (liegt) ein argumentativer Stil der Konflikthandhabung nahe, mit dem versucht werden kann, Wege zu finden, die für beide Seiten akzeptabel sind. Da ein solcher produktiver Konflikthandhabungsstil sich nicht, wie ursprünglich erwartet, negativ auf die Entscheidungsfähigkeit auswirkt, sondern gerade positiv ... sind damit nicht nur inhaltlich bessere Ergebnisse zu erwarten, sondern auch eine größere Handlungsfähigkeit." (52)

Die Untersuchungen von Kirsch und Mitarbeitern bilden im Zusammenhang dieses Teils der Datenanalyse eine wichtige Ergänzung der bisher zusammengetragenen und gewerteten Daten. Sie bekräftigen auch den Befund, daß zwischen der Verwirklichung einzelner Teile des Betriebsverfassungsgesetzes - beispielsweise zwischen personellen Einzelmaßnahmen und der Personalplanung -

erhebliche Unterschiede bestehen. Diese Unterschiede erklären sich zum großen Teil durch die jeweilige Nähe oder Ferne zu grundlegenden unternehmerischen Entscheidungen.

Die These, daß ein Betriebsrat umso durchsetzungsfähiger erscheint, je stärker er von Arbeitnehmervertretern im Aufsichtsrat unterstützt wird, verleiht indirekt gewerkschaftlichen Forderungen nach einer Ausweitung der Betriebsratsrechte eine gewisse Glaubwürdigkeit. So gesehen ist das Plädoyer von Kirsch für die deutsche Spielart der Mitbestimmung mit eingebundenen Betriebsräten, die den Unternehmen nicht antagonistisch gegenüberstehen, auch ein Plädoyer für eine starke betriebliche Mitbestimmung, zumal Kirsch dem Argument mit Nachdruck entgegentritt, dadurch könne die Handlungsfähigkeit eines Unternehmens beeinträchtigt werden. Stützt man sich auf seine Befunde, so ist eher das Gegenteil der Fall. Allerdings muß bei der Bewertung des Aussagewertes in Betracht gezogen werden, daß aufgrund des relativ geringen Rücklaufs die empirische Überprüfung nur sehr begrenzt repräsentativ ist.

9.7. Zwischenbilanz

Anhand der bisher vorgestellten Untersuchungen ist versucht worden, die Praxis des Betriebsverfassungsgesetzes in den Betrieben darzustellen. Die methodisch mehr "qualitativ" orientierten Arbeiten über das Verhalten der Betriebsräte und Konfliktformen hatten gezeigt, daß die deutschen Betriebsräte und mit ihnen die Gewerkschaften den ihnen mit dem Betriebsverfassungsgesetz zur Verfügung gestellten Handlungsrahmen grundsätzlich zu akzeptieren und zu nutzen bereit sind. Daß die Handlungsmöglichkeiten der Betriebsräte von verschiedenen Faktoren abhängig sind, war ebenfalls dargestellt worden. Die methodisch mehr "quantitativ" orientierten Untersuchungen waren dann zur Hilfe genommen worden, um nach dem Abstecken des allgemeinen Handlungsrahmens nach den konkreten Verwirklichungen einzelner Bestimmungen des Betriebsverfassungsgesetzes zu fragen. Dabei hatten sich zwischen interessengebundenen und nicht interessengebundenen Untersuchungen zwar Unterschiede ergeben, in der Zielrichtung läßt sich aber aus allen Untersuchungen die Schlußfolgerung ziehen, daß die verschiedenen Teile des Betriebsverfassungsgesetzes mit unterschiedlicher Intensität verwirklicht werden. Sie sind im Bereich der "klassischen" sozialen und personellen Einzelmaßnahmen, also dort, wo es vor allem um die konkrete Auswirkung von unternehmerischen Entscheidungen auf den Einzelnen geht, am besten verwirklicht. Dort aber, wo es um den Einfluß auf primär unternehmerische Entscheidungen selbst geht und die Betriebsräte entsprechend schwächere Rechte haben, scheint nach den vorliegenden Untersuchungen das Konfliktpotential größer zu sein. Selbst dann - und das gilt vor allem für die gewerkschaftlichen Untersuchungen -, wenn das Bild angeblichen unternehmerischen Fehlverhaltens schwarz in schwarz gemalt wird, führt das doch nicht dazu, Inhalt und Absicht des Betriebsverfassungsgesetzes in Frage zu stellen. Dort beispielsweise, wo die IG Druck und Papier von "Machenschaften" und "Klassenkampf" der Unternehmer spricht, wird daraus doch nicht die Konsequenz abgeleitet, das Betriebsverfassungsgesetz müsse als Bestandteil einer reformerischen Gewerkschaftsstrategie abgelehnt werden, weil es sich nicht bewährt habe, sondern auch die IG Druck schließt sich den allgemeinen Forderungen des DGB nach Reform und Ausweitung betriebsrätlicher Rechte an. Auch im unternehmerischen Lager, so war bereits dargestellt worden, ist das Betriebsverfassungsgesetz nicht grundsätzlich umstritten, sondern allenfalls in seinen Einzelteilen. So negativ das Bild auch teilweise in den interessengebundenen Untersuchungen gezeichnet wird, so ist doch auch umgekehrt bemerkenswert, daß in einem Großteil der Betriebe das Betriebsverfassungsgesetz auch nach Meinung der Gewerkschaften regelgerecht verwirklicht wird. Daß die Betriebsgröße von nicht unerheblicher Bedeutung für die Verwirklichungschance des Betriebsverfassungsgesetzes ist, wurde ausführlich dargestellt und begründet.

Dabei bilden die Untersuchungen von Kirsch und Mitarbeitern eine wichtige Ergänzung, versuchen sie doch alle Mitbestimmungsebenen mit einzubeziehen und sie untereinander zu verknüpfen. Das war im bisherigen Verlauf der Arbeit nur sehr punktuell geschehen. Der Befund, daß die Vertretungsstärke eines Betriebsrates wesentlich von der Größe eines Unternehmens abhängt, wird von Kirsch mit der empirisch überprüften These ergänzt, daß diese Vertretungsstärke auch in einem Zusammenhang mit der "Rückendeckung" durch andere Mitbestimmungsträger steht.

10. EINZELASPEKTE BETRIEBLICHER MITBESTIMMUNG

Haben sich die ersten beiden Teile des empirischen Kapitels vorwiegend mit breitgefächerten Untersuchungen beschäftigt, so soll nun in einem abschließenden dritten Teil versucht werden, an Einzelaspekten die Arbeit der Betriebsräte, das Verhalten von Arbeitnehmern und neuere Fragestellungen durch neue Technologien darzustellen. Dieser dritte Teil soll der Abrundung der bisherigen Ergebnisse dienen und zu einem zusammmenfassenden Schlußkapitel überleiten.

10.1. Einigungsstellen - Ausdruck des Kompromißcharakters

Das Betriebsverfassungsgesetz ist, wie dargestellt, auf Kooperation angelegt. Interessengegensätze sollen zwar ausgetragen, die Produktionsziele aber nicht gefährdet werden. Das Gebot der vertrauensvollen Zusammenarbeit, sozusagen die Präambel des Betriebsverfassungsgesetzes, und die Friedenspflicht sind Eckpfeiler der kooperativen Verfassung des Gesetzes.

Bei der allmählichen Ausweitung der Mitbestimmungsrechte im Laufe der Jahrzehnte zieht sich diese auf Ausgleich innerhalb des Betriebs angelegte Struktur durch alle Betriebsverfassungsgesetze seit 1920. Um in einem Konflikt und nach Ausschöpfung aller Verhandlungsmöglichkeiten im Betrieb dennoch eine Lösung zu finden, hat der Gesetzgeber schon dem Betriebsverfassungsgesetz von 1952 die Möglichkeit der Einrichtung einer betrieblichen Einigungsstelle mitgegeben. Parallel zu der Ausweitung der Mitbestimmungsrechte in dem novellierten Betriebsverfassungsgesetz von 1972 sind auch deren Funktion und Aufgaben ausgeweitet worden.

Die Einigungsstelle ist eine innerbetriebliche Schlichtungsstelle mit außerbetrieblicher Komponente. Denn der neutrale Vorsitzende, im Regelfall ein Arbeitsrichter, hat dann die entscheidende Stimme, wenn die gleichzahligen Beisitzer beider Seiten sich nicht einigen können. Dabei nimmt die Einigungsstelle nach § 76 BetrVG keineswegs eine gerichtliche Funktion wahr. Sie entzieht sich der arbeitsgerichtlichen Nachprüfung insofern, als sie bei ihrer Entscheidung einen Ermessensspielraum hat. Das Arbeitsgericht kann nur nachprüfen, ob dieser Ermessensspielraum überschritten worden ist oder nicht. Die

Einigungsstelle soll eine nicht zustande gekommene Einigung zwischen Arbeitgeber und Betriebsrat ersetzen. Sie soll ihre Beschlüsse "unter angemessener Berücksichtigung der Belange des Betriebes und der betroffenen Arbeitnehmer nach billigem Ermessen treffen". (§ 76 Absatz 5). Die Einigungsstelle kann in den im Betriebsverfassungsgesetz genau bezeichneten Stellen auf Antrag einer der beiden Seiten angerufen werden. Darüber hinaus können beide Seiten sich freiwillig über die Einrichtung einer nichtständigen oder ständigen Einigungsstelle einigen.

Die Frage, wieweit diese Einrichtung in der betrieblichen Praxis funktioniert, ist deshalb von besonderer Bedeutung, weil die Einigungsstelle ein wesentliches Element der kooperativen Verfassung des Betriebsverfassungsgesetzes ist. Dabei soll sie nicht dazu dienen, die im Betriebsverfassungsgesetz festgeschriebenen Rechte des Betriebsrates stillschweigend auszuweiten, sondern deren Einhaltung zu ermöglichen. In seiner umfassenden Arbeit über die Praxis der Einigungsstellen im Saarland weist Schank auf die besondere Notwendigkeit und den Charakter von Einigungsstellen im Rahmen des Betriebsverfassungsgesetzes hin: "Einerseits soll in jedem Fall eine Einigung erzielt werden, und der Produktionsablauf soll nicht blockiert werden. Andererseits sollen beide Interessenstandpunkte respektiert werden. Keine Seite soll der anderen ihren Willen durch Kampfmaßnahmen aufzwingen. Die Folge dieses Widerspruchs ist, daß betriebliche Situationen zu Pattsituationen führen können. Als Ausweg in einer solchen Situation stehen nur das Arbeitsgericht oder die E-Stelle zur Verfügung. Dabei erfüllt die E-Stelle die Rolle einer innerbetrieblichen Zwischenstufe zwischen Betriebsrat, Geschäftsleitung und Arbeitsgericht." (1)

Schank weist darauf hin, daß die Einigungsstelle darauf angelegt sei, das auf Zusammenarbeit ausgerichtete Grundmuster der Betriebsverfassung zu retten; nur als "ultima ratio" sei die Entscheidung mit der Stimme des Vorsitzenden gegen den Willen einer Seite vorgesehen. Schanks Arbeit stützt sich auf eine Vollerhebung aller Einigungsstellenverfahren im Saarland in der Zeit zwischen 1972 und 1980. Er verbindet quantitative und qualitative Methoden. So folgen der datenmäßigen Vollerhebung Leitfadengespräche mit Gewerkschaftssekretären, Betriebsräten und einigen Arbeitsrichtern. Dabei wurden von den 31 saarländischen Betrieben, in denen schon Einigungsstellenverfahren stattgefunden hatten, 12 ausgewählt. Anlehnend an Kotthoffs Typologisierung stellte Schank dabei fest, daß in allen beteiligten Betrieben die Betriebsräte, die sich zur Anrufung von Einigungsstellen entschlossen, eher den vertretungswirksamen als den vertretungsschwachen Betriebsräten zuzurechnen waren, das heißt, daß sie eher konfliktbereit und -fähig waren. Schank kommt zu dem Ergebnis, daß Einigungsstellen in der betrieblichen Praxis relativ selten angerufen werden. Im Saarland stellte er im Untersuchungszeitraum von 1972 bis 1980 insgesamt nur 36 Verfahren fest. Diese Feststellung trifft sich mit ähnlichen Ergebnissen aus den Untersuchungen Rummels, Niedenhoffs und anderen. Zumindest in den ersten drei Jahren nach der Verabschiedung des Betriebsverfassungsgesetzes 1972 war die Zahl der Einigungsstellenverfahren relativ gering. Erst danach stieg sie kontinuierlich an, erreichte aber keine bemerkenswerte Höhe. Rummel spricht aufgrund seiner eigenen Erhebungen davon, daß "in der betrieblichen Praxis nur sehr zurückhaltend von der Übertragung der Entscheidungsfindung auf die Einigungsstelle als Drittpartei Gebrauch gemacht wird". (2)

In einem Bericht für den Hauptvorstand der IG Druck und Papier heißt es, daß sich die Einigungsstellenverfahren zwischen 1980 und 1982 zwar verdoppelt hätten, was als Beweis für die härteren Auseinandersetzungen in den Betrieben gewertet wird. Dennoch sei die Zahl immer noch "erschreckend niedrig und läßt den Schluß zu, daß die Betriebsräte vielfach nicht hart genug um ihre Rechte gekämpft haben". (3)

In dem Bericht wird angegeben, daß 1982 nur in 3,8 Prozent der Betriebe ein Einigungsstellenverfahren stattgefunden habe. Allgemein läßt sich sagen, daß die Verfahren vor der Einigungsstelle zwar in der Tendenz zugenommen haben, sich aber bis 1982/83 immer noch auf einem relativ geringen Niveau bewegt haben. Es bleibt abzuwarten, ob die Einigungsstellenverfahren, die im Zusammenhang mit den Tarifverträgen über die 38,5-Stunden-Woche vor allem im Organisationsbereich der IG Metall durchgeführt worden sind, das Gesamtbild entscheidend verändert haben. Auch Schank weist darauf hin, daß mit der etwa in den Jahren 1978/79 sich abzeichnenden Verhärtung des sozialen Klimas die Zahl der Einigungsstellen zunahmen. Dazu würden auch die verengten finanziellen Spielräume der Unternehmen beitragen.

Schank stellt aufgrund seiner Erhebungen fest, daß die meisten Einigungsstellenverfahren sich auf § 87 Abs. 1 des BetrVG beziehen, und zwar von 36 Verfahren 17 Fälle (= 47 Prozent). Das deckt sich auch mit den Erhebungen der IG Druck und Papier aus dem Jahre 1982. Der § 87 definiert "starke" Mitbestimmungsrechte des Betriebsrates beispielsweise bei der Einführung von Kurzarbeit, Verlängerung der betrieblichen Arbeitszeit, Änderung der Schichtpläne, Einführung von Bildschirmarbeitsplätzen und sonstigen Kontrolleinrichtungen, also Fragen, die Arbeitnehmer direkt betreffen. Hier hat der Betriebsrat ein über die Einigungsstelle nötigenfalls erzwingbares Mitbestimmungsrecht. Schank kommt dabei zu dem Ergebnis, "daß der Betriebsrat dort am konfliktfähigsten ist, wo er am ehesten klar definierte Rechte hat". (4) Im übrigen fallen auch die mit der 38,5-Stunden-Woche ansteigenden Regelungsfragen in den Bereich von § 87. Neben den Anrufungen aufgrund von Streitigkeiten im Bereich des § 87 nennt Schank Anrufungen zur Erstellung von Sozialplänen als besonders häufig, nämlich in vierzehn von den genannten 36 Fällen im Saarland. Auch diese Erhebungen decken sich wiederum mit den Daten der IG Druck und Papier aus dem Jahre 1982. Sowohl Schank als auch die Verfasser des Gewerkschaftsberichtes deuten dies als Ausdruck der verschärften Strukturkrise.

Aufschlußreich ist auch die Aufschlüsselung darüber, von wem jeweils die Einigungsstelle angerufen wurde. Schank kommt dabei zu dem Ergebnis, daß die Betriebsräte von diesem Recht eindeutig stärker als die Arbeitgeber Gebrauch gemacht hätten. So sei die Einigungsstelle dreißigmal auf Initiative der Betriebsräte und nur fünfmal auf Initiative der Arbeitgeberseite gebildet worden. Schank zieht daraus den Schluß, daß sich in der unterschiedlichen Häufigkeit der Anrufung der Einigungsstelle durch Betriebsrat und Arbeitgeber "offensichtlich die unterschiedlichen Handlungsbedingungen, die für die beiden Parteien im Betrieb bestehen, nieder(schlagen). Die häufige Anrufung durch Betriebsräte kann damit erklärt werden, daß diese ihre Position nur sehr viel schwerer durchsetzen können als die Arbeitgeberseite. Die Betriebsräte können ihre Mitbestimmungsrechte nach dem BetrVG nur durch Verhandlungen, und wenn diese nicht mehr weiterführen, mit Hilfe von Einigungsstellen durchsetzen. Der Arbeitgeber kann Tatsachen schaffen, auf die der Betriebsrat reagieren muß, und je nach Verhandlungssituation reagiert er unter Umständen durch Anrufung der E-Stelle." (5)

Daß auch Einigungsstellen, obwohl sie nach dem Scheitern der innerbetrieblichen Verhandlungsmöglichkeiten angerufen werden können, dennoch dem Kooperationsgebot des Betriebsverfassungsgesetzes verpflichtet sind, darauf könnte Schanks Hinweis deuten, daß von 34 Verfahren durch vorzeitige Einigung zwanzig Verfahren beendet werden konnten und nur 14 durch eine Kampfabstimmung entschieden werden mußten, in denen die Stimme des Vorsitzenden den Ausschlag gab. Zusammenfassend kommt Schank zu dem Ergebnis, daß sich die Einigungsstellen insofern bewährt hätten, als sie eine Einigung ermöglicht hätten, die innerbetrieblich nicht mehr hätte gefunden werden können. Dabei sei der Idealzustand, daß bei Meinungsverschiedenheiten zwischen Arbeitgeber und Betriebsrat in einer ansonsten kooperativen Grundbeziehung es zu einem für beide Seiten akzeptablen Kompromiß komme und dadurch die kooperative Basis erhalten bleibe. Bei einem konfliktgeladenen Verhältnis mit einem labilen Machtgleichgewicht erfülle die Einigungsstelle eher die Funktion einer Machtprobe. Sie könne auch als Alibi-Funktion einerseits des Betriebsrats gegenüber der Belegschaft oder der Geschäftsleitung gegenüber dem Aufsichtsrat dienen, wenn eine der beiden Seiten aufgrund von äußeren Bedingungen nicht bereit sei, einen Kompromiß in Verhandlungen zu akzeptieren, die sie grundsätzlich aber akzeptieren. (6)

Zusammenfassend heißt es bei Schank: "Die Einigungsstelle ist weniger eine Vorinstanz des Gerichts als die Fortsetzung der Verhandlungen zwischen Betriebsrat und Arbeitgeber unter Mitwirkung eines betriebsfremden Vorsitzenden und außerbetrieblicher Beisitzer mit dem Ziel, zu einer gangbaren Lösung zu kommen. In der überwiegenden Zahl der Fälle erfüllt die Einigungsstelle die ihr gesetzlich zugedachte Funktion, innerbetriebliche Konflikte schnell und betriebsnah zu regeln." (7)

Strittig ist, warum die Einigungsstelle relativ selten angerufen worden ist. Gaul glaubt, daß die Tatsache, daß trotz der Verstärkung der Funktion der Einigungsstelle die Zahl der Anrufungen nicht hochgeschnellt sei, ein deutliches Indiz dafür sei, daß die "betrieblichen Sozialpartner den Verpflichtungen der vertrauensvollen Zusammenarbeit gerecht würden und einer innerbetrieblichen Verhandlungslösung den Vorzug gäben". (8)

Zu einem anderen Ergebnis kommt Schlochauer in einem neueren

Beitrag, der sich allerdings nicht auf eigene empirische Erhebungen, sondern auf ihre Erfahrungen als Rechtsanwältin bezieht. Sie sieht die Zunahme der Anrufungen von Einigungsstellen im Zusammenhang mit einer neuen gewerkschaftlichen Strategie. So würde es bei Grundsatzfragen, die für Gewerkschaften und Betriebsräte von gleichrangigem Interesse seien, kaum noch innerbetriebliche Einigungen geben, sondern es würden Einigungsstellen angerufen. Auch die Erfahrungen mit der 38,5-Stunden-Woche in den Betrieben könnten in diese Richtung deuten. Schlochauer spricht außerdem von der Alibifunktion, der sich die Betriebsräte zunehmend bedienten, wenn sie die Einigungsstellen anriefen. Sie würden diesen Weg einer innerbetrieblichen Einigung den Vorrang geben, weil dadurch Lösungen, die der Belegschaft unangenehm seien, besser verkäuflich seien. Insgesamt sieht sie zwar die Möglichkeit der Anrufung einer Einigungsstelle als grundsätzlich positiv an, sieht aber auch zunehmend Gründe (unter anderem auch die Kostenfrage für den Vorsitzenden), die den Prozeß des Einigungsstellenverfahrens verzögerten. (9)

Schank nennt eine Reihe von Gründen dafür, warum Einigungsstellen nur zurückhaltend angerufen würden. Dazu gehören Bedenken, betriebliche Probleme vor Betriebsfremden auszubreiten, die Scheu vor möglichen Kosten, die mangelnde Konfliktbereitschaft bei Betriebsräten, psychologische Barrieren bei der täglichen Zusammenarbeit mit der Arbeitgeberseite, die eine solche Anrufung negativ bewerten könnte, und schließlich auch die Möglichkeit, daß Betriebsräte mit der Einigungsstelle drohen und ihr Ziel zu erreichen versuchen, ohne daß die Einigungsstelle angerufen wird. Schließlich lehre die praktische Erfahrung von Betriebsräten auch, daß die oft ungewohnte Prozedur bei Einigungsstellen für die Belegschaft schwer vermittelbar sei. (10)

Einigungsstellen, so kann man zusammenfassend sagen, erfüllen eine wichtige Funktion. Sie sind sozusagen das "Sicherheitsventil" des Betriebsverfassungsgesetzes. Folgt man Schanks Erhebungen, so haben sie die Machtgewichte in den innerbetrieblichen Beziehungen zwischen Arbeitgeber und Betriebsrat zwar keinesweg verschoben, dafür aber der kooperativen Grundstruktur des Betriebsverfassungsgesetzes weitere Festigkeit gegeben. Ob die bis vor kurzem unbestrittene Tatsache, daß sie relativ selten angerufen werden, nun ein besonderer Beweis für die

Kompromißfähigkeit der Sozialpartner im Betrieb ist oder dafür andere Gründe, die Schank nennt, maßgebend sind, muß offenbleiben. Bemerkenswert ist, daß der Betriebsrat vor allem dann Einigungsstellen anruft, wenn seine Mitbestimmungsrechte besonders stark sind.

10.2. Die besondere Rolle des Betriebsrats in Großbetrieben

Auf die Wahrscheinlichkeit, daß sich mit zunehmender Betriebsgröße die Verwirklichungschance für das Betriebsverfassungsgesetz erhöht, war schon in Zusammenhang mit den Untersuchungen von Kotthoff und Rummel hingewiesen worden. Rummel hatte herausgefunden, daß mit zunehmender Größe der Organisation die Institutionalisierung von Entscheidungsprozessen zunimmt. Damit erhöhten sich die Chancen, daß das Betriebsverfassungsgesetz zumindest in der Form einer Verwaltungsroutine verwirklicht werde. Das ist zwar eine Minimalbedingung, die in Klein- und Mittelbetrieben aber nicht ohne weiteres an der Tagesordnung ist. Auch stellte Rummel fest, daß es einen Zusammenhang zwischen zunehmender Betriebsgröße und dem Problembewußtsein der Arbeitnehmer gebe.

Besonders an den Problemen der Großbetriebe läßt sich zeigen, wie unterschiedlich die betriebliche Wirklichkeit aussehen kann. Deshalb kann nicht nachdrücklich genug darauf hingewiesen werden, daß im Zusammenhang mit der Frage nach der Verwirklichung des Betriebsverfassungsgesetzes differenziert werden muß. Die Frage, ob Betriebsräte vertretungsschwach oder vertretungsstark handeln, hängt nicht nur und nicht primär von ihrem eigenen Willen ab, sondern von den betrieblichen Strukturen, auf die sie treffen. Eine dieser Determinanten betrieblicher Strukturen ist die Betriebsgröße. Auf sie soll genauer eingegangen werden.

Außer den Zusammenhang zwischen Betriebsgröße und Vertretungswirksamkeit sieht Rummel auch einen Zusammenhang zwischen Effektivität der Vertretung von Arbeitnehmerinteressen und Betriebsratsgröße, die wiederum von der Betriebsgröße abhängig ist. Mit zunehmender Betriebsgröße wächst beispielsweise die Zahl der Mitglieder eines Betriebsrates und die Zahl der Freistellungen.

"Sieht man die Betriebsratsgröße als Einflußfaktor für die Mitbestimmungsintensität an, dann wird unterstellt, daß mit wachsender Größe der Betriebsratsinstitution und der Freistellung ihrer Mitglieder in stärkerem Maße die Beteiligungsrechte durch die Belegschaftsvertreter wahrgenommen werden können und dies somit für die Arbeitgeber einen größeren Machtfaktor darstellt." (11)

Rummel weist auf eine Tendenz hin, die für die Beantwortung der Frage nach der Wirklichkeit betrieblicher Abläufe und die Einsetzung des Betriebsrates von nicht zu unterschätzender Bedeutung ist. Das Betriebsverfassungsgesetz geht von dem Betrieb als zentraler Einheit und dem Einzelbetriebsrat als zentraler Institution für die Vertretung von Arbeitnehmerrechten im Betrieb aus. Rummel macht darauf aufmerksam, daß mit zunehmender Betriebsgröße die Bedeutung des Gesamtbetriebsrates zunehme und entsprechend die Bedeutung der Einzelbetriebsräte abnehme. Eine zweite Tendenz ist die zunehmende Bedeutung von Ausschüssen, die das Betriebsverfassungsgesetz zwar ausdrücklich zuläßt (§ 27), sie aber für die Führung der laufenden Geschäfte vorsieht. Den Ausschüssen können zwar einzelne Aufgaben übertragen werden, die eigentlichen betriebspolitischen Entscheidungen aber sollen im Betriebsrat fallen. So ist zum Beispiel der Abschluß von Betriebsvereinbarungen ausdrücklich dem Betriebsrat vorbehalten. Rummel weist aufgrund seiner Erhebungen nach, daß die Bedeutung des einzelnen Betriebsratsgremiums mit zunehmender Betriebsratsgröße nicht nur durch die Arbeit der Gesamtbetriebsräte sinkt, sondern auch durch zunehmende Wichtigkeit von Ausschüssen, die sich der Spezialfragen im Detail annehmen, die das Gesamtgremium des Betriebsrates oft nicht mehr übersehen kann. (12)

In seiner ausführlichen Darstellung über "Betriebsverfassung und Unternehmenswirklichkeit" beschäftigt sich Rancke in seiner schon genannten empirischen Untersuchung mit den speziellen Problemen eines Großbetriebes, den er mit 2000 Arbeitnehmern beginnen läßt. Rancke geht in seiner Arbeit von der These aus, daß die organisationsrechtlichen Regelungen des Betriebsverfassungsgesetzes den tatsächlichen Willensbildungs- und Entscheidungsprozessen, wie sie in Großunternehmen und Konzernen ablaufen, nicht mehr ausreichend Rechnung tragen. Die Änderungen in der Unternehmensorganisation, die mit den Stichworten Divisionalisierung, Filialisierung und Punktbetriebe bezeichnet werden, würden einhergehen mit Änderungen in der Organisationsstruktur von Betriebsräten (Ausschüsse, Gesprächskreise, Arbeitsteilung im Betriebsrat und Unterbau durch Vertrauensleute). Rancke versucht nun, den realen Entscheidungsablauf in Großbetrieben nachzuzeichnen und die Frage zu stellen, wieweit diese Entscheidungsabläufe und die entsprechenden Willensbildungsprozesse bei den Betriebsräten mit der Organisationsstruktur des Betriebsverfassungsgesetzes, also mit der Einheit des Betriebes als zentralen Gegenstand, noch in Einklang zu bringen seien. Rancke kommt zu dem Schluß, daß Aufbau und Ablaufstrukturen in modernen Großunternehmen die Praxis der betriebsverfassungsrechtlichen Mitbestimmung zum Teil weit vom Gesetz weggeführt hätten. Neue Organisationsformen und damit auch neue Verhandlungsgremien seien entstanden, die dem Betriebsverfassungsgesetz so nicht mehr entsprächen. Immer mehr zeichne sich die überragende Bedeutung des Unternehmensvorstandes und eine entsprechende des Gesamtbetriebsrates ab. Zum Ausgleich zu dieser Entwicklung werde versucht, unterhalb der Betriebsebene eine Substruktur aufzubauen und durch Abmachungen abzusichern. Diese Entwicklung kann für die Praxis des Betriebsverfassungsgesetzes nicht ohne Bedeutung sein.

Wäre es gelungen und würde es gelingen, daß sich Betriebsräte und Unternehmensleitungen einer solchen Entwicklung anpassen und durch Bildung entsprechender Gremien dafür sorgen, daß, wenn auch nicht der Buchstabe des Betriebsverfassungsgesetzes, so doch zumindest die Absicht des Gesetzes erfüllt wird, so wäre das nicht zu gravierend und bedürfte dann später nur noch einer Anpassung durch eine entsprechende Gesetzesreform, die den neuen Organisationsformen Rechnung trägt. Tatsächlich weist Rancke nach, daß, obwohl in einer Anzahl von Fällen Betriebsräte und Unternehmensleitungen sich als flexibel erweisen, es doch in anderer Anzahl von Fällen zutrifft, daß der Betriebsrat mit der Tatsache konfrontiert wird, daß wesentliche Entscheidungen an ihm vorbeigehen und ihm keine Gesprächspartner zur Verfügung stehen, die die eigentlichen Entscheidungen treffen. Auch ist eine solche flexible Haltung nur möglich, wenn die Unternehmensleitungen bereit sind, Regelungen, die vom Betriebsverfassungsgesetz abweichen, die also informell und damit nicht ohne weiteres erzwingbar sind, zu akzeptieren und zu tolerieren. Für die Betriebsräte wächst zudem die Gefahr, daß bei einer zunehmenden Zentralisierung und Spezialisierung es zunehmend schwieriger wird, solche Entscheidungsprozesse der Belegschaft zu vermitteln. Das Betriebsverfassungsgesetz hat eben auch zum Ziel, die Arbeitnehmervertretung soweit wie möglich basisnah zu gestalten, und orientiert sich deshalb auch am Einzelbetrieb als eigentlichem Zentrum der Entscheidungen.

In seiner Zusammenfassung seiner Ergebnisse weist Rancke darauf hin, daß schon in sogenannten Ein-Betrieb-Unternehmen Probleme aufträten. Diese Betriebe seien oft eben nicht zentralistisch organisiert, sondern verfügten über Einheiten (Produktionsstätten, Verwaltungsbereiche, Werke), die organisatorisch und räumlich abgegrenzt seien, ohne daß diese Einheiten eine eigenständige Vertretung der Arbeitnehmer hätten. Noch größer seien aber die Probleme in stark diversifizierten Konzernunternehmen mit einer Vielzahl von Spartenleitungen, die weitgehend autonom seien. Um die einzelnen unternehmerisch tätigen Bereiche - oft zugeschnitten auf bestimmte Produkte - zu koordinieren, würden Konferenzen eingerichtet, die wichtige personelle, wirtschaftliche und soziale Entscheidungen träfen. Nach Ranckes Erhebungen finden nur in einem Viertel dieser Unternehmen die Gespräche unter Beteiligung von Betriebsräten statt. (13) Die Verlagerung von Entscheidungen auf Koordinierungsinstrumente und Spartenleitungen führt nach Rancke dazu, daß Einzelbetriebsräte in wenigstens zwanzig Prozent aller von ihm untersuchten Unternehmen auf weitgehend kompetenzlose Betriebsleiter treffen.

Der Trend zur Zentralisierung von bestimmten Unternehmensentscheidungen entspricht Rancke zufolge die zunehmende Bedeutung des Gesamtbetriebsrates. Doch auch er stoße schnell ins Leere, wenn beispielsweise die Geschäftsbereichsorganisation und die jeweiligen Geschäftsbereichsleitungen oberhalb der einzelnen Unternehmensvorstände angesiedelt seien. Diese Gefahr könne nur durch einen starken Konzernbetriebsrat aufgefangen werden, der aber in der Praxis nicht funktioniere. Rancke nennt als Gründe die Größe des Unternehmens, seine heterogene Zusammensetzung und die starke Abgehobenheit von der Basis. (14)

Konzentration einiger wesentlicher Unternehmensentscheidungen einerseits und Dezentralisierung anderer kennzeichnet das heutige Großunternehmen. Rancke räumt ein, daß die Betriebsräte wenigstens tendenziell versucht hätten, sich dieser Entwicklung anzupassen. Dazu gehöre einerseits die zunehmende Bedeutung des Gesamtbetriebsrates und andererseits die Bildung von Substrukturen unterhalb der Ebene des Einzelbetriebsrates (wie Hallenbetriebsräte, stärkere Beteiligung der betrieblichen und gewerkschaftlichen Vertrauensleute). Sie folgen damit der Einsicht, daß die vom BAG geforderte einheitliche Interessenvertretung sich eben nicht mehr an der formalen Verwaltungsstruktur orientiert, sondern an übergeordneten Gesichtspunkten wie Produktorientierung, arbeitstechnische Zwecke und betriebswirtschaftliche Funktionsausübung. Rancke weist darauf hin, daß sich die Aufgabenverteilung zwischen Einzelbetriebsräten immer mehr verschoben habe - und zwar deutlich zugunsten der Gesamtbetriebsräte. Damit habe sich die Sicherung der Primärentscheidung des Einzelbetriebsrates in der Praxis nicht durchgesetzt. "Insbesondere im Bereich der sozialen Angelegenheiten zeigt sich eine deutliche Verschiebung zu Lasten der Einzelbetriebsräte." (15)

Gerade unter dem Gesichtspunkt der Verwirklichungschance des Betriebsverfassungsgesetzes ist Ranckes Arbeit wichtig. Auf welche betrieblichen Strukturen der Betriebsrat trifft, war schon in einem anderen Teil der Arbeit gezeigt worden. Diese empirische Überprüfung Ranckes der Wirklichkeit von Großbetrieben zeigt, daß Veränderungen von Organisationsstrukturen von entscheidender Bedeutung für die Wirksamkeit der Betriebsratsarbeit sind. Verschieben sich die Entscheidungsebenen und folgen die Betriebsräte nicht nach, stoßen ihre Aktionen ins Leere. Rancke weist nach, daß es den Betriebsräten jenseits der etablierten Gremien nur zum Teil gelungen ist, dieser sich ändernden Unternehmenswirklichkeit anzupassen. Sie sind dabei natürlich in ganz erheblichem Maße von der Bereitschaft der Unternehmensleitungen abhängig, solche informellen Wege zu gehen.

Einen guten Einblick in die besondere Situation für die Betriebsräte in Großunternehmen gibt der Erfahrungsbericht des Vorsitzenden der Arbeitsgemeinschaft der Gesamtbetriebsräte der Ruhrkohle AG, Obijou. (16) Bei ihm wird besonders deutlich, wie allein schon durch die Größe des Unternehmens ganz andere Strukturen für die Betriebsratsarbeit geschaffen werden als in Klein- und Mittelbetrieben. So sind bei der Ruhrkohle nach Obijous Angaben 1007 Betriebsratsmitglieder tätig, davon 426 freigestellt. Dabei stehen 197 Angestelltenvertretern insgesamt 810 Arbeitervertreter gegenüber. 60 Betriebsräte wiederum schicken Mitglieder in die vier Gesamtbetriebsräte. Die Gesamtbetriebsräte senden Mitglieder in die siebenköpfige Arbeitsgemeinschaft der Gesamtbetriebsräte, das eigentliche Steuerungsorgan, das im Betriebsverfassungsgesetz gar nicht vorgesehen ist. Vorgesehen wiederum ist allerdings im Gesetz der Konzernbetriebsrat, auf den die Ruhrkohle-Betriebsräte verzichtet haben. Die Arbeitsgemeinschaft wurde durch Tarifvertrag begründet; eine Hilfskonstruktion, die das Betriebsverfassungsgesetz wiederum erlaubt. Interessant ist der Hinweis Obijous, Vorsitzender dieser Arbeitsgemeinschaft, daß von sieben Mitgliedern der Arbeitsgemeinschaft vier Angestelltenvertreter seien, obwohl die Angestellten im Gesamtunternehmen eindeutig in der Minderheit seien (mehr als 100 000 Arbeiter, mehr als 20 000 Angestellte). Dies schaffe aber, so Obijou, keine Probleme. Auch bei ihm findet sich die Erfahrung bestätigt, daß die wichtigsten Entscheidungen in den Gesamtbetriebsräten fallen. Diese Gesamtbetriebsräte aber seien keine Arbeitsgremien mehr, sondern Repräsentativgremien. Die eigentliche Arbeit wird demzufolge in den Ausschüssen geleistet, die nach Obijous Angaben sowohl von den Einzelbetriebsräten als auch von den Gesamtbetriebsräten beschickt werden. Obijous Angaben kann man entnehmen, daß im Gesamtbetriebsrat dann die Entscheidungen nur noch "abgesegnet" werden, die Entscheidungen würden im allgemeinen einstimmig fallen. Obijou weist zwar auf die Hilfsfunktion nachdrücklich hin, doch ist aus seinen Ausführungen zu entnehmen, daß die Gewichte sich sehr stark in Richtung auf die Ausschüsse verlagert haben. (17)

Die große Bedeutung der Verbindung von betrieblicher und überbetrieblicher Mitbestimmung in diesem Großunternehmen betont Obijou. Für die Ruhrkohle, für die die Bestimmungen der Montanmitbestimmung gelten, spielt der Wirtschaftsausschuß im Gegensatz zu der Absicht der Gesetzgeber keine große Rolle. Die notwendigen Informationen besorge man sich über die Arbeitnehmervertreter in den Aufsichtsräten. Dabei ist der Hinweis interessant, daß Gewerkschaftsvertreter, die im Aufsichtsrat sind, zugleich wiederum als Gewerkschaftsvertreter an den Ausschußsitzungen teilnehmen. Ganz außerhalb des Betriebsverfassungsgesetzes habe man zudem die erforderlichen Gremien geschaffen, um die Arbeitsfähigkeit der Gesamtbetriebsräte sicherzustellen. Dazu gehöre ein Verhandlungsausschuß, der die Gespräche mit dem Vorstand eines Einzelunternehmens führe. (18)

Obijou gibt an, daß 97 Prozent aller 1007 Betriebsräte Mitglieder der IG Bergbau seien und nur ein verschwindend kleiner Teil bei anderen Gewerkschaften organisiert sei. Führende Betriebsratsmitglieder seien zugleich im Hauptvorstand der IG Bergbau tätig. Als Beweis für die Stärke der Betriebsräte in diesem Großunternehmen führt Obijou an, daß die Wahlbeteiligung bei 85 Prozent liege und daß in der Regel die einmal gewählten Betriebsräte auch wiedergewählt würden - für ihn ein Beweis gegen die These, die Betriebsräte hätten die Basis aus dem Auge verloren. Er weist auch darauf hin, daß ohne Arbeitsteilung und Fachwissen eine effektive Betriebsratsarbeit nicht zu machen sei - eine Erfahrung, die sich mit dem empirischen Erhebungen Ranckes deckt. Obijou nimmt für sich in Anspruch, daß es sowohl gelungen sei, die Betriebsräte an die Basis anzubinden als ihnen auch mit der Arbeitsgemeinschaft der Betriebsräte ein wichtiges politisches Steuerungsgerät an die Hand zu geben.

Man könnte sich vorstellen, daß Betriebsräte aus Klein- und Mittelbetrieben, die nicht selten um die einfachsten Arbeitsgrundlagen kämpfen müssen, einer solchen Darstellung fast verständnislos gegenüberstehen. Offenbar gelingt es in Großunternehmen den Betriebsräten viel eher, ihren Einfluß zu sichern. Sie vereinigen oft in einer Person die Funktion als Betriebsrat, Gewerkschaftsvorstand und - wie Obijou anführt - dazu noch die Rolle eines Ratsherren. So seien von 371 Betriebsräten der Bergbau AG Westfalen 37 als Ratsherren und Bezirksvertreter tätig. "Nimmt man dies alles in allem, so ergibt sich tatsächlich ein Geflecht von Beziehungen, Einflußmöglichkeiten und Informationsträgern, das man böswilligerweise auch als 'Filz' beschreiben kann. Nach meiner eigenen Überzeugung und Erfahrung muß ich allerdings sagen: Solange das Wohl des arbeitenden Menschen im Vordergrund steht, können Information, Kooperation und Diskussion nur positiv bewertet werden." (19) Auf das Problem des "Filzes" ist wiederholt von Gewerkschaftskritikern aufmerksam gemacht worden.

10.3. Mitbestimmung am Arbeitsplatz - ungenutzte Chance?

Die Mitbestimmung am Arbeitsplatz, zum Beispiel in Form gewählter Arbeitsgruppensprecher, fand, wie erwähnt, keinen Niederschlag im novellierten Betriebsverfassungsgesetz, vor allem deshalb, weil die Gewerkschaften keine weitere Ebene neben der des Betriebsrates dulden wollten. Vilmars beschriebenes Konzept der "multifrontalen Demokratisierungsstrategie" umfaßte zwar alle Ebenen der Mitbestimmung, legte aber dabei auf die Mitbestimmung am Arbeitsplatz besonderen Nachdruck. Im Zusammenhang mit der in ihren Grundzügen dargestellten Demokratisierungsdiskussion an der Wende von den sechziger zu den siebziger Jahren fand die These zunehmend Unterstützung, daß erst "die Demokratisierung am Arbeitsplatz die realen Voraussetzungen für eine emanzipatorische Entwicklung stummer Befehlsempfänger am Arbeitsplatz hin zu selbstbewußten, mündigen Bürgern unserer Gesellschaft" sei. (20)

Diese Demokratisierungsforderungen fanden dann ihren konkreten Niederschlag in den siebziger Jahren in den Projekten zur Humanisierung der Arbeitswelt und in der Partizipationsforschung. Von der Partizipationsforschung wurden dabei drei relevante Thesen aufgestellt und empirisch erhärtet:

1) "Je höher der Grad der Fremdbestimmung am Arbeitsplatz, desto höher ist der Grad der politischen Entfremdung;

2) je höher der Grad der Fremdbestimmung am Arbeitsplatz, desto niedriger ist die Bereitschaft zum politischen Engagement;

3) je höher der Grad der Fremdbestimmung am Arbeitsplatz, desto geringer ist der tatsächliche Grad an bisher realisierter politischer Beteiligung." (21)

Die Fragen nach den Defiziten der politischen Sozialisation, die von Greiffenhagen 1979 in seiner Untersuchung über die politische Kultur der Bundesrepublik aufgenommen wurden, und die Feststellung, daß "wirklich stabile Einstellungsmuster und Handlungsmuster nicht nach dem Prinzip des 'Nürnberger Trichters' vermittelt, sondern vielmehr durch unmittelbare persönliche Erfahrung als Ergebnis und Folgewirkung von eigenem sozialen Handeln erworben werden", (22) münden in die auf den Arbeitsplatz bezogene Forderung ein: "... dann müssen vor allem in dem eminent wichtigen gesellschaftlichen Bereich des Arbeitslebens die realen Voraussetzungen geschaffen werden, die den Einzelnen zu einer erweiterten Erfahrung von Selbstbestimmung durch Mitbestimmung führen." (23)

Aus den in einem vorhergehenden Kapitel dargestellten politischen Gründen sind die Forderungen nach Mitbestimmung am Arbeitsplatz von den "Vätern" des novellierten Betriebsverfassungsgesetzes nur indirekt verwirklicht worden. Die Mitbestimmung am Arbeitsplatz wird nicht durch die Betroffenen ausgeübt, sondern von den gewählten Betriebsräten für die Betroffenen stellvertretend wahrgenommen, und zwar einheitlich und oberhalb der Arbeitsgruppen. Die Frage nach den Realisierungschancen der Mitbestimmung am Arbeitsplatz stellt zugleich die Frage nach den möglichen Defiziten des Betriebsverfassungsgesetzes und ist deshalb im Zusammenhang mit dieser Arbeit wichtig. Gibt es einen weiteren Spielraum für betriebliche Mitbestimmung, der nicht genutzt wird?

In einer breit angelegten und empirisch abgestützten Untersuchung über "Mitbestimmung am Arbeitsplatz" setzen sich Bock-Rosenthal, Hachmeister und Sorge (24) kritisch mit der offiziellen Gewerkschaftsthese auseinander, daß die Betriebsräte in Zusammenarbeit mit den Vertrauensleuten alle Partizipationsmöglichkeiten im Betrieb abdeckten. Sie weisen im Gegenteil auf Defizite hin und begründen damit ihre Forderung auf eine Verankerung von Arbeitsgruppen und Arbeitsgruppensprecher in der Betriebsverfassung, allerdings nicht neben und gegen die Betriebsräte und Vertrauensleute, sondern mit ihnen. Sie bedauern ausdrücklich, daß der Versuch einiger Gewerkschaftler, "Mitbestimmung am Arbeitsplatz" als eine Mitbestimmung der bestehenden Arbeitsgruppen unterhalb der Ebene des Betriebsrates zu institutionalisieren, sich nicht durchgesetzt habe. (25) Seien einerseits diese Forderungen von gewerkschaftlicher Seite mit dem Hinweis auf die Betriebsräte und Vertrauensleute abgelehnt worden, so habe andererseits auch die Arbeitgeberseite mit dem Hinweis auf den verbesserten Führungsstil und Humanisierungsbemühungen weitergehende Forderungen abgeblockt.

Die Verfasser der Untersuchung definieren Mitbestimmung am

Arbeitsplatz ganz allgemein "als Vergrößerung des Autonomiespielraums an der organisatorischen Basis". (26) Sie berufen sich dabei auch auf Vilmar und gehen von der Hypothese aus, daß die Integration in die Gesellschaft nicht durch eine bestimmte Lohnhöhe erreicht werde, "sie ist vielmehr davon abhängig, wie weit der Einzelne oder seine soziale Gruppe das Recht der Mitsprache und Mitentscheidung hat, wenn es um sein eigenes Leben, das seiner Gruppe und seiner Gesellschaft geht". (27)

Bock-Rosenthal und ihre Mitverfasser verweisen auf die Modellvorstellungen, wie sie 1968 von Vilmar und dem späteren Minister im Kabinett Schmidt, Matthöfer, formuliert wurden. Danach sollten die bestehenden Arbeits- und Funktionsgruppen Besprechungen abhalten können. Als Arbeitsgruppe sollten dabei Arbeitnehmer gelten, die gemeinsame spezifische Aufgaben haben. Der Arbeitgeber oder sein Vertreter sollten an diesen Besprechungen teilnehmen können. Der Betriebsrat sollte dadurch eingebunden werden, daß er eingeladen werden konnte oder von sich aus zu Besprechungen einladen durfte. In Diskussionen zwischen der Arbeitsgruppe und dem Vorgesetzten sollten prinzipiell alle Probleme geklärt werden können; in einem Konfliktfall sollte der Betriebsrat eingeschaltet werden. Ursprünglich sollte ein Sprecheramt institutionalisiert werden; der Sprecher sollte von allen Arbeitnehmern gewählt werden können, nicht nur von den gewerkschaftlich organisierten. Bock-Rosenthal und ihre Mitverfasser weisen darauf hin, daß vor allem die Einrichtung des Sprecheramtes auf Widerstand bei den Gewerkschaften stieß und dieser Vorschlag deshalb zurückgezogen worden sei. (28)

Die Gewerkschaften befürchteten, wohl nicht ganz zu Unrecht, eine mögliche Abspaltung in der Arbeitnehmervertretung und die Ausnutzung von möglichen Konflikten zwischen Arbeitsgruppen und Betriebsräten durch die Arbeitgeberseite. Bock-Rosenthal und ihre Mitverfasser merken allerdings kritisch an, ausschlaggebend sei der gewerkschaftliche Anspruch gewesen, die Mitbestimmung am Arbeitsplatz unter Kontrolle der eigenen Organisation zu halten. Auch habe die Gewerkschaftsspitze eine zu starke Kontrolle der Funktionäre befürchtet. Die Gewerkschaft habe reagiert, indem sie das Vertrauensleutekonzept mit der Mitbestimmung am Arbeitsplatz verflochten und zugleich die Humanisierung am Arbeitsplatz propagiert habe, die allerdings die Stellung der Betriebsräte stärken und ihre Aufgaben erweitern helfen sollte. Zu den Zielen dieses Humanisierungsprojektes, das auf Vermenschlichung der Arbeit zielte, gehörte unter anderem:

- Einflußnahme auf Arbeitsumfang, Arbeitsgeschwindigkeit und die Arbeitszeit;
- Einflußnahme auf eine seelische und körperlich zuträgliche Gestaltung der Arbeitsplätze (Ergonomie);
- Einflußnahme auf Arbeitsinhalt und Arbeitsqualifikation;
- Einflußnahme auf den Gestaltungs- und Entfaltungsraum in der Arbeit. (29)

Wie schon dargestellt, sind solche Konzepte auch von Arbeitgeberseite aufgenommen und zum Teil in die betriebliche Praxis umgesetzt worden. Bock-Rosenthal und ihre Mitverfasser merken kritisch an, daß beiden Humanisierungskonzepten, und zwar sowohl denen auf Arbeitgeber- als auch auf Gewerkschaftsseite, eigen sei, daß sie sich auf den technischen, arbeitsmedizinischen und ergonomischen Bereich konzentrierten. Das von ihnen favorisierte Konzept der Mitbestimmung am Arbeitsplatz ziele vor allem auf die Verbesserung der sozialen Konstruktion des Arbeitsplatzes, die nicht mit rein technischen Mitteln machbar sei. "So muß der Eindruck entstehen ..., daß also das weitergesteckte Ziel der sozialen Veränderung zugunsten des näherliegenden technischer und tariflicher Verbesserung fallengelassen wird." (30)

In ihrem empirischen Teil haben Bock-Rosenthal und ihre Mitautoren den Versuch unternommen, Möglichkeiten für eine Mitbestimmung am Arbeitsplatz und damit zugleich Defizite bei der Vertretung durch die etablierten Betriebsräte aufzuzeigen. Diese Defizite aber wären zugleich Defizite des Betriebsverfassungsgesetzes. Der empirische Teil besteht aus einem vorgeschalteten Teil mit Expertengesprächen und zwei Fallstudien. In den Expertenkreis wurden einbezogen Gewerkschaftsfunktionäre, Betriebsräte, Vertreter von Arbeitgeberverbänden, Unternehmer und Wissenschaftler. Als Erhebungsinstrument wurde ein Leitfaden-Fragebogen gewählt.

Als bemerkenswert kristallisierte sich bei den Experten-Gesprächen nach Angaben der Autoren heraus, daß sich bei den unterschiedlichen Haltungen und Begründungen für oder gegen

Mitbestimmung am Arbeitsplatz auch Berührungspunkte ergaben: Mitbestimmung am Arbeitsplatz "als Faktor zur kostensparenden Steigerung der Arbeitszufriedenheit oder der Rentabilität gleichermaßen zu sehen, ist nicht nur eine Hoffnung derjenigen, die irgendein wirtschaftliches Interesse haben, sondern wird auch oft von den Informanten genannt, denen es vor allem um eine Verbesserung der Situation der Arbeitnehmer geht". (31) Dies kann als ein Hinweis dafür gelten, daß Produktivitätssteigerung und Erweiterung der Spielräume des Arbeitnehmers sich nicht ausschließen müssen.

Aufgrund der Untersuchungen Bock-Rosenthals und ihrer Mitverfasser sind allerdings Zweifel angebracht, ob diese Spielräume, wie weit oder wie eng sie auch immer sind, von den Betriebsräten genutzt werden. So wurde in fast gleichlautenden Erklärungen bei fast allen Befragten angezweifelt, ob in größeren Unternehmen der Betriebsrat überhaupt noch in der Lage sei, sich um die Interessen der einzelnen Arbeitnehmer zu kümmern. "Festzuhalten bleibt: die fast einhellige Meinung aller Experten lautet, daß die Betriebsräte in einem Großunternehmen heute nicht mehr in der Lage sind, sich um die Interessen der einzelnen Arbeitnehmer zu kümmern." (32)

Bei Bock-Rosenthal und ihren Mitverfassern wiederholen sich aufgrund ihrer Befragungen die Zweifel, ob Betriebsräte und Gewerkschaften die Möglichkeiten für Mitwirkung am Arbeitsplatz durch die Arbeitnehmer nützen können. Grundsätzlich glauben sie, daß für ein Konzept der Mitbestimmung am Arbeitsplatz deshalb eine Chance bestünde, weil die neueren Methoden im Bereich des Personalmanagements zumindest die Chance für Mitbestimmung am Arbeitsplatz verbessern könnten. Die Autoren räumen allerdings ein, daß dieser Führungsstil von Basisdemokratie sich grundsätzlich darin unterscheide, daß der Konfliktfall nicht eingeplant sei. Immerhin scheint es Chancen für die Hoffnung zu geben - und damit bestätigen sich die Hinweise aus dem Kapitel über betriebliche Strukturen -, daß sich am Arbeitsplatz die Interessen von Arbeitgebern und Arbeitnehmern wenigstens teilweise treffen können und damit Partizipationschancen eröffnet werden.

Bock-Rosenthal und Mitverfasser erhärten ihre Zweifel an der Wirksamkeit betrieblicher Interessenvertretung unterhalb der

Ebene des Betriebsrates auch in einer Fallstudie, die in einem paritätisch mitbestimmten Betrieb angesiedelt ist. Sie gründet sich auf zwölf Einzelinterviews mit Arbeitnehmern unterschiedlicher Funktion und Gruppendiskussion. Auch diese Studie erhebt wie zuvor die Experteninterviews keinen Anspruch auf Repräsentativität, gibt aber dennoch interessante Einblicke in die Betriebswirklichkeit unter der Fragestellung "Mitbestimmung am Arbeitsplatz". Dabei wird von den Arbeitnehmern zwar die Einstellung zum Betriebsrat grundsätzlich als positiv bezeichnet; man glaubt auch, daß man von den richtigen Leuten vertreten sei. Dennoch kristallisieren sich erhebliche Defizite heraus. "Die uns zugetragenen Konflikte und Probleme sind im wesentlichen als Basisprobleme des Betriebsrates zu identifizieren. Konflikte ergeben sich vor allem daraus, daß der Betriebsrat zu wenig Kontakt zu den einzelnen Arbeitnehmern hat."(33)

Aus den Gesprächen wird eine Sichtweise der betroffenen Arbeitnehmer erkennbar, die ihren Betriebsräten nicht die ihnen mit dem Betriebsverfassungsgesetz auferlegte "Doppelloyalität" ankreiden und auch durchaus anerkennen, daß das Betriebsverfassungsgesetz nur "soziale Rahmenbedingungen" setzen kann, nicht aber Ziele. Sie stellen aber die kritische Frage, ob sich die Betriebsräte überhaupt ausreichend um ihre Probleme kümmern wollen oder können. "Um es überspitzt zu formulieren: nicht Strukturveränderungen im kapitalistischen Entscheidungsbereich werden von unseren Informanten als entscheidende Probleme anvisiert, sondern die Demokratisierung ihrer eigenen Interessenorganisation." (34)

Dabei stehe offenbar das Interesse für die Probleme in der eigenen Arbeitsumgebung und die "Ferne" des Betriebsratskörpers in einem bestimmten Zusammenhang. Bock-Rosenthal und Verfasser stellen in ihrer Untersuchung ein durchgehendes Interesse vieler Arbeitnehmer an der "Mitbestimmung am Arbeitsplatz" fest, sehen aber den Betriebsrat für diese Möglichkeit unzureichend vorbereitet.

Der Betriebsrat in dem untersuchten Betrieb führt zu seiner Entlastung an, daß die eigene Arbeit zu siebzig Prozent aus Bürokratie und zu dreißig Prozent aus der eigentlichen Betriebsratsfunktion bestehe, mithin die Kapazitäten voll ausgelastet, wenn nicht sogar überbeansprucht seien. Auch wird die

Spezialisierung innerhalb des Betriebsrates als Möglichkeit dafür angeführt, auf spezielle Arbeitsprobleme von Arbeitnehmergruppen einzugehen. Der 200 Mitglieder starke Vertrauensleute-Körper spiele vor allem die Rolle, Informationen zu sammeln und an den Betriebsrat weiterzugeben, mithin keine eigenständige Rolle. "Der Betriebsrat sieht sich selbst als 'Feuerwehr für den Betrieb'. Man muß Mut zu unpopulären Maßnahmen haben zum Wohle des Betriebes" (35), wird ein Betriebsrat zitiert.

Bemerkenswert ist in diesem Zusammenhang eine Studie über praktizierte Mitbestimmung am Arbeitsplatz. Sie kommt zu dem Ergebnis, daß eine Mitwirkung von Arbeitnehmern an betrieblichen Entscheidungsprozessen möglich und sinnvoll ist. Dieses Unternehmen führte paritätische Mitbestimmung im Wirtschaftsausschuß und unterhalb der Ebene der Betriebsräte Arbeitsgruppen mit gewählten Sprechern ein.

Der Wert dieser Studien über ein Modellunternehmen (Opel Hoppmann, Siegen) könnte dadurch eingeschränkt sein, daß einer der Mitverfasser der ehemalige Alleininhaber und jetzige Geschäftsführer selbst ist. Da dieser sich aber um größtmögliche Objektivität gegenüber seiner eigenen "Schöpfung" bemüht und die Studie durch eine empirische Begleituntersuchung, die im Rahmen des Programms "Humanisierung des Arbeitslebens" durch den Bundesminister für Forschung und Technologie ermöglicht wurde, ergänzt ist, hat diese Untersuchung dennoch Aussagekraft. Sie hat zudem den Vorteil, daß sie authentisch ist. Dabei wurde das geförderte Forschungsprojekt zur Mitarbeiterbeteiligung in drei Phasen konzipiert: eine Mitarbeiterbefragung über ihre Einstellung zur Mitbestimmung 1976, 33 mehrtägige Mitarbeiterseminare zur betrieblichen Bildung und 1978 eine abschließende und vergleichende Mitarbeiterbefragung.

Die Verfasser stellen Brandts bereits in dieser Arbeit zitierten programmatischen Satz aus der Regierungserklärung vom 28. Oktober 1969 "Wir wollen mehr Demokratie wagen" an den Anfang ihrer Untersuchung und weisen ausdrücklich darauf hin, daß die studentischen und außerparlamentarischen Forderungen in den späteren sechziger Jahren das Mitbestimmungsmodell wesentlich beeinflußt hätten. Arbeitnehmer, so ist die Hypothese, seien durchaus in der Lage, im Interesse des Betriebs verantwortlich mitzudenken und mitzuhandeln. Auf die Einwände von seiten der

Arbeitgeber, die meinten, wirtschaftliche Verhältnisse könnten nicht erfolgreich demokratisch geregelt werden, und auf die der Gewerkschaften, die Interessenvermischung befürchteten, wird ausdrücklich hingewiesen. Dabei wird als "Demokratie am Arbeitsplatz" von den Autoren Hoppmann und Stötzel definiert, "alle Versuche, Betroffene an der Gestaltung ihrer Lebensumstände zu beteiligen". (36)

Die Untersuchung soll Aufschluß über die schrittweise Entwicklung dieses Mitbestimmungsmodells innerhalb von zehn Jahren geben. Das Unternehmen hatte schon 1961 eine Erfolgsbeteiligung eingeführt und einen Mitarbeiterausschuß mit Informations- und Beratungsrechten. 1969 wurde dann die Erfolgsbeteiligung wesentlich erweitert und per Betriebsvereinbarung die Mitbestimmung eingeführt, darunter auch die am Arbeitsplatz. 1973 wurde dann der Wirtschaftsausschuß paritätisch besetzt. 1974 übertrug der Hauptgesellschafter seine Anteile auf die Stiftung "Demokratie im Alltag". Das Beteiligungsmodell bestand also aus vier Elementen: Stiftung, Erfolgsbeteiligung, Mitbestimmung am Arbeitsplatz und Mitbestimmung auf Unternehmensebene.

In der Betriebsvereinbarung von 1969 wurde der Wirtschaftsausschuß, der ja auch vom Betriebsverfassungsgesetz vorgesehen ist (allerdings dort nur zur Information), zum höchsten Entscheidungsgremium des Unternehmens gemacht. Er war allerdings zuerst nicht paritätisch besetzt, sondern durch jeweils drei Arbeitnehmer und drei der Geschäftsführung, wobei bei Stimmengleichheit der Chef den Ausschlag geben sollte. 1973 wurde diese Betriebsvereinbarung dahingehend geändert, daß jetzt jeweils vier auf jeder Seite im Wirtschaftsausschuß sitzen, dieses Gremium sich aber im Konfliktfall, also bei Stimmengleichheit, auf einen Neutralen zu einigen hat. Bemerkenswert ist, daß in diese Konstruktionen der Betriebsrat von vornherein eingeschaltet und institutionell abgesichert wird. Die vier Arbeitnehmer werden vom Betriebsrat gewählt; davon muß einer Mitglied des Betriebsrates sein. Der Wirtschaftsausschuß entscheidet dabei über so zentrale Fragen wie beispielsweise Investitionen, Rationalisierung, Neubauten und Beteiligungen. Zur Praxis dieses Gremiums wird in der Untersuchung ausgeführt, daß der Neutrale nicht habe in Anspruch genommen werden müssen; die Qualität der unternehmerischen Entscheidungen habe sich verbessert, und die Annahme, die Arbeitnehmer hätten nur kurzfristige Interessen, hätten sich nicht bestätigt. Dabei wird angemerkt, daß die Frage, ob auch Arbeitnehmervertreter für Fehlentscheidungen haften müßten, überbewertet werde, denn sie hafteten mit ihrem Arbeitsplatz. Als Beleg für eine verantwortliche Haltung wird angeführt, daß auch in den Krisenzeiten 73/74 und 79/80 die Arbeitnehmer unpopuläre Maßnahmen mitgetragen und das zeitweise Ausbleiben der Erfolgsbeteiligung akzeptiert hätten. Mitarbeiterbeteiligung stärke gerade in Krisenzeiten das Unternehmen.

Viel gravierendere Auswirkungen als die finanzielle Beteiligung und die paritätische Mitbestimmung aber habe die Mitbestimmung am Arbeitsplatz gehabt. Dieses Modell wurde auf die Empfehlungen von Vilmar und Symanowski aufgebaut. Es sieht Mitbestimmung am Arbeitsplatz als integrierenden Bestandteil einer umfassenden Mitbestimmungskonzeption und geht von der Annahme aus, daß "Mitbestimmung am Arbeitsplatz als unmittelbare Interessenvertretung nicht durch repräsentative Mitbestimmung im Betriebsrat oder anderen Organen ersetzbar ist". (37)

Das Hoppmann-Modell grenzt sich ausdrücklich gegen reine Managementstrategien und gewerkschaftliche Beschränkung auf reine Humanisierungsmaßnahmen ab, aber steht nicht im Widerspruch dazu, sondern wird als Erweiterung, vor allem in Hinblick auf die Beteiligung der Arbeitnehmer, angesehen. Ausdrücklich heißt es in der zur Einführung der Mitbestimmung am Arbeitsplatz abgeschlossenen Betriebsvereinbarung, daß die Mitbestimmungsrechte, die im Betriebsverfassungsgesetz festgelegt sind, ergänzt werden. Der Betriebsrat wird von Anfang an sowohl in die paritätische als auch in die Mitbestimmung am Arbeitsplatz eingeschaltet. Deshalb finden nach diesem Modell die Bildung von Arbeitsgruppen und die Wahl des Sprechers "unter Aufsicht" des Betriebsrates statt, der jederzeit zu Arbeitsgruppenbesprechungen kommen kann. Die Arbeitsgruppen sollen nicht weniger als acht und nicht mehr als zwölf Mitarbeiter haben, eine gemeinsame Arbeitsaufgabe und einen gemeinsamen Vorgesetzten besitzen. Auf Antrag eines Viertels der Arbeitsgruppenmitglieder ist ein Vertreter der Gewerkschaften einzuladen.

Berührungspunkte mit dem Betriebsverfassungsgesetz ergeben sich beispielsweise dort, wenn bei Versetzungen die Mitglieder der Arbeitsgruppen gehört werden müssen und Neueinstellungen von der Zustimmung der Arbeitsgruppe abhängig sind. Ausdrücklich wird aber bestimmt, daß dieses Konzept als Ergänzung des Betriebsverfassungsgesetzes gedacht ist, und zwar ergänzt um die Mitwirkung der Arbeitsgruppen und die Möglichkeit basisnaher Entscheidungen.

Um die Fragen nach Arbeitsmotivation, Führungsproblematik und Informationsverhalten beantworten zu können, wurde eine erste Mitarbeiterbefragung 1976 und eine zweite überprüfende zwei Jahre später im Rahmen des geförderten Forschungsprojekts durchgeführt und wissenschaftlich abgesichert. Als Methode wurde eine Kombination von vorgeschalteten Gruppeninterviews, einer Fragebogenerhebung (Beteiligung 92 Prozent der Belegschaft) und einer Wiederholungsbefragung gewählt. Zwischen diesen beiden Befragungen fanden über dreißig Bildungsseminare statt, die vor allem auf eine Anhebung des Informationsniveaus der Mitarbeiter und neue, für dieses Modell notwendige Verhaltensweisen zielten.

Grundlage für den angestrebten demokratischen Führungsstil war eine Vereinbarung über Führung und Mitbestimmung bei diesem "Modellunternehmen". Dabei sind zwei Prinzipien besonders erwähnenswert:

- "Dem Mitarbeiter ist ... einsichtig (richtige Information vorausgesetzt), daß das Unternehmen ohne wirtschaftliche Erfolge nicht existieren kann und daß die sozialen Ziele nur bei ausreichender finanzieller Basis zu erreichen sind" und
- "es geht nicht darum, Führung im Unternehmen abzuschaffen - das wäre unsinnig -, sondern darum, Führung auf ihr sachlich notwendiges Maß zu reduzieren und ausreichend demokratisch zu kontrollieren." (38)

Damit sind Möglichkeiten, aber auch Grenzen dieses auf Mitarbeiterbeteiligung zielenden Versuches beschrieben, der versucht, sich an den Realitäten zu orientieren.

Die nach Abschluß der Bildungsmaßnahmen, die, wie das ganze Modell, mit ausdrücklicher Zustimmung des Betriebsrats durchgeführt wurden, veranstalteten Mitarbeiterbefragungen kamen dabei zu folgenden Ergebnissen:

Arbeitszufriedenheit:

1.	Weil das Betriebsklima gut ist	51,9%	59,6%
2.	Weil die Bezahlung gut ist	12,8%	23,2%
3.	Weil die Sozialleistungen gut sind	15,5%	35,1%
4.	Wegen des Führungsverhaltens der Vorgesetzten	17,1%	30,5%
5.	Wegen des guten Verhältnisses zu den Kollegen	63,6%	78,8%
6.	Interessante Arbeit	59,4%	54,3%
7.	Weil im Betrieb Mitbestimmung praktiziert wird	18,2%	25,8%
8.	Gewöhnung an die Arbeitssituation	19,8%	13,2%
9.	Wegen der guten Aufstiegschancen	3,2%	5,3%
10.	Weil man weiß, daß es in anderen Betrieben auch nicht besser ist	0,0%	27,8%

Kollegialität

1.	Die Zusammenarbeit ist besser geworden	30,5%	49,0%
2.	Sie ist schlechter geworden	1,6%	5,3%
3.	Die Mitbestimmung hat darauf keinen Einfluß	47,6%	45,7%

Führungsverhalten

1.	Das Führungsverhalten der Vorgesetzten hat sich verbessert	44,4%	57,0%
2.	Das Führungsverhalten der Vorgesetzten hat sich verschlechtert	4,8%	2,0%
3.	Die Mitbestimmung hat keinen Einfluß auf das Führungsverhalten gehabt	38,5%	97,4%

Konfliktlösungsmöglichkeiten:

1.	Ich glaube, daß die Mitbestimmungsorgane so gut funktionieren, daß Konflikte garnicht mehr entstehen können	4,3%	6,6%
2.	Konflikte werden frühzeitig durch die Mitbestimmungsorgane beseitigt	41,7%	57,6%
3.	Ich glaube nicht, daß die Mitbestimmungsorgane darauf einen Einfluß haben	34,2%	26,5%
4.	Ich glaube eher, daß durch Mitbestimmungsorgane Konflikte noch verstärkt oder gar hervorgerufen werden	10,7%	7,3%

Quelle: Hoppmann/Stötzel, a.a.O., S. 157-159

Sieht man sich die Antworten an, so ist eine positive Tendenz unverkennbar. Auch ergibt sich in vielen Bereichen eine deutliche Verbesserung der Antworten zwischen 1976 und 1978. Die positive Tendenz ist besonders deshalb bemerkenswert, da bei der Befragung ein Vergleichsbetrieb ohne Mitbestimmung herangezogen wurde und dieser deutlich schlechter abschnitt. Dabei fällt bei den Antworten zum Komplex Arbeitszufriedenheit auf, daß das Betriebsklima, das gute Verhältnis zu den Kollegen und die interessante Arbeit die höchsten Prozentzahlen erhielten, Aufstiegchancen und Bezahlung dagegen deutlich abfielen. Die größten positiven Verbesserungen lassen sich in den Bereichen Sozialleistungen und Führungsverhalten sowie bei der Vergleichsfrage zu anderen Betrieben ablesen. Die Verfasser der Studie führen die verbesserten Umfrageergebnisse insgesamt auch auf die inzwischen erfolgten Bildungsmaßnahmen zurück. Auffallend ist, daß die Antwort "Weil im Betrieb Mitbestimmung praktiziert wird" besonders hohe Zustimmungsquoten bekam. Daraus ist zu schließen, daß die Mitarbeiter ihr Urteil eher an den direkten oder indirekten Wirkungen der Mitbestimmung orientieren, nicht aber dies von vornherein der institutionellen Basis selbst zuschreiben. Im Bereich der Antworten zu den "Konfliktlösungsmöglichkeiten" ist bemerkenswert, daß nur ein verschwindend geringer Teil glaubt, durch Mitbestimmung würden erst gar keine Konflikte entstehen, dafür ein steigender Anteil annimmt, daß die entstandenen Konflikte durch die Mitbestimmung beseitigt werden konnten. Immerhin schreiben auch bei der zweiten Befragung ein Viertel der Mitbestimmung keine Wirkung zu und sieben Prozent glauben sogar, daß dadurch erst Konflikte hervorgerufen werden.

Bemerkenswert ist weiter, daß den Erhebungen zufolge durch die Einführung weiterer Mitbestimmungsebenen die Bedeutung des Betriebsrates offenbar nicht auffallend gelitten hat. So geben auf die Frage "Welches der folgenden Mitbestimmungsorgane halten Sie für das wichtigste?" bei der zweiten Befragung 45 Prozent (1976: 48,1 Prozent) zur Antwort, "der Betriebsrat", allerdings schon 37,7 Prozent (20,3 Prozent) die "Arbeitsgruppen", 11,3 Prozent (19,3) "den Wirtschaftsausschuß", und 2,6 (9,1 Prozent) "die Jugendvertretung". Danach bleibt der Betriebsrat das wichtigste Mitbestimmungsorgan, auch wenn nicht zu übersehen ist, daß die Arbeitsgruppen an Bedeutung zunahmen.

Obwohl den Verfassern die Grenzen für die Übertragbarkeit des Modells klar sind, weil es eben doch auch personengebunden ist und die Größe von 200 bis 250 Mitarbeitern wegen ihrer Überschaubarkeit als günstige Voraussetzung für einen solchen Versuch gelte, glauben sie dennoch, daß ihre thesenartig zusammengefaßten Erfahrungen auch von allgemeinerer Gültigkeit sein könnten. In diesen Thesen heißt es unter anderem:

- "Demokratisierungsmodelle in der Wirtschaft scheitern, wenn es nicht gelingt, sie in absehbarer Zeit und dauerhaft in die Eigeninitiative der Betroffenen zu stellen;
- die häufig geäußerte Meinung, Arbeitnehmer hätten nur kurzfristige Interessen, die sich auf einen möglichst hohen Lohn richten und die den Investitionsinteressen des Unternehmens entgegenstehen, hat sich in der Praxis nicht bestätigt;
- überzeugend für die Betroffenen ist Mitbestimmung nur, wenn sie an ihren Alltagserfahrungen und konkreten Interessen festgemacht wird;
- Mitbestimmung am Arbeitsplatz muß durchgängig und konsequent gehandhabt werden. Die Glaubwürdigkeit des Ganzen wird von den Betroffenen an ihren Einzelerfahrungen gemessen;
- der Betriebsrat muß voll an der Entwicklung der Mitbestimmung am Arbeitsplatz beteiligt werden." (39)

Die grundsätzlich positive Wertung des Modells durch die Verfasser, die sie mit der begleitenden empirischen Untersuchung abzustützen versuchen, führt zu der Frage, ob nicht die offenbar bestehenden Defizite unterhalb der Betriebsratsebene durch eine Verstärkung der Mitbestimmung am Arbeitsplatz abgebaut werden könnten und ob nicht doch die Gewerkschaften ihre sicherlich im einzelnen nicht unbegründeten Vorbehalte aufgeben sollten, soweit das noch nicht geschehen ist. Sicherlich handelt es sich bei dem "Hoppmann-Modell" um einen offenbar besonders gelungenen Versuch. Akzeptiert man die Tendenz der Untersuchungen, so muß man eine Verbreiterung der betrieblichen Mitbestimmung nach unten für grundsätzlich wünschbar und möglich halten, solange dadurch die Rechte und Möglichkeiten des Betriebsrats nicht geschmälert werden.

In einer zusammenfassenden Wertung des Modellversuches heißt es: "Wenn überhaupt, wird demokratisches Selbst- und Verantwortungsbewußtsein in Akten unmittelbarer Teilhabe in eigener täglicher Praxis haltbar und entsprechend auch belastbar eingeübt. Demokratische Tagespraxis allein kann auf die Dauer die Basis einer repräsentativen politischen Demokratie sein. Wer diesen Zusammenhang leugnet und einem grundsätzlichen Dualismus von politischer Demokratie und wirtschaftlicher Oligarchie das Wort redet, darf sich nicht wundern, wenn Demokratie zum inhaltlosen Formalismus wird. Selbstverständlich gibt es funktionsbedingte Unterschiede zwischen politisch-staatlicher und ökonomisch-unternehmerischer Organisation, aber es ist eben möglich, Betriebsstrukturen zu demokratisieren, ohne daß der Betriebszweck leidet." (40)

Die im Zusammenhang mit der Diskussion um "Mitbestimmung am Arbeitsplatz" vorgestellten Untersuchungen können nur ein kleiner und schwerpunktmäßiger Ausschnitt aus den vielfältigen Untersuchungen und Arbeiten zu diesem Fragenkomplex sein, zu dem ja auch die Arbeitsfelder "Humanisierung der Arbeitswelt" und Partizipation gehören. Immerhin könnte erkennbar geworden sein, daß unterhalb der Betriebsratsebene sich Mitwirkungsmöglichkeiten eröffnen, die innerhalb des bestehenden repräsentativen Systems der betrieblichen Mitbestimmung möglicherweise nicht ausreichend genutzt werden. Trotz der Grenzen für die Übertragbarkeit des dargestellten Mitbestimmungsmodells läßt diese genaue und differenzierte Studie zumindest die Annahme zu, daß eine Erweiterung der betrieblichen Mitbestimmung nach unten grundsätzlich möglich zu sein scheint.

So ist auch hinzuweisen auf ein Mitbeteiligungsmodell, das ebenfalls im Rahmen des Programms "Humanisierung der Arbeitswelt" der Bundesregierung gefördert wurde. Das Projekt "Entwicklung eines Informations- und Entscheidungsmodelles zur Förderung der Steuerpotentiale von Industriearbeitern" wurde bei den Montanwerken Walter GmbH zusammen mit einer Gruppe Soziologen der Universitäten Tübingen in der Zeit von 1980 bis 1983 durchgeführt. Als Ziel war genannt: "Arbeiter sollen Planer und Mitentscheider werden und in zentrale betriebliche Planungs- und Entscheidungsprozesse einbezogen werden." (41)

Dazu wurden in der Abteilung Maschinenbau des Unternehmens mehrere Problemlösungsgruppen mit durchschnittlich zehn Mitgliedern eingerichtet, die autonom berieten und ihre Problemlösungen mit Vorgesetzten und Fachleuten berieten. Auch in diesem

Projekt wurde der Betriebsrat von vornherein eingeschaltet; jeweils ein Mitglied des Betriebsrates gehörte dem mit Arbeitsgruppen vergleichbaren Gremium an und prüfte die Vorschläge der Gruppen im betrieblichen Zusammenhang. Auch nach Projektende wurde durch eine Betriebsvereinbarung zwischen Geschäftsführung und Betriebsrat dieser Versuch in modifizierter Form im betrieblichen Alltag fortgeführt.

Die sozialwissenschaftliche Begleituntersuchung kam dabei zu ähnlichen Ergebnissen wie die Verfasser der Opel-Hoppmann-Studie:

- "Entgegen weitverbreiteten Vorstellungen (müssen) betriebliche Entscheidungsstrukturen nicht strikt hierarchisch sein.

- die Arbeiter (sind) bereit und fähig, engagiert und verantwortungsbewußt an betrieblichen Steuerungsprozessen mitzuwirken. Dazu bedarf es allerdings der Förderung sowie vielfältiger Lernhilfen und auch Zeit;

- Humanisierung und Produktivität sind nicht gegeneinander auszuschließen. Arbeiter und Betrieb haben einen Nutzen vom Modell. In ersten Schritten wurden einige Arbeitsbedingungen verbessert. Die Arbeiter bekamen weitreichende Lern- und Entfaltungschancen. Der Betrieb hatte Vorteile, weil zusätzlich Ideen und Erfahrungen der Arbeiter vor Ort aktiviert und Vorgesetzte angeregt wurden, zum Teil schon lange bestehende Schwierigkeiten neu anzupacken." (42)

Von den Autoren wird ausdrücklich darauf hingewiesen, daß die direkte Beteiligung der Arbeitnehmer nicht im Widerspruch zum Betriebsrat stehen sollte, sondern umgekehrt zur Verbesserung seiner Arbeitsmöglichkeiten gedacht war. Der Betriebsrat übernahm dafür in den Gruppen eine Steuerungsfunktion und nach "außen" eine Vermittlungsrolle. Nach Angaben der Untersuchungsgruppe war diese enge Zusammenarbeit eine Voraussetzung für die Wirksamkeit der Gruppenarbeit.

Dabei wird von den Projektmitarbeitern angemerkt, daß die Verbesserungen der Arbeitsbedingungen bei weitem nicht so umfangreich wie angestrebt ausfielen. Dies wurde aber nicht den Gruppen und dem Betriebsrat angelastet, sondern Problemen und

Widerständen im mittleren Management. Im empirischen Teil wird dargestellt, daß 93 Prozent der befragten Arbeiter sich positiv zu dem Projekt äußerten und 74 Prozent für eine nochmalige Teilnahme stimmten. Mit 86 Prozent Zustimmung wurde die Verzahnung mit dem Betriebsrat bedacht.

Als eine der Hauptschwierigkeiten wird von den Verfassern das Verhalten der unteren und mittleren Führungsschichten genannt (im Gegensatz zu den Feststellungen des Hoppmanns-Modells): "Im Verlauf des Projektes zeichnete sich immer deutlicher ab, daß eine erweiterte Beteiligung der Arbeiter an betrieblichen Planungs- und Entscheidungsprozessen von einer Veränderung des Führungsstils der Vorgesetzten und einer Dezentralisierung der Entscheidungsstrukturen begleitet sein muß. Erweiterte Beteiligung der Arbeiter verlangt ein Abrücken vom Stil der Anweisung und Kontrolle und eine Hinwendung zu diskursiven Verständigungsprozessen zwischen Arbeitern und Vorgesetzten." (43)

Das Projekt wurde von der IG Metall ausdrücklich unterstützt und positiv bewertet. "Dieses Projekt hat nachweisen können, daß eine Aufhebung der strikten Trennung von Planung, Ausführung und Kontrolle tendenziell möglich ist. Durch Mitentscheiden im Arbeitsprozeß und durch das Umsetzen menschlicher Bedürfnisse in die Arbeitswelt kann die Selbstentfaltung im Arbeitsprozeß vorangetrieben werden. Allerdings muß eine solche Gruppenarbeit in bestehenden Strukturen der Betriebsverfassung eingepaßt und mit den bewährten Institutionen der betrieblichen und gewerkschaftlichen Interessenvertretung eng verzahnt werden." (44)

Dieses Tübinger Modellprojekt, ebenfalls von "oben" eingeführt, ist bei weitem nicht so umfassend wie das Opel Hoppmann gewesen, beschränkt sich auf einen Teilbereich und läßt die paritätische Mitbestimmung beispielsweise im Wirtschaftsausschuß unberücksichtigt. Gleichwohl läßt es erkennen, daß unterhalb der Betriebsratsebene Partizipationsmöglichkeiten vorhanden sind und genutzt werden können.

10.4. Bewährungsprobe: Neue Technologien

Der Versuch, die Wirksamkeit des Betriebsverfassungsgesetzes in der betrieblichen Praxis anhand bereits vorgelegter empirischer

Untersuchungen zu überprüfen, kann an der Frage der neuen Technologien nicht vorbeigehen. Wenn es richtig ist, daß die Möglichkeiten des Betriebsrates für eine vertretungsstarke Arbeit nicht nur vom eigenen Willen, sondern ebenso stark von der Kooperationsbereitschaft des Arbeitgebers, den betrieblichen Strukturen und den wirtschaftlichen Rahmenbedingungen abhängig ist, dann muß der Einzug der Mikroelektronik in die Betriebe, der in den siebziger Jahren verstärkt einsetzte, auch Auswirkungen auf die Möglichkeiten der Betriebsräte haben.

In diesem Kapitel soll nun versucht werden, zusammengerafft die mit der Computerisierung der Betriebe verbundenen Folgen darzustellen. Im Mittelpunkt stehen wieder empirische Untersuchungen. Dabei soll vor allem die Rolle des Betriebsrates untersucht werden. Bei einem solch komplexen Thema, dessen gesamte Problematik auch heute noch nicht ganz zu übersehen ist, können nur schwerpunktmäßige Entwicklungen dargestellt und Tendenzen beschrieben werden.

Das vom Bundesministerium für Forschung und Technologie im Rahmen des Forschungsprogramms "Humanisierung des Arbeitslebens" (HdA) geförderte Projekt von Benz-Overhage u.a. stützt sich auf Fallstudien in drei Industriebereichen (Automobilindustrie, Elektroindustrie und Maschinenbau) und wurde 1983 veröffentlicht. Empirische Grundlagen sind 84 offene Experteninterviews mit Vertretern der Unternehmen, der technischen Abteilungen sowie des Personal- und Sozialwesens sowie 15 Gespräche mit Mitgliedern des Betriebsrats. Hinzu kommen Arbeitsprozeßanalysen, Arbeitsplatzbeobachtungen, Arbeitnehmerbefragungen und Gruppeninterviews. Damit ähnelt diese Arbeit im Aufbau der Untersuchung von Kern/Schumann, die ein Jahr später veröffentlicht wurde, über die Rationalisierung in der industriellen Produktion.

Im Zentrum dieser Untersuchung stehen technologisch und arbeitsorganisatorisch relevante Veränderungsprozesse in Branchen der Fertigungstechnik. Dabei sollten auch Erwartungen, Interessen und Forderungen der von diesem Veränderungsprozeß betroffenen Arbeitnehmer herausgearbeitet werden. Benz-Overhage und ihre Mitarbeiter führen an, daß der in den siebziger Jahren sich verstärkende Einsatz von Computertechnologien auch eine Antwort auf die konjunkturellen und strukturellen Krisenerscheinungen gewesen sei. Dazu werden unter anderem die sich damals verschlechternden Marktchancen auf nationalen und internationalen Märkten gezählt und die starke Marktstellung neuer Konkurrenten auf dem Weltmarkt. "Im Prozeß differenzierter Antizipation und Planung marktökonomischer Anforderungen und der Abstimmung derselben mit produktionsökonomischen Erfordernissen übernehmen die vor allem in den siebziger Jahren expandierenden Computertechnologien offensichtlich gewichtige und vielfältige Funktionen. Ihr Einsatz scheint dabei sowohl eine Reaktion auf marktbedingte Flexibilisierungsimperative als auch Voraussetzung für die Realisierung flexibler arbeitsorganisatorischer Strukturen und zur Flexibilisierung des Arbeitskräfteeinsatzes zu sein." (45)

Computer können nicht nur weitaus mehr Daten aufnehmen und verarbeiten als konventionelle Automatisierungstechniken; sie sind auch weitaus besser geeignet, planende und entscheidungsvorbereitende Aufgaben zu übernehmen. Sie greifen dabei sowohl in die Arbeitsorganisation als auch in die Fertigungstechnik ein. Benz-Overhage und Mitarbeiter weisen darauf hin, daß sich mit der Anwendung "intelligenter" Maschinen ein Automationssprung abzeichne. Lücken in teilautomatisierten Produktionssystemen würden ebenso geschlossen wie Bereiche innerhalb der Planung sowie der Verwaltung der Produktion, die bisher für Rationalisierungsbemühungen nicht zugänglich gewesen seien. "Die Universalität und Flexibilität der Computertechnologien erlaubt die Verknüpfung von Steuerungs-, Informationsund Organisationstechnologien, so daß die Vision einer vollautomatischen Fabrik in der industriellen Realität zunehmend konkrete Gestalt annimmt". (46)

Benz-Overhage und ihre Arbeitsgruppe sehen mit der Computerisierung für die Arbeitsabläufe zwei Entwicklungen einhergehen: einmal würden immer mehr Elemente der Handarbeit automatisiert und damit die Arbeit auf einfache Hilfs- und Handlangerfunktionen reduziert. Zugleich vollziehe sich auch der Angriff auf die "geistige Kompetenz menschlicher Arbeit". Dieser Prozeß habe zur Folge, daß die technologische Entwicklung immer mehr Erfahrungen in sich aufnehme und die Erfahrungsbindung menschlicher Arbeit tendenziell aufhebe. Damit bestehe die Gefahr, daß auch die geistige Arbeit auf Restfunktionen reduziert werde und ihren Erfahrungswert verliere. (47)

Benz-Overhage und Mitarbeiter konstatieren infolge des Einzugs der Computer in die Betriebe eine Verringerung des quantitativen Gewichts der menschlichen Arbeit - mit verstärkter "Freisetzung" - und eine Veränderung ihrer qualitativen Merkmale. Durch die Aufspaltung der Arbeit in eine größere Zahl einfacher und eine geringere Zahl von komplexen Restfunktionen verstärke sich die Tendenz zu Polarisierung der Qualifikationsstruktur. Dabei sehen Benz-Overhage und ihre Arbeitsgruppen die Möglichkeiten für die Erweiterung der Entscheidungsspielräume als eines der Ziele der Humanisierungsbestrebungen eher schwinden denn wachsen. "Der spezifische Charakter von Computertechnologien als Organisationstechnologien schränkt die Handlungsspielräume für arbeitsstrukturierende Maßnahmen an einzelnen Arbeitsplätzen oder Teilprozessen entscheidend ein." (48)

Benz-Overhage und Mitarbeiter begründen diese These mit folgenden Feststellungen:

1. Computertechnologien seien in der Lage, widersprüchliche Anforderungen durch die Flexibilisierung der Produktion abzustimmen. Sie übernähmen damit Regulierungsfunktionen der traditionellen Arbeitsorganisation. Dies habe aber das Interesse der Unternehmen an neuen Formen der Arbeitsgestaltung der Vergangenheit entscheidend geprägt; diese Voraussetzungen entfielen nun weitgehend;
2. Computertechnologien seien in der Lage, das Elastizitätspotential menschlicher Arbeit weitgehend zu ersetzen. Unternehmen würden weniger abhängig von spezifischen Qualifikationen ihrer Arbeitnehmer. Damit verringere sich die Interessenbasis für arbeitsgestaltende Maßnahmen. (49)

Benz-Overhage und ihre Mitarbeiter erwarten aufgrund ihrer Untersuchungen einen dramatischen Rückgang der Beschäftigungszahlen und einen tiefgreifenden Wandel der Tätigkeitsstrukturen. Aufgrund ihrer Untersuchungen kommen Benz-Overhage zu dem Schluß, daß sich durch die Computertechnologien auch die Zusammensetzung der Belegschaften ändere. Das gelte zum Beispiel in der Automobilindustrie für die vom Robotereinsatz betroffene Belegschaft. Hier entstünden relativ wenige Tätigkeiten der Anlagenführung und -überwachung, die sich durch ein komplexeres Qualifikationsniveau auszeichneten. Gleichzeitig verbleibe aber eine größere Zahl von inhaltsarmen Tätigkeiten mit "Jedermanns-Qualifikationen". Dabei gehe die Polarisierung der Qualifikationsforderungen mit einer Ausdifferenzierung anderer einher: Instandhaltung, Nacharbeiten, Programmieren. So haben Benz-Overhage und Mitarbeiter in der elektrotechnischen Industrie die Verdrängung menschlicher Arbeit und deren Entqualifizierung im unmittelbaren Produktionsbereich vorgefunden, dafür einen Bedeutungszuwachs anderer Funktionen, zum Beispiel im arbeitsvorbereitenden und qualitätssichernden Bereich, konstatiert.

Eine zwar eher skeptische, aber sehr differenzierte Antwort geben Benz-Overhage und ihre Arbeitsgruppe auf die Frage nach der Zukunft der Arbeit unter der Bedingung fortschreitender Computerisierung. Einig sind sich die Verfasser dieser Studie mit denen anderer darüber, daß im Bereich computergestützter Produktionsprozesse sich der Abbau schwerer körperlicher Arbeit fortsetzen wird, an deren Stelle aber verstärkt Anforderungen psychischer Art treten. Weniger eindeutig lasse sich die Zukunft der Qualifikationsanforderungen beschreiben. Die Polarisierungsthese, nach der eine Minderheit formal höher qualifizierter und eine Mehrheit weniger oder kaum qualifizierter Tätigkeit entstehe, reiche zur Erklärung der Wirklichkeit nicht aus. Als Grundfrage stellt sich aufgrund der Ergebnisse dieser Untersuchung, ob die "dequalifizierten Tätigkeiten" überhaupt dauerhaft bleiben oder eines Tages ganz verdrängt werden. Würden sie verdrängt, dann würde sich das Qualifikationsniveau insgesamt wohl anheben, "allerdings um den Preis anhaltender struktureller Arbeitslosigkeit". (50)

Benz-Overhage und Mitarbeiter führen an, daß auch aus anderer Sicht die Polarisierungsthese allein zur Erklärung nicht ausreiche. Parallel zum Polarisierungsprozeß vollziehe sich, wie schon dargestellt, die Ausdifferenzierung produktionsergänzender Funktionen, die nicht dem direkten Produktionsbereich zuzuordnen seien. Dazu gehörten beispielsweise die Bereiche des Einrichtens, des Prüfens und des Instandhaltens. "In den ausdifferenzierten Funktionen konzentrieren sich sowohl jene fach- und betriebsspezifischen Qualifikationen, die unabdingbare Voraussetzung auch der automatisierten Produktion sind, wie auch die neu entstehenden Qualifikationen, die die Systemprobleme computergeschützter Produktion bewältigen." (51)

Benz-Overhage und Mitarbeiter äußern deutlich Zweifel an der Annahme, daß mit den neuen Technologien infolge ihrer Flexibilität auch Chancen für eine neue, alternative und vielleicht sogar humanere Arbeitsgestaltung verbunden sein könnten. Schon vorher war ausgeführt worden, daß nach Ansicht dieser Arbeitsgruppe die Spielräume eher kleiner geworden seien. Mit der Planung und Ausgesaltung komplexer und integrierter Technologien seien bereits die relevanten Eckdaten gesetzt, auf die der Arbeitnehmer kaum noch Einfluß habe.

Da Computer sowohl die Funktionen der Organisation, der Produktion als auch die Technisierung der Fertigung übernähmen, verändere sich das Verhältnis zwischen Mensch und Technik - zuungunsten des Menschen. "Für alle Untersuchungsbereiche läßt sich konstatieren, daß mit der Planung und Gestaltung von komplexen und hochintegrierten organisationstechnologischen Systemen immer mehr Entscheidungen und Daten gesetzt werden, welche die Arbeitsprozesse, die Struktur der verbleibenden Arbeitsplätze und die Qualität der verbleibenden Arbeitsanforderungen bestimmen." (52)

Die neuen Anforderungen durch neue Technologien verändern nicht nur die Bedingungen für die Arbeit der betrieblichen Interessenvertretung, sondern auch für das Management. Technologische Innovation erfordere frühzeitigere Entscheidungen als bei herkömmlichen Systemen, da die Planungs- und Entwicklungsphasen länger seien. Außerdem führten der hohe Investitionsaufwand und die gravierenden Folgen bei der Einführung neuer Technologien dazu, daß diese Entscheidungen zunehmend von der Unternehmensspitze getroffen würden. Die Verlagerung dieser Entscheidungen aus den Werkshallen heraus bedeute aber auch für die Betriebsräte eine Schmälerung ihrer Einflußmöglichkeiten. Wie bei den Humanisierungsbestrebungen seitheriger Art so liegt auch in diesem Bereich das Schwergewicht der Bestimmungen des Betriebsverfassungsgesetzes auf Maßnahmen korrigierender Art. Folgt man den Untersuchungsergebnissen von Benz-Overhage und Mitarbeitern, dann wäre es dringend notwendig, Möglichkeiten für Eingriffe der Arbeitnehmervertretungen früher und zentraler anzusetzen, um schon bei der Planung neuer Technologien die Interessen der Arbeitnehmer einbringen und Spielräume im Sinne einer Humanisierung des Arbeitsplatzes erhalten zu können. Benz-Overhage und Mitarbeiter fordern ein Konzept bereichsübergreifender Maßnahmen, die die herkömmlichen Grenzen zwischen verschiedenen Arbeitsbereichen übersprängen. Benz-Overhage und Mitarbeiter finden die Betriebsräte für die Entwicklung schlecht ausgestattet, und zwar sowohl rechtlich als auch bewußtseinsmäßig.

Die Strukturen, die sich aufgrund der neuen technologischen Entwicklungen abzeichnen, sind skizzenhaft dargestellt worden, um vor diesem Hintergrund Aufschlüsse darüber zu gewinnen, wie die Betriebsräte auf diese Veränderungen reagieren und welche Möglichkeiten der Einflußnahme sie haben. Die Einführung neuer Computertechnologien ist als "dritte industrielle Revolution" beschrieben worden. Wenn dies richtig ist, so muß man davon ausgehen, daß das Betriebsverfassungsgesetz, das vor dem Wirksamwerden dieser einschneidenden Veränderungen konzipiert wurde, seine eigentliche Bewährungsprobe erst noch zu bestehen hat. Um die Frage beantworten zu können, wie nun die Betriebsräte mit dieser neuen Situation fertig werden, soll zunächst eine Studie zu Hilfe genommen werden, die sich nicht mit neuen Technologien speziell, sondern mit neuen Arbeitsformen allgemein beschäftigt. Die Beschreibung, wie Betriebsräte die Möglichkeiten neuer Arbeitsformen genutzt haben, und zwar in den siebziger Jahren, kann vielleicht auch Antwort darauf geben, wie sie mit den durch die neuen Technologien neu akzentuierten und verschärften Problemen zurecht kommen könnten.

So haben Altmann/Binkelmann/Düll/Stück 1982 die empirischen Ergebnisse einer Studie vorgelegt, die Aufschluß über betriebliche Bedingungen und Probleme solcher neuen Arbeitsformen geben soll, die den Anspruch auf eine Humanisierung der Arbeit erheben und die von Betrieben aus eigener Initiative, ohne staatliche Förderung, eingeführt worden sind. Auch dieses Projekt wurde innerhalb des HdA-Projektes des Bundesministers für Forschung und Technologie gefördert. Die Autoren weisen darauf hin, daß sich innerhalb weniger Jahre das öffentliche Interesse an der Humanisierungsforschung und die politische Stoßrichtung verändert hätten. Habe es sich früher um isolierte wissenschaftliche oder programmatische Konzepte gehandelt, so konzentrierten sich die Fragen heute darauf, wie positive Auswirkungen für die Arbeitskräfte im Rahmen genereller technischer Veränderungen überhaupt gesichert werden können. Damit wird ein mehr defensives Verständnis beschrieben, das sich vor allem durch den Einzug der Computer in die Arbeitswelt verstärkt haben könnte. (53) Gefragt wird dabei außer nach der Einschätzung neuer Arbeitsformen durch die direkt Betroffenen auch nach der Einschätzung durch die Betriebsräte. Die Studie gründet sich auf eine Reihe von Expertengesprächen, und zwar sowohl mit Vertretern des Managements als auch des Betriebsrates, auf Einzeldiskussionen und Gruppengesprächen sowie Fallstudien, also eine ganze Breite von Untersuchungsmethoden. Die Erhebungen wurden von 1976 bis 1978 durchgeführt und 1980 abgeschlossen. Als "neue Arbeitsformen" werden unter anderem untersucht die Gruppenarbeit, die Modifizierung und Auflösung von Fließbandarbeit und technische Lösungen zur Aufhebung restriktiver Arbeit.

Wie bei anderen Untersuchungen kommt auch diese Arbeitsgruppe zu dem Ergebnis, daß das strategische Interesse der Betriebe an neuen Arbeitsformen vor allem unter Leistungsgesichtspunkten gesehen wird, Humanisierungseffekte also eher ein "Abfallprodukt" sind. Allerdings - auch darauf war im Zusammenhang mit dem betrieblichen Teil dieser Arbeit schon hingewiesen worden - können sich dennoch positive Auswirkungen ergeben. Nachträgliche Korrekturen seien nicht ausgeschlossen. Dabei sei es aber in der Regel so, daß Arbeiter und ihre Vertretungen eher reaktiv als aktiv reagieren könnten, oft auch aufgrund fehlender Information. Daß unter den Bedingungen neuer Technologien dieser Spielraum für Korrekturen sehr viel kleiner geworden ist, war in der Arbeit von Benz-Overhage und ihren Mitarbeitern deutlich geworden. Die an "neuen Arbeitsformen" ausgerichtete Arbeit von Altmann und Mitarbeitern hat diese Entwicklung nur sehr bedingt mit aufgenommen. Umso interessanter wird sein, zu erfragen, ob die Betriebsräte unter eher "traditionellen" Bedingungen die dabei entstandenen Spielräume nutzen konnten. Aufgrund von Befragungen der Betriebsräte kommt die Untersuchungsgruppe zu dem Ergebnis, daß die Beteiligung des Betriebsrates an Umstellungsprozessen außerordentlich begrenzt sei. Obwohl die besondere Bedeutung von § 90 BetrVG in Verbindung mit § 91 bei Gewerkschaften und unter Arbeitswissenschaftlern unbestritten sei, erfolge die Information des Betriebsrates - wenn sie überhaupt erfolge - erst nach Abschluß der technisch-organisatorischen betrieblichen Planungen. In keinem Fall sei der Betriebsrat in die Initiierungs- und Planungsphase einbezogen gewesen. (54) Dies aber widerspräche eindeutig Geist und Buchstaben von § 90.

Dagegen werde - und das deckt sich mit den Erkenntnissen einer Reihe von empirischen Untersuchungen, die im Rahmen dieser Arbeit vorgestellt wurden - der Informationspflicht allerdings dann entsprochen, wenn es um Änderungen des Entlohnungsgrundsatzes oder der Entlohnungsmethode gehe. Die Bestimmungen des §87 (1) Ziff. 10 und 11 BetrVG würden in diesem Zusammenhang immer eingehalten. Der springende Punkt aber sei, daß die Betriebsräte aufgrund der ihnen zur Verfügung stehenden Informationen und der eigenen Qualifikation in der Regel nicht in der Lage seien, auf den Planungsprozeß einzuwirken. Dieser Mangel sei den befragten Betriebsräten durchaus bewußt. Für Betriebsräte seien die möglichen positiven Folgen "neuer Arbeitsmethoden" schwer durchschaubar, zumal sie bei Information auf Auskünfte des Managements angewiesen seien. Eine eher defensive Haltung führe dazu, "daß neuartige positive und negative Potentiale solcher Veränderungsmaßnahmen im Umstellungsprozeß selbst oder gar vorher nicht systematisch aufgegriffen werden können und mögliche ambivalente Folgen verdeckt bleiben". (55)

Nach den Untersuchungen von Altmann und Mitarbeitern haben in allen von ihnen untersuchten Fällen die Betriebsräte den Vorschlägen des Managements zugestimmt, und zwar unabhängig von Zeitpunkt und Art der Information. Dabei hätten die Auswirkungen für die Verbesserung der Arbeitssituation nur eine sekundäre Rolle gespielt; primär sei immer die Lohnfrage gewesen. Nur in drei von neun untersuchten Fällen sei versucht worden, generell anstehende Forderungen einzubringen (Gleitzeit, Weiterbildung). Es zeige sich, so heißt es in der Untersuchung, daß Betriebsräte in der Anlaufphase nicht in der Lage seien, allgemeine Probleme und Anlaufsprobleme auseinanderzuhalten. Es fehle ihnen zudem die notwendige Rückkoppelung mit den betroffenen Arbeitskräften. Außerdem verfügten sie kaum über systematische Unterlagen.

Zusammenfassend stellten die Autoren aufgrund ihrer Erhebungen fest, daß über die technische und organisatorische Gestaltung des Arbeitsprozesses nach wie vor die Unternehmensleitungen verfügten. Die Betriebsräte könnten allenfalls korrigierend eingreifen. Wie dargestellt, so wird auch in dieser Untersuchung bestätigt, daß die §§ 90 und 91 nur sehr begrenzte Möglichkeiten des normativen Zugriffs darstellten. Bei auf neue Gestaltungsformen der Arbeit zielenden Maßnahmen "haben gerade jene Merkmale des Arbeitsprozesses entscheidenden Einfluß auf die Arbeitssituation, die sich am weitesten dem Zugriff des Betriebsrates entziehen". (56)

Sehr kritisch beurteilen die Arbeitnehmer in den Untersuchungen von Altmann und Mitarbeiter die Arbeit ihrer Betriebsräte. In der negativen Beurteilung durch fast sechzig Prozent der Befragten drücke sich die Vorstellung aus, daß die eigenen Interessen nicht ausreichend berücksichtigt würden. Vorgeworfen wird den Betriebsräten der fehlende Bezug zu der Arbeitsplatzsituation der betroffenen Arbeitnehmer, die Abgehobenheit ihrer Position und die fehlende Information. Dabei nähmen die befragten Arbeitnehmer auch wenig Rücksicht auf die objektiv gegebenen Einschränkungen für die Betriebsratsarbeit aufgrund mangelnder oder nicht ausreichender rechtlicher oder vertretungswirksamer Möglichkeiten. Hinzu komme, daß die betroffenen Arbeitnehmer oft im Betriebsrat selbst unterrepräsentiert seien. Auch Altmann und seine Mitarbeiter sind auf den empirischen Befund gestoßen, daß die Aktivitäten des Betriebsrates nur wahrgenommen werden, wenn sie im direkten Arbeitsbereich sich abspielen. Darauf war auch im Zusammenhang mit Darstellungen über die Defizite der Betriebsratsarbeit aufmerksam gemacht worden. Abgehobenheit des Betriebsrates und mangelnde Basisnähe würden sich erschwerend gerade bei der Einflußnahme auf neue Arbeitsformen auswirken.

Wenn schon unter der Bedingung der Einführung "neuer Arbeitsformen" der siebziger Jahre erhebliche Defizite bei der Betriebsratsarbeit entstanden sind, dann ist verstärkt die Frage zu stellen, wie sich aufgrund der tiefgreifenden Veränderungen durch die Einführung neuer Technologien im Betriebsalltag die Vertretungswirksamkeit oder die Vertretungsschwäche der Betriebsratsarbeit darstellt.

Die Einführung der Mikroelektronik in die Werkshallen stellte Gewerkschaften und Betriebsräte vor schwer lösbare Probleme, vermochten sie doch nicht von Anfang an zu übersehen, welche Auswirkungen diese Neuerungen für Arbeitsplatzsicherheit und Arbeitsplatzqualität haben würde. Erst nach und nach versuchten die Gewerkschaften, in den Schulungen für ihre Betriebsräte diese mit den neuen Entwicklungen vertraut zu machen. Wie das Beispiel der Druckindustrie lehrt, ist dies nicht einfach. Nicht alle Unternehmen werden zeitgleich von den Veränderungen getroffen; da auch Betriebsräte ihr Problembewußtsein aber vor allem an den vorhandenen, sichtbaren Problemen schärfen, ist problemvorausschauende, noch nicht direkt erfahrbare Auseinandersetzung nicht selbstverständlich. Obwohl beispielsweise die Einführung der Industrieroboter (IR) vor allem beim Volkswagenwerk Mitte der siebziger Jahre forciert wurde, liegt beispielsweise eine Handlungsanleitung für Betriebsräte wie die von Sari und Urban über "Roboter und Arbeitsbedingungen" erst aus dem Jahr 1984 vor.

Die Verfasser weisen in der Einarbeitung auf die allgemeine Erfahrung hin, "daß viele Betriebsräte durch das Tempo der technischen Entwicklung überrollt werden. Meistens fehlen ihnen Zeit und Möglichkeiten und Voraussetzungen, sich einen ausreichenden Wissensstand über neue Technologien und ihre Auswirkungen auf die Arbeitnehmer bereits vor dem Einsatz in ihrem Betrieb anzueignen". (57). Auch Sari/Urban gehen davon aus, daß die Informationspflicht des Arbeitgebers häufig, wenn überhaupt, nur in der Art erfüllt wird, daß die geplanten technischen Neuerungen zwar genannt werden, nicht aber deren detaillierte Auswirkungen.

Auch in einer gemeinsamen Studie des Soziologischen Forschungsinstitutes Göttingen (SOFI) und der Universität Bremen (Mickler u.a., werden die Möglichkeiten des Betriebsrates, aber auch die Folgen des Industrierobotereinsatzes für die betroffenen Arbeitnehmer eher skeptisch beurteilt. Die Materialien für diese Studie sind im Rahmen einer sozialwissenschaftlichen Begleituntersuchung über "Industrieroboter" im Volkswagenwerk Wolfsburg in den Jahren 1977 und 1978 gewonnen worden. Im Rahmen von zwei Feldphasen sind nach Angaben der Autoren zahlreiche Expertengespräche, Arbeiterinterviews, Arbeitsplatz- und Anlagenbeobachtungen durchgeführt worden. Dabei wurde auch aufgrund von Interviews mit Betriebsräten die Situation der betrieblichen Interessenvertretung eingehend analysiert. (58)

Industrieroboter werden als universell verwendbare Bewegungsmaschinen beschrieben, die im Unterschied zu herkömmlichen

Maschinen komplizierte Bewegungsabläufe nachvollziehen können. Sie seien für solche Tätigkeiten gedacht, die sich durch hohe Belastungen auszeichneten und die einen stark repetitiven Charakter hätten. Sie würden von Herstellern und Anwendern zwar unter Rationalisierungsgesichtspunkten eingesetzt, zugleich aber würden sie als Humanisierungsinstrument angesehen, da sie den Menschen von unzumutbaren Arbeiten befreiten. Außerdem könnten sie zur Schaffung neuer, anspruchsvoller Tätigkeiten beitragen. Die gewerkschaftliche Haltung wird dagegen eher als abwartend beschrieben. Die Gewerkschaften würden verstärkt die Ambivalenz des Robotereinsatzes sehen. Sie würden durchaus ihren möglichen entlastenden Charakter anerkennen, fürchteten aber zugleich den Verlust von Arbeitsplätzen. Die Untersuchung soll nach Angaben der Autoren vor dem Hintergrund der Analyse der ökonomischen Einsatzbedingungen vor allem die sozialen Folgen beschreiben. Die Studie wurde im Volkswagenwerk erarbeitet, das eines der ersten Hersteller und Anwender von Industrierobotern war. Die Verfasser wiesen darauf hin, daß die Fallstudie in einem relativ frühen Stadium des Innovationsprozesses angefertigt wurde, also vor einem ausgesprochenen Masseneinsatz.

Von den Autoren dieser Studie wird die Haltung der Betriebsräte gegenüber der Einführung von Industrierobotern als insgesamt positiv beschrieben. Dabei werde vor allem auf die Konkurrenzsituation hingewiesen und die Möglichkeit eines Einstiegs in die Produktdiversifikation gesehen. Allerdings wurde davon ausgegangen, daß es aufgrund des Computereinsatzes nicht zu negativen Konsequenzen kommen dürfe. Es sei den Betriebsräten vor allem um Besitzstandswahrung gegangen (59). Wesentlich bei der Beurteilung allerdings sei, daß der Einsatz der Industriecomputer zu einem Zeitpunkt erfolgt sei, wo die beschäftigungsrelevanten Auswirkungen nur "marginalen Charakter" gehabt hätten. Aufgrund ihrer optimistischen Grundeinstellung sei es den Betriebsräten schwer gefallen, die Auswirkungen auf die Arbeitsorganisation realistisch einzuschätzen, rechtzeitig zu intervenieren und ein Gesamtkonzept zu entwickeln. Der Betriebsrat sei für eine solche differenzierte und detaillierte Aufgabenstellung nicht vorbereitet gewesen. Die Autoren geben an, was bei einem Unternehmen von der Größe des Volkswagenwerkes überrascht und beispielsweise in der Untersuchung Kern/ Schumann, auf die noch zurückzukommen sein wird, nicht bestätigt wird, daß ein realistischer Gesamtüberblick für den Betriebsrat auch deshalb nicht zu erhalten gewesen sei, weil ihm die dafür notwendigen Informationen zunächst vorenthalten worden seien. Dies habe sich sowohl auf die qualitativen Arbeitsfolgen als auch auf das Ausmaß der Arbeitskräfteeinsparung bezogen. Erst nachdem der Betriebsrat sich demonstrativ 1978 aus dem betrieblichen Planungsausschuß zurückgezogen habe, habe sich das Unternehmen entschlossen, den Betriebsrat frühzeitiger zu informieren. Die Informationen hätten sich aber vorwiegend auf die Anzahl der möglicherweise Betroffenen bezogen, nicht aber auf die qualitativen Veränderungen der Arbeitsplätze. Dennoch sei die Einstellung des Betriebsrates im Prinzip positiv geblieben.

Erste skeptische Reaktionen hätten sich bei einem Teil der Belegschaft 1979 gezeigt, als im Zuge des Neuaufbaus von Produktionsanlagen Industrieroboter massiver eingesetzt worden seien. Mehrere hundert Arbeitskräfte seien umgesetzt worden. Dabei sei das Problem des Verlustes von relativ hoch eingestuften Arbeitsplätzen eingetreten. Das habe nicht ohne weiteres aufgefangen werden können. Als kennzeichnend für den Einsatz der Industrieroboter-Technologie sehen die beiden Untersuchungsgruppen zwei Wirkungen: auf der einen Seite bauten sie, soweit sie auf den Ersatz manueller Arbeit abzielten, hohe Belastungen körperlicher Art ab, zugleich engten sie aber die Arbeitsmöglichkeiten in diesem Bereich ein, da der Einsatz von Industrierobotern mit dem Abbau von Arbeitsplätzen einhergehe. Dabei gehen die Untersuchungsgruppen von einem sehr negativen Beschäftigungssaldo aus: für jeden Arbeitsplatz, der durch die Einführung von Industrierobotern entstehe, gingen fünf verloren. Daß dieser Saldo nicht unbedingt gleichbedeutend mit realen Arbeitsplatzverlusten sein muß, sondern abhängig ist von der Nachfrage und der allgemeinen Wirtschaftssituation, ist dabei anzumerken.

Dabei führen die Untersuchungsgruppen an, daß von den betroffenen Arbeitnehmern, die inhaltsarme repetitive Arbeiten verrichteten (Teilehandhabung, Montagebereich), ihre Arbeit als hochbelastend bezeichnen würden. (60) In der Untersuchung von Mickler und Mitarbeitern wird angeführt, daß ein Drittel der Befragten davon ausgehe, daß die jetzige Arbeit aufgrund der hohen Belastungsanforderungen dauerhaft nicht durchzuhalten sei. Zumindest jeder fünfte verweise darauf, daß ihm die arbeitsinhaltlichen Einschränkungen und die sehr geringen Gestaltungsräume zu schaffen machten. "Betrachtet man die Rezeption der Belastungssituation und die von den Arbeitern formulierten Vorstellungen zur Verbesserung ihrer Arbeitsbedingungen, so müßten sie dem Einsatz von Industrierobotern grundsätzlich positiv gegenüberstehen." (61) Hinzu kam, daß die befragten Arbeitnehmer im VW-Werk ihre Beschäftigungssituation lange Zeit als relativ stabil einschätzten und sich nicht unmittelbar durch den Verlust ihres Arbeitsplatzes bedroht sahen.

Obwohl angesichts dieser Situation die Chancen für eine positive Annahme der technologischen Veränderungen günstig sein müßten, fallen die Befragungen nicht besonders positiv aus. Zwar heben einzelne, von dem Robotereinsatz betroffene und umgesetzte Arbeitnehmer an, daß vor allem körperliche Belastungen abgebaut worden seien, dennoch ist das Gesamturteil eher negativ. Die zentralen Probleme aus dem Bereich repetitiver Arbeiten seien nicht beseitigt worden. Anspruchsvollere oder qualifiziertere Tätigkeiten seien nicht entstanden. Die aktuelle Skepsis richte sich vor allem gegen den Humanisierungsanspruch der Unternehmen. "Drei Viertel der Befragten (gehen) davon aus, daß der Realisierung dieses Anspruchs von vornherein eindeutige Grenzen gesetzt sind, die sich aus der Tatsache ergeben, daß bei dem Einsatz der IR-Technologie die ökonomische Rentabilität für den Betrieb eindeutig Priorität besitzt. Nicht einmal jeder zehnte ist der Ansicht, daß Maßnahmen zur Verbesserung der Arbeitsbedingungen auch dann durchgeführt werden, wenn sie sich ökonomisch nicht rentieren." (62) Hinzu komme, so die Autoren der Studie, daß die potentiellen Gefahren für den Arbeitsplatz bei einer massiven Einsetzung der Industrieroboter stärker eingeschätzt würden.

Zusammenfassend läßt sich die Haltung der Arbeitnehmer aufgrund dieser Studie als ambivalent beschreiben, wenn auch mit stärker negativ ausgeprägten Akzenten. Wie der Betriebsrat, so stünden auch die bisher betroffenen Arbeitnehmer der Entwicklung nicht grundsätzlich ablehnend gegenüber. Entscheidend seien die damit verbundenen Konsequenzen. Dabei stelle sich heraus, so die Arbeitsgruppen dieser Untersuchung, daß jeder zweite der Befragten meine, seine Arbeitssituation sei gleichgeblieben oder habe sich sogar verschlechtert, nicht aber verbessert. Als Gründe dafür werden angegeben, daß die bessere Produktionstechnik in der Regel mit einer Verschärfung des betrieblichen Leistungsdrucks verbunden sei. Selbst wenn es zu technisch bedingten Arbeitserleichterungen gekommen sei, wäre dies durch eine Zunahme des Arbeitstempos und eine quantitative Erweiterung der Arbeitsaufgaben aufgehoben worden.

Eine Vorstellung von dem möglichen Ausmaß des Einsatzes der Industrieroboter gibt die Einschätzung der Autorengruppe, daß von 54.000 Beschäftigten des VW-Werkes Wolfsburg etwa 20.000 als Repetitive einzuschätzen seien. Davon könnten etwa 7.000 durch Industrieroboter ersetzt werden. Dabei liege der Haupteinsatzbereich der Industrieroboter vor allem im Bearbeitungsbereich. Betroffen würden vor allem komplexe, qualifizierte Formen repetitiver Arbeit. Mit deren Ersatz würde das "mittlere" Qualifikationsspektrum der längerfristig Angelernten im Produktionsbereich gravierend reduziert. Dem Verlust solcher Plätze stehe nur sehr vereinzelt die Zunahme von qualifizierten Automationstätigkeiten wie der eines Anlageüberwachers gegenüber. Der Verlust von relativ hoch eingeschätzten Arbeitsplätzen schäle sich als Hauptproblem des Industrierobotereinsatzes heraus. "Damit reiht sich der Einsatz von Industrierobotern in eine Linie technologischer Veränderungen ein, bei der durch eine Reihe von Maßnahmen Qualifikationen, aber auch belastende Tätigkeiten abgebaut werden mit der sehr zwiespältig abzuschätzenden Folge, daß zwar einerseits der Belastungsabbau zu begrüßen sei, andererseits aber der damit verbundene Abbau von Tätigkeiten mit relativ hohen Qualifikationen und Lohngruppen als Problem zu sehen ist." (63)

Aus der Sicht der Autoren dieser Studie hat der Einsatz von Industrierobotern vor allem den Charakter einer Rationalisierungs-, nicht aber einer Humanisierungsmaßnahme. Arbeitsplätze würden nicht humaner gestaltet, sondern ersetzt. Außerdem würden nicht unbedingt besonders inhaltsarme Tätigkeiten ersetzt (Montierer am Band), sondern oft ausgerechnet jene Tätigkeiten, die zwar auch hochbelastend seien, sich zugleich aber durch relativ komplexe Qualifikationanforderungen auszeichneten. Auch widersprechen die Autoren der These, daß man durch die Herstellung und Instandhaltung der Geräte wenigstens teilweise mit besseren Arbeitsplätzen das zurückgewinne, was man an schlechteren Arbeitsplätzen verliere.

Die Frage nach den Veränderungen für die Arbeitsplätze aufgrund technologischer Neuerungen läßt sich anhand der bisher vorgestellten Untersuchungen nicht eindeutig beantworten. Die Situation ist bestenfalls als ambivalent zu beschreiben. Besteht im großen und ganzen noch Einigkeit darüber, daß es ein erhebliches Arbeitsplatzrisiko gibt, so bestehen unterschiedliche Einschätzungen in bezug auf die Qualität des Arbeitsplatzes und die möglichen und tatsächlichen Chancen der betrieblichen Interessenvertretung, auf die Veränderungen vorbeugend und/oder korrigierend einzuwirken.

Zu einem sehr differenzierten Ergebnis kommen Kern/Schumann in ihrer neuesten Untersuchung. Auch Kern/Schumann gehen in ihrer 1984 veröffentlichten Untersuchung, die sich sehr zentral auch mit den unterschiedlichen Rollen betrieblicher Interessenvertretungen angesichts der technologischen Veränderungen beschäftigt, davon aus, daß "Rationalisierung immer mehr den Virus der Vernichtung von Arbeitsplätzen (enthält)". (64)

Zwar habe es "Freisetzungen" durch Rationalisierung auch schon in den sechziger und siebziger Jahren gegeben, doch seien diese damals durch die arbeitsschaffenden Wirkungen der wirtschaftlichen Expansion ausgeglichen worden. Jene alte, als allgemeines Schema schon immer problematische Optimismus-These, daß der Freisetzung-Effekt der Rationalisierung langfristig durch die arbeitsschaffenden Wirkungen des "technischen Fortschritts" aufgefangen würden, müsse unter den heutigen Bedingungen zu den Akten gelegt werden. Allerdings verfehle man die Realität, würde man aus der Sicht der betroffenen Arbeitnehmer und Betriebsräte die heutige Problematik nur unter dem Aspekt der Arbeitslosigkeit betrachten. In der Vergangenheit habe Rationalisierung auf der Einschätzung beruht, daß menschliche Arbeit eher eine Schranke der Produktion darstelle, die man durch möglichst weitgehende Rationalisierung zu überwinden trachtete. So paradox dies auch klinge, so steige heute das Bewußtsein für die qualitative Bedeutung menschlicher Arbeit. Damit setzen Kern/Schumann einen deutlich anderen Akzent als in der Untersuchung der Arbeitsgruppen in den Universitäten Göttingen und Bremen, die sich allerdings auf Industrieroboter konzentrierten und nicht das ganze Spektrum rechnergesteuerter Technologien umfaßten. Angesichts des hochdifferenzierten und hochtechnologisierten heutigen Produktionskonzeptes müßten die Unternehmen versuchen, mögliche Störungen auszuschließen; mithin müsse der Arbeitgeber versuchen, mit den Arbeitern zu modernisieren und nicht gegen sie. Damit stelle sich die Frage nach Chancen und Risiken neu. Für einen Teil der Arbeiterschaft - und nur für diesen - könne Rationalisierung auch bedeuten, sich in den Rationalisierungsprozeß "einzuklinken und seinen Preis für Mitspielen" (65) zu verlangen. Zu den Bestandteilen eines solchen Forderungskatalogs gehörten zum Beispiel:

grundsätzlicher Entlassungsschutz beziehungsweise die Bewältigung von unvermeidlichem Personalabbau durch Frühverrentung oder neue Arbeitszeitregelungen ohne erheblichen finanziellen Verlust;
bei Umsetzungen im Prinzip Bestandssicherung, zumindest akzeptable Übergangsbedingungen;
Beteiligung am Rationalisierungsgewinn als Ausgleich für übernommene Risiken und Lasten.

Kern/Schumann verkennen dabei nicht, daß ein solcher Prozeß nicht ohne Probleme und Risiken ist. Betriebssyndikalismus, eine alte Furcht der Gewerkschaftsführungen, sei eine der wenn auch nicht zwangsläufigen Folgen. Außerdem gebe es bei diesem Prozeß Rationalisierungsgewinner und solche, die dabei verlieren. Dies führe nicht so sehr zu einer Polarisierung, eher zu einer Segmentierung der Arbeitnehmerschaft. Zu den Gewinnern rechnen die Autoren der ebenfalls stark empirisch ausgerichteten Studie die modernen Produktions-Facharbeiter und die Instandhaltungs-Spezialisten. Dieser Gewinner-Gruppe stehe eine Dulder-Gruppe gegenüber, die bisher einen Arbeitsplatz im Kernbereich der Produktion gehabt hätten, aber aufgrund ihrer besonderen Merkmale (Alter, fehlende Qualifikationen, Ausländer, Frauen) für die neuen Produktionsformen nur schwer oder gar nicht einsetzbar seien. Sie müßten entsprechend durch Gesetze, Tarife oder Betriebsvereinbarungen abgesichert werden. Eine weitere Gruppe sei die in krisenbestimmten Industrien (Stahl, Werften). Schließlich seien die Gruppen der Arbeitslosen zu nennen, die immer weniger Chancen hätten, in den Produktionssektor hineinzukommen.

Kern/Schumann gehen davon aus, daß noch nie seit der unmittelbaren Nachkriegszeit die Lageunterschiede in der Arbeiterschaft so groß gewesen seien wie heute. "Wenn das Wort von den disparitären Lebensverhältnissen je einen Sinn gehabt hat, so jetzt. Noch nie sind die mit industrieller Arbeit verknüpften Risiken und Chancen unter den Arbeitskräften so unterschiedlich verteilt gewesen wie heute. Unter diesem Blickwinkel sehen wir in der Segmentierung die moderne Variante der Polarisierung." (66)

Auf die Dauer, so Kern/Schumann, könnte unter solchen Umständen die gesellschaftliche Integration der Arbeiter kaum erfolgreich sein. Kern/Schumann können sich - trotz der Brüche und Spannungen - aber auch kaum vorstellen, daß hinter die Verhältnisse zurückgegangen werden könne, die heute in den industriellen Kernsektoren aufgebaut worden seien. Da aber mit den neuen Produktionskonzepten Effizienz mit den Arbeitnehmern und nicht gegen sie erzielt werden solle, könne mit der Realisierung einzelwirtschaftlicher Rationalität langfristig gesellschaftlicher Fortschritt erzielt werden. Diese Aussage aber stehe unter dem ausdrücklichen Vorbehalt, daß die neuen Produktionsprozesse politisch aufgegriffen und gestaltet würden. Damit widersprechen die Autoren der liberalökonomischen Annahme, man könne solche gesellschaftlichen brisanten Entwicklungen allein den Mechanismen des Marktes überlassen.

Für die Betriebsräte bergen die technologischen Entwicklungen und die Auswirkungen auf die Arbeitsplätze eine ganze Reihe von schweren Problemen in sich. Der sehr unterschiedlichen Lage in der Arbeitnehmerschaft, und zwar nicht nur in den einzelnen industriellen Zweigen, sondern eben auch innerhalb der einzelnen Betriebe, steht eine Belegschaftsvertretung gegenüber, die von ihrem Verständnis und ihrer Aufgabe her auf möglichst breite und gleiche Vertretung der Arbeitnehmer ausgerichtet ist. Kern/Schumann versuchen anhand von Fallstudien in drei Industriezweigen ganz besonders auch Chancen und Grenzen der betrieblichen Interessenvertretung unter der Bedingung technologischer Veränderungen auszuleuchten. Sie gehen dabei teilweise in Betriebe zurück, die sie zehn Jahre zuvor schon einmal untersucht hatten.

Unter den technologischen Veränderungen verstehen Kern/Schumann die Perfektionierung der Mikroelektronik. Dazu gehören die funktionsreichen und relativ billig gewordenen Mikroprozessoren, die Automation mit hoher Flexibilität verbinden. Die neuen Systeme zeichnen sich im Vergleich zu den relativ starren, vor allem für die Massenproduktion vorgesehenen Automationsinstrumenten der vorhergehenden Jahrzehnte durch mehr Elastizität und Funktionsbreite aus. Kern/Schumann sprechen von einem "erweiterten Zugriffshorizont technischer Systeme" (67) und nehmen damit Beschreibungen auf, wie sie auch von Benz-Overhage schon gebraucht wurden. Kern/Schumann benutzten, wie in den neueren Untersuchungen sehr oft verwendet, unterschiedliche Erhebungsverfahren für ihre Untersuchung. Dazu gehören Gespräche mit Vertretern des Managements, betrieblichen Experten und Betriebsratsmitgliedern, Gespräche mit Arbeitnehmern, Arbeitsplatzanalysen und Betriebsbegehungen. Dabei wurden Betriebe im Bereich des Automobilbaus, des Werkzeugmaschinenbaus und der Großchemie ausgewählt. Kern/Schumann fanden dabei sehr unterschiedliche Strukturen und auch sehr unterschiedliche Verhaltensformen der betrieblichen Interessenvertretungen vor. Auf die Betriebsräte soll sich die folgende Zusammenfassung der Untersuchung von Kern/Schumann im Rahmen dieser Arbeit konzentrieren. Damit müssen zwangsläufig technische Rahmenbedingungen, auf die Kern/Schumann detailliert eingehen, vernachlässigt werden.

In teilweiser Abweichung von der Untersuchung von Mickler über Industrieroboter gehen Kern/Schumann von ansatzweise anderen Voraussetzungen für die Chance wirksamer Interessenvertretung und Interessenwahrung aus. Die Anfälligkeit des Managements bestehe darin, so die Verfasser, daß es sich in diesem komplizierten Modernisierungsprozeß keine "harte Front" mit der Belegschaft erlauben könne; mithin habe die Belegschaft die Chance, durch Konsensentzug den Modernisierungsprozeß zu stören. Damit werde zwar das Machtgefälle im Betrieb nicht beseitigt, den Arbeitnehmern und ihrer Vertretung aber die Chance gegeben, ihren Preis für den Konsens zu verlangen. Das setze allerdings energisches Eintreten und ebenso energisches Verfechten dieser Forderungen voraus. Die im Vergleich zu Mickler und Mitarbeitern positivere Einschätzung der Chancen für eine wirksame Interessenvertretung beschränkt sich bei Kern/Schumann vor allem auf die Automobilindustrie. Sie revidieren ihr Urteil aus früheren Untersuchungen, nach denen Betriebsräte keine selbständigen Impulse für die Entwicklung der Arbeitsorganisation gegeben hätten. Zwar sei die Machtasymmetrie im Betrieb keineswegs aufgehoben, immerhin stellten die Betriebsräte heute in den Automobilfirmen einen Machtfaktor dar. Kern/Schumann halten zwar eine Verbesserung der rechtlichen und organisatorischen Voraussetzungen der Betriebsratsarbeit in den - und das muß ausdrücklich erwähnt werden - in der Regel besonders großen Betrieben der Automobilindustrie fest, sehen aber vor allem bessere Chancen für die Betriebsräte aufgrund der strukturellen Bedingungen in den Betrieben. Hochkomplexe, vielgliedrige Mammut-Produktionssysteme sind, wie schon dargestellt, besonders störanfällig. Diese Störungen, so Kern/Schumann, mußten umso eher auftreten, "je schwieriger die alltägliche, informelle Interessenwahrnehmung durch den einzelnen Arbeitnehmer am Arbeitsplatz aufgrund der starren Druchorganisation der Betriebsabläufe wurde". (68)

Die daraus resultierende Notwendigkeit zur "vorgängigen" Mitentscheidung der Betriebsräte entspreche den betrieblichen Notwendigkeiten, liege mithin sowohl im Interesse der Beriebsräte als auch der Unternehmensleitungen. Stärker zentralgesteuerte Entscheidungsprozesse, die bei neuen Produktionsformen unabdingbar sind, und darauf war schon früher hingewiesen worden, eröffnen zumindest die Möglichkeit, daß Betriebsräte an der Planung und Steuerung betrieblicher Prozesse beteiligt werden. Vertraten nach Kern/Schumann früher die Arbeiter im Arbeitsalltag ihre Interessen weitgehend selbst und war damit der Betriebsrat tendenziell bloßes Sprachrohr der Belegschaft, so sei der heutige Betriebsrat in der Automobilindustrie eine wirkliche Vertretung der Arbeitnehmer, der stellvertretend für die Arbeitnehmer durch Mitentscheidung in den dem Arbeitsalltag vorstrukturierenden Institutionen tätig werde. Allerdings gilt dies, und darauf wird wiederholt hingewiesen, für den in der Automobilindustrie typischen Großbetrieb und ist nicht, wie noch zu zeigen sein wird, auf andere Betriebe zu übertragen.

Vor diesem in der Aussagekraft für den gesamten industriellen Bereich eingeschränkten Hintergrund muß die Aussage in der Untersuchung von Kern/Schumann gesehen werden, daß die Automobil-Betriebsräte über Planungsvorhaben der Produktion "typischerweise frühzeitig (spätestens bei Abschluß der Planungsuntersuchungen und vor Beantragung der Mittel) und umfassend (unter Berücksichtigung von Planungsalternativen) unterrichtet werden - ein Sachverhalt, den alle Betriebsräte bestätigen, mit denen wir Kontakt hatten". (69)

Eine solche Praxis aber entspräche genau den Bestimmungen des Betriebsverfassungsgesetzes. Daß in der Regel dies in der betrieblichen Praxis nicht geschieht, war Ergebnis beispielsweise der Untersuchungen von Mickler, aber auch anderen Studien. Zu erklären ist diese ins Auge fallende Diskrepanz wohl vor allem mit dem zeitlichen Unterschied der Untersuchung und unter der Annahme einer "mächtigen Transformation" wie dem gegenwärtigen Modernisierungsprozeß. Von dieser Annahme gehen Kern/Schumann aus. Eine weitere ist, daß, wie schon erwähnt, das Management im Zusammenhang mit den technisch-organisatorischen Umstellungen besonders daran interessiert sei, den Risikofaktor Betriebsrat/Belegschaft klein zu halten. Deshalb entschlössen sie sich zu einer umfangreichen Informationspolitik und gäben Garantieerklärungen ab, so zum Beispiel Verzicht auf Entlassung und Lohnkürzungen bei Umsetzungen. Allerdings gilt dies nur unter der Voraussetzung, und das wird bei einem von Kern/Schumann gegebenen Beispiel einer Geschäftsinformation deutlich, solange die Absatzsituation der Automobilindustrie zufriedenstellend ist. Bei Einbrüchen in die Wirtschaft werden "andere Maßnahmen" nicht ausgeschlossen.

Wieweit ein Betriebsrat die damit verbundenen Möglichkeiten nutzt, hängt vom Management, aber auch von seiner Verankerung in der Belegschaft ab. Auch Kern/Schumann wiederholen die alte Weisheit, daß ein Betriebsrat im betrieblichen Kräftespiel umso mächtiger ist, je eindeutiger er durch die Wahl seiner Kollegen legitimiert ist und je glaubwürdiger er die Mobilisierbarkeit seiner Wähler demonstrieren kann. Bei der Mobilisierung komme es, so Kern/ Schumann, dabei nicht so sehr auf die ganze Belegschaft an, sondern auf die meinungsbildenden und besonders durchsetzungsfähigen Kerne. Die qualifiziert-angelernten Produktionsarbeiter und die Handwerker seien in der Vergangenheit die Kernbelegschaften gewesen, von deren Unterstützung der Betriebsrat abhängig gewesen sei. Kern/Schumann wiederholen ihren Hinweis, daß die technologischen Änderungen auch in den Kernbereich eingreifen und für Umstrukturierungen sorgen. Wie dargestellt, haben sich nach Kern/Schumanns Feststellungen in den Automobilindustrien jüngere qualifiziert-angelernte Produktionsarbeiter und Instandsetzungsspezialisten in den Vordergrund geschoben und die älteren, qualifiziert-angelernten Produktionsarbeiter und die Handwerker überholt. Die "Rationalisierungsbetroffenheit" gehe heute quer durch Kernbelegschaft und Randgruppen. Die alte Strategie der Betriebsräte, vor allem die Kernmannschaft abzusichern, sei heute kaum noch durchhaltbar. Somit bedeutet der Modernisierungsprozeß, so läßt sich aus den Untersuchungen der Autoren folgern, eben auch für die Betriebsräte ein erhebliches Risiko, das die nur auffangen können, wenn sie für die Zustimmung zu Modernisierungsmaßnahmen dem Management Garantieerklärungen für die Bestandswahrung des alten "Kerns" abringen.

Die Autoren beschreiben das Dilemma der Betriebsräte so, daß sie zwar offenen Auges den Verlust von Tausenden Arbeitsplätzen sehen und die Gefährdung für die Kernbelegschaften nicht verkennen, angesichts fehlender Alternativen in besonderer Weise aber auf ihren jeweiligen Betrieb und dessen Überlebenschance verwiesen sind. Die Betriebsräte entsprächen damit den festverankerten Interessen der Belegschaft, nämlich den Betrieb als Basis der Beschäftigung zu sichern. Somit führe kein Weg an einer Zustimmung zur Modernisierung vorbei, solange das Management zu entsprechenden Konzessionen bereit sei und die Grundlage nicht durch wirtschaftliche Einbrüche - vor allem in die Beschäftigung - gefährdet werde. "Eine Politik der Stabilisierung des Betriebs durch Modernisierung ist ... heute angesichts der Markt- und Konkurrenzsituation eine nach innen weitgehend konsensfähige Politik. Man schützt sich, indem man mit den Wölfen heult. Daß diese Politik freilich auf dem externen Arbeitsmarkt im Endeffekt nichts Gutes bringt, daß durch sie jedenfalls kein Arbeitsloser von der Straße weggeholt wird, sahen und beklagten alle Betriebsräte in unseren Gesprächen. Sie betrieben eine Schutzpolitik für ihre Wählerschaft - wohlwissend, daß diese Politik, gerade wenn sie erfolgreich ist, Außenstehende belastet, weil anderwärts Marktanteile und Fertigungsstufen verlorengesehen. 'Das Hemd ist uns näher als der Rock' - dies Zitat hört man heute oft in Betriebsratsgesprächen." (70)

Kern/Schumann weisen darauf hin, daß diese auf den Betrieb bezogene Wirksamkeit der Arbeit der Betriebsräte die Rolle der Gewerkschaften, wie der IG Metall, nicht erleichtere. Die IG Metall lebe mehr von ihren Betriebsräten als umgekehrt. Als Beispiel wird die faktische Führungsrolle der Betriebsräte bei

Tarifauseinandersetzungen angeführt. Die Verpflichtung der Gewerkschaft zur Verankerung der Solidarität werde dadurch nicht erleichtert. Auf der anderen Seite, so argumentieren Kern/Schumann, hätten die Konjunktur und die Krisenbetroffenheit auch bei den Automobil-Betriebsräten den Blick über den Zaun geschärft. Die Arbeitslosigkeit werde als "gesellschaftlicher Skandal" erkannt; die daraus abgeleitete Forderung nach radikaler Verkürzung der Arbeitszeit könne ein Bezugspunkt für "Klassensolidarität" sein - eine Feststellung, die aufgrund des letzten Metallarbeiterstreiks überprüft werden müßte.

Die eher positive Einschätzung der Möglichkeiten der Automobil-Betriebsräte wird von den Autoren allerdings mit einigen Fragezeichen versehen. Zwar habe sich die Rechtsposition der Betriebsräte verbessert, so daß man sie nicht so leicht abweisen könne, ihre rechtlichen Möglichkeiten konzentrierten sich immer noch auf den Bereich personalpolitischer Entscheidungen, während in den vorgelagerten Entscheidungen die unternehmerischen Vorrechte fortlebten. Entscheidend aber sei dennoch, ob und wie die Belegschaft ins Spiel gebracht werden könne. Solange Massenentlassungen auch künftig verhindert werden könnten, sei es um die Glaubwürdigkeit und damit die entsprechende Unterstützung durch die Belegschaft nicht schlecht bestellt. Mit dieser Bedingung aber, der Vermeidung von Massenentlassungen, stehe und falle dieser Politikansatz. Hinzu komme die Gefahr der Brüche aufgrund der dargestellten Veränderungen in den Belegschaften. Auf der einen Seite müßten sich die Betriebsräte den Massenarbeitern neuer Prägung (qualifiziert-angelernte Produktionsarbeiter und Instandhaltungsspezialisten) annehmen, dürften auf der anderen Seite aber nicht versäumen, die anderen (ältere qualifiziert-angelernte Produktionsarbeiter und Handwerker) abzusichern. Die Akzeptanz der betriebsrätlichen Strategie durch die Arbeiter in der Automobilindustrie hänge sehr davon ab, ob es gelinge, Brüche in den Belegschaften zu vermeiden. Kern/ Schumann räumen ausdrücklich ein, daß die von ihnen skizzierte modellhafte Entwicklung eben nur dann eine Chance habe, wenn es nicht inner- und außerhalb der Betriebe zu schweren Brüchen komme.

Die Automobilindustrie ist zwar ein wichtiger, aber nicht der einzig wichtige industrielle Sektor. Wie ganz anders die Probleme in zwei anderen industriellen Sektoren - im Werkzeugmaschinenbau und in der Großchemie - aussehen können, soll anhand der Untersuchungen von Kern/Schumann im folgenden zusammengefaßt werden.

Im Gegensatz zum rationalisierten Großbetrieb der Automobilindustrie finde man im Werkzeugmaschinenbau, so Kern/Schumann, noch eine reichlich traditionale Sozialverfassung vor. Dort herrschten immer noch die funktionierenden Facharbeiter-Betriebe vor, in denen die Arbeiter einen großen Teil ihrer Interessen selbst realisierten - mit oder ohne Betriebsrat. Der Betriebsrat sei dort eher "Sprachrohr" der Belegschaft, die ihre Interessen im Alltag soweit wie möglich selbst vertrete. Zwar gebe es auf den klassischen Feldern (Arbeitszeit, Entlohnung, Akkord, übertarifliche Leistungen) auch übergreifende Interessen, die gemeinsam mit dem Betriebsrat wahrgenommen würden.

Dennoch sei der Betriebsrat eher ein Hilfsinstrument als ein originär agierendes Gremium. In diesem Zusammenhang ist darauf hinzuweisen, daß es sich bei den Betrieben des Werkzeugmaschinenbaus oft um Klein- und Mittelbetriebe handelt, wo soziale Beziehungen oft noch hoch personalisiert sind und die Institution des Betriebsrats - worauf auch Kern/Schumann hinweisen - selbst noch umstritten sein kann. Sie führen aus, daß, anders als in der Automobilindustrie, wo das Gesamtklima entscheidend sei, es in diesem Bereich noch eher auf den "Führungsstil" des Chefs ankomme, der entsprechend auch die Rahmenbedingungen für die Vertretungsstärke oder -schwäche des Betriebsrates setze. Entsprechend finde sich auch, analog zu der Typologie Kotthoffs, eine ganze Bandbreite von Betriebsratsverhalten. Zu den Widersprüchen des Werkzeugmaschinenbaus gehöre, so führen Kern/Schumann aus, daß die Arbeiter dort hocheffiziente Maschinen herstellen, zu deren Einsatzfeld der Maschinenbau selbst gehöre. Die Arbeiter erzeugten mithin "die Instrumente der Destruktion ihrer eigenen Arbeit". (71)

In diesem Industriebereich, in der ein harter Verdrängungswettbewerb herrsche und die "ökonomische Durchhaltemasse" entsprechend klein sei, seien auch die Wirkungsmöglichkeiten der Betriebsräte begrenzt. In dem eher bedächtigen Facharbeiter-Milieu seien "der großräumige Planungshorizont und die kaltschnäuzige Interessenabwägung", (72) die den Automobilbau kennzeichneten, kaum anzutreffen. Angesichts dieser Situation gebe es für die Betriebsräte keine Frage, daß die technischen Möglichkeiten ausgereizt werden müßten. Nur greife der Betriebsrat in dem Werkzeugmaschinenbau in der Regel nicht strukturierend in die Veränderungen ein, wie dies die Kollegen in der Automobilindustrie täten, sondern eher konservativ: Gehabtes solle möglichst bewahrt werden. Dazu gehörten auch die Facharbeiter-Strukturen. Von der "knallharten" Verhandlungsposition der Betriebsräte im Automobilbau, nämlich die Bereitschaft zum Mitmachen bei der technischen Rationalisierung von Beschäftigungsgarantien abhängig zu machen, könne im Maschinenbau nicht die Rede sein. Das Druckpotential der Betriebsräte im Werkzeugmaschinenbau sei viel kleiner, was eben auch von den ökonomischen Bedingungen abhängig sei.

Kern/Schumann sprechen von der "Antiquiertheit" der Interessenvertretung im Werkzeugmaschinenbau und meinen damit die Unprofessionalität und Personengebundenheit der betrieblichen Vertretung. Diese hätten in der Vergangenheit ihre Berechtigung gehabt. Nur stellten sie unter der Bedingung des Umstiegs auf neue, rechnergesteuerte Technologien (CNC-Technologie) mit ihren Eingriffen in die Betriebsstrukturen die Probleme heute ganz anders dar. Da der Planungs-, Steuerungs-, und Koordinationsbedarf der Betriebe erhöht werde, änderten sich auch die Anforderungen an die Betriebsräte selbst, die ihr Handeln langfristig und in der Dimension des Gesamtbetriebes anlegen müßten. Darauf aber seien sie unzureichend vorbereitet. Zu diesem eher negativ getönten Bild gehöre nach Kern/Schumann auch, daß im Werkzeugmaschinenbau häufiger Klagen über defizitäre Unterrichtung durch die Arbeitgeberseite als in der Automobilindustrie vorgebracht würden.

Kern/Schumann gehen davon aus, daß sich die Gewichte im Werkzeugmaschinenbau aufgrund dieser Entwicklung zuungunsten der Betriebsräte verschoben hätten. Bei ihnen sei zwar immer noch im Zusammenwirken mit den Facharbeitern am Arbeitsplatz ein Machtpotential vorhanden, doch fehle die übergreifende und vorausschauende Einflußnahme. Dies könne sich mit der Zeit ändern. Anders als bei der Automobilindustrie, wo eher die Betriebsräte die IG Metall seien als umgekehrt, seien die Betriebsräte im Werkzeugmaschinenbau auf die IG Metall bei dem Versuch der gesamtbetrieblichen Interessenvertretung angewiesen. Sie brauchten die Unterstützung und Schulung viel nötiger als die Betriebsräte in der Automobilindustrie.

Eine dritte Variante betrieblicher Interessenvertretung stellen Kern/Schumann in der Großchemie vor. Dabei weisen sie darauf hin, daß es, wie bei dem Werkzeugmaschinenbau, einen einzigen Typ von Betriebsrat nicht gebe, sondern eine ganze Variationsbreite. Sie stellen mithin Strukturen und Charakteristika heraus, ohne damit die tatsächliche Handlungsform des einzelnen Betriebsrates festlegen zu wollen. Zeichne sich die Automobilindustrie in der Regel durch einen vertretungswirksamen Betriebsrat aus, der auch strukturierend und planend in den Prozeß der Einführung neuer Technologien eingreift, so sei für den Werkzeugmaschinenbau ein Betriebsrat typisch, der sich sehr stark auf die Unterstützung der Facharbeiter am Arbeitsplatz stütze, Defizite aber bei der übergreifenden und planenden Aufgabenerfüllung habe. Als einen Mischtyp sehen Kern/Schumann den Betriebsrat in der Großchemie. Das habe strukturelle und traditionelle Gründe. Während für die Automobilfirmen eine hochgradig integrierte Gesamtfertigung mit einem zentral gesteuerten Fertigungsfluß typisch sei, handele es sich bei der Chemiefirma eher um eine Einheit im ökonomischen Sinn. Die Produktion gliedere sich in viele einzelne Produktionsstätten für sehr unterschiedliche Produkte. Mithin müßten auch die Betriebsräte betriebsnäher agieren. Da bei den Facharbeitern im Werkzeugmaschinenbau der Typ des Arbeitnehmers fehle, der Herr "seines" konkreten Produktionsprozesses sei, fehle es entsprechend auch an einer wirksamen Interessenvertretung auf unterster Ebene. Für die Chemie-Betriebsräte sei entsprechend ein eher an das Management angelehntes, "manageriell-selektives" Rollenverständnis kennzeichnend. "Man agiert nicht gegen ein als außen verstandenes Management, sondern begreift sich als gestaltend mitwirkende und mitverantwortliche Einrichtung im Prozeß der Herausbildung und Durchführung von Managemententscheidungen." (73) Dabei werde darauf geachtet, daß mehr soziale Aspekte in die Unternehmenspraxis einflössen.

Kern/Schumann weisen als Erklärung für dieses Verhalten auf die besonderen historisch-sozialen Bedingungen in der Großchemie hin. Sie beziehen sich dabei auf die relativ stabile soziale Lage der Chemiearbeiter in der Großindustrie (relativ hohes Einkommen, relativ hohe Arbeitsplatzsicherheit). Zudem habe das Chemiemanagement seit Jahrzehnten eine Strategie der sozialen

Befriedigung getrieben; die ökonomischen Spielräume für soziale Konzessionen seien groß genug gewesen. Entsprechende Konzessionen habe es in Form eines Arrangements mit den Betriebsräten gegeben und diese damit zugleich eingebunden. Konzessionen seien also nicht, wie in anderen Gewerkschaftsbereichen, das Ergebnis von Kämpfen gewesen. Entsprechend groß sei die traditionelle Distanz der Chemiearbeiter zu ihren Betriebsräten. Indiz dafür sei auch die im Vergleich zu anderen Gewerkschaften relativ niedrige Wahlbeteiligung bei Betriebsratswahlen. Der IG Chemie sei es nicht gelungen, in den Betrieben eine autonom gewerkschaftliche Machtbasis zu schaffen. Man habe sich mit dieser Form der Betriebsratsarbeit arrangiert. Aufgrund der Bedeutung der Chemie für die Gesamtgewerkschaft sei, so behaupten Kern/Schumann, das sozial-managerielle Verhalten des Betriebsrates zu einer offiziellen Gewerkschaftslinie geworden.

Die auch auf die Großchemie zukommenden Veränderungen durch verstärkten Computereinsatz (zum Beispiel bei der Produktionsplanung und bei den Steuersystemen) scheint nach den Erhebungen von Kern/Schumann die Praxis betriebsrätlicher Arbeit noch nicht grundlegend verändert zu haben. Arbeitsschutz und Arbeitssicherheit stünden noch immer im Vordergrund, nicht aber die Frage der Gestaltung der Produktionstechnik und der Arbeitsstrukturen. Grundsätzlich stünde man den technologischen Veränderungen, wie auch die IG Chemie, positiv gegenüber. Da direkte Auswirkungen auf die Arbeitsplatzsicherheit in der Regel nicht zu spüren seien, würden Verunsicherungen eher über die Familie und Freunde hereingetragen.

10.5. Zwischenbilanz

Der Versuch, den Gesamtkomplex "Neue Technologien" in bezug auf das Betriebsratsverhalten darzustellen, kann nur bruchstückhaft erfolgen. Immerhin lassen die vorgestellten Studien Einigkeit in der Beurteilung der negativen Folgen für die Beschäftigungssituation erkennen. Deutlich wird auch, wie betriebliche Strukturen und die Charakteristik eines industriellen Sektors auch die Entfaltungsmöglichkeiten der Betriebsräte bestimmen. Es gibt eben nicht "das" typische Betriebsverhalten, sondern eine Vielzahl. Im Rahmen dieser Arbeit kann nur gezeigt werden, wie das jeweilige Verhalten von den Strukturen abhängig ist, welche Chancen, aber auch Grenzen der

Betriebsratsarbeit sich daraus ergeben. Vor allem die mit den neuen Technologien zusammenhängenden Probleme machen deutlich, wie unterschiedlich Chancen und Risiken verteilt sind, wie dadurch die Segmentierung in der Arbeitnehmerschaft verstärkt wird und wie schwierig es für die Betriebsräte sein kann, sowohl den Bedürfnissen der einzelnen gerecht zu werden als auch für eine gesamtbetriebliche Interessenvertretung zu sorgen und dabei die gewerkschaftliche Bindung nicht außer acht zu lassen. Zwar war dies auch schon ein Problem in der Vergangenheit. Nur stellen sich die Probleme angesichts der technologischen Umwälzungen mit den Auswirkungen für die Produktionsstruktur heute noch schärfer.

Die Beschäftigung mit den neuen Technologien in Hinblick auf ihre Auswirkungen auf die Arbeitnehmer und deren Interessenvertretung bildet zugleich den Abschluß der Datenanalyse. In drei Teilen ist versucht worden, Norm und Wirklichkeit des Betriebsverfassungsgesetzes aufgrund von vorliegenden empirischen Untersuchungen zu vergleichen. Dabei sind im ersten Teil Handlungsabläufe und Strukturen der Betriebsratsarbeit dargestellt und in einem zweiten Norm und Wirklichkeit des Gesetzes vor allem anhand von Befragungen zur Wirksamkeit einzelner Bereiche des Gesetzes verglichen worden. In diesem abschließenden dritten Teil ist nun versucht worden, die Probleme betrieblicher Mitbestimmung an Einzelaspekten zu verdeutlichen. Dabei sind die Einigungsstellen als typisches Beispiel für den Kompromißcharakter eines Reformgesetzes geschildert, die besondere Rolle der Betriebsräte in Großbetrieben und die damit vorhandenen Chancen, aber auch die Gefahren beschrieben worden, ist nach Defiziten bei der Mitbestimmung am Arbeitsplatz gefragt und ist schließlich die neuen Technologien als Beispiel dafür genommen worden, welche Art von neuen Bewährungsproben sich für das Betriebsverfassungsgesetz stellen.

Im Schlußteil sollen nun die analysierten Untersuchungen zusammenfassend gewertet und in den Gesamtzusammenhang der Arbeit eingebettet werden.

C. WERTUNG UND AUSBLICK

11. HAT SICH DAS REFORMGESETZ BEWÄHRT?

Diese Arbeit hatte sich zum Ziel gesetzt, eine nach Möglichkeit umfassende Bestandsaufnahme von Theorie und Praxis des Betriebsverfassungsgesetzes anzufertigen. Dabei war von der Frage ausgegangen worden, ob und wie sich ein als Reformvorhaben deklariertes Gesetz in der rauhen betrieblichen Praxis durchgesetzt hat. In einem allgemeinen Teil waren die historischen, sozialen, politischen, betriebswirtschaftlichen und rechtlichen Grundlagen dieses Gesetzes dargestellt worden. Im Rahmen der Datenanalyse war dann versucht worden, von dieser Fragestellung ausgehend eine Reihe von Untersuchungen methodisch aufzubereiten. Im folgenden Schlußkapitel sollen nun die Ergebnisse wertend zusammengefaßt werden, die gegenwärtige, teilweise kontroverse Diskussion um das Betriebsverfassungsgesetz dargestellt und ein Ausblick versucht werden.

11.1. Zusammenfassung der Ergebnisse

Hat sich das Betriebsverfassungsgesetz bewährt? Die vorliegenden Ergebnisse geben darauf keine eindeutige Antwort, sie erlauben aber Hinweise. Einfacher ist die Frage zu beantworten, ob es als Grundlage betriebsrätlicher Arbeit akzeptiert worden ist. Für die überwältigende Mehrheit aller Betriebsräte gilt, daß sie das Gesetz als Arbeitsgrundlage angenommen haten und daß sie damit täglich umgehen. Es kommt nicht von ungefähr, daß sich in Kotthoffs Betriebsrat-Typologie kein einziger findet, auf den das alte klassenkämpferische Konzept zuträfe. Betriebsräte mögen darum ringen, in den Betrieben als Gesprächspartner akzeptiert zu werden und ihre Rechte wahrzunehmen. Aber sie kämpfen in den allermeisten Fällen nicht als erklärte Gegner der Firmenleitungen. Die Grundlagen des Betriebsverfassungsgesetzes sind für sie tatsächliche Arbeitsgrundlagen; sie dienen ihnen in der Regel nicht als taktische Manövriermasse. Die Strategie der klassenkämpferischen Gegenmachtbildung nach englischem Vorbild hat nach den vorliegenden Untersuchungen in den meisten deutschen Betrieben nicht Fuß gefaßt. Die Betriebsrätebewegung der Novemberrevolution 1918/19 hat nach dem 2. Weltkrieg in der Bundesrepublik so gut wie keine Nachahmer gefunden. Ausnahmen bestätigen die Regel.

Werden die Betriebsräte von den Arbeitgebern akzeptiert? Auch darauf geben Kotthoffs Untersuchungen einen Hinweis. In fünf der von ihm untersuchten 63 Betriebe wird er schlicht ignoriert, bis auf einen alles Kleinbetriebe mit 70 bis 100 Beschäftigten. Das ist gemessen an der Gesamtzahl der untersuchten Betriebe nur ein relativ kleiner Teil (fünf von 63). Schlechter wird allerdings die Bilanz, zählt man auch jene 14 hinzu, die zwar formal-geschäftsmäßig etabliert sind, die Geschäftsleitung sie aber "primär als ein Organ (gebraucht), das ihren Willkürmaßnahmen einen Anstrich von formaler Rechtmäßigkeit gibt". (Kotthoff). Zählt man in dieser Bilanz die fünf ignorierten Betriebsräte mit den 14 "isolierten" zusammen, so kommt man zu dem Schluß, daß in knapp einem Drittel der Betriebe die Betriebsräte ignoriert oder bewußt isoliert werden. Vor diesem Hintergrund wird die Gewerkschaftsbehauptung, es dürfe wohl kaum ein Gesetz geben, "das so mißachtet und gegen das in solch eklatanter Weise verstoßen wird wie das BetrVG" (1) wenigstens teilweise verständlich werden.

Die Einschränkung "teilweise" muß deshalb gelten, weil es eine ganze Reihe von Unternehmen gibt, in denen die Spielregeln des Betriebsverfassungsgesetzes dem Buchstaben und dem Inhalt nach eingehalten werden. Allerdings ist dies nach Kotthoff nicht für die Mehrheit der von ihm untersuchten Betriebe zutreffend. Kotthoff gibt mit seinen Untersuchungen ein anschauliches Beispiel dafür, welche Variationsbreite des Verhaltens es sowohl auf der Seite der Betriebsräte als auf der Seite der Arbeitgeber gibt. Daß Kotthoff den "standfesten, respektierten" Betriebsratstyp, der den Absichten des Betriebsverfassungsgesetzes am nächsten kommt, nur in sieben von 63 Betrieben angetroffen hat, läßt auf nach wie vor bestehende erhebliche Defizite bei der Verwirklichung des Betriebsverfassungsgesetzes schließen.

Läßt man die vorgestellten Untersuchungen noch einmal Revue passieren, so fällt auf, wie stark die Vertretungswirksamkeit eines Betriebsrates von der Betriebsgröße abhängig ist. Nicht nur bei Kotthoff, sondern auch bei Rummel und Rancke, aber auch bei den Untersuchungen der IG Metall ist nachzulesen, daß mit wachsender Betriebsgröße die Chancen für eine wirksame Betriebsarbeit wachsen. Kotthoff weist darauf hin, daß der

"Idealtyp" des respektierten, standfesten Betriebsrates in Betrieben unter 300 Beschäftigten überhaupt nicht anzutreffen sei. In der IG-Metall-Untersuchung wird ausdrücklich darauf aufmerksam gemacht, daß in Betrieben von 3000 Beschäftigten an bei Anhörungsverfahren zur Kündigung "hundertprozentig" korrekt verfahren werde; in Betrieben solcher Größenklasse komme der Arbeitgeber seinen Verpflichtungen im Zusammenhang mit §99 BetrVG (personelle Einzelmaßnahmen) "tadellos" nach. Rummel hatte in drei Thesen seine Befunde über den Zusammenhang von Vertretungswirksamkeit und Betriebsgröße zusammengefaßt:

1) Mit wachsender Größe wachse die Institutionalisierung von Entscheidungsprozessen und somit die Chance der Praktizierung des Betriebsverfassungsgesetzes zumindest als Verwalwaltungsroutine;
2) mit wachsender Betriebsgröße erhöhe sich das Problembewußtsein der Belegschaftsvertreter;
3) mit zunehmender Betriebsgröße erhöhe sich die Wahrscheinlichkeit, daß der Betriebsrat sich das notwendige Fachwissen aneignen könne.

Aus dem in dieser Arbeit vorgestellten Erfahrungsbericht des Vorsitzenden der Arbeitsgemeinschaft der Ruhrkohle-Gesamtbetriebsräte ist deutlich geworden, wie allein schon durch die Größe eines Unternehmens ganz andere Strukturen für die Betriebsratsarbeit geschaffen werden als in Klein- und Mittelbetrieben. Der Typ des selbstbewußten Betriebsratsvorsitzenden, der oft auch Vorsitzender des Gesamt- oder Konzernbetriebsrates ist, dazu noch oft hoher Gewerkschaftsfunktionär, ist vor allem in Großbetrieben anzutreffen. Sein Erscheinungsbild täuscht leicht über die Probleme von Betriebsratsvorsitzenden in kleinen und mittleren Betrieben hinweg, die im mühsamen Betriebsalltag sich jeden Tag aufs neue zu behaupten haben. Den machtbewußten Betriebsräten in Großbetrieben sind die Schwierigkeiten in Kleinbetrieben, wo oft der Firmeninhaber Gegenüber des Betriebsratsvorsitzenden ist, kaum nachvollziehbar. Daß im Bereich der IG Druck und Papier nur ein Drittel aller betriebsfähigen Betriebe überhaupt über einen Betriebsrat verfügen, deutet darauf hin, daß es bis heute nicht gelungen ist, vor allem Kleinbetriebe für Gewerkschaften und Betriebsräte zu öffnen. Das wurde bereits bei der Novellierung des Betriebsverfassungsgesetzes eindringlich beklagt. Allerdings bedeutet wiederum die Tatsache, daß in vielen Betrieben Betriebsräte fehlen, nicht, daß nur eine Minderheit der Arbeitnehmer von Betriebsräten vertreten wird. Da in der Regel Mittel- und Großbetriebe über einen Betriebsrat verfügen, dürfte rein zahlenmäßig die Mehrheit der Arbeitnehmer durch einen Betriebsrat vertreten sein.

Wächst auch mit zunehmender Betriebsgröße die Chance für eine effektive Betriebsratsarbeit, so nimmt damit allerdings auch die Gefahr einer wachsenden Distanzierung zwischen Vertretung und "Basis" zu. Erscheint angesichts der Verrechtlichung der Arbeitsbeziehungen in der Bundesrepublik eine weitgehende Professionalisierung der Betriebsratsarbeit unvermeidlich, so wird damit allerdings die Gefahr größer, daß betriebliche Mitbestimmung nicht von den Betroffenen erlebt, sondern von freigestellten Betriebsräten für sie nur wahrgenommen wird. In mehreren Untersuchungen finden sich Hinweise dafür, daß diese Distanz zwischen Vertretung und Vertretenen beklagt wird. In bewußter Abkehr von der basisorientierten Betriebsrätebewegung nach dem Ersten Weltkrieg haben die "Väter" der drei bisher entstandenen Betriebsverfassungsgesetze den Betriebsrat als Repräsentativorgan geschaffen, das durch Wahl bestimmt, dann aber an kein imperatives Mandat gebunden ist. Arbeitnehmer können Beschwerden vorbringen; bei wichtigen Fragen aber kann nur der Betriebsrat für sie verhandeln. Der ohnehin schon im Betriebsverfassungsgesetz angelegte grundsätzliche Konflikt zwischen Vertretung und Vertretenen wird durch die faktische Machtkonzentration in den Händen von Betriebsratsvorsitzenden in Großbetrieben nur noch stärker. Die Gewerkschaften haben zwar versucht, durch ein dichtes Netz von Vertrauensleuten die eigene Basis zu stärken und die Gewerkschaftsmitglieder in den Betrieben zu aktivieren. Doch haben nach den vorliegenden Untersuchungen Vertrauensleute überwiegend eine unterstützende Funktion für den Betriebsrat und dienen nicht so sehr als Gegengewicht zum Betriebsrat. Sie sind zwar damit ein wichtiger Faktor für die Vertretungswirksamkeit des Betriebsratsvorsitzenden und seines Betriebsrates. Sie sind aber kein wirklicher Ersatz für eine möglichst basisnahe Mitbestimmung am Arbeitsplatz, wie sie beispielsweise im Konzept der Arbeitsgruppensprecher vorgesehen sind. Doch dieses Konzept ist bei der offiziellen Gewerkschaftsführung nicht auf Gegenliebe gestoßen.

Ohne Zweifel bezeichnet das Problem der Mitbestimmung am Arbeitsplatz ein mögliches Defizit der Betriebsratsarbeit. Daß es dafür über die in dem Betriebsverfassungsgesetz umschriebenen Bereiche hinaus weitere Möglichkeiten gibt, dafür geben die Untersuchungen über jene in dieser Arbeit vorgestellten "Modellunternehmen" Aufschluß, die eine arbeitsplatznahe Mitbestimmung praktizieren (Opel Hoppmann, Walter). Dabei muß ausdrücklich darauf hingewiesen werden, daß diese Konzepte nicht gegen die Betriebsräte und die Gewerkschaften durchgeführt worden sind, sondern mit ihnen. Sie wurden bewußt als Ergänzung zum Betriebsverfassungsgesetz gesehen und sollten keinesfalls dazu dienen, es zu unterlaufen. Daß sie nicht von "unten" erzwungen wurden, sondern von "oben" eingeführt, ist kennzeichnend für das deutsche System der Industriebeziehungen. Die sozialwissenschaftlichen Begleituntersuchungen zu diesen Modellversuchen kamen in beiden Fällen zu einer positiven Bilanz:

1) Entgegen weitverbreiteten Vorstellungen müßten betriebliche Entscheidungsstrukturen nicht strikt hierarchisch sein;
2) die Arbeiter seien willens und in der Lage, verantwortungsbewußt an betrieblichen Steuerungsprozessen mitzuwirken

und

3) Humanisierung und Produktivität müßten sich nicht gegeneinander ausschließen.

Nicht nur Bock-Rosenthal stellen die Frage, ob die Demokratisierungspotentiale am Arbeitsplatz ausreichend von den etablierten Interessenvertretungen und den Gewerkschaften genutzt werden. Dabei stehe offenbar das Interesse für die Probleme in der eigenen Arbeitsumgebung der Arbeitnehmer und die "Ferne" des Betriebsratskörpers in einem bestimmten Zusammenhang. Bock-Rosenthal und Mitverfasser ihrer Untersuchung zur "Mitbestimmung am Arbeitsplatz" konstatieren zwar ein durchgehendes Interesse vieler Mitarbeiter an einer basisnahen Mitbestimmungskonzeption, sehen aber die Betriebsräte für eine solche Konzeption unzureichend vorbereitet. Gerade in diesem Zusammenhang erscheint die Heraushebung des Betriebsratsvorsitzenden in der praktischen Betriebsratsarbeit problematisch. In einer Reihe von Untersuchungen findet sich der Hinweis, wie in der Person des Betriebsratsvorsitzenden sich der Betriebsrat personalisiert, ja, daß in einigen Fällen für den Arbeitgeber der Vorsitzende des Betriebsrates den ganzen Betriebsrat ausmacht. Das widerspricht nicht nur dem Buchstaben des Betriebsverfassungsgesetzes, sondern auch seinen Absichten. Der Betriebsrat durchbricht nicht nur bis zu einem gewissen Grad die hierarchische Struktur des betrieblichen Entscheidungsprozesses; er ist auch selbst als Kollektivorgan als bewußtes Gegengewicht gegen die Zentralisierung von Macht konzipiert. Ausdrücklich heißt es in § 26 BetrVG, daß der Betriebsratsvorsitzende den Betriebsrat "im Rahmen der von ihm gefaßten Beschlüsse" vertritt; er ist zwar stellvertretend für den Betriebsrat zur Entgegennahme von Erklärungen berechtigt, nicht aber zu eigenmächtigen Entscheidungen. Der Betriebsrat als kollektiv agierendes Gremium kann im Idealfall auch ein Stück gelebter Demokratie praktizieren, wenn er sich nicht darin erschöpft, als bloße Abstimmungsmaschine zu funktionieren. Den vorgestellten Untersuchungen zufolge aber ist die Gefahr nicht von der Hand zu weisen, daß die Rolle des Betriebsratsvorsitzenden (und auch der freigestellten Betriebsräte) zu stark betont wird. Es wäre fatal, würden die Arbeitnehmer in ihren Betriebsräten jene hierarchischen Strukturen wiederfinden, die sie ohnehin in der Regel als Teil der betrieblichen Wirklichkeit erleben. Daß die Arbeitslast, die auf einem Betriebsrat lastet, leicht dazu verführt, sie auf den in kleineren und mittleren Betrieben allein freigestellten Betriebsratsvorsitzenden abzuwälzen, ist zwar verständlich, würde aber auf Dauer die Bedeutung eines demokratisch verfaßten Kollektivgremiums unterhöhlen.

Nun gibt es eine Reihe von Defiziten im Zusammenhang mit der Praktizierung des Betriebsverfassungsgesetzes, die Gewerkschaften und Betriebsräte zu verantworten haben. Es gibt aber auch Defizite, die überwiegend auf Verhaltensweisen von Firmenleitungen zurückzuführen sind. Man kann über den Aussagewert der interessengebundenen Gewerkschaftsuntersuchungen von DGB und DAG streiten, zumal nicht zu verkennen ist, daß die Verwendung ihrer Ergebnisse auch unter taktischen und politischen Gesichtspunkten vorgenommen wird. Auf der anderen Seite lassen sie eine interessante "Innenansicht" zu. Dabei wird die Tendenz ihrer Ergebnisse auch durch andere, nicht interessengebundene Untersuchungen bestätigt: daß es nämlich bei der Anwendung des Betriebsverfassungsgesetzes zwischen den einzelnen Bereichen erhebliche Unterschiede gibt. Dort, wo ein

Nichtbefolgen gesetzlicher Bestimmungen für den Arbeitgeber direkte Folgen hat (so zum Beispiel im Bereich der personellen Einzelmaßnahmen), werden die Bestimmungen des Betriebsverfassungsgesetzes im großen und ganzen eingehalten. Dort aber, wo der unternehmerische Entscheidungsbereich berührt wird und wo die Rechte der Betriebsräte entsprechend schwächer ausgeprägt sind (wie beispielsweise bei der Personalplanung), wird der Anteil der Verstöße gegen das Betriebsverfassungsgesetz größer. Nur zum Teil ist dies dem dem Betriebsverfassungsgesetz zugrunde liegenden Konzept zuzuschreiben, das ja vor allem auf die Schutzfunktion für die Arbeitnehmer abhebt und den Kern unternehmerischer Entscheidungen nicht antastet. Auf der anderen Seite aber geben die Defizite vor allem in dem "unternehmerischen" Bereich des Betriebsverfassungsgesetzes Hinweise dafür, daß die vertrauensvolle Zusammenarbeit nur sehr bedingt funktioniert. Ohne entsprechenden Druck der Vorschriften steht das Kooperationsgebot der Betriebsverfassung offenbar auf schwachen Füßen.

Daß die "verbindlichere" und zahlenmäßig schwächere DAG aus ihren Daten die gleichen Schlußfolgerungen zieht wie der "aggressivere" und größere DGB läßt sich wohl nicht nur mit der in diesem Fall ähnlichen Interessenlage begründen, sondern spiegelt wohl auch betriebliche Realitäten wider. Die Betriebsratsarbeit nehme in den achtziger Jahren an Bedeutung weiter zu, hatte es in der DAG-Studie abschließend geheißen. Als Gründe dafür wurden Rationalisierung in den Betrieben und die Gefahr der Arbeitsplatzvernichtung bezeichnet. Die Arbeit der Betriebsräte habe sich gewandelt. Sie sei in den siebziger Jahren mit volks- und betriebswirtschaftlichen Problemen weniger konfrontiert worden als heute. Das gelte vor allem für den Bereich der Technologie. Rationalisierung und die Einführung neuer Techniken bestimmten das betriebliche Bild und erforderten eine Erweiterung betriebsrätlicher Arbeit über ihre "klassische" Aufgabenstellung hinaus. Da aber die Beteiligungsrechte dort am schwächsten seien, wo die Betriebsräte heute ihre wichtigsten Aufgaben sehen müßten, reiche das novellierte Betriebsverfassungsgesetz nicht mehr aus. Eine Reform der Reform sei angezeigt. Auf die von verschiedenen Seiten entwikkelten Reformvorstellungen wird noch einzugehen sein.

Zwar unterstützen die Gewerkschaften die Betriebsräte und

tragen im politischen Raum ihre Forderungen vor. Das darf allerdings nicht zu der Annahme führen, die Interessen von Gewerkschaften und Betriebsräten seien in jedem Fall identisch. So weisen die Untersuchungen von Kern/Schumann, aber auch andere, in Großbetrieben darauf hin, daß Betriebsräte nicht in jedem Fall der verlängerte Arm der Gewerkschaften sein müssen, sondern oft umgekehrt selbst gewerkschaftliche Strategien prägen. In der Untersuchung von Dybowski-Johannson wird zwar betont, daß die übergroße Mehrzahl der Betriebsratsmitglieder loyale Mitglieder der Gewerkschaften seien, die auch wüßten, daß ihre Stärke letztendlich auch von der Stärke der Gewerkschaft abhänge, doch würden ungeachtet der formal-organisatorischen und personellen Verflechtungen über- und innerbetriebliche Interessenvertretung als inhaltlich getrennte Einflußbereiche und Interessensphären gedeutet. Dabei werde die Gewerkschaft primär als Dienstleistungsbetrieb und als eine Art von "Notbremse" benutzt.

Entspricht den vorliegenden Untersuchungen zufolge die formale Trennung von Betriebsratsarbeit und Gewerkschaftsaktivitäten, so wie sie im Betriebsverfassungsgesetz verankert ist, im großen und ganzen auch der betrieblichen Wirklichkeit, so gilt dies offenbar auch generell für die Absichten, die die politischen Kräfte Anfang der siebziger Jahre mit dem Betriebsverfassungsgesetz und seiner Novellierung verbunden haben. Die Praxis kooperativer Konfliktregulierung mit der damit verbundenen Verrechtlichung und Individualisierung betrieblicher Konflikte seien charakteristisch für die deutsche Betriebsratsarbeit, hatte Dybowski-Johannson in ihrer Untersuchung ausgeführt. Diese Art von Konfliktregulierung entspreche auch weitgehend den Arbeitnehmerinteressen, für die Produktivität und langfristiges Überleben ihres Betriebes einen zentral wichtigen Bezugspunkt darstellen. Die am Betriebsverfassungsgesetz ausgerichtete Interessenvertretung akzeptiere die Grenze, die mit der durch Sanktion erzwingbaren Friedenspflicht gezogen sei. Dies ist eine Bestätigung mehr dafür, in welch starkem Maße der Handlungsrahmen des Betriebsverfassungsgesetzes auch die Realität betrieblicher Arbeit bestimmt.

Empfinden den vorliegenden Untersuchungen nach auch viele Arbeitnehmer die Arbeit des Betriebsrates oft als "abgehoben" von ihren eigenen Möglichkeiten und beklagen den Mangel an eigenen Einflußmöglichkeiten, vor allem am Arbeitsplatz selbst, so heißt das nicht, daß die Institution der Betriebsräte als solche abgelehnt wird. Vielmehr deuten die hohe Wahlbeteiligung bei Betriebsratswahlen und das hohe Prestige, das ein Betriebsratsamt vor allem in Großbetrieben genießt, darauf hin, daß die Betriebsräte im Statusgefüge eines Betriebes eine wichtige Rolle einnehmen. Das sagt über den Grad der tatsächlichen Zufriedenheit der Arbeitnehmer mit ihrer Interessenvertretung im Einzelfall zwar wenig aus, belegt aber doch, wie fest sich die Betriebsräte im Bewußtsein der von ihnen Vertretenen als Institution etabliert haben.

Einen breiten Raum in dieser Arbeit hat der Versuch eingenommen, die Folgen der Einführung neuer Technologien für Arbeitnehmer und Betriebsräte darzustellen. Dabei verzeichnen die Untersuchungen zwei Entwicklungen: eine Verringerung des quantitativen Gewichts der Arbeit mit dem hohen Risiko des Arbeitsplatzverlustes sowie einen Polarisierungs- und Differenzierungsprozeß bei den Tätigkeiten (Untersuchung von Benz-Overhage). Das erschwert die Aufgabe für eine möglichst einheitliche und effektive betriebliche Interessenvertretung. Der hohe Investitionsaufwand und die gravierenden Folgen bei der Einführung neuer Technologien führen außerdem dazu, daß die Entscheidungen zunehmend von der Unternehmensspitze getroffen und sich damit tendenziell der Einwirkung durch die Betriebsräte entziehen. Diese sehen sich, so führen mehrere Autoren aus, ohnehin von der Modernisierungswelle überrollt und reagieren weitgehend defensiv. Eine vorausschauende Strategie fehlt oft auch deshalb, weil die entsprechenden Informationen nicht zur Verfügung stehen. Auch sind die im Zusammenhang mit der Einführung neuer Technologien geltenden Rechte im Betriebsverfassungsgesetz so schwach ausgeprägt, daß ein nachhaltiger Einfluß in diesem Bereich nur schwer möglich ist.

Zwar konstatieren auch Kern/Schumann, daß technologische Veränderungen mit ihren Rationalisierungseffekten immer mehr den "Virus" der Vernichtung von Arbeitsplätzen enthalten können. Allerdings verfehle man, so die Autoren, die betriebliche Realität, würde man die heutige Problematik nur unter dem Aspekt der Arbeitslosigkeit betrachten. Kern/Schumann sehen, wie dargestellt, im Zusammenhang mit dem Einzug der Mikroelektronik in den Betrieben auch Chancen für Arbeitnehmer und Betriebsräte - allerdings nicht für alle. Die hochdifferenzierten und hochtechnologisierten Produktionskonzepte würden viele Unternehmen dazu zwingen, mögliche Störungen auszuschließen; der Arbeitgeber müsse versuchen, mit den Arbeitern zu modernisieren und nicht gegen sie. Damit würden Chancen und Risiken neu verteilt. Für einen Teil der Arbeitnehmer könne Rationalisierung auch bedeuten, sich in den Rationalisierungsprozeß "einzuklinken und seinen Preis für Mitspielen" zu verlangen.

Kern/Schumann machen allerdings sehr deutlich, daß die Chancen und Risiken zunehmend ungleich verteilt würden. Besonders schlecht stünden die Chancen für die, die ihren Arbeitsplatz verloren hätten. Die Arbeitnehmerschaft werde zudem zunehmend segmentiert; die Gefahr des Betriebssyndikalismus wachse. Wenn das Wort von den "disparitären Lebensverhältnissen" je einen Sinn gehabt habe, so ist die Schlußfolgerung der Autoren Kern und Schumann, so jetzt. Noch nie seien die mit industrieller Arbeit verknüpften Risiken und Chancen so ungleich verteilt gewesen.

Eine Belegschaftsvertretung, die von ihrem traditionellen Verständnis her auf eine möglichst gleiche und breite Vertretung von Arbeitnehmerinteressen ausgerichtet ist, stehe ohne Zweifel vor schweren Problemen. Folgt man aber Kern/Schumann, so hat sie heute über ihre begrenzten rechtlichen Möglichkeiten hinaus aufgrund der Störanfälligkeit moderner Produktionssysteme eine gute Chance, nicht nur reagierend und defensiv, sondern "vorgängig" mitentscheidend und aktiv auf die Entwicklungen Einfluß zu nehmen und einen Preis zu fordern. Allerdings gilt dies wiederum unter bestimmten Bedingungen, zum Beispiel für Großbetriebe, aber nicht für alle Branchen, vor allem nicht für die "Verlierer-Branchen". Entsprechende Hinweise für solche Potentiale finden sich auch bei den Untersuchungen der Arbeitsgruppe Kirsch.

Hat sich das Betriebsverfassungsgesetz in der betrieblichen Wirklichkeit bewährt? Aufgrund der in dieser Arbeit vorgestellten Untersuchungen ist diese Frage mit einem bedingen Ja zu beantworten. Man wird zusammenfassend sagen können, daß die große Mehrheit der Arbeitnehmer die Institution des Betriebsrates akzeptiert hat. Er ist für sie der wichtigste Adressat für eine betriebliche Interessenvertretung. Die Mängel sind aufgezählt worden: Die oft anzutreffende Personalisierung der Betriebsratsrolle durch den Vorsitzenden, die "Abgehobenheit" des Betriebsrates, das Fehlen einer Mitbestimmung am Arbeitsplatz. Darüber hinaus haben die Untersuchungen auch gezeigt, wie stark die Vertretungswirksamkeit eines Betriebsrates von verschiedenen Faktoren abhängig ist. Daß Betriebsräte in Kleinbetrieben oft fehlen, ist ein Indiz dafür, wie stark die Etablierung und Durchsetzungsfähigkeit eines Betriebsrates von der Betriebsgröße abhängig ist. In den Untersuchungen finden sich mehrere Hinweise dafür. Es gehört wohl auch zum Paradox deutscher Betriebsratsarbeit, daß zwar mit der Größe eines Betriebes die Chancen für eine effektive Vertretung wachsen, daß aber zugleich damit die Probleme zunehmen; sie sind mit den Stichworten "Professionalisierung" und "Spezialisierung" umschrieben.

Auf die für die industrielle Zukunft möglicherweise entscheidende Rolle der neuen Technologien versuchen eine Reihe von Untersuchungen einzugehen. Mit unterschiedlichen Akzenten konstatieren sie Chancen und Risiken, Risiken für die Arbeitsplätze, Chancen für einen Teil der Arbeitnehmer. Die Segmentierung der Belegschaft zwischen Auf- und Absteigern im Betrieb sowie Arbeitsplatzinhabern und Arbeitslosen läßt eine einheitliche Interessenvertretung zunehmend schwieriger erscheinen und fördert den Betriebsegoismus der Betriebsräte, die sich zunächst einmal für "ihren" Kollegen verpflichtet fühlen. Die unterschiedlichen Auswirkungen des Einzugs neuer Technologien und die unterschiedlichen strukturellen Bedingungen, die regional und branchenabhängig sind, bezeichnen auch die extreme Unterschiedlichkeit von Betriebsratsrollen. Wenn Kern/Schumanns These von den "disparitären Lebensverhältnissen" Gültigkeit hat, dann folgert daraus, wie schwierig die Arbeit der Betriebsräte geworden ist. Das gilt erst recht für die Gewerkschaften.

Daß für Betriebsräte in den Wachstumsindustrien Chancen für eine effektive Vertretung dann bestehen, wenn aufgrund hochtechnologisierter und hochdifferenzierter Produktionsprozesse ein starkes Interesse des Managements an einem störungsfreien Produktionsablauf besteht, Betriebsräte somit einen Preis fordern können, gilt für wachstumsschwache Industrien nicht.

Dort, wo die Betriebsräte sich bei neuen Produktions- und Organisationsmethoden auf die Buchstaben des Betriebsverfassungsgesetzes verlassen müssen, stehen sie auf schwachen Füßen, es sei denn, sie verfügen über eine gut organisierte und mobilisierungsfähige Belegschaft. Die Mitbestimmungsrechte im Zusammenhang mit den neuen Technologien werden den Untersuchungen zufolge von den Betriebsräten als zu schwach empfunden.

Trotz allen notwendigen Einschränkungen zeigen die Untersuchungen aber auch, daß die betriebliche Mitbestimmung auf der Grundlage des Betriebsverfassungsgesetzes als Form des kooperativen Interessenausgleichs einen festen Platz in der Mehrzahl der mittleren und größeren Betriebe bekommen hat.

11.2. Reformvorschläge zum Betriebsverfassungsgesetz

Wäre die Zahl der Änderungen ein Gradmesser, dann hat das Betriebsverfassungsgesetz seine Bewährungsprobe bestanden. Nur einmal, 1974, wurde ein Paragraph über den Schutz von Auszubildenden hinzugefügt. Sieht man einmal davon ab, daß die Auslegung einzelner Paragraphen seit Jahren die Arbeitsgerichte bis hinauf zum Bundesarbeitsgericht beschäftigen, so ist das Betriebsverfassungsgesetz weitgehend unverändert geblieben. Daß nach über dreizehn Jahren zwei Gesetzesentwürfe zu einer Reform des Betriebsverfassungsgesetzes den Bundestag 1985 erreichten, könnte als Indiz dafür gelten, daß es jetzt doch zunehmend kontrovers geworden ist. Daß diese Änderungswünsche von CDU/CSU/FDP einerseits und der SPD, unterstützt von den Gewerkschaften, andererseits, zusammenfallen mit verschärften Auseinandersetzungen zwischen Gewerkschaften und Regierung vor dem Hintergrund anhaltender hoher Arbeitslosigkeit und struktureller Wandlung in den Betrieben, gibt den Auseinandersetzungen um das Betriebsverfassungsgesetz besondere Brisanz.

Das Betriebsverfassungsgesetz 1972 wird sowohl von den Gewerkschaften als auch von der SPD nach wie vor als besonders fortschrittlich und als "Errungenschaft der sozialliberalen Ära" gewertet. Die Tatsache, daß es nach einer langen Zeit der Ruhe wieder öffentlich diskutiert wird, könnte den Eindruck hervorrufen, es stünde nun selbst zur Disposition. Den vorliegenden Gesetzesentwürfen nach fordert zwar die Koalition eine

Verbesserung der Minderheitenrechte und die Etablierung von Sprecherausschüssen für leitende Angestellte, was auf den energischen Protest der Gewerkschaften stößt, und die Opposition fordert eine Ausweitung der Mitbestimmungsrechte für die Betriebsräte, was wiederum der Koalition zu weit geht, doch bleibt die Struktur des Gesetzes mit seinen wichtigsten Bedingungen unangetastet. Keine der gesellschaftlichen Kräfte denkt zur Zeit daran, hinter die in den Reformgesetzen von 1972 festgelegten Rechte des Betriebsrates zurückzugehen und sie in wesentlichen Teilen abzuschwächen. Die Gewerkschaften sehen allerdings im Zusammenhang mit den Vorschlägen der Koalitionsfraktion für eine Verstärkung der Minderheitenrechte die Gefahr der Spaltung und Schwächung der Belegschaftsvertretungen und betrachten einen solchen Versuch vor dem Hintergrund anderer Gesetze (zum Beispiel des Beschäftigungsförderungsgesetzes) als gewerkschaftsfeindlich.

Der DGB selbst hat schon 1982 Grundsätze zur Weiterentwicklung des Betriebsverfassungsgesetzes entwickelt, die sich weitgehend mit dem SPD-Gesetzentwurf aus dem Jahr 1985 decken. Dabei ist es zu einer beachtenswerten, zumindest teilweisen Interessenkoalition zwischen Arbeitgebervertretern und Gewerkschaften gekommen. Die Arbeitgeber lehnen zwar eine Ausweitung der Mitbestimmungsrechte für Betriebsräte vor allem im Zusammenhang mit neuen Technologien ab, stimmen aber mit dem DGB in der Ablehnung gegen den Ausbau der Minderheitenrechte überein. So warnte Arbeitgeberpräsident Esser vor der Gefahr, daß auf diesem Weg radikalen Gruppen der Zugang zu Betrieben erleichtert werden könnte. (2) Auch der ehemalige Präsident von Gesamtmetall, Thiele, äußerte sich negativ zu einer Gesetzreform. Minderheiten und leitende Angestellte hätten ausreichend Möglichkeiten, ihre Interessen im Betrieb durchzusetzen. (3)

Mit der neu aufgelebten Kontroverse um eine Reform des Betriebsverfassungsgesetzes wird ein alter Streit wieder aufgenommen, der schon bei der Novellierung des Betriebsverfassungsgesetzes vor dem Inkrafttreten des Gesetzes im Januar 1972 eine Rolle spielte. So hatte die Bundestagsfraktion der CDU/CSU am 5.2.1971 einen Gesetzesentwurf vorgelegt, der zwar Verbesserungen für die Betriebsratsrechte vorsah, aber auch schon eine erhebliche Ausweitung der Gruppenrechte umfaßte sowie die Bildung von Sprecherausschüssen für leitende Angestellte. Am 12.12.1979 brachten dann wiederum 165 Abgeordnete der CDU/CSU einen Gruppenantrag zu einem Gesetzentwurf für die Einrichtung von Sprecherausschüssen für leitende Angestellte ein. Er kam allerdings nicht in die parlamentarischen Beratungen. Ebenfalls sind in den FDP-Thesen vom 14.1.1980 zur Fortentwicklung des Betriebsverfassungsgesetzes die Forderung nach Errichtung von Sprecherausschüssen von leitenden Angestellten sowie die Erweiterung dieses Personenkreises und ein Ausbau des Verhältniswahlrechtes enthalten.(4) Insofern kann die jetzige Entwicklung kaum überraschen. Nur erhält sie durch inzwischen geänderte Machtverhältnisse in Bonn, die verschärften Auseinandersetzungen zwischen Regierung und Gewerkschaft sowie die strukturellen Änderungen in der Wirtschaft ihre besondere Bedeutung.

Der DGB-Bundesvorstand hatte am 5.10.1982 "Grundsätze zur Weiterentwicklung des Betriebsverfassungsrechts" verabschiedet. Die DGB-Grundsätze enthalten nicht nur Forderungen, "die auf die Ausfüllung bestimmter Lücken oder die Beseitigung festgestellter Mängel abzielen. Sie gehen vielmehr von einer umfassenden Weiterentwicklung der betriebsverfassungsrechtlichen Bestimmungen aus". (5) Dazu gehören:
- Erweiterung der Mitwirkungs- und Mitbestimmungsrechte des Betriebsrates;
- Verbesserung seiner Arbeitsmöglichkeiten;
- Verstärkung der Grundlagen zwischen Betriebsrat und Gewerkschaft;
- Einbeziehung aller Arbeitnehmer in die Schutzfunktion des Gesetzes;
- Abbau der Gruppenschranken zwischen Angestellten und Arbeitern.

Dabei wendet sich der DGB entschieden gegen alle Versuche, zusätzliche Einrichtungen wie einen Sprecherausschuß für leitende Angestellte oder Arbeitsgruppensprecher einzuführen. Auch spricht er sich gegen die "Ausdehnung" des Verhältniswahlrechtes bei der Besetzung bestimmter Betriebsratspositionen und Freistellungen aus. Damit sind im Kern die Auseinandersetzungen zwischen DGB und SPD einerseits sowie den Koalitionsparteien andererseits schon vorgezeichnet.

Bemerkenswert ist bei den DGB-Grundsätzen, daß sie unterscheiden zwischen "gleichberechtigten Mitbestimmungsrechten" in sozialen, arbeitsorganisatorischen und personellen Angelegenheiten und einer bloßen Mitbeteiligung in wirtschaftlichen Angelegenheiten. Bei den wirtschaftlichen Angelegenheiten wird vor allem eine Verstärkung der Informationsrechte gefordert.

In einer Begründung heißt es: "Während in sozialen, arbeitsorganisatorischen und personellen Angelegenheiten eine gleichberechtigte Mitbestimmung des Betriebsrates ... bestehen muß, stößt im wirtschaftlichen Bereich die betriebliche Mitbestimmung an bestimmte Grenzen. Es kann nicht ihre Aufgabe sein, Kernbereiche unternehmerischer Tätigkeiten, wie z.B. die Absatz-, Preis-, Produkt- oder Finanzpolitik, mitzugestalten." (6) Der Betriebsrat solle in die Lage versetzt werden, Arbeitnehmerinteressen besser vertreten zu können, "ohne in die Rolle zu drängeln, unternehmerische Entscheidungen treffen zu müssen". (7) Kernbegriff der DGB-Grundsätze ist die "gleichberechtigte Mitbestimmung". Sie sieht vor, daß dort, wo Mitbestimmung gegeben ist, "die ihr unterliegenden Angelegenheiten und Maßnahmen nicht durchgeführt werden (dürfen), bevor der Betriebsrat zugestimmt hat oder gegebenenfalls seine fehlende Zustimmung durch die Einigungsstelle ersetzt worden ist". (8) So soll auch bei personellen Maßnahmen im Streitfall grundsätzlich die Einigungsstelle entscheiden; auch sollen die dort nach dem geltenden Recht bestehenden (einschränkenden) Kataloge bei einem Widerspruch oder einer Zustimmungsverweigerung entfallen.

In dem umfangreichen DGB-Katalog, der in seinen Einzelheiten aus Platzgründen nicht dargestellt werden kann, gibt es nur sehr vorsichtige Äußerungen zu den Einzelrechten der Arbeitnehmer; sie sollten "im gewissen Umfang fortgeschrieben werden". Die DGB-Grundsätze gehen davon aus, daß die Arbeitnehmer an ihren Arbeitsplätzen und innerhalb ihrer Arbeitsbereiche eine wirksamere Einflußnahme als bisher auf die Gestaltung der Arbeitsbedingungen erhalten. (9) So soll beispielsweise in Teilversammlungen, die bestimmte Arbeitsbereiche umfassen, über die Gestaltung der Arbeitsbedingungen und Arbeitsinhalte diskutiert werden. Weiter gehen die DGB-Grundsätze nicht.

Auf dem Gesetzentwurf des DGB baut der SPD-Entwurf "zum Ausbau und zur Sicherung der betrieblichen Mitbestimmung" vom

23.7.1985 auf. (10) Darin wird einleitend festgestellt, daß sich das Betriebsverfassungsgesetz von 1972 "grundsätzlich bewährt" habe, damit aber kein Schlußpunkt für die betriebliche Mitbestimmung gesetzt sei. Es wird argumentiert, daß die Mitbestimmung des Betriebsrates bei der Einführung und Anwendung neuer Technologien und bei der Personaldatenverarbeitung "gegenwärtig völlig unzureichend" sei. "Fortschreibungen" werden in folgenden Punkten gefordert:

- Die Betriebsräte sollen ein Mitbestimmungsrecht bei der Einführung, Anwendung, Änderung oder Erweiterung technischer Einrichtungen und Verfahren erhalten;
- die Gestaltung der Arbeitsplätze, der Arbeitsumgebung und der Arbeitsorganisation soll der Mitbestimmung unterworfen werden;
- die betriebliche Interessenvertretung soll mitbestimmen bei der Festsetzung des Personalbedarfs einschließlich der Stellenpläne und des Anforderungsprofils, bei der Personalbeschaffung, beim Personaleinsatz und bei Maßnahmen zum Ausbau oder Abbau des Personals;
- die Mitbestimmungsrechte bei Betriebsänderungen und Sozialplanregelungen sollen ausgebaut werden;
- die Mitbestimmungs- und Kontrollrechte bei der Personaldatenverarbeitung, einschließlich der Ermittlung und Verwendung von Personaldaten, sollen ausgebaut werden;
- Mitbestimmungsrechte bei Einstellungen und anderen personellen Maßnahmen sollen erweitert, der Kündigungsschutz für Arbeitnehmer soll verstärkt werden und
- die Mitbestimmung der Betriebsräte soll durch Vorschriften so gesichert werden, daß mitbestimmungspflichtige Maßnahmen nur mit Zustimmung der betrieblichen Vertretung vorgenommen werden dürfen. (11)

Vergleicht man die von der SPD im einzelnen geplanten Änderungen des Betriebsverfassungsgesetzes mit den entsprechenden Paragraphen des geltenden Betriebsverfassungsgesetzes, so fällt die geplante erhebliche Ausweitung betriebsrätlicher Mitwirkungsrechte auf allen Ebenen (Information, Beratung, Initiativrecht, Widerspruchsrecht, Mitbestimmung) besonders ins Auge. So war beispielsweise § 80 Abs.2, der den Unterrichtungsanspruch des Betriebsrates begründet, Gegenstand einer Reihe von Arbeitsgerichtsverfahren, die mit den weitgefaßten

Formulierungen "rechtzeitig und umfassend" zusammenhingen. So heißt es in § 80 Abs.2:
"Zur Durchführung seiner Aufgaben nach diesem Gesetz ist der Betriebsrat rechtzeitig und umfassend vom Arbeitgeber zu unterrichten. Ihm sind auf Verlangen jederzeit die zur Durchführung seiner Aufgaben erforderlichen Unterlagen zur Verfügung zu stellen."

Im SPD-Gesetzentwurf wird Abs.2 folgendermaßen geändert: "Zur Durchführung seiner Aufgaben nach diesem Gesetz ist der Betriebsrat vom Beginn der Entscheidungsvorbereitung umfassend anhand der Unterlagen vom Arbeitgeber zu unterrichten. Die Unterrichtung hat sich auf sämtliche Auswirkungen der vom Arbeitgeber erwogenen Maßnahmen auf die Arbeitnehmer zu erstrecken. Der Arbeitgeber hat die Maßnahmen mit dem Betriebsrat zu erörtern und zu beraten." Auch hier heißt es zwar, daß dem Betriebsrat auf Verlangen jederzeit die notwendigen Unterlagen zur Verfügung gestellt werden müssen. Ausdrücklich werden die Listen über die Brutto- und Nettogehälter mit aufgenommen. Neu ist auch die Bestimmung, daß bei Meinungsverschiedenheiten die Einigungsstelle zu entscheiden hat.
Ein anderes Beispiel ist der § 90 BetrVG, der Unterrichtungs- und Beratungsrechte bei Planung von Fabrikationsanlagen, technischen Anlagen, Arbeitsabläufen und Arbeitsverfahren sowie von Arbeitsplätzen begründet. Der anschließende § 91 bestimmt nach geltendem Recht, daß bei Änderungen der Arbeitsplätze, des Arbeitsablaufes oder der Arbeitsumgebung, die den gesicherten arbeitswissenschaftlichen Erkenntnissen über die menschengerechte Gestaltung der Arbeit offensichtlich widersprechen und den Arbeitnehmer in besonderer Weise belasten, der Betriebsrat Maßnahmen zur Abwendung, Milderung oder zum Ausgleich der Belastung verlangen kann. Bis zu einer wirksamen Mitbestimmung des Betriebsrates sind, wie in dieser Arbeit bereits dargestellt, einige Hürden aufgestellt. Nach dem vorliegenden SPD-Gesetzentwurf sind ein großer Teil der Bestimmungen aus dem Mitberatungskatalog von § 90 in den Mitbestimmungskatalog von § 87 übernommen worden. Unter § 87 Nr. 1 des SPD-Entwurfs heißt es unter anderem:
"Der Betriebsrat bestimmt in folgenden Angelegenheiten mit:
1. Planung, Gestaltung und Änderung der Arbeitsplätze, der Arbeitsumgebung und der Arbeitsorganisation einschließlich der Arbeitsverfahren und der Arbeitsabläufe sowie der ein-

zusetzenden Planungs- und Gestaltungsmittel. Die Mitbestimmung besteht auch bei der Verbesserung der Arbeitsbedingungen, insbesondere hinsichtlich der Anreicherung von Arbeitsinhalten und Entfaltung von Fähigkeiten und Fertigkeiten, dem Abbau von Kontrollen sowie bei der Abwendung, der Milderung oder dem Ausgleich der Belastungen von Arbeitnehmern ..."

Vom § 90 BetrVG bliebe in einem neugefaßten Paragraphen 88 nur noch das Beratungsrecht bei der Planung betrieblicher Räume übrig.

Der SPD-Gesetzentwurf, der sich eng an die Thesen des DGB hält, geht damit weit über die geltenden Bestimmungen des Betriebsverfassungsgesetzes hinaus. Die Tatsache, daß in Mitbestimmungsfragen der Betriebsrat eine Art von Veto bekommen soll, stößt auf besonders scharfe Kritik der Arbeitgeber, die ihre Handlungsfähigkeit gefährdet sehen. Zwar bleibt ein enger unternehmerischer Kernbereich sowohl beim DGB als auch bei der SPD unberührt, doch würden durch den geforderten Ausbau der Mitbestimmung verstärkt unternehmerische Entscheidungen zumindest mittelbar beeinflußt, soweit sie direkte Folgen für die Arbeitnehmer haben.

SPD und DGB argumentieren bei der Begründung für ihre Reformvorschläge zum Betriebsverfassungsgesetz vor allem mit der von ihnen behaupteten Notwendigkeit der "sozialen Steuerung" der technologischen Entwicklung. "Die wirtschaftlichen und technologischen Prozesse sind gesellschaftlich nur zu verantworten, wenn auch die Betriebsräte entsprechende Mitbestimmungsrechte haben. Auch auf betrieblicher Ebene müssen die sozialen Folgen solcher Prozesse aufgefangen werden. Der Strategie, durch Leistungsverdichtung wirtschaftliche Interessen auf dem Rücken der Arbeitnehmer auszutragen, konnten die Betriebsräte bisher nicht wirkungsvoll genug entgegentreten." (12)

Wie auch der DGB sieht die SPD den Gesetzentwurf im Zusammenhang mit einem umfassenden Mitbestimmungskonzept. Mitbestimmung heiße "Konkretisierung der Forderung nach Demokratisierung von Wirtschaft und Gesellschaft". (13) Dabei sei Ausbau und Sicherung der Mitbestimmung nicht nur ein gesellschaftspolitisches Ziel, sondern zugleich auch ein Instrument zur Bewältigung der "Strukturkrise der 80er Jahre".

In der Bundestagsdebatte vom 12. September 1985 über den Gesetzentwurf der SPD prallen die gegensätzlichen Auffassungen über die Möglichkeiten und Grenzen betrieblicher Mitbestimmung hart aufeinander. Wenn auch unter veränderten machtpolitischen Vorzeichen werden Debatten aus dem Jahre 1971 zur Novellierung des Betriebsverfassungsgesetzes wiederaufgenommen. Dabei sieht die CDU/CSU vor allem die unternehmerische Entscheidungsfreiheit in Gefahr, die FDP die Rechte des einzelnen Arbeitnehmers unzureichend berücksichtigt. Der Sprecher der CDU/CSU, Keller, weist ausdrücklich darauf hin, daß das bestehende Betriebsverfassungsgesetz den unternehmerischen Entscheidungsbereich "im Kern" mitbestimmungsfrei gelassen habe. Nicht nur wäre die Einschränkung der Entscheidungsbefugnis der Arbeitgeber durch den SPD-Entwurf verfassungsrechtlich "mehr als problematisch", auch könne der Ausbau der Mitbestimmungsrechte "eine verheerende Verunsicherung der Arbeitgeber mit negativen Folgen für das Einstellungsverhalten bedeuten". (14) Zwar betont der Koalitionssprecher, daß "aufgrund von neuen Techniken die Frage der Beteiligungsrechte des Betriebsrates bei der Einführung und Anwendung neuer Techniken überprüft" (15) werden müsse und weist auf entsprechende Beratungen in der CDU/CSU-Fraktion hin. Dabei versuche man, "die nicht ganz leichte Aufgabe zu lösen, den schutzwürdigen und mitwirkungsnotwendigen Interessen der Arbeitnehmer so Rechnung zu tragen, daß sich die Ausweitung der Mitbestimmungsrechte nicht als Hemmschuh technischen Fortschritts erweist". (16)

Während die Sozialausschüsse in der Christlich-Demokratischen Arbeitnehmerschaft (CDA) Mitbestimmung für die Betriebsräte beim Einsatz neuer Techniken fordern (17), sollen nach den bis zum Abschluß dieser Arbeit vorliegenden Berichten von der CDU/CSU-Fraktion im Bundestag nur erweiterte Mitwirkungsmöglichkeiten in Aussicht gestellt worden sein.

So heißt es, daß nach den Vorstellungen der "Müller-Kommission" der Arbeitgeber in Zukunft den Betriebsrat über Neuerungen rechtzeitig und umfassend schon beim Planungsbeginn und während der Planung informieren müsse (§ 90 BetrVG). Auch soll nach §91 der Betriebsrat auch dann schon bessere Arbeitsbedingungen fordern können, wenn neue arbeitswissenschaftliche Erkenntnisse über die Belastungen am Arbeitsplatz vorlägen. Diese Vorstellungen gehen hinter die Forderungen von DGB und SPD zurück.

Die CDU/CSU hatte am 22. Mai 1985 einen Gesetzentwurf vorgelegt, der sich allein auf die "Verstärkung von Minderheitenrechten in den Betrieben und Verwaltungen" (18) konzentrierte und die Frage der Erweiterung von Mitbeteiligungsrechten des Betriebsrates bei der Einführung neuer Technologien ausgeklammert hatte. Die SPD hatte dann mit ihrem Gesetzentwurf den der CDU beantwortet. Er nahm die Forderungen nach Stärkung der Minderheiten nur in einem Satz auf, in dem die SPD jetzt gelten läßt, daß statt bisher einem Zehntel jetzt ein Zwanzigstel der wahlberechtigten Arbeitnehmer Wahlvorschläge für den Betriebsrat machen können (§ 14 Abs.5 und 6). Damit folgte die SPD notgedrungen einem Spruch des Bundesverfassungsgerichtes, der eine entsprechende Bestimmung im Personalvertretungsgesetz als unzulässig erklärt hatte.

Die Vorstellungen zu einer Reform des Betriebsverfassungsgesetzes auf der Basis des CDU/CSU-Gesetzentwurfes konzentrieren sich auf den ersten Abschnitt des zweiten Teiles im Betriebsverfassungsgesetz. Darin geht es um die Wahl und Zusammensetzung des Betriebsrates. Nach Auffassung der CDU/CSU werden bei der Wahl des Betriebsrates, der Besetzung des Wahlvorstandes, der Besetzung der Betriebsausschüsse und bei der Entscheidung über Freistellungen die Rechte und Interessen von Minderheiten nicht ausreichend berücksichtigt. In der Begründung zum Gesetzentwurf wird ausgeführt, daß die nach § 14 BetrVG notwendigen Unterschriftsquoten für Wahlvorschläge in der betrieblichen Praxis dazu "mißbraucht (werden), konkurrierende Gewerkschaftslisten bereits im Vorfeld der Zulassung auszuschalten. Zu diesem Zweck werden möglichst alle Wahlberechtigten veranlaßt, die Liste der Mehrheitsgewerkschaften zu unterzeichnen, so daß andere Listen nicht mehr die notwendige Anzahl an Unterschriften für ihre eigenen Wahlvorschläge sammeln können". (19)

Nach den Vorstellungen der CDU/CSU sollen in Zukunft alle im Betrieb vertretenen Gewerkschaften berechtigt sein, zur Wahl des Betriebsrates Wahlvorschläge zu machen, und zwar ohne Unterschriftennachweis. Auch soll analog zum Beschluß des Bundesverfassungsgerichts vom 16. Oktober 1984 das relative Votum für Wahlvorschläge der Arbeitnehmer auf ein Zwanzigstel gesenkt werden, das absolute auf 50 Arbeitnehmer. Außerdem sollen in Zukunft die Ausschußmitglieder und die Freistellungen nicht mehr durch Mehrheitsentscheidungen im Betriebsrat, sondern durch Verhältniswahl bestimmt werden. Die CDU/CSU führt zur Begründung das Beispiel eines Betriebsrates an, in dem zwar ein beträchtlicher Teil der Betriebsräte von Nicht-DGB-Gewerkschaftern kommt (15 vom 33), diese aber bei Freistellungen nicht berücksichtigt worden sind. Dies wird vom DGB zwar nicht bestritten, aber als Einzelfall bezeichnet.

Einen sehr viel breiteren Raum als die Änderungen zur Wahl und Zusammensetzung des Betriebsrates nehmen in dem Koalitionsentwurf Vorschläge zur Einrichtung eines Sprecherausschusses für die leitenden Angestellten ein. In der öffentlichen Diskussion wird diese Forderung zwar auch registriert, die Gewerkschaften reagieren aber besonders scharf auf die Änderungsvorschläge zur Wahl und zur Zusammensetzung des Betriebsrates, sehen sie doch hierzu den Versuch, das Prinzip der Einheitsgewerkschaft aufzuweichen und die betriebliche Interessenvertretung in ihrer Einheitlichkeit zu schwächen. Wie bereits dargestellt, ist die Einrichtung von Sprecherausschüssen für leitende Angestellte eine alte Forderung sowohl aus den Reihen der CDU/CSU als auch der FDP. Sprecherausschüsse sind im geltenden Betriebsverfassungsgesetz nicht vorgesehen, können aber durch Tarifvertrag in bestimmten Fällen zugelassen werden. In dem Koalitionsentwurf wird darauf hingewiesen, daß bereits 330 solcher Ausschüsse sich auf freiwilliger Basis gebildet hätten. Nach dem Betriebsverfassungsrecht finden seine Regelungen keine Anwendung auf leitende Angestellte (§5). Die Gewerkschaften haben versucht, zu erreichen, daß der Kreis der leitenden Angestellten, der sich dem Einfluß des Betriebsrates entzieht, relativ klein bleibt. Die Einrichtung von Sprecherausschüssen ist von den DGB-Gewerkschaften immer abgelehnt worden mit dem Argument, sie schwäche eine einheitliche Interessenvertretung. In dem Koalitionsentwurf wird die Notwendigkeit der Zulassung von Sprecherausschüssen unter anderem mit der wachsenden Zahl der leitenden Angestellten, ihren besonderen Interessen und ihren Teilhaberrechten an der unternehmerischen Leistungsfunktion begründet. Daraus erwachse das Bedürfnis, "über das Unternehmen und dessen wirtschaftliche Lage sowie über die Zielprojektionen ausreichend informiert zu werden". (20) Außerdem bestehe ein Gefälle bei den sozialen Schutzvorschriften zu Lasten der leitenden Angestellten, so zum Beispiel, wenn sie bei Sozialplänen nicht einbezogen würden. Zudem sei vor allem in Großunternehmen der Trend unverkennbar, in den individualrechtlichen Bereich der leitenden Angestellten kollektive Regelungen einzubeziehen. Aus dem folge: "Die Sprecherausschüsse sind ... nicht nur als Organ zur besseren sozialen Absicherung zu verstehen, sondern auch als kommunikatives Bindeglied zwischen der Unternehmensleitung und den leitenden Angestellten." (21) Es wird auch darauf hingewiesen, daß die leitenden Angestellten die Konturen einer eigenständigen sozialen Arbeitnehmergruppe angenommen hätten; mit der institutionellen Einbindung durch das Mitbestimmungsgesetz (Vertretung auf der Arbeitnehmerbank) seien die leitenden Angestellten "von ihrer bisherigen betriebsverfassungsrechtlichen Objektstellung befreit und als originäre Rechtssubjekte anerkannt worden". (22)

In § 8 des Gesetzentwurfes werden die Rechte der Sprecherausschüsse bezeichnet. Sie beschränken sich gegenüber dem Arbeitgeber in der Regel auf Informationsanspruch und Beratungsrechte. Rechte des Betriebsrates werden direkt und indirekt berührt. Das gilt beispielsweise für den Abschluß von Betriebsvereinbarungen zwischen Arbeitgeber und Betriebsrat, die die Interessen der leitenden Angestellten berühren. Diese können dann gegenüber dem Arbeitgeber verlangen, daß die Regelung für zwei Wochen ausgesetzt wird. Eine Vermittlungsstelle, die aus je einem Vertreter des Arbeitgebers, der leitenden Angestellten und des Betriebsrates bestehe, soll dann eine Verständigung suchen. Kommt eine solche Vermittlung nicht zustande, müsse das Arbeitsgericht entscheiden. Der Betriebsrat wäre bei einer solchen vorhergehenden Vermittlung zahlenmäßig in der Minderheit. Nach dem vorliegenden Entwurf bestimmte der Arbeitgeber in einem Streitfall, wer leitender Angestellter ist und wer nicht. Schließlich heißt es zwar analog zum Betriebsverfassungsgesetz, der Sprecherausschuß solle sowohl mit dem Arbeitgeber als auch mit dem Betriebsrat "vertrauensvoll" zusammenarbeiten. Doch sind institutionelle Verbindungen zwischen Betriebsrat und Sprecherausschuß nicht vorgesehen.

In der Bundestagsdebatte betonte die Sprecherin der FDP, der grundlegende Unterschied zwischen der SPD und ihrer Partei liege darin, daß "wir immer die Stärkung der Rechte des einzelnen Arbeitnehmers gefordert haben, während Sie nur die Rechte der Organisation stärken wollen ... selbstverständlich geht es darum, daß der Betriebsrat die Interessen der Arbeitnehmer vertritt. Aber es geht eben auch darum, daß der einzelne

Arbeitnehmer ja dazu sagen muß, in welchen Fragen der Betriebsrat ihn vertritt." (23)

Der Koalitionsentwurf ist auf die erbitterte Kritik der DGB-Gewerkschaften gestoßen. In einem Kommentar wird von einem gewaltigen "Etikettenschwindel" gesprochen; unter dem Vorwand des Minderheitenschutzes sollten die Betriebsräte "gespalten und ihre Handlungsfähigkeit beschnitten werden". Es gehe um ein "uraltes Anliegen" der CDU, den "kümmerlich dahinsiechenden christlichen Gewerkschaften gesetzliche Organisationshilfe" zu geben. "Splittergruppen" sollten die Chance bekommen, ohne Verankerung in der Belegschaft sich an Wahlen beteiligen zu können. "Im Klartext: nicht mehr das demokratische Mehrheitsprinzip entscheidet, sondern der politische Proporz. Außerdem sollen die leitenden Angestellten, der Betriebsadel also, eine eigene Standesvertretung bekommen ... Im übrigen haben es Betriebsräte wie die Gewerkschaften Tag für Tag mit einem sozialen Gegenspieler zu tun, der aufgrund seiner wirtschaftlichen Verfügungsmacht in einer von vornherein stärkeren Position ist. Das einzige, was uns hilft, ist die eigene Solidarität ... Jede Beschränkung des Mehrheitsprinzips schwächt die eigene Handlungsfähigkeit." (24)

11.3. Reformgesetz vor der Bewährung

Der DGB und seine Gewerkschaften sehen die Vorschläge der Koalition zum Betriebsverfassungsrecht im Zusammenhang mit anderen Änderungen im Arbeits- und Sozialrecht. Sie erinnern daran, daß "die Spitzenstellung der Bundesrepublik Deutschland in erster Linie auf den sozialen Konsens, um den uns jeder andere Industriestaat beneidet, zurückzuführen (ist). Eckpfeiler dieses sozialen Konsens waren: eine ausgewogene Arbeitsrechts- und Sozialgesetzgebung, starke und handlungsfähige betriebliche Interessenvertretungen und schließlich die Einheitsgewerkschaften innerhalb des DGB, die einen unschätzbaren historischen Fortschritt verglichen mit den unerfreulichen Zersplitterungen ... während der Weimarer Republik darstellen." (25)

Der Regierung wird eine Vernachlässigung des Arbeitslosenproblems, der Abbau von Sozialleistungen und ein "Kahlschlag" bei den Arbeitnehmerrechten vorgeworfen. In diesem Zusammenhang wird vor allem das Beschäftigungsförderungsgesetz vom 1. Mai 1985 genannt, das eine erleichterte Zulassung befristeter Arbeitsverträge, die Erleichterung und Ausweitung der Leiharbeit und eine teilweise Durchlässigkeit des Kündigungsschutzes vorsieht. Dieses Gesetz ist von der Regierung vor allem damit begründet worden, daß die notwendige "Flexibilisierung" im Arbeitsrecht dem Arbeitgeber die Einstellung neuer Arbeitnehmer erleichtere, damit zum Überstundenabbau beitrage und dadurch das Arbeitslosenproblem lindern helfen könne. Die Gewerkschaften sehen diese Entwicklung vornehmlich unter dem Gesichtspunkt, daß damit mühsam erstrittene Arbeitnehmerrechte beschnitten würden. Zudem würde die Arbeitnehmerschaft in eine privilegierte Stammbelegschaft und eine Randbelegschaft gespalten. Außerdem sehen die DGB-Gewerkschaften ihre Interessen in Überlegungen innerhalb der Koalition zu einem Verbändegesetz, einer gesetzlichen Beschränkung des Arbeitskampfrechtes durch "Abkühlungsphasen" und Änderungen zum Arbeitsförderungsgesetz (§116)*, da bei "Fernwirkungen" eines Arbeitskampfes ("kalte Aussperrungen") durch die Arbeitsämter kein Kurzarbeitergeld mehr gezahlt werden solle, in entscheidenden Punkten gefährdet. (26)

Nur vor diesem Hintergrund ist verständlich, warum die Gesetzentwürfe zum Betriebsverfassungsgesetz, auch in Hinblick auf die Bundestagswahlen, eine politische Bedeutung bekommen haben, die in den Vorjahren undenkbar gewesen wäre. So gerät ein Reformgesetz, das weit über ein Jahrzehnt vor allem wegen seiner Integrationswirkungen im Prinzip auch von den Arbeitgebern gelobt worden war, in den Strudel schwerer politischer Auseinandersetzungen. "Es kann somit mit großer Sicherheit gesagt werden, daß eine zukünftige Gestaltung der Betriebsverfassung weit über die Problematik einer bloßen Fortschreibung betriebsverfassungsrechtlicher Einzelkomplexe hinausgehen wird. Sie wird grundsätzliche mitbestimmungspolitische Fragen aufwerfen und damit auch grundlegende gesellschaftliche Probleme berühren." (27)

Unter dem Eindruck zunehmender innenpolitischer Spannungen zwischen den Sozialpartnern, die aller Voraussicht nach wohl kaum nachlassen werden, ist zu bezweifeln, daß eine ruhige

---

*) inzwischen modifiziert verabschiedet

Diskussion um Änderungen des Betriebsverfassungsgesetzes möglich sein wird. Man darf ja nicht vergessen, daß dem DGB selbst unter der Bedingung einer sozialliberalen Regierung es nur sehr begrenzt gelungen ist, seine Vorstellungen in dem novellierten Betriebsverfassungsgesetz unterzubringen. Unter den geänderten politischen Verhältnissen ist es zur Zeit undenkbar, daß der Kompromiß von 1971, der ja auch ein Kompromiß zwischen den Koalitionspartnern SPD und FDP war, heute noch verbessert werden könnte. Die Arbeitgeber sahen schon damals ihre "Schmerzgrenze" erreicht. Der federführende Arbeitsminister mußte 1971, wie dargestellt, wiederholt unterstreichen, daß das Betriebsverfassungsgesetz nach wie vor eine Friedensordnung sei und den unternehmerischen Entscheidungsbereich nicht antaste. Ausdrücklich hatte die Regierung darauf hingewiesen, daß versucht worden sei, einen Ausgleich zwischen den Interessen der Arbeitgeber und denen der Arbeitnehmer vorzunehmen. Aus der Sicht des DGB war das novellierte Betriebsverfassungsgesetz zwar ein Minimal-Kompromiß, in den Augen von CDU, den Arbeitgeberverbänden und auch der FDP war das Maximum des Vertretbaren damals schon erreicht. Prompt führten die Auseinandersetzungen um das Mitbestimmungsgesetz zu einem ersten Bruch zwischen Arbeitgeberverbänden und DGB-Gewerkschaften.

Zwar ist aus den in dieser Arbeit vorgestellten Untersuchungen ersichtlich, daß die Vertretungsschwäche vieler Betriebsräte nicht nur, aber auch von fehlenden gesetzlichen Grundlagen zum Beispiel bei der Einführung neuer Produktionsverfahren abhängig ist. Insofern erscheint eine Fortschreibung des Betriebsverfassungsgesetzes vor allem in diesem Bereich gerechtfertigt. Daß in diesem Problembereich etwas getan werden muß, darüber sind sich offenbar Teile der CDU und die SPD insgesamt einig. Vollkommene Uneinigkeit besteht allerdings über das Ausmaß künftiger Mitbeteiligungsrechte bei der Einführung neuer Technologien. Unter den gegebenen machtpolitischen Verhältnissen erscheint es als unwahrscheinlich, daß sich die SPD mit ihren im Vergleich zum geltenden Gesetz sehr weitgehend den Forderungen auf nahezu durchgängige Mitbestimmung für den Betriebsrat durchsetzen könnte. Angesichts der innenpolitischen Spannungen ist vielmehr davon auszugehen, daß eine sachgerechte Debatte über das Maß und Ausmaß möglicher Änderungen des Betriebsverfassungsgesetzes kaum möglich sein wird.

Das gilt auch für die Vorstellungen der Koalitionspartner zu einem Ausbau der Minderheitenrechte und die Einführung von Sprecherausschüssen für leitende Angestellte. So ist zwar einer der konkreten Ausgangspunkte der Koalitionsüberlegungen, die Vertretung von kleineren Gewerkschaften im Betriebsrat, vor allem des Christlichen Gewerkschaftsbundes (CGB), angesichts der tatsächlichen Stärkenverhältnisse nicht recht überzeugend (CGB 300 000 Mitglieder, DGB insgesamt etwas unter acht Millionen; bei den Betriebsratswahlen von 1984 ging der CGB-Anteil von gegenüber 1981 von 3,7 auf 0,8 Prozent zurück). (28) Aber immerhin wiesen sich bei den Betriebsratswahlen 1984 insgesamt 25,4 als unabhängige Kandidaten aus, für die DAG wurden 8,9 Prozent gezählt, für die 17 DGB-Einzelgewerkschaften 63,9 Prozent. (29) Daß die Grünen den Koalitionsentwurf nicht kategorisch ablehnten, hatte nicht nur etwas zu tun mit den unterschiedlichen Bewertungen zwischen dieser politischen Gruppierung und den DGB-Einzelgewerkschaften über die Praxis der Umweltpolitik, sondern auch mit Erfahrungen einiger Mitglieder der Grünen. Einerseits wolle man zwar keine unternehmerfreundlichen Gruppen unterstützen, die keine Basis im Betrieb hätten, andererseits trete man "im Prinzip" dafür ein, Minderheitenrechte zu stärken. Daß zu denen, die den Koalitionsentwurf nicht pauschal ablehnen wollten, auch der ehemalige Grünen-Abgeordnete Hoss gezählt wird, ist in diesem Zusammenhang aufschlußreich. Die Hoss-Gruppe hatte nach jahrelangen Auseinandersetzungen mit dem etablierten IG-Metall-Betriebsrat bei Daimler-Benz in Stuttgart-Untertürkheim eine unabhängige Liste gegründet und war darauf aus der IG Metall ausgeschlossen worden. Dennoch hatte sich diese Gruppe mit einer betont arbeitnehmernahen Politik im Betrieb durchsetzen können. So bekam sie bei den Betriebsratswahlen 1978 insgesamt 39 Prozent, die offizielle Liste der IG Metall 52 Prozent; die Hoss-Gruppe besetzte zwölf Betriebsratssitze, die IG Metall nur noch 15, obwohl im Daimler-Stammwerk fast alle Arbeiter eingeschriebene IG-Metall-Mitglieder sind. (30) Dabei argumentierte die Hoss-Gruppe mit der Basisferne der etablierten Interessenvertretung. "Die Hilfe, die sie (die Kollegen) von den alteingesessenen Vertretern des bisherigen Betriebsrates erwarten konnten, war den Problemen gegenüber betrachtet äußerst dürftig. Viele Kollegen gewannen den Eindruck, daß diese 'Altgedienten' entweder gar nicht mehr wußten, was in der Produktion vor sich ging, daß sie sich mehr und mehr hinter Verwaltungsarbeiten und Expertenverhandlungen verschanzten." (31)

Dabei warf die Hoss-Gruppe der IG Metall auch Manipulationen bei den Wahlvorschlägen vor. So können nach dem Betriebsverfassungsgesetz 100 Belegschaftsmitglieder einen Wahlvorschlag machen. Die IG Metall habe aber das Verfahren so geändert, daß nur noch die Vertrauensleute Kandidaten benennen und auch die Reihenfolge auf der Liste hätten festlegen können. Und zwar sei nur nominiert worden, wer 50 Prozent der Stimmen bekommen habe. Das sei ein Ende jeglicher Minderheitenpositionen. (32)

Die Auseinandersetzung der Hoss-Gruppe mit dem etablierten IG-Metall-Betriebsrat und die harte Reaktion der IG Metall, die mit dem Ausschluß von Mitgliedern antwortete, die ausdrücklich darauf hinwiesen, sie würden lieber in der IG Metall bleiben, deutet auf grundsätzliche, innergewerkschaftliche Probleme im Zusammenhang mit dem Demokratieverständnis einer Interessenorganisation hin. Dabei entsteht für die Gewerkschaften ein Dilemma: "Obwohl die Gewerkschaften in der Bundesrepublik strikt demokratisch aufgebaut sind und eine sensible Antenne für undemokratisches Verhalten haben, sind für sie selbst 'Geschlossenheit' und 'Solidarität' herausragende, nicht nur moralische Kategorien. Ursprünglich als 'Kampfverband' der Arbeiter gegen Unterdrückung und Ausbeutung gegründet, war geschlossenes Zusammenstehen die Voraussetzung für ihren Erfolg. Nur aus dieser Haltung heraus ist es zu verstehen, daß auch heute noch Kritiker aus den eigenen Reihen in den Gewerkschaften oft allzu schnell mit dem Etikett 'illoyal' versehen werden." (33)

Ob nun der Koalitionsentwurf zum Ausbau der Minderheitenrechte im Betriebsverfassungsgesetz ausgerechnet das Problem der innergewerkschaftlichen Demokratie (das ja auch für Parteien und andere Verbände seine Bedeutung hat) wesentlich lösen helfen wird, kann bezweifelt werden. Auch ist zu fragen, ob angesichts der ohnehin bestehenden Spannungen zwischen Gewerkschaften und Regierung ein solcher Vorstoß sinnvoll ist. Aber das sind politische Fragen, die sich einer wissenschaftlichen Wertung entziehen. Für sich genommen wäre eine sachliche Betrachtung der Probleme von Minderheiten im Betriebsverfassungsgesetz durchaus vernünftig. Doch ist diese Frage von dem politischen Hintergrund kaum zu lösen. Die Gefahr besteht, daß das Betriebsverfassungsgesetz, das nach Meinung aller gesellschaftlich relevanten Gruppen zum sozialen Frieden in der Bundesrepublik beigetragen hat, zum Spielball neuer politischer Auseinandersetzungen wird.

Bei einer Tagung der Gesellschaft für Wirtschaftsrecht in der Unternehmenspraxis aus Anlaß des zehnjährigen Bestehens des Betriebsverfassungsgesetzes hatte der Arbeitsrechtler Rüthers zu einem Zeitpunkt, als mit einer so kontroversen und leidenschaftlichen Debatte um eine Reform des Betriebsverfassungsgesetzes, wie sie heute geführt wird, noch nicht zu rechnen war, schon warnend vor voreiligen Reformversuchen gewarnt: Das Betriebsverfassungsgesetz sei ein Spiegelbild unserer Epoche, mit Problemen und Widersprüchen. Aber es sei ein Gesetz, mit dem die Beteiligten zu leben gelernt hätten. Jede Änderung des Gesetzes, von welcher Seite auch immer, würde die "mühsam erworbene" Vertrautheit im Umgang mit dem Gesetz "von Grund auf" in Frage stellen. "Denn Einzelkorrekturen durch den Gesetzgeber wird es keine geben. Wenn es zu Änderungen kommt, dann steht abermals eine Gesamtnovellierung oder doch eine Novellierung auf breiter Front ins Haus; und dann frage ich: Wem mag die nützen." (34)

In der Tat ist die Frage zu stellen, ob mit Änderungsversuchen des Betriebsverfassungsgesetzes, so berechtigt sie vielleicht auch sein mögen, nicht ein wichtiger Teil der Reformära der siebziger Jahre unnötig in politische Auseinandersetzungen hineingezogen wird. Das Betriebsverfassungsgesetz verkörperte auch ein Stück Gemeinsamkeit der Tarifpartner, auch der politischen Parteien. Daß sowohl Arbeitgeber als auch Gewerkschaften vor einer neuen Diskussion über den Ausbau der Minderheitenrechte warnen, deutet darauf hin, daß beide Seiten vermeiden wollen, daß Unruhe in die Betriebe getragen wird.

Das Betriebsverfassungsgesetz ist sicher kein vollkommenes Gesetz. Die umfangreiche Rechtssprechung ist dabei nicht den teilweise ungenauen Formulierungen anzulasten, die doch selbst Ausdruck einst geschlossener politischer Kompromisse sind. Zudem hat das Bundesarbeitsgericht im großen und ganzen versucht, eine mittlere Linie einzuhalten. In dem rechtlichen Teil war gezeigt worden, daß in der Tendenz dort betriebsrätliche Rechte gestärkt worden sind, wo es vor allem um den Schutz vor unternehmerischen Entscheidungen geht. Dabei ist die defensive Rolle des Betriebsrates stärker betont worden als eine aktive. Daß das Betriebsverfassungsgesetz jetzt nach Meinung von Rechtsexperten ausreichend "durchgeprüft" worden ist, könnte zu einer zusätzlichen Beruhigung führen, wenn es nicht durch die Verschärfung der innenpolitischen Situation, vor allem durch Spannungen zwischen Gewerkschaften und Regierung, neu in den Mittelpunkt von grundsätzlichen Kontroversen in den Arbeitsbeziehungen gerät. Rüthers zählt in einer Bilanzierung des Betriebsverfassungsgesetzes eine Reihe von "positiven Elementen" auf:

1) Der Zwang zur Kooperation habe auf beiden Seiten vorhandene "Klassenkampfmentalitäten" abgebaut;
2) die meisten Betriebsräte hätten, nicht selten auch in ihrer Funktion als Aufsichtsratsmitglieder, in der "unentrinnbaren Mitbestimmungsverantwortung" auch unternehmerisch denken lernen müssen;
3) viele Arbeitgeber hätten lernen müssen, daß Betriebsräte, Betriebsverfassung und Gewerkschaften notwendige Ordnungselemente einer freiheitlichen Gesellschaftsordnung seien. Der Kooperationszwang habe für beide Seiten "außerordentlich nützliche Erziehungswirkungen" gehabt. (35)

Rüthers weist auf ein Zitat des damaligen DGB-Vorsitzenden Vetter bei der Diskussion um die Novellierung des Betriebsverfassungsgesetzes im Jahre 1971 hin: "Der Betrieb war immer schon und ist heute mehr denn je eine Schule der Nation." Rüthers ergänzt dies mit der Feststellung: "Was Marktwirtschaft, was sozialer Rechtsstaat, was freiheitliche Ordnung in den Köpfen der Mitarbeiter bedeutet, das wird in erster Linie durch das Betriebsklima und die Arbeitsbedingungen ... geprägt, also von der Art und Weise der Verwirklichung des Betriebsverfassungsgesetzes." (36)

In seiner umfangreichen Bestandsaufnahme zur "Mitbestimmung in der Unternehmenspraxis", in dem das Betriebsverfassungsgesetz als Teilbereich des Gesamtsystems von Mitbestimmungsregeln empirisch überprüft wird, weist Kirsch ausdrücklich darauf hin, daß "Mitbestimmung die antagonistischen Elemente im Unternehmen durch verstärkte Herrschaftskontrolle" (37) verringere; Konflikte zwischen Management und Arbeitnehmern könnten in einem kontinuierlichen und institutionalisierten Verhandlungsprozeß besser ausbalanciert werden. Kirsch und seine Mitarbeiter kommen bei der Gesamtwertung der Mitbestimmungsregelung in der Bundesrepublik, wie dargestellt, zu dem Ergebnis, daß starke Mitbestimmung und hoher Einfluß der Arbeitnehmer nicht nur der Handlungsfähigkeit und speziell der Entscheidungsfähigkeit der Unternehmen zugute kämen, sondern auch den Arbeitnehmern, deren Bedürfnisse stärker berücksichtigt würden. "Auch im internationalen Vergleich dürfte sich bestätigen, daß in Ländern, in denen die antagonistischen Elemente in den Arbeitgeber-Arbeitnehmer-Beziehungen überwiegen und wo die Gewerkschaften primär Gegenmachtstrategien verfolgen und Mitbestimmung als Einbindung in die Mitverantwortung ablehnen, die einzelwirtschaftliche und letztlich auch gesamtwirtschaftliche Produktivität geringer ist." (38)

Das deutsche Betriebsverfassungsgesetz hat als ein wesentliches Element der rechtlichen Strukturierung von Arbeitsbeziehungen zwei wichtige Funktionen gehabt: es hat einerseits die Integration von Arbeitnehmern in die soziale Marktwirtschaft erleichtert, indem es ihnen eine Vertretung gab, die sie vor den sozialen Fragen unternehmerischer Entscheidungen schützen sollte. Und sie hat zugleich mit der Festigung sozialer Stabilität in den Betrieben die wirtschaftlichen Erfolge der Nachkriegszeit mit ermöglicht. Soziale und wirtschaftliche Stabilität sind auch Voraussetzungen für politische Stabilität. Ob dies auch in Zukunft so bleiben wird, dürfte auch davon abhängen, wie sich die Beziehungen zwischen Management und Belegschaft weiterentwickeln. Trotz aller Mängel, die auch in dieser Arbeit aufgezeigt worden sind, hat die betriebliche Mitbestimmung einen wichtigen Beitrag zur politischen Kultur der Bundesrepublik geleistet. Es wird abzuwarten sein, ob unter den gewandelten Bedingungen die betriebliche Mitbestimmung auf der Grundlage einer relativ festen Verankerung von Gewerkschaften und Betriebsräten in einem kooperativen Interessenausgleich in den Betrieben weiter funktionieren wird. Zu diesen gewandelten Bedingungen, die sich hier nur stichwortartig benennen lassen, gehören Arbeitslosigkeit, neue Technologien, Strukturwandel und der Wertewandel.*

Die sich bei Abschluß dieser Arbeit abzeichnenden schweren Auseinandersetzungen über arbeitsrechtliche und sozialpolitische Fragen könnten dazu führen, daß das Betriebsverfassungsgesetz nicht länger tabu bleibt. Es stellt ein letztes Überbleibsel aus der reformgeprägten sozialliberalen Ära dar. Man wird trotz allem hoffen dürfen, daß so schwere Auseinandersetzungen, wie sie um das erste Betriebsverfassungsgesetz der Bundesrepublik aus dem Jahre 1952 geführt wurden, ausbleiben. Die lange und wechselvolle Geschichte betrieblicher Mitbestimmung in Deutschland, die bis in die Frankfurter Nationalversammlung des Jahres 1848 zurückreicht, bezeichnet auch den mühevollen Versuch zur Integration der Arbeitnehmerschaft. Dazu haben vor allem die Möglichkeiten des Betriebsverfassungsgesetzes von 1972 beigetragen. Insofern hat es seine Bewährungsprobe bestanden. Das muß in der Zukunft nicht so bleiben.

---

*) Zu der Frage der politischen Kultur und des Wertewandels sind vor allem im Zusammenhang dieser Arbeit interessant die Veröffentlichung von Martin und Sylvia Greiffenhagen zur politischen Kultur Deutschlands ("Ein schwieriges Vaterland") aus dem Jahr 1979, das Handwörterbuch der gleichen Autoren zur politischen Kultur der Bundesrepublik Deutschland (Greiffenhagen/Greiffenhagen/Prätorius, Opladen 1981) sowie die interpretierende Analyse von Befragungen durch Michael von Klipstein und Burkhard Strümpel "Der Überdruß am Überfluß" aus dem Jahr 1984. Dabei wird in der Arbeit von Klipstein/Strümpel im Zusammenhang mit der Wandlung in der Einstellung gegenüber der Arbeit und dem Arbeitsplatz die "größte Kluft" zwischen Anspruch und Wirklichkeit bei der Mitbestimmung am Arbeitsplatz festgestellt. Wie auch bei Kern/Schumann wird bei Klipstein/Strümpel die zunehmende Disparität sowohl bei den Arbeits- als auch bei den Lebensverhältnissen verzeichnet. Zum Wandlungsprozeß des Arbeitsbegriffs ist besonders aufschlußreich Joseph Hubers "Die zwei Gesichter der Arbeit" aus dem Jahr 1984. Die gewerkschaftlichen Reaktionen auf die gewandelten strukturellen Verhältnisse sind in Michael Kittners "Gewerkschafts-Jahrbuch 1985" zusammengefaßt. Es wäre sicherlich reizvoll gewesen, die verschiedenen Annahmen über zukünftige wirtschaftliche und gesellschaftliche Veränderungen im Zusammenhang mit dem Betriebsverfassungsgesetz zu betrachten, hätte aber inhaltlich und umfangmäßig den Rahmen dieser Arbeit gesprengt. Sie sollte vor allem eine Bestandsaufnahme bisheriger Entwicklungen sein.

A N M E R K U N G E N

1. EINFÜHRUNG

1) Brandt, Willy, Äußerung auf einer Podiumsveranstaltung in Stuttgart (Treffpunkt Foyer), 23.10.1979 (eigene Mitschrift)
2) Gnade, Albert/Kehrmann, Karl/Schneider, Wolfgang, Betriebsverfassungsgesetz, Kommentar, Köln 1973, S.3
3) Rancke, Friedbert, Betriebsverfassung und Unternehmenswirklichkeit, FU Berlin, Fachbereich Rechtswissenschaft, Manuskript, ohne Seitenzahl (inzwischen erschienen unter dem gleichen Titel als Forschungsbericht des Landes Nordrhein-Westfalen (Nr. 3134), Opladen 1982
4) Bericht der Sachverständigen-Kommission zur Auswertung der bisherigen Erfahrungen mit der Mitbestimmung (Mitbestimmungs-Kommission), Mitbestimmung in Unternehmen, Stuttgart/Berlin/Köln/Mainz 1970
5) Kotthoff, Hermann, Betriebsräte in der Bundesrepublik, Diss., Freiburg 1979
6) Schank, Gerd, Untersuchung von Einigungsstellen als Möglichkeit innerbetrieblicher Konfliktaustragung im Saarland, Dipl.-Arbeit, Saarbrücken 1980
7) Rummel, Christoph, Die Einflußnahme des Betriebsrats auf die Personalplanung in der betrieblichen Praxis, in: Glaubrecht/Halberstadt/Zander, Betriebsverfassung in Recht und Praxis, Handbuch, Gruppe 5/S. 81, Freiburg 1979
8) Kirsch/Paul/Kemper, Die Problematik der Vertretung von Arbeitnehmerinteressen, Institut für Organisation an der Universität München, Manuskript (inzwischen erschienen als Buch: Kirsch, Werner/Scholl, Wolfgang/ Paul, Günter, Mitbestimmung in der Unternehmenspraxis, München 1985)
9) Kern, Horst/Schumann, Michael, Das Ende der Arbeitsteilung? Rationalisierung in der industriellen Produktion, München 1984
10) DAG, Landesverband Hamburg, Betriebsverfassung und Betriebsratsarbeit, Aus der Sicht Hamburger Betriebsräte, Hamburg 1980

2. BETRIEBSVERFASSUNGSGESETZ: ENTSTEHUNG UND POLITISCHE ABSICHTEN

1) Seidel, Heinz/Schneider, Wolfgang, Der Betrieb und seine Verfassung, Handreichung für Lehrer, Wiesbaden 1976, S. 73
2) Seidel/Schneider, a.a.O., S. 48
3) DGB, Gewerkschaften und Mitbestimmung, Düsseldorf 1977, S. 314
4) Däubler, Wolfgang, Das Arbeitsrecht, Leitfaden für Arbeitnehmer, Hamburg 1976, S. 184
5) DGB, a.a.O., S. 315
6) Seidel/Schneider, a.a.O., S. 36
7) Seidel/Schneider, a.a.O., S. 37
8) Seidel/Schneider, a.a.O., S. 38
9) Seidel/Schneider, a.a.O., S. 40
10) Seidel/Schneider, a.a.O., S. 41
11) Seidel/Schneider, a.a.O., S. 42
12) Seidel/Schneider, a.a.O., S. 43
13) DGB, a.a.O., S. 316
14) Seidel/Schneider, a.a.O., S. 44
15) Seidel/Schneider, a.a.O., S. 45
16) Däubler, a.a.O., S. 187

17) Brock, Adolf u.a., Die Interessenvertretung der Arbeitnehmer im Betrieb, Theorie und Praxis der Gewerkschaften (3), S. 99
18) Jacobi, Otto/Müller-Jentsch, Walther/Schmidt, Eberhard, Kritisches Jahrbuch '73, Gewerkschaften und Klassenkampf, Frankfurt 1973, S. 178
19) Däubler, a.a.O., 189
20) Däubler, a.a.O., 190
21) Däubler, a.a.O., 190
22) Jacobi u.a., a.a.O., S. 179
23) Brock u.a., a.a.O., S. 107
24) Seidel/Schneider, a.a.O., S. 73
25) zitiert nach: Kausch, Michael, Wirtschaftsdemokratie und Mitbestimmung, Frankfurt a.M. 1981, S. 48 f.
26) vergl. Kausch, a.a.O., S. 49 f.
27) zitiert nach: Faerber, Rolf-Dieter, Geschichtliche Entwicklung und ordnungspolitische Gestaltung der betrieblichen Mitbestimmung in Deutschland, Tübingen 1973, S. 147
28) zitiert nach: Kausch, a.a.O., S. 52
29) zitiert nach: Jacobi u.a., a.a.O., S. 182
30) zitiert nach: DGB, a.a.O., S. 320
31) vergl. Kausch, a.a.O., S. 50
32) Kausch, a.a.O., S. 53
33) vergl. Kausch, a.a.O., S. 53
34) Brock, a.a.O., S. 110
35) Block, Jochen, Beziehungen zwischen dem normativen und dem produktiven Aspekt einer Demokratisierung der Wirtschaft, Berlin 1977, S. 147 f.
36) vergl. Block, a.a.O., S. 148 und
Faerber, a.a.O., S. 87 f.
37) Faerber, a.a.O., S. 84 f.
38) Faerber, a.a.O., S. 102
39) Däubler, a.a.O., S. 195
40) zitiert nach: Brock u.a., a.a.O., S. 115
41) zitiert nach: Brock u.a., a.a.O., S. 115
42) zitiert nach: Seidel/Schneider, a.a.O., S. 79
43) Gnade/Kehrmann/Schneider, Betriebsverfassungsgesetz, Kommentar Köln 1973 S. 3
44) Dybowski-Johannson, Gisela, Die Interessenvertretung durch den Betriebsrat, Frankfurt a.M./ New York 1980, S. 19f.
45) Faerber, a.a.O., S. 156
46) zitiert nach: Seidel/Schneider, a.a.O., S. 78
47) zitiert nach: Seidel/Schneider, a.a.O., s. 78
48) in: Halberstadt, Gerhard, Das neue Recht der Betriebsräte, Bonn 1972 (mit einem Vorwort von Arbeitsminister Arendt) Bonn 1972, S. 9
49) in: Halberstadt, a.a.O., S. 11
50) in: Halberstadt, o.o.O., S. 11

3. DIE DISKUSSION UM DIE DEMOKRATISIERUNG

1) zitiert nach: Alemann, Ulrich, in: Greiffenhagen, Martin/Greiffenhagen, Sylvia/Prätorius, Rainer (Hersg.), Handwörterbuch zur politischen Kultur der Bundesrepublik Deutschland, Opladen 1981, S. 131
2) Hennis, Wilhelm, Zur Problematik eines Begriffs, in: Greiffenhagen, Martin (Hrsg.), Demokratisierung in Staat und Gesellschaft, München 1973, S. 48
3) Brandt, Willy, Die Alternative, in: Greiffenhagen, Demokratisierung ..., a.a.O., s. 45
4) Brandt, a.a.O., S. 46
5) Brandt, a.a.O., S. 46
6) Alemann, a.a.O., S. 132

7) Alemann, a.a.O., S. 130
8) Albers, Detlev, Demokratisierung der Hochschule, Bonn 1968, S. 11
9) Albers, a.a.O., S. 11
10) Albers, a.a.O., S. 13
11) Albers, a.a.O., S 11
12) vergl. Litten, Jens, Kompetenz und Autorität, AStA-Dokumente, VII/67, S. 1
13) Rechenschaftsbericht des Rektors der Universität Hamburg, Universitätspressestelle, 9.11.1967
14) Kausch, Michael, Wirtschaftsdemokratie durch Mitbestimmung, Frankfurt a.M. 1981, S. 107
15) Friedrichs, Günter (Red.), Aufgabe der Zukunft, Qualität des Lebens, Band 8, Frankfurt a.M. 1972, S. 12
16) Brenner, in: Friedrichs. a.a.O., S. 14
17) Brenner, in: Friedrichs, a.a.O., S. 18
18) Brenner, in: Friedrichs, a.a.O., S. 20
19) Brenner, in: Friedrichs, a.a.O., S. 27
20) vergl. Alemann, Ulrich von (Hrsg.), Partizipation - Demokratisierung - Mitbestimmung, Opladen 1978, S. 120
21) Naphtali, Fritz, Wirtschaftsdemokratie, Theorie und Praxis der Gewerkschaften, Frankfurt a.M. 1966, S. 19
22) Naphtali, a.a.O., S. 21
23) Naphtali, a.a.O., S. 25
24) Rosenberg, Ludwig, in: Naphtali (Vorwort) a.a.O., S. 9
25) Vilmar, Fritz, Strategien der Demokratisierung, Band 1, Theorie der Praxis, S. 23
26) Vilmar, a.a.O., S. 19
27) Vilmar, a.a.O., S. 27
28) Vilmar, a.a.O., S. 29
29) Vilmar, a.a.O., S. 33
30) Vilmar, a.a.O., S. 96
31) Vilmar, a.a.O., S. 97
32) Vilmar, in: Fricke, Wolfgang/Geißler, Arnulf (Hrsg.), Demokratisierung der Wirtschaft, Hamburg 1973, S. 218
33) Vilmar, in: Fricke/Geißler, a.a.O., S. 218
34) Vilmar, a.a.O., S. 398
35) Vilmar, in: Fricke/Geißler, a.a.O., S. 209
36) Greiffenhagen, in: Greiffenhagen, Demokratisierung ..., S. 9
37) Einfügung vom Verfasser
38) Hennis, in: Greiffenhagen, Demokratisierung ..., a.a.O., S. 48
39) Hennis, in: Greiffenhagen, Demokratisierung ..., a.a.O., S. 49
40) Hennis, in: Greiffenhagen, Demokratisierung ..., a.a.O., S. 51
41) Hennis, in: Greiffenhagen, Demokratisierung ..., a.a.O., S. 54
42) Hennis, in: Greiffenhagen, Demokratisierung ..., a.a.O., S. 55
43) Hennis, in: Greiffenhagen, Demokratisierung ..., a.a.O., S. 67
44) vergl. Vilmar, a.a.O., S. 35
45) Greiffenhagen, in: Greiffenhagen, Demokratisierung, a.a.O., S. 25
46) vergl. Greiffenhagen, in: Greiffenhagen, Demokratisierung ..., a.a.O., S. 26
47) Bericht der Sachverständigen-Kommission zur Auswertung der bisherigen Erfahrungen mit der Mitbestimmung (Mitbestimmungs-Kommission), Stuttgart/Berlin/Köln 1970, S. 116
48) Beitrag des SPD-Abgeordneten Liehr in der ersten Lesung des Bundestages zum Betriebsverfassungsgesetz, in: Zur Sache, Betriebsverfassungsgesetz, 1/72, Bonn, S. 45
49) Beitrag des FDP-Abgeordneten Schmidt, in: Zur Sache, a.a.O., S. 45
50) Beitrag des CDU-Abgeordneten Ruf, in: Zur Sache, a.a.O., S. 34
51) Beitrag des Bundesministers für Arbeit und Sozialordnung, Arendt, in: Zur Sache, a.a.O., S. 176

52) Beitrag des FDP-Abgeordneten Spitzmüller, in: Zur Sache, a.a.O., S. 180
53) Beitrag des SPD-Abgeordneten Schellenberg, in: Zur Sache, a.a.O., s. 188
54) Greiffenhagen, Martin (Hrsg.), Der neue Konservatismus der siebziger Jahre, Hamburg 1974, S. 8f.

4. DAS BETRIEBSVERFASSUNGSGESETZ VON 1972: MÖGLICHKEITEN UND GRENZEN

1) Zander, Ernst, Funktion und Bedeutung der Betriebsverfassung, in: Glaubrecht/Halberstadt/Zander, Betriebsverfassung in Recht und Praxis, Handbuch, Freiburg 1983, Gruppe 1/S. 1
2) Zachert, Ulrich, Betriebliche Mitbestimmung, Köln 1979, S. 41
3) zum Vergleich zwischen altem und neuem Betriebsverfassungsgesetz:
Betriebsverfassungsgesetz, Textausgabe, München und Berlin 1952
Reform der Betriebsverfassung, Vergleichende Darstellung, Bonn, Presse-Informationsamt, 1971
Reform der Betriebsverfassung, Erläuterungen, Bundesminister für Arbeit und Sozialordnung, Bonn 1971
4) Reform der Betriebsverfassung, Erläuterungen, a.a.O., Vorwort
5) Reform der Betriebsverfassung, Erläuterungen, a.a.O., S. 34
6) Gnade/Kehrmann/Schneider/Blanke, Betriebsverfassungsgesetz, Kommentar, 2. Auflage, Köln 1983, S. 880
7) Däubler, Wolfgang, Das Arbeitsrecht, Hamburg 1976, S. 237
8) Däubler, a.a.O., S. 265

5. DER BETRIEBSRAT: SEINE ROLLE UND SEIN UMFELD

1) Fürstenberg, Friedrich, Industrielle Arbeitsbeziehungen, Wien 1975 S. 113
2) Kotthoff, Hermann, Betriebsräte und betriebliche Herrschaft, Frankfurt/New York 1981, S. 11
3) Kotthoff, a.a.O., S. 11
4) Kotthoff, a.a.O., S 29
5) Weber, Hajo, Soziologie des Betriebsrates, Frankfurt/New Yourk 1981, S. 34
6) Oertzen, Peter von, Betriebsräte in der Novemerrevolution, Bonn/Bad Godesberg 1976, S. 11
7) Dahrendorf, Ralf, Sozialstruktur des Betriebes, Wiesbaden 1959, S. 61
8) Dahrendorf, a.a.O., S. 63f.
9) Dahrendorf, a.a.O., S. 67
10) Dahrendorf, a.a.O., S. 67
11) Oertzen, a.a.O., S. 336
12) vergl. Zusammenfassung bei Kotthoff, a.a.O., S. 16f.
13) vergl. Weber, a.a.O., S. 38
14) Kotthoff, a.a.O., S. 30
15) Dybowski-Johannson, Die Interessenvertretung durch den Betriebsrat, Frankfurt a.M. 1980, S. 40
16) vergl. Dybowski-Johannson, a.a.O., S. 35
17) Dybowski-Johannson, a.a.O., S. 36
18) Weber, a.a.O., S. 56
19) Weber, a.a.O., S. 30
20) Weber, a.a.O., S. 60
21) Dybowski-Johannson, a.a.O., S. 29
22) Dybowski-Johannson, a.a.O., S. 30
23) vergl. Dybowski-Johannson, a.a.O., S. 29f.
24) Gespräch mit Kirchgäßner, Gerd, Angestelltenreferent bei der IG Druck und Papier, Hauptvorstand, März 1985
25) Steinkühler, Franz, im: Handelsblatt vom 9.10.1978
26) Mückenburger, Ulrich, in: Duhm/Wiesner, Krise und Gegenwehr, Berlin 1975, S. 128f.

27) Kern, Hors/Schumann, Michael, Industriearbeit und Arbeiterbewußtsein, Frankfurt a.M. 1977, S. 12
28) Volkmann, G./Zachert, U., WSI-Projektgruppe, Mitbestimmung in Unternehmen und Betrieb, Köln 1981, S. 53
29) Volkmann/Zachert, a.a.O., S. 55
30) Volkmann/Zachert, a.a.O., S. 71

6. BETRIEBLICHE MITBESTIMMUNG UND BETRIEBLICHE STRUKTUREN

1) Wilpert, Bernhard, Führung in deutschen Unternehmen, Berlin/New York 1977, S. 26
2) Wilpert, a.a.O., S. 26
3) Bericht der Sachverständigenkommission ... (Mitbestimmungs-Kommission) Mitbestimmung im Unternehmen, Stuttgart/Berlin/Mainz 1970, S. 95
4) vergl. Faerber, Rolf-Dieter, Geschichtliche Entwicklung und ordnungspolitische Gestaltung der betrieblichen Mitbestimmung in Deutschland, Tübingen 1973, S. 155f.
5) Mohn, Reinhard, "Gegensätze müssen ausgetragen werden", in: Stuttgarter Zeitung, Nr. 59, 11.3.1978
6) Gragert, T., Das neue Betriebsverfassungsgesetz und die Personalpolitik, Gernsbach 1973, S. 145
7) Gragert, a.a.O., S. 145
8) Betriebsverfassungsgesetz, aus der Ersten, Zweiten und Dritten Beratung des Deutschen Bundestages, Bonn 1971, S. 39
9) Gragert, a.a.O., S. 146
10) Fürstenberg, Friedrich, Industrielle Arbeitsbeziehungen, Wien 1975, S. 61
11) Kluth, Heinz, Soziologie der Großbetriebe, Stuttgart 1968, S. 38
12) vergl. Bartölke, Klaus/Wächter, Hartmut, Mitbestimmung und betriebswirtschaftliche Organisationstheorie, in: Kouber, N./Küller, H.-D., Scheibe-Lange, I., Betriebswirtschaftliche Probleme der Mitbestimmung, Frankfurt 1974, S. 66f.
13) Kluth, a.a.O., S. 39
14) Kluth, a.a.O., S. 40
15) Kluth, a.a.O., S. 40
16) Kluth, a.a.O., S. 36
17) Kluth, a.a.O., S. 36
18) Ulrich, H., Die Mitbestimmung in betriebswirtschaftlicher Sicht, in: Lattmann, C./Ganz-Keppeler, V., Mitbestimmung in der Unternehmung, Bern/ Stuttgart 1972, S. 149
19) Wilpert, a.a.O., S. 147
20) Weihe, H., Unternehmensplanung und Gesellschaft, Berlin/New York 1976 S. 213
21) Bartölke/Wächter, a.a.O., s. 68
22) Weihe, a.a.O., S. 200
23) Weihe, a.a.O., S. 220
24) vergl. Bartölke/Wächter, a.a.O., S. 67
25) vergl. Bartölke/Wächter, a.a.O., S. 67
26) vergl. Bartölke/Wächter, a.a.O., S. 70
27) vergl. Bartölke/Wächter, a.a.O., s. 72f.
28) vergl. Fürstenberg, a.a.O., S. 64
29) Fricke, F./Geissler, A., Demokratisierung der Wirtschaft, Hamburg 1973 S. 112
30) Bierfelder, Wilhelm, Quo vadis, Arbeitsstrukturierung? in: Jacob, H. Schriften zur Unternehmensführung, Band 25, S. 54 (Sonderdruck)
31) Bartölke/Wächter, a.a.O., S. 73
32) Staehle, H., Organisation und Führung sozio-technischer Systeme, Stuttgart 1973, S. 113
33) Staehle, a.a.O., S. 113

34) Bartölke/Wächter, a.a.O., S. 74
35) Leminsky, Gerhard, Die Zukunft der Gewerkschaften in der Wohlstandsgesellschaft, in: Qualität des Lebens, Zukunft der Gewerkschaften, Aufgabe Zukunft, Frankfurt 1972, S. 22
36) Leminsky, a.a.O., S. 22
37) ~~Staehle~~, a.a.O., S. 146
38) Staehle, a.a.O., S. 147
39) Staehle, a.a.O., S. 147
40) Staehle, a.a.O., S. 148
41) Staehel, a.a.O., S. 148
42) vergl. Gaitanides, M., Industrielle Arbeitsorganisation und technische Entwicklung, Berlin/New York 1976
43) Fürstenberg, a.a.O., S. 20
44) Altmann, N./Bechtle, G., Betriebliche Herrschaftsstruktur und industrielle Gesellschaft, München 1971, S. 43
45) Bartölke/Wächter, a.a.O., S. 82
46) Wilpert, a.a.O., S. 26
47) Kirsch, Werner, Unternehmensführung und Organisation, Wiesbaden 1973, S. 31
48) Kirsch, a.a.O., s. 31
49) Fürstenberg, a.a.O., S. 54
50) Fürstenberg, a.a.O., S. 54
51) Fürstenberg, a.a.O., S. 55
52) Fürstenberg, a.a.O., S. 56
53) IG Metall, Entschließlungen, Anträge, Materialien, Zwölfter ordentlicher Gewerkschaftstag der IG Metall, Frankfurt 1977, S. 246
54) IG Metall a.a.O., S. 246
55) Küller, Hans-Detlev, Betriebswirtschaftliche Probleme der Mitbestimmung, in: Mitbestimmungsgesetz, Neuwied/Darmstadt 1976, S. 146
56) Brinkmann-Herz, D., Unternehmensmitbestimmung in der Bundesrepublik Deutschland, Köln 1975, S. 10
57) Bartölke/Wächter, a.a.O., S. 80

7. BETRIEBLICHE MITBESTIMMUNG IN DER RECHTSSPRECHUNG

1) Gnade/Kehrmann/Schneider/Blanke, Betriebsverfassung, Kurzkommentar für die Praxis, Köln 1984, s. 5
2) Söllner, Alfred, Arbeitsrecht, 5. Auflage, Stuttgart/Berlin/Köln/Mainz 1976, S. 14
3) Ehrhardt, Peter, Mitbestimmung im Betrieb, in: Alemann, Ulrich v., Partizipation - Demokratisierung - Mitbestimmung, Opladen 1978, S. 158
4) Schaub, Günter, Der Betriebsrat, München 1973, S. 22
5) Schaub, a.a.O., S. 22
6) vergl. Söllner, a.a.O., S. 139
7) Richardi, Reinhard, Können Betriebsräte die notwendige Anpassung an den technischen Fortschritt verhindern?, in: Rüthers/Hacker, Das Betriebsverfassungsgesetz auf dem Prüfstand, Stuttgart 1983, S. 17
8) Richardi, a.a.O., S. 23
9) Hensche, Detlef, Zur aktuellen Mitbestimmungs-Diskussion, in: Vetter, H.O., Vom Sozialistengesetz zur Mitbestimmung, Köln 1975, S. 467
10) Ehrhardt, a.a.O., S. 162
11) Däubler, Wolfgang, Das Arbeitsrecht, Hamburg 1976, S. 21
12) Däubler, a.a.O., Das soziale Ideal des Bundesarbeitsgerichts, Frankfurt/Köln 1975, S. 24f.
13) vergl. Söllner, a.a.O., S. 15
14) Söllner, a.a.O., S. 14

15) Säcker, Franz, Das Betriebsverfassugsrecht in der höchstrichterlichen Rechtssprechung, in: Glaubrecht/Halberstadt/Zander, Betriebsverfassung in Recht und Praxis, Gruppe 1, Freiburg, Dezember 1981, Gruppe 1, S. 352
16) Säcker, a.a.O., Gr. 1/S. 375
17) Gaul, Dieter, Zehn Jahre Erfahrungen mit dem Betriebsverfassungsgesetz, Der Einfluß der Rechtssprechung, in: Glaubrecht/Halberstadt/Zander, a.a.O., Gr. 1/S. 470f.
18) Matthes, Hans-Christoph, Kündigungsschutz für Betriebsratsmitglieder: Entstehung rechtsfreier Räume? in: Rüthers/Hacker, a.a.O., S. 55
19) vergl. Die Quelle, 36. Jahrgang, März 1985, S. 163 f.
20) vergl. Stuttgarter Zeitung vom 29. April 1981, Nr. 98, S. 13
21) vergl. Stuttgarter Zeitung vom 28. Februar 1982, Nr. 50, S. 1
vergl. Die Quelle, a.a.O., S. 164f.
vergl. Druck und Papier, Jahrgang 123, Nr. 6, 18. März 1985, S. 28
(eine schriftliche Begründung des Urteils lag bei Abfassung dieser Arbeit noch nicht vor)
22) Säcker, a.a.O., Gr. 1/S. 380
23) Gaul, a.a.O., Gr. 1/S. 471
24) Gaul, a.a.O., Gr. 1/S. 472
25) Götz, Heinrich, Betriebsstillegungen und Sozialpläne in heutiger Zeit, in: Rüthers/Hacker, a.a.O., S. 68
26) Däubler, Das soziale Ideal des BAG, a.a.O., S. 75
27) vergl. Gnade/Kehrmann/Schneider/Blanke, Betriebsverfassungsgesetz, Kommentar für die Praxis, 2. Aufl., Köln 1983, S. 554f.
28) Säcker, a.a.O., Gr. 1/S. 378
29) Etzel, Gerhard, Betriebsverfassungsrecht, 2. Auflage, Neuwied und Darmstadt 1982, S. 190
30) vergl. Schrumpf, Emil, Betriebsverfassungsrecht und Bildschirmarbeitsplätze, in: Glaubrecht/Halberstadt/Zander, a.a.O., 1982, Gr.4/S. 295
31) vergl. Schneider, Wolfgang, Wirtschaftsausschuß, frühzeitige Unterrichtung, Die Quelle, 6/85, S. 346f.
32) Schrumpf, a.a.O., in: Glaubrecht/Halberstadt/Zander, a.a.O., Gr.4/S. 291
33) vergl. Stuttgarter Zeitung vom 15. September 1984
34) Säcker, a.a.O., Gr. 1/S. 364
35) Säcker, a.a.O., Gr. 1/S. 366
36) Säcker, a.a.O., Gr. 1/s. 351
37) vergl. Säcker, a.a.O., Gr. 1/S. 352
38) Joachim, Hans/Etzel, Gerhard, BetrVG von A-Z, 2. Auflage, Neuwied und Darmstadt 1981, s. 7
39) IG Druck und Papier, Hauptvorstand, Stuttgart 1983, S. 171 (Rechenschaftsbericht)
40) vergl. IG Druck und Papier, a.a.O., S. 172f.
41) Schneider, Wolfgang, in: Die Quelle, 34. Jahrgang, September 1983, S. 493
42) Kissel, Otto Rudolf, Vom Gesetzgeber allein gelassen? Das Bundesarbeitsgericht zwischen widerstreitenden Interessen, in: Frankfurter Allgemeine Zeitung, Nr. 25, 30. Jahrgang 1982, S. 13
43) IG Druck und Papier, a.a.O., S. 173
44) Etzel, BetrVG von A-Z, a.a.O., S. 6
45) IG Druck und Papier, a.a.O., S. 232f.
46) IG Druck und Papier, a.a.O., S. 238

47) Industriegewerkschaft Druck und Papier, Rechtsschutzstatistik für 1982, Stuttgart, 31. Dezember 1982, S. VI

8. BETRIEBSRAT: HANDLUNGSABLÄUFE UND STRUKTUREN

1) Kotthoff, Hermann, Betriebsräte und betriebliche Herrschaft, Frankfurt/New York 1981, S. 23
2) Friedrichs, Jürgen, Methoden empirischer Sozialforschung, Hamburg 1973 S. 353
3) Diefenbacher, Hans, Empirische Mitbestimmungsforschung, Frankfurt 1983
4) Diefenbacher, a.a.O., S. 265
5) Briegl-Matthiaß, Kurt, Das Betriebsräteproblem in der Weimarer Republik, in: Crusius/Schiefelbein/Wilke, Die Betriebsräte in der Weimarer Republik, Band 2, Berlin 1978
Zitat nach: Kotthoff, a.a.O., S. 24
6) Kotthoff, a.a.O., S. 24
7) vergl. Rump, Paul, die Auswirkungen des Betriebsverfassungsgesetzes in der Sicht des Betriebsratsvorsitzenden aus dem Organisationsbereich der IG Metall, Diss., Köln 1965
vergl. Voigt, Fritz, Die Mitbestimmung der Arbeitnehmer in den Unternehmungen, in: Weddigen, Walter (Hrsg.), Zur Theorie und Praxis der Mitbestimmung, Berlin 1962
vergl. Wagner, Hardy, Erfahrungen mit dem Betriebsverfassungsgesetz, Köln 1960
8) Blume, Otto, Normen und Wirklichkeit einer Betriebsverfassung, Tübingen 1964
9) Blume, a.a.O., S. 37
10) Blume, a.a.O., S. 47
11) Blume, a.a.O., S. 62
12) Blume, a.a.O., S. 98f.
13) Blume, a.a.O., S. 117f.
14) Blume, a.a.O., S. 143
15) Blume, a.a.O., S. 149
16) Blume, a.a.O., S. 209f.
17) Kotthoff, a.a.O., S. 26
18) Kotthoff, a.a.O., S. 34
19) Kotthoff, a.a.O., S. 41
20) vergl. Kotthoff, a.a.O., S. 46f.
21) vergl. Kotthoff, a.a.O,, S. 53
22) vergl. Kotthoff, a.a.O., S. 99f.
23) Kotthoff, a.a.O., S. 78
24) Kotthoff, a.a.O., S. 136
25) vergl. Kotthoff, a.a.O., S. 113
26) vergl. Kotthoff, a.a.O., S. 176
27) Kotthoff, a.a.O., S. 153
28) vergl. Kotthoff, a.a.O., S. 210f.
29) vergl. Kotthoff, a.a.O., S. 193
30) Kotthoff, a.a.O., S. 242f.
31) Kotthoff, a.a.O., S. 247
32) Kotthoff, a.a.O., S. 253
33) Kotthoff, a.a.O., S. 253
34) vergl. otthoff, a.a.O., S. 256f.
35) Kotthoff, a.a.O., S. 260
36) Kotthoff, a.a.O., S. 265
37) Kotthoff, a.a.O., S. 266
38) Kotthoff, a.a.O., S. 267
39) Kotthoff, a.a.O., S. 269
40) Kluge, Michael/Kneer, Ursula/Schneider, Gerd-Peter, Betriebsräte in der industriellen Provinz, Frankfurt/New York 1981, s. 14
41) Dybowski-Johannson, Gisela, Die Interessenvertretung durch den Betriebsrat, Frankfurt/New York 1980, S. 55

42) Dybowski-Johannson, a.a.O., S. 58/59
43) Dybowski-Johannson, a.a.O., S. 61
44) Dybowski-Johannson, a.a.O., S. 62
45) Dybowski-Johannson, a.a.O., S. 66
46) Dybowski-Johannson, a.a.O., S. 71
47) Dybowski-Johannson, a.a.O., S. 75
48) Dybowski-Johannson, a.a.O., S. 77
49) Dybowski-Johannson, a.a.O., S. 81
50) vergl. Dybowski-Johannson, a.a.O., S. 97
51) Dybowski-Johannson, a.a.O., S. 99
52) Dybowski-Johannson, a.a.O., S. 105
53) Dybowski-Johannson, a.a.O., S. 111
54) Dybowski-Johannson, a.a.O., S. 112
55) Kotthoff, a.a.O., S. 270

9. BETRIEBSVERFASSUNGSGESETZ: NORM UND WIRKLICHKEIT

1) vergl. Niedenhoff, Horst-Udo, Die Betriebsratswahlen von 1952-1978, Köln 1981, S. 133f.
2) Niedenhoff, a.a.O., S. 135
3) Niedenhoff, a.a.O., S. 171
4) vergl. Niedenhoff, Horst-Udo, Die Betriebsräte von 1981 bis 1984, Eine Analyse der Betriebsratswahlen, Köln 1981 (gemeint ist die Amtszeit der Betriebsräte von 1981 bis 1984, Grundlage der Daten ist das Jahr 1981, das Wahljahr)
5) Niedenhoff, Die Betriebsräte ..., a.a.O., S. 49f.

6) Niedenhoff, Horst-Udo, Praxis der betrieblichen Mitbestimmung, Die Zusammenarbeit zwischen Betriebsrat und Unternehmensleitung, Köln 1981, S. 57
7) Kirsch, Werner/Blumenschein, Harro/Fischer, Jürgen/Kemper, Jörg/Paul, Günter/Scholl, Wolfgang, Der Einfluß von Partizipation und Mitbestimmung auf unternehmenspolitische Entscheidungsprozesse, Ergebnisbericht für Unternehmensleitung und Betriebsrat, München 1979, II/4 (fotokopiertes Manuskript)
8) Kirsch u.a., a.a.O., II/4
9) Kirsch u.a., a.a.O., II/11
10) Rancke, Friedbert, Betriebsverfassung und Unternehmenswirklichkeit, Opladen 1982
11) Rancke, a.a.O., S. 135
12) Rancke, a.a.O., S. 136
13) vergl. Rancke, a.a.O., s. 144
14) Rancke, a.a.O., S. 145
15) vergl. Rancke, a.a.O., S. 146
16) Rancke, a.a.O., s. 152
17) Kirsch, Werner/Kemper, Hans-Jörg/Paul, Günter/Scholl, Wolfgang, Interessen und Meinungen von Arbeitnehmern, München 1980, Manuskript S. 3
18) Kirsch u.a., Interessen und Meinungen ..., a.a.O., S. 15/16
19) Kirsch u.a., Interessen und Meinungen ..., a.a.O., S. 20
20) Kirsch u.a., Interessen und Meinungen ..., a.a.O., S. 24
21) Kirsch u.a., Interessen und Meinungen ..., a.a.O., S. 25
22) Deutsche Angestellten-Gewerkschaft (DAG), Landesverband Hamburg, Betriebsverfassung und Betriebsratsarbeit, aus der Sicht Hamburger Betriebsratsmitglieder, Hamburg 1980
23) DAG, a.a.O., S. 4
24) DAG, a.a.O., S. 12
25) DAG, a.a.O., S. 12
26) DAG, a.a.O., S. 9

27) DAG, a.a.O., S. 10
28) DAG, a.a.O., S. 15
29) DAG, a.a.O., S. 5
30) DGB-Landesbezirk Baden-Württemberg (zusammen mit IG-Metall, Bezirksleitung Stuttgart), Betriebsrätearbeit unter der derzeitigen krisenhaften Entwicklung, Auswertung der Fragebogenaktion zur Betriebsrätearbeit in Baden-Württemberg des DGB und seiner Einzelgewerkschaften, November 1982, Stuttgart
31) DGB, a.a.O., S. 8
32) DGB, a.a.O., S. 29
33) vergl. DGB, a.a.O., S. 34
34) vergl. DGB, a.a.O., S. 22
35) DGB, a.a.O., S. 23f.
36) DGB, a.a.O., S. 2
37) Rummel, Christoph, Die Einflußnahme des Betriebsrates auf die Personalplanung in der betrieblichen Praxis, in: Glaubrecht/Halberstadt/Zander, Betriebsverfassung in Recht und Praxis, Handbuch für Unternehmensleitung, Betriebsrat und Führungskräfte, Freiburg 1979, Gr.5/S. 81
38) Rummel, a.a.O., Gr. 5/S. 82
39) vergl. Rummel, a.a.O., Gr. 5/S. 107
40) Rummel, a.a.O., Gr. 5/S. 107
41) vergl. Rummel, a.a.O., S. 108
42) vergl. Kirsch, Werner/Scholl, Wolfgang/Paul, Günter, Mitbestimmung in der Unternehmenspraxis, Eine empirische Bestandsaufnahme, München 1984, S. 5
43) Kirsch u.a., Mitbestimmung ..., a.a.O. S. 7
44) vergl. Kirsch u.a., a.a.O., S 65
45) Mayer, Udo, Mitbestimmungsgesetz und Betriebsverfassungsgesetz, in: Mitbestimmungsgesetz, Textausgabe mit einführenden Aufsätzen, Neuwied/Darmstadt 1976, S. 154
46) Kirsch u.a., a.a.O., S. 341
47) Kirsch u.a., a.a.O., S. 385
48) Kirsch u.a., a.a.O., S. 391
49) Kirsch u.a., a.a.O., S. 409
50) Kirsch u.a., a.a.O., S. 480
51) Kirsch u.a., a.a.O., S. 490
52) Kirsch u.a., a.a.O., S. 557

10. EINZELASPEKTE BETRIEBLICHER MITBESTIMMUNG

1) Schank, Gerd, Untersuchung von Einigungsstellenverfahren als Möglichkeit innerbetrieblicher Konfliktaustragung im Saarland (Dipl.-Arbeit), Saarbrücken 1980
2) Rummel, Christoph, Die Mitbestimmung des Betriebsrats bei der Personalbeschaffung in der betrieblichen Praxis, in: Glaubrecht/Halberstadt/Zander, Handbuch für Unternehmensleitung, Betriebsrat und Führungskräfte, Freiburg 1979, Gr. 5/S. 201
3) IG Druck und Papier, Hauptvorstand, Bericht zum Betriebsverfassungsrecht, Stuttgart 1983, S. 175
4) Schank, a.a.O., S. 130
5) Schank, a.a.O., S. 135
6) vergl. Schank, a.a.O., S. 174
7) Schank, a.a.O., s. 176
8) Gaul, Dieter, Zehn Jahre Erfahrungen mit dem neuen Betriebsverfassungsgesetz, in: Glaubrecht/Halberstadt/Zander, a.a.O., Gr. 1/S. 465f.
9) Schlochauer, Ursula, in: Rüthers/Hacker, Das Betriebsverfassungsgesetz auf dem Prüfstand, Stuttgart 1983, S. 99f.
10) vergl. Schank, a.a.O., S. 176

11) Rummel, Christoph, Die Einflußnahme des Betriebsrates auf die Personalplanung in der betrieblichen Praxis - Eine empirische Untersuchung, in: Glaubrecht/Halberstadt/Zander, a.a.O., Freiburg 1979, Gr. 5/S. 92
12) vergl. Rummel, a.a.O., Gr. 5/S. 202
13) Rancke, Friedbert, Betriebsverfassung und Unternehmenswirklichkeit, Forschungsbericht des Landes Nordrhein-Westfalen, Nr. 3134, S. 593
14) vergl. Rancke, a.a.O., s. 595
15) Rancke, a.a.O., s. 605
16) Obijou, Kurt, Die Praxis von betrieblicher und überbetrieblicher Mitbestimmung im Bereich der Ruhrkohle AG, in: Säcker/Zander (Hrsg.), Mitbestimmung und Effizienz, Humanität und Rationalität der Produktionsstruktur in mitbestimmten Unternehmen, Stuttgart 1981
17) vergl. Obijou, a.a.O., S. 223
18) vergl. Obijou, a.a.O., S. 224
19) Obijou, a.a.O., S. 227
20) Buse, Michael, Mitbestimmung und politische Sozialisation, aus Politik und Zeitgeschichte, Beilage zur wochenzeitung Das Parlament, B46-47/76, 13. November 1976, S. 7
21) Buse, a.a.O., S. 9 (Der Verfasser weist vor allem auf die Untersuchungen der Studiengruppe Partizipationsforschung an der Universität Bonn mit dem Titel "Determinanten der politischen Beteiliggung" aus dem Jahr 1976 hin)
22) Buse, a.a.O., S. 15
23) Buse, a.a.O., S. 15
24) Bock-Rosenthal, Erika/Hachmeister, Heinrich/Sorge, Arndt, Mitbestimmung am Arbeitsplatz, Göttingen 1977
25) Bock-Rosenthal u.a., a.a.O., S. 3
26) Bock-Rosenthal u.a., a.a.O., S. 2
27) Symanowski, Horst, Die Mitbestimmung am Arbeitsplatz, zitiert nach Bock-Rosenthal u.a., a.a.O., S. 5
28) Matthöfer, Hans, Mitbestimmung am Arbeitsplatz und Vilmar, Fritz, Die Mitbestimmung muß am Arbeitsplatz beginnen, vergl. Bock-Rosenthal u.a., a.a.O., S. 6
29) Balduin, Siegfried, Humanisierung der Arbeit als gewerkschaftliche Aufgabe, vergl. Bock-Rosenthal u.a., a.a.O., S. 11
30) Bock-Rosenthal u.a., a.a.O., S. 20
31) Bock-Rosenthal u.a., a.a.O., S. 153
32) Bock-Rosenthal u.a., a.a.O., S. 163
33) Bock-Rosenthal u.a., a.a.O., S. 188
34) Bock-Rosenthal u.a., a.a.O., S. 188
35) Bock-Rosenthal u.a., a.a.O., S. 229
36) Hoppmann, Klaus/Stötzel, Berthold, Demokratie am Arbeitsplatz, Ein Modellversuch ..., (Opel Hoppmann, Siegen), Schriftenreihe Humanisierung des Arbeitslebens, Band 20, Frankfurt/New York 1981
37) Hoppmann/Stötzel, a.a.O., S. 41
38) Hoppmann/Stötzel, a.a.O., S. 130f.
39) Hoppmann/Stötzel, a.a.O., S. 185/186
40) Hoppmann/Stötzel, a.a.O., S. 199 (siehe: Brakelmann, Günther)
41) Bahnmüller/Bargmann/Braunwald/Brockhoff/Girschner/Girschner-Woldt, Entwicklung eines Informations- und Entscheidungsmodells zur Förderung der Steuerungspotentiale von Industriearbeitern, Aspekte einer vorläufigen Bilanz, Manuskript, Tübingen 1983, Vorwort
42) Bahnmüller u.a., a.a.O., Vorwort
43) Bahnmüller u.a., a.a.O., S. 28
44) Stellungnahme der IG Metall, Hauptvorstand, Abteilung Automation, zu: Bahnmüller u.a., Frankfurt 1983, S. 5
45) Benz-Overhage, Karin u.a., Computergestützte Produktion, Fallstudien ..., Frankfurt 1983, S. 26
46) Benz-Overhage u.a., a.a.O., S. 32

47) vergl. Benz-Overhage u.a., a.a.O., S. 38f.
48) Benz-Overhage u.a., a.a.O., S. 49
49) vergl. Benz-Overhage u.a., a.a.O., S. 46
50) Benz-Overhage u.a., a.a.O., S. 377
51) Benz-Overhage u.a., a.a.O., S. 377
52) Benz-Overhage u.a., a.a.O., S. 381
53) Altmann, Norbert/Binkelmann, Peter/Döll, Klaus/Stück, Heiner, Betriebliche Arbeitsstrukturierung, Institut für Sozialwissenschaftliche Forschung e.V., München/Frankfurt/New York 1982, S. 15f.
54) vergl. Altmann u.a., a.a.O., S. 181
55) Altmann u.a., a.a.O., S. 186
56) Altmann u.a., a.a.O., S. 228
57) Sari, Sedat/Urban, Gerd, Roboter und Arbeitsbedingungen, Handlungsanleitung für Betriebsräte ..., Arbeits- und berufskundliche Reihen, 40, Köln 1984, S. 7
58) Mickler, Otfried/Pelull, Wolfgang/Wobbe-Ohlenburg, Werner, Soziologisches Forschungsinstitut Göttingen (SOFI) und Kalmbach, Peter/Kasiske, Rolf/Manske, Fred, Universität Bremen, Industrieroboter, Schriftenreihe Humanisierung des Arbeitslebens, Band 3, Frankfurt/New York 1981
59) vergl. Mickler u.a., a.a.O., S. 97
60) vergl. Mickler u.a., a.a.O., S. 160f.
61) Mickler u.a., a.a.O., S. 175
62) Mickler u.a., a.a.O., S. 186
63) Mickler u.a., a.a.O., S. 263
64) Kern, Horst/Schumann, Michael, Das Ende der Arbeitsteilung? Rationalisierung in der industriellen Produktion, München 1984 S. 17
65) Kern/Schumann, a.a.O., S. 21
66) Kern/Schumann, a.a.O., S. 23
67) Kern/Schumann, a.a.O., S. 16
68) Kern/Schumann, a.a.O., S. 118
69) Kern/Schumann, a.a.O., S. 118
70) Kern/Schumann, a.a.O., S. 124f.
71) Kern/Schumann, a.a.O., S. 221
72) Kern/Schumann, a.a.O., S. 223
73) Kern/Schumann, a.a.O., S. 289

11. HAT SICH DAS REFORMGESETZ BEWÄHRT?

1) IG Druck und Papier, Rechenschaftsbericht 1983, Hauptvorstand, Stuttgart 1983
2) vergl. Stuttgarter Zeitung vom 13. Juni 1985, Nr. 134, S. 11
3) vergl. Die Zeit vom 29. März 1985, S. 14
4) Schneider, Wolfgang, Grundsätze des DGB zur Weiterentwicklung des Betriebsverfassungsrechts, in: Glaubrecht/Halberstadt/Zander, Betriebsverfassung in Recht und Praxis, Freiburg 1983, Gr. 1/S. 479 f.
5) Schneider, a.a.O., Gr. 1/S. 480
6) Schneider, a.a.O., Gr. 1/S. 490
s.a. DGB Schriftenreihe Mitbestimmung, Grundsätze des Deutschen Gewerkschaftsbundes zur Weiterentwicklung des Betriebsverfassungsgesetzes, DGB-Bundesvorstand, Düsseldorf, 5/85, S. 32
7) DGB Schriftenreihe Mitbestimmung, a.a.O., S. 32
8) Schneider, a.a.O., Gr. 1/S. 484
9) Schneider, a.a.O., Gr. 1/S. 500
10) vergl. SPD-Gesetzentwurf zum Ausbau und zur Sicherung der betrieblichen Mitbestimmung, Deutscher Bundestag, 10. Wahlperiode, Drucksache 10/3666 vom 23.7.1985
11) vergl. SPD-Gesetzentwurf, a.a.O., S. 12
12) SPD-Gesetzentwurf, a.a.O., S. 11

13) SPD-Gesetzentwurf, a.a.O., S. 11
14) Deutscher Bundestag, 156. Sitzung, Plenarprotokoll 10/156, Drucksache 10/3666, S. 11651
15) Deutscher Bundestag, a.a.O., S. 11650
16) Deutscher Bundestag, a.a.O., S. 11650
17) vergl. Frankfurter Rundschau vom 7. Oktober 1985, Jahrgang 41, S. 1
18) vergl. Gesetzentwurf der Fraktion der CDU/CSU und FDP zur Verstärkung der Minderheitenrechte in den Betrieben und Verwaltungen, Deutscher Bundestag, 10. Wahlperiode, Drucksache 10/3384 vom 22.5.1985
19) Gesetzentwurf der Fraktion der CDU/CSU und der FDP, a.a.O., S. 11
20) Gesetzentwurf der Fraktion der CDU/CSU und der FDP, a.a.O., S. 12
21) Gesetzentwurf der Fraktion der CDU/CSU und der FDP, a.a.O., S. 12
22) Gesetzentwurf der CDU/CSU und der FDP, a.a.O., S. 12
23) Deutscher Bundestag, 156. Sitzung, a.a.O., S. 11656 f.

24) Hensche, Detlev, Betriebsverfassung: Minderheitenschutz und Spaltung, in: Druck und Papier, Jahrgang 123, Nr. 14, 8. Juli 1985, Stuttgart vergl. auch Schneider, Wolfgang, Worum es geht: Wird die Betriebsverfassung besser oder schlechter? in: Die Quelle, Funktionärszeitschrift, 36. Jahrgang, September 1985, Köln
25) Blanke, Hermann, Arbeitnehmerrechte unter Beschuß, in: Druck und Papier, Jahrgang 123, Nr. 18, 2. September 1985, S. 23 f.
26) Blanke, a.a.O., S. 23 f.
27) Schneider, Grundsätze ....., a.a.O., Gr. 1/S. 502
28) vergl. Süddeutsche Zeitung vom 30. Mai 1985, Nr. 123, S. 4
29) vergl. Süddeutsche Zeitung, a.a.O., S. 4
30) vergl. Der Spiegel, Nr. 41/1978, S. 87
31) Vorstellungen der Liste Hoss/Mühleisen bei Daimler-Benz, in Stuttgart, September 1978, S. 13
32) Interview mit dem Daimler-Benz-Betriebsrat Hoss, Der Spiegel, a.a.O., S. 90
33) Stuttgarter Zeitung vom 12. September 1980, 36. Jahrgang, Nr. 212, S. 1
34) Rüthers, Bernd/Hacker, Wolfgang, Das Betriebsverfassungsgesetz auf dem Prüfstand, Stuttgart 1983, S. 9
35) vergl. Rüthers/Hacker, a.a.O., S. 10 f.
36) Rüthers/Hacker, a.a.O., S. 10 f.
37) Kirsch, Werner/Scholl, Wolfgang/Paul, Günter, Mitbestimmung in der Unternehmenspraxis, Eine empirische Bestandsaufnahme, München 1984, S. 621
38) Kirsch u.a., a.a.O., S. 622

L I T E R A T U R V E R Z E I C H N I S

1. GESETZE, GESETZESSAMMLUNGEN, KOMMENTARE, ENTSCHEIDUNGSSAMMLUNGEN, HANDBÜCHER

BUNDESMINISTER FÜR ARBEIT UND SOZIALORDNUNG
Reform der Betriebsverfassung, Erläuterungen, Gesetz, Wahlordnung,
Bonn 1971

BUNDESMINISTER FÜR ARBEIT UND SOZIALORDNUNG (Hrsg.)
Mitbestimmung
Mitbestimmungs-Gesetz, Montan-Mitbestimmung, Betriebsverfassung,
Mitbestimmungs-Urteil des Bundesverfassungsgerichts,
Bonn 1979

BUNDESREGIERUNG, PRESSE- UND INFORMATIONSAMT
Reform der Betriebsverfassung, Vergleichende Darstellung,
Bonn 1971

ETZEL, G.
Die Rechtssprechung zum Betriebsverfassungsgesetz 1972,
Eine systematische Darstellung mit Nachtrag 1975,
Neuwied 1974

ETZEL, G.
Betriebsverfassungsrecht,
Eine systematische Darstellung mit Anhang, 2. Auflage,
Neuwied/Darmstadt 1982

FITTING, K./AUFFAHRT, F./KAISER, H.
Betriebsverfassungsgesetz, Handkommentar, 11. Auflage,
München 1974

GLAUBRECHT, H./HALBERSTADT, G./ZANDER, E.
Betriebsverfassung in Recht und Praxis, Handbuch für Unternehmensleitung, Betriebsrat und Führungskräfte I/II/III,
Freiburg 1974, fortlaufend ergänzt bis 1984

GNADE, A./KEHRMANN, K./SCHNEIDER, W.
Betriebsverfassungsgesetz, Kommentar für die Praxis,
Köln 1973

GNADE, A./KEHRMANN, K./SCHNEIDER, W./BLANKE, H.
Betriebsverfassungsgesetz, Kommentar für die Praxis, 2. Auflage,
Köln 1983

GNADE, A./KEHRMANN, K./SCHNEIDER, W./BLANKE, H.
Betriebsverfassungsgesetz, Kurzkommentar für die Praxis,
Köln 1984

GREIFFENHAGEN, M./GREIFFENHAGEN, S./PRÄTORIUS, R. (Hrsg.)
Handwörterbuch zur politischen Kultur der Bundesrepublik
Deutschland, Ein Lehr- und Nachschlagewerk,
Opladen 1981

HALBERSTADT, G./WITTWER, W.
Deutsches Arbeitsrecht in Stichworten
Trier 1977

JOACHIM, H./ETZEL, G.
BetrVG von A - Z, Entscheidungssammlung,
Neuwied/Darmstadt 1978

JOACHIM, H./ETZEL, G.
BetrVG von A - Z, Entscheidungssammlung, 2. Auflage,
Neuwied/Darmstadt 1981

KITTNER, M.
Arbeits- und Sozialordnung, Ausgewählte und eingeleitete Gesetzestexte,
Köln 1976
KITTNER, M.
Arbeits- und Sozialordnung, Ausgewählte und eingeleitete Gesetzestexte, 10. Auflage,
Köln 1985
KITTNER, M. (Hrsg.)
Gewerkschafts-Jahrbuch 1985, Daten-Fakten-Analysen,
Köln 1985
N.N.
Betriebsverfassungsgesetz 1952, Textausgabe,
München, Berlin 1952
N.N.
Mitbestimmung im Unternehmen, Bericht der Sachverständigenkommission zur Auswertung der bisherigen Erfahrungen mit der Mitbestimmung, (Mitbestimmungs-Kommission)
Januar 1970 Stuttgart/Berlin/Köln/Mainz 1972
N.N.
Mitbestimmungsgesetz
Textausgabe mit einführenden Aufsätzen
Neuwied/Darmstadt 1976
STAHLHACKE, E. (Hrsg.)
Entscheidungssammlung zum Arbeitsrecht (EzA),
Köln 1973, fortlaufend bis 1981
STEGE, D./WEINSPACH, F.
Betriebsverfassungsgesetz, Handbuch für die betriebliche Praxis, 3. Auflage,
Köln 1978

2. **DOKUMENTE, ERHEBUNGEN, PROTOKOLLE**

DEUTSCHE ANGESTELLTEN-GEWERKSCHAFT DAG
Landesverband Hamburg, Betriebsverfassung und Betriebsratsarbeit, Aus der Sicht Hamburger Betriebsratsmitglieder, Ergebnisse einer Umfrage der DAG,
Hamburg 1980
DEUTSCHER BUNDESTAG
Gesetzentwurf der Fraktion CDU/CSU und der FDP zur Verstärkung der Minderheitenrechte in Betrieben und Verwaltungen,
10. Wahlperiode, Drucksache 10/3384, 22.5.1985
DEUTSCHER BUNDESTAG
SPD-Gesetzentwurf zum Ausbau und zur Sicherung der betrieblichen Mitbestimmung, 10. Wahlperiode, Drucksache 10/3666 vom 23.7.1985
DEUTSCHER BUNDESTAG
156. Sitzung, Plenarprotokoll 10/156, Drucksache 10/3666, 1985
DEUTSCHER GEWERKSCHAFTSBUND DGB
Landesbezirk Baden-Württemberg zusammen mit der IG Metall Betriebsrätearbeit unter der derzeitigen kirsenhaften Entwicklung, Auswertung der Fragebogenaktion zur Betriebsratsarbeit in Baden-Württemberg des DGB und seiner Einzelgewerkschaften,
November 1982, Stuttgart

DEUTSCHER GEWERKSCHAFTSBUND DGB
Schriftenreihe Mitbestimmung, Grundsätze des Deutschen Gewerkschaftsbundes zur Weiterentwicklung des Betriebsverfassungsgesetzes, DGB-Bundesvorstand,
Düsseldorf 5/85

HOSS/MÜHLEISEN
Vorstellungen der Liste Hoss/Mühleisen bei Daimler Benz in Stuttgart, September 1978

IG DRUCK UND PAPIER
Landesbezirk Baden-Württemberg, Umfrage zur Betriebsratsarbeit, unveröffentlichtes Manuskript,
Stuttgart 1981

IG DRUCK UND PAPIER, HAUPTVORSTAND
Rechtsabteilung,
Rechtsschutzstatistiken 1975, 1976, 1982, 1983,
Stuttgart

IG DRUCK UND PAPIER, HAUPTVORSTAND
Rechenschaftsbericht,
Stuttgart 1983

LITTEN, JENS
Kompetenz und Autorität, AStA-Dokumente, VII/67
Hamburg 1967

IG METALL
Entschließungen, Anträge, Materialien, Zwölfter ordentlicher Gewerkschaftstag der IG Metall,
Frankfurt 1977

N.N.
Rechenschaftsbericht des Rektors der Universität Hamburg, Universitätspressestelle, 9.11.1967,
Hamburg 1967

N.N.
Zur Sache, Betriebsverfassungsgesetz, Aus der Ersten, Zweiten und Dritten Lesung des Deutschen Bundestages, Zur Sache 1/72,
Bonn 1972

N.N.
Dokumente, Humanisierung des Arbeitslebens, Politik für die Arbeitnehmer, Vorstand der SPD, Arbeitsgemeinschaft für Arbeitnehmerfragen (AfA),
Bonn 1979

3. SELBSTÄNDIGE VERÖFFENTLICHUNGEN

ALBERS, DETLEV
Demokratisierung der Hochschule, Argumente zur Drittelparität,
Bonn/Beuel 1968

ALEMANN, U. v. (Hrsg.)
Partizipation - Demokratisierung - Mitbestimmung,
2. Auflage, Opladen 1975

ALTMANN, N./BECHTLE, G.
Betriebliche Herrschaftsstruktur und industrielle Herrschaft, Ein Ansatz zur Analyse,
München 1971

ALTMANN, N./BINKELMANN, P./DÜLL, K./STÜCK, H.
Betriebliche Arbeitsstrukturierung, Einschätzung durch Industriearbeiter, Beteiligung der Betriebsräte,
Institut für Sozialwissenschaftliche Forschung e.V.,
Frankfurt a.M./New York 1982

BAHNMÜLLER, R./BARGMANN, H./BRAUNWALD, H./BROCKHOFF, B./GIRSCHNER, W./GIRSCHNER-WOLDT, I.
Entwicklung eines Informations- und Entscheidungsmodells zur Förderung der Steuerungspotentiale von Industriearbeitern,
Universität Tübingen, Soziologisches Seminar,
Oktober 1983, Manuskript

BENZ-OVERHAGE, K./BRUMLOP, E./FREYBERG, T./PAPADIMITRIOU, Z.
Computergestützte Produktion, Fallstudien in ausgewählten Betrieben,
Frankfurt a.M./New York 1983

BEYME, K.v.
Gewerkschaften und Arbeitsbeziehungen in kapitalistischen Ländern,
München 1977

BIERFELDER, W.
Quo vadis, Arbeitsstrukturierung?
Sonderdruck aus: Jacob H. (Hrsg.),
Schriften zur Unternehmensführung, Band 25

BLOCK, J.
Beziehungen zwischen dem normativen und dem produktiven Aspekt einer Demokratisierung der Wirtschaft,
Berlin 1977

BLÜM, N.
Gewerkschaften zwischen Allmacht und Ohnmacht, Ihre Rolle in der pluralistischen Gesellschaft,
Bonn 1979

BLÜM, N.
Die Arbeit geht weiter, Zur Krise der Erwerbsgesellschaft,
München 1983

BLUME, O.
Normen und Wirklichkeit einer Betriebsverfassung,
Köln 1960

BOCK-ROSENTHAL, E./HACHMEISTER, H./SORGE, A.
Mitbestimmung am Arbeitsplatz,
Göttingen 1977

BRINKMANN-HERZ, D.
Die Unternehmensmitbestimmung in der Bundesrepublik Deutschland, Der lange Weg einer Reformidee,
Köln 1975

BROCK, A./HINDRICHS, W./HOFFMANN, R./PÖHLER, W./SUND, O.
Die Interessenvertretung der Arbeitnehmer im Betrieb, Theorie und Praxis der Gewerkschaften, Band 3, Neuauflage 1976

BUSE, M.
Mitbestimmung und politische Sozialisation, Komponenten liberaler Gesellschaftspolitik, Aus Politik und Zeitgeschichte, Beilage zur Wochenzeitung Das Parlament,
B 46-47/76, 13. November 1976

CARNORY, MARTIN/SHEARER, D.
Economic Democracy, The Challenge of the 1980s,
New York 1980

CRUSIUS, R./SCHIEFELBEIN, G./WILKE, M. (Hrsg.)
Die Betriebsräte in der Weimarer Republik, Von der Selbstverwaltung zur Mitbestimmung, Band 1, Dokumente und Analysen,
Berlin 1978

CRUSIUS, R./SCHIEFELBEIN, G./WILKE, M.
Die Betriebsräte in der Weimarer Republik, Von der Selbstverwaltung zur Mitbestimmung, mit: Briegl-Matthiaß, K.,
Das Betriebsräteproblem in der Weimarer Republik, Band 2,
Berlin 1978

DÄUBLER, W.
Das soziale Ideal des Bundesarbeitsgerichts,
Frankfurt/Köln 1975
DÄUBLER, W.
Das Arbeitsrecht, Von der Kinderarbeit zur Betriebsverfassung,
Ein Leitfaden für Arbeitnehmer,
Hamburg 1976
DAHRENDORF, RALF
Sozialstruktur des Betriebes, Betriebssoziologie,
Wiesbaden 1959
DEUTSCHER GEWERKSCHAFTSBUND (Hrsg.)
Gewerkschaften und Mitbestimmung, Ein Referentenleitfaden,
Düsseldorf 1977
DIDICHER, W.
Die umstrittene Humanisierung der Arbeit, Gesellschaftspolitische und betriebliche Strategien von Staat, Gewerkschaft, Privatwirtschaft,
Frankfurt/New York 1981
DIEFENBACHER, H.
Empirische Mitbestimmungsforschung,
Frankfurt 1983
DLUGOS, D./EBERLEIN, G./STEINMANN, H. (Hrsg.)
Wissenschaftstheorie und Betriebswirtschaftslehre,
eine methodologische Kontroverse,
Düsseldorf 1972
DUHM, R./WIESNER, H. (Hrsg.)
Krise und Gegenwehr, Ein Arbeitsbuch zum politischen Alltag in den Betrieben,
Berlin 1975
DYBOWSKI-JOHANNSON, G.
Die Interessenvertretung durch den Betriebsrat, Eine Untersuchung der objektiven und subjektiven Bedingungen der Betriebsratstätigkeit,
Frankfurt a.M./New York 1980
EHMANN, H.
Arbeitsschutz und Mitbestimmung bei neuen Technologien,
Eine Darstellung der Mitbestimmungsrechte des Betriebsrates am Beispiel der Einrichtung von Arbeitsplätzen mit Bildschirmterminals,
Berlin 1981
FAERBER, R.-D.
Geschichtliche Entwicklung und ordnungspolitische Gestaltung der betrieblichen Mitbestimmung in Deutschland,
Diss., Göppingen 1973
FRICKE, W./GEISSLER, A. (Hrsg.)
Demokratisierung der Wirtschaft, Über die Bedeutung der Modellunternehmen,
Hamburg 1973
FRIEDRICHS, G.
Demokratisierung, Aufgabe Zukunft, Qualität des Lebens,
Beiträge zur 4. internationalen Arbeitstagung der IG Metall,
Frankfurt a.M. 1972
FRIEDRICHS, J.
Methode empirischer Sozialforschung,
Hamburg 1973
FÜRSTENBERG, F.
Industrielle Arbeitsbeziehungen, Untersuchungen zur Interessenlage und Interessenvertretungen in der modernen Arbeitswelt,
Wien 1975

GAITANIDES, M.
Industrielle Arbeitsorganisation und technische Entwicklung, Produktionstechnische Möglichkeiten qualitativer Verbesserungen der Arbeitsbedingungen,
Berlin/New York 1976

GAUL, D.
Zehn Jahre Erfahrungen mit dem Betriebsverfassungsgesetz, Der Einfluß der Rechtssprechung in: Glaubrecht/Halberstadt/Zander, Betriebsverfassung in Recht und Praxis, Handbuch,
Freiburg 1983

GRAGERT, T.
Das neue Betriebsverfassungsgesetz und die Personalpolitik,
Gernbach 1973

GREIFFENHAGEN, M. (Hrsg.)
Demokratisierung in Staat und Gesellschaft,
München 1973

GREIFFENHAGEN, M. (Hrsg.)
Der neue Konservatismus der siebziger Jahre,
Hamburg 1974

GREIFFENHAGEN, M./SCHEER, H. (Hrsg.)
Die Gegenreform, Zur Frage der Reformierbarkeit von Staat und Gesellschaft,
Hamburg 1975

GREIFFENHAGEN, M./GREIFFENHAGEN, S.
Ein schwieriges Vaterland, Zur Politischen Kultur Deutschlands,
München 1979

GROCHLA, E. (Hrsg.)
Betriebswirtschaftslehre, Teil 2: Betriebsführung,
Stuttgart 1979

HALBERSTADT, G.
Das neue Recht der Betriebsräte (mit einem Vorwort von Walter Arendt) Einführung in das Betriebsverfassungsgesetz von 1972,
Bonn 1972

HOPPMANN, K./STÖTZEL, B.
Demokratie am Arbeitsplatz, Modellversuch zur Mitwirkung von Arbeitnehmern an betrieblichen Entscheidungsprozessen (Opel Hoppmann, Siegen) Schriftenreihe "Humanisierung des Arbeitslebens", Band 20,
Frankfurt a.M./New York 1980

HUBER, J.
Die zwei Gesichter der Arbeit, Ungenutzte Möglichkeiten der Dualwirtschaft,
Frankfurt a.M. 1984

JACOBI, O./MÜLLER-JENTSCH, W./SCHMIDT. E.
Gewerkschaften und Klassenkampf, Kritisches Jahrbuch,
Jahrgänge 1973, 1974, 1975,
Frankfurt a.M.

KAUSCH, M.
Wirtschaftsdemokratie und Mitbestimmung,
Frankfurt a.M. 1981

KERN, H./SCHUMANN, M.
Industriearbeit und Arbeiterbewußtsein, Eine empirische Untersuchung über den Einfluß der aktuellen technischen Entwicklung auf die industrielle Arbeit und das Arbeiterbewußtsein,
Frankfurt a.M. 1977

KERN, H./SCHUMAN, M.
Das Ende der Arbeitsteilung?
Rationalisierung in der industriellen Produktion,
Bestandsaufnahme, Trendbestimmung,
München 1984

KIESER, A./KUBICEK, H.
Organisation,
Berlin/New York 1977

KIRSCH, W. (Hrsg.)
Unternehmensführung und Organisation, Bericht von der wissenschaftlichen Tagung in Innsbruck vom 23. bis 27. Mai 1972,
Wiesbaden 1973

KIRSCH, W./BLUMENSCHEIN, H./FISCHER, J./KEMPER, J./PAUL, G./SCHOLL, W.
Der Einfluß von Partizipation und Mitbestimmung auf unternehmenspolitische Entscheidungen, Ergebnisbericht,
München 1974 (Manuskript)

KIRSCH, W./KEMPER, H.J./PAUL, G./SCHOLL, W.
Interessen und Meinungen von Arbeitnehmern, Ergebnisse einer Befragung von Arbeitnehmern und Betriebsräten, Manuskript,
München 1980

KIRSCH, W./SCHOLL, W./PAUL, G.
Mitbestimmung in der Unternehmenspraxis, Eine empirische Bestandsaufnahme,
München 1984

KISSLER, L.
Partizipation als Lernprozeß, Basisdemokratische Qualifizierung im Betrieb,
Frankfurt a.M./New York 1980

KLIPSTEIN, M./STRÜMPEL, B.
Der Überdruß am Überfluß, Die Deutschen nach dem Wirtschaftswunder,
München/Wien 1984

KLUGE, M./KNEER, U./SCHNEIDER, G.-P.
Betriebsräte in der industriellen Provinz, Acht Fallstudien über betriebliche Herrschafts- und Produktionsverhältnisse,
Frankfurt a.M./New York 1981

KLUTH, H.
Soziologie der Großbetriebe,
Stuttgart 1968

KOTTHOFF, H.
Betriebsräte und betriebliche Herrschaft,
Eine Typologie von Partizipationsmustern im Industriebetrieb,
Frankfurt a.M./New York 1981

KOUBEK, N./KÜLLER, H.D./SCHEIBE-LANGE, I.
Betriebswirtschaftliche Probleme der Mitbestimmung,
Frankfurt 1974

LATTMANN, C./GANZ-KEPPELER, V.
Mitbestimmung in der Unternehmung, Schriftenreihe "Führung und Organisation der Unternehmung", Band 15
Bern und Stuttgart 1972

MATTHÖFER, H.
Humanisierung der Arbeit und Produktivität der Industriegesellschaft,
Köln/Frankfurt a.M. 1977

MICKLER, O./PELULL, W./WOBBE-OHLENBURG, W.
Bedingungen und soziale Folgen des Einsatzes neuer Technologien in der Automobilproduktion, Soziologisches Forschungsinstitut Göttingen,
Frankfurt a.M./New York 1981

N.N.
Rolle und Aufgabe der Gewerkschaften im letzten Viertel des zwanzigsten Jahrhunderts, IG Druck und Papier, Hauptvorstand, (ohne Jahresangabe)
Stuttgart

N.N.
Beteiligung des Betriebsrates bei betrieblichen Humanisierungsvorhaben, Schriftenreihe der IG Metall,
Frankfurt a.M. 1980

NAPHTALI, F.
Wirtschaftsdemokratie, Ihr Wesen, Weg und Ziel, Theorie und Praxis der Gewerkschaften mit einem Vorwort von L. Rosenberg und O. Brenner,
Frankfurt a.M. 1966

NIEDENHOFF, H.-U.
Die Betriebsräte von 1981 - 1984, Eine Analyse der Betriebsratswahlen,
Köln 1981

NIEDENHOFF, H.-U.
Die Betriebsratswahlen von 1952 - 1978,
Diss.
Köln 1981

OERTZEN, P. v.
Betriebsräte in der Novemberrevolution, Eine politikwissenschaftliche Untersuchung, 2. Auflage,
Bonn/Bad Godesberg, 1976

RANCKE, F.
Betriebsverfassung und Unternehmenswirklichkeit,
Eine Analyse von Organisation und Formen der betrieblichen Arbeitnehmermitbestimmung in der Praxis von Großbetrieben,
Forschungsbericht des Landes Nordrhein-Westfalen Nr. 3134,
Opladen 1982

RÜTHERS, B./HACKER, W. (Hrsg.)
Das Betriebsverfassungsgesetz auf dem Prüfstand,
Stuttgart 1983

RUMMEL, C.
Die Einflußnahme des Betriebsrates auf die Personalplanung in der betrieblichen Praxis, in: Glaubrecht/Halberstadt/Zander, Betriebsverfassung in Recht und Praxis, Handbuch, Gr. 5,
Freiburg 1979

RUMP, P.
Die Auswirkungen des Betriebsverfassungsgesetzes in der Sicht der Betriebsratsvorsitzenden aus dem Organisationsbereich der IG Metall,
Diss.,
Köln 1965

SÄCKER, F.
Das Betriebsverfassungsrecht in der höchstrichterlichen Rechtssprechung in: Glaubrecht/Halberstadt/Zander, Betriebsverfassung in Recht und Praxis, Handbuch, Gruppe 1,
Freiburg 1981

SÄCKER, F.J./ZANDER, E. (Hrsg.)
Mitbestimmung und Effizienz, Humanität und Rationalität der Produktionsstruktur in mitbestimmten Unternehmen,
Berlin/Stuttgart 1981

SCHANK, G.
Untersuchung von Einigungsstellenverfahren als Möglichkeit innerbetrieblicher Konfliktaustragung im Saarland, Diplom-Arbeit, Saarbrücken 1980

SCHAUB, G.
Der Betriebsrat
München 1973

SCHAUB, G.
Das Arbeitsgerichtsverfahren,
München 1974

SCHRUMPF, E.
Betriebsverfassungsrecht und Bildschirmarbeitsplätze,
in: Glaubrecht/Halberstadt/Zander, Betriebsverfassung in Recht und Praxis, Gruppe 4,
Freiburg 1982

SEDAT, SARI/URBAN, G.
Roboter und Arbeitsbedingungen, Handlungsanleitungen für Betriebsräte bei der Einführung von Robotersystemen,
Köln 1984

SEIDEL, H./SCHNEIDER, W.
Der Betrieb und seine Verfassung, Eine Handreichung für Lehrer,
Wiesbaden 1976

SÖLLNER, A.
Arbeitsrecht, 5. Auflage,
Stuttgart/Berlin/Köln/Mainz 1976

STAEHLE, H.
Organisation und Führung, sozio-technischer Systeme,
Grundlagen einer Situationstheorie,
Stuttgart 1973

VETTER, H.O. (Hrsg.)
Vom Sozialistengesetz zur Mitbestimmung,
Köln 1975

VILMAR, F.
Mitbestimmung am Arbeitsplatz, Basisdemokratische Betriebspolitik,
Neuwied, Berlin 1971

VILMAR, F.
Strategien der Demokratisierung, Band I: Theorie und Praxis,
Darmstadt/Neuwied 1973

VILMAR, F.
Strategien zur Demokratisierung, Band II: Modelle und Kämpfe der Praxis,
Darmstadt, Neuwied 1973

VOLKMANN, G./ZACHERT, U.
WSI-Projektgruppe, Mitbestimmung in Unternehmen und Betrieb,
Köln 1981

WAGNER, H.
Erfahrungen mit dem Betriebsverfassungsgesetz,
Berlin 1960

WEBER, H.
Soziologie des Betriebsrates, Managementstrategien und Handlungssituationen betrieblicher Interessenvertreter,
Frankfurt/New York 1981

WEDDIGEN, W. (Hrsg.)
Zur Theorie und Praxis der Mitbestimmung,
Berlin 1962

WEIHE, H.J.
Unternehmung und Gesellschaft, Mensch und Organisation, Band 3,
Berlin/New York 1977

WILPERT, B.
Führung in deutschen Unternehmen, Mensch und Organisation, Band 4, Berlin/New York 1976
ZACHERT, U.
Betriebliche Mitbestimmung, Eine problemorientierte Einführung, Arbeitsgruppe Arbeitsrecht,
Köln 1979
ZANDER, E.
Funktion und Bedeutung der Betriebsverfassung, In: Glaubrecht/ Halberstadt/Zander, Betriebsverfassung in Recht und Praxis, Handbuch, Gruppe 1,
Freiburg 1983

ZEITUNGSARTIKEL, ZEITSCHRIFTENARTIKEL

BLANKE, H.
Arbeitnehmerrechte unter Beschuß, In: Druck und Papier, Jahrgang 123, Nr. 18, 2. September 1985
Stuttgart
GÖSSLING, W.
"Kündigungsschutzgesetz erfüllt seinen Zweck nur lückenhaft", Stuttgarter Zeitung Nr. 98
29. April 1981
HENSCHE, D.
Betriebsverfassung, Minderheitenschutz und Spaltung in: Druck und Papier, Jahrgang 123, Nr. 14
8. Juli 1985, Stuttgart
KISSEL, O.
"Vom Gesetzgeber allein gelassen?", Das Bundesarbeitsgericht zwischen widerstreitenden Interessen, Frankfurter Allgemeine Zeitung,
Nr. 25, 30. Januar 1982
LEDEMA, L.
Kündigungsschutz, in: Die Quelle, 37. Jahrgang,
März 1985
MOHN, R.
"Gegensätze müssen ausgetragen werden", Interview, Stuttgarter Zeitung Nr. 59, 11.3.1978
N.N.
Weiterbeschäftigungsanspruch des Arbeitnehmers nach Kündigung,
Druck und Papier, Jahrgang 123
Nr. 6., 18. März 1985
SCHNEIDER, W.
Worum es geht: Wird die Betriebsverfassung besser oder schlechter? in: Die Quelle, Funktionärszeitschrift des DGB, 36. Jahrgang, September 1985, Köln
SCHNEIDER, W.
"Wirtschaftsausschuß", in: Die Quelle, Funktionärszeitschrift des DGB, 36. Jahrgang, Juni 1985

GPSR Compliance

The European Union's (EU) General Product Safety Regulation (GPSR) is a set of rules that requires consumer products to be safe and our obligations to ensure this.

If you have any concerns about our products, you can contact us on ProductSafety@springernature.com

In case Publisher is established outside the EU, the EU authorized representative is:

Springer Nature Customer Service Center GmbH
Europaplatz 3
69115 Heidelberg, Germany

Batch number: 10809472

Printed by Printforce, the Netherlands